# 주민의 자치

## 지방자치와 주민자치

안광현 · 김필두 · 박철

# 서문

　우리나라의 '지방자치'는 대한민국정부가 세워지고 실시됐으나, 군사정권이 들어서면서 중단됐다가 30년이 지난 1991년 지방의회선거와 1995년 6월 27일 지방 동시선거 실시로부터 새롭게 출발했다. 그 후로 2018년 6월 13일에 '제7차 전국지방동시선거'가 실시돼 지방자치 23년의 역사를 갖게 됐다. 그러나 현재 우리나라 지방자치의 현실은 풀뿌리 민주주의나 민주정치의 기반과 틀을 완전하게 갖춘 상태는 아니며, 운영 측면에서도 미숙함을 나타낼 때가 많다. 이런 문제는 중앙정부와 지방정부 및 정치인과 공무원, 지역 주민 모두가 함께 개선하고 해결해야 할 책임과 의무를 갖고 있다.

　자치분권이 유행이 된 현 시대에 많은 사람들이 지방자치와 주민자치, 거버넌스, 주민자치회라는 용어를 사용하면서도 그 의미를 정확히 모르는 경우가 발생하기도 한다.


　주민자치를 딛고 시민사회 영역으로 들어가

　주체가 되고자 하는 시민 · 주민을 위하여!


　현 문재인 정부의 주요 공약이자 핵심 전략은 자치분권이다. 이 시대를 사는 시민 혹은 주민으로서의 우리는 자신의 삶의 주체로서, 또 이 세상에서 주체적으로 살아가고 있는가? 이에 대한 질문에 답하기 위해 이 책을 저술했다. 기존의 주민자치를 딛고 시민사회 영역으로 들어가 주체가 되고자 하는 모든 시민과 일반주민들은 당연히 이 시대의 주체가 돼야 한다. 만일, 그렇지 못하다 해도 우리의 아들과 딸은 미래에 주체로서 살아가야 한다.

　그러기 위해서는 우리 모두 주민(主民 : 국가의 주권자로서의 시민, 지역 사회의 주인으로서 주민)이 돼야 하고, 주민들의 뜻이 모여 활동할 수 있는 공동체 · 결사체가 많이 결성돼야 한다. 그 공동체 · 결사체들의 플랫폼인 주민자치주체기구를 전국 곳곳에 구축해야 하며, 지역의 시민사회 거점이 되도록 해야 하고, '주민자치' 원리에 의해 작동돼야 한다. 이런 패러다임에서 우리 아들과 딸들이 주체로서 살아가도록 좋은 세상을 만드는 것이 이 시대를 살아가는 우리의 사명이다.

지역 사회, 지역의 시민사회 영역에서 주민자치(주민 집단의 자치통제)가 기존 정치질서와 사회질서에 대한 새로운 대안이 되려면 어떻게 해야 할까? 주민자치는 현실을 바꾸는 힘, 그것에 저항할 수 있는 가능성을 열어주는 원동력이 될 수 있다. 그렇다고 주민자치는 기존의 권력에 도전하는 것이 아니라, 기존의 권력이 올바른 방향으로 흐르도록 해서 우리 삶의 형태를 바꾸는 새로운 '시민·주민 권력'을 생성하는 것이다. 이 시민·주민 권력은 이웃을 지배한다기보다는 자신의 삶을 바꿀 수 있는 권력에 대한 견제·감시와 지역 사회와 이웃을 보호한다는 의미다.

만일, 일반주민이 행정에 동원된다는 생각이 들면 더욱 더 동원돼줘라. 그래서 그 행사나 사업에 주인공인 양 더 열심히 하라. 일개 주민일지라도 더 잘할 수 있다는 것을 보여줘라. 또 표의 대상이라는 생각이 들면, 정치인들에게 표로서 주민의 생각을 보여줘라. 그래서 그들의 불의한 행동이 드러나게 해서 그들이 흔들리게 만들어라. 그리고 주민자치를 실천하는 것이 국가나 지역 사회에 대한 권력 쟁취나 이념 투쟁이 아님을 보여주고, 살기 좋은 지역 사회를 만들기 위해 새로운 질서와 가치를 만들고 있음을 보여줘라. 그것이 바로 새로운 질서에 대한 희망을 꺾으려는 자들(기존 질서에서 기득권을 쟁취하고 사익에 이용하려는 자들)에게 자신들의 생각이 모자람을 일깨워주는 첫 걸음이다.

이런 유쾌한 꿈들은 주민자치를 실천하는 주민들에게 자유로운 삶에 대한 행복감을 선사할 것이다. 한 사람의 꿈은 상상이지만, 그 꿈들이 모여 움직이기 시작하면 현실이 된다. 자유로운 삶의 행복감은 저절로 주어지는 것이 아니라 스스로 발 벗고 나서서 쟁취하는 것이다. 폐쇄된 위계질서에서는 금수저는 금수저를 낳고, 흙수저는 흙수저를 낳는다. 누군가 그 고리를 끊으려는 의지를 실행하지 않으면 사회 변화는 일어나지 않는다.

아인슈타인의 상대성이론에 의하면, 공간이 달라지면 시간의 절대성은 파괴된다. 즉 그동안 절대적이고 보편적이라고 생각했던 중앙집권적인 사회에서 각 지역의 사회질서를 변화시키려면 새로운 공간, 즉 시민사회 영역에서 다양하고도 다채로운 주민자치주체기구라는 공간들이 많이 만들어져야만 한다.

　　　　　　　　　　　　　　　　- 텅 빈 가을하늘 아래서 박철

이 책의 구성은 1부에서는 「주민과 함께 하는 지방자치」를 위해 지방행정과 지방자치를 비교하고, 단체자치와 주민자치를 구분했다. 외국의 지방자치 역사와 현황, 그리고 우리나라 지방자치 역사를 통해 지방자치에 대한 이해를 돕고자 했다. 또 지방자치단체의 기관구성과 주민에 대해 설명했다.

2부에서는 「지역 거버넌스와 주민자치」에 대한 내용으로서 지역 거버넌스의 개념과 구성요소와 유형, 지방정부와 지역 주민 간 협력적 거버넌스, 지방정부와 지역 NGO간 협력적 거버넌스 활성화 사례에 대해 서술했다. 또 협력적 네트워크와 주민자치회, 네트워크 조직의 유형, 지역 주민과 주민 공동체에 대해 설명했다.

3부에서는 주민자치 원리에 대한 본질에 최대한 가깝게 다가가고자, 현재 논의되거나 추진되고 있는 주민자치와 주민자치회를 너머 「시민 · 주민, 도구에서 주인 되기」를 다루고 있으며, 새로운 사상으로서의 주민자치, 문재인 정부의 주민자치회, 주민의 자치 주체기구 되기, 주민자치회 재원과 주민세, 새로운 국가기본운영체제 씨앗으로서의 주민의 자치로 구성했다.

이 책의 발간을 위해 힘써 주신 소망출판사 방주석 사장님과 관계자 여러분에게 깊이 감사드리며, 지방자치와 주민자치를 위해 헌신하시는 많은 분들의 꿈이 꼭 이뤄지길 소망한다.

　　　　　　　　　　　　　　　　　　　2018년 11월
　　　　　　　　　　　　　　　　　　　저자 드림

# 목차

## 1부 주민과 함께 하는 지방자치 / 안광현

제1장 지방자치의 본질과 이념

| | |
|---|---|
| I. 지방자치의 의의 | 14 |
| 1. 지방자치의 의의 | 14 |
| 2. 지방자치의 목적 | 17 |
| 3. 지방자치의 필요성 | 18 |
| 4. 지방자치의 근거 | 20 |
| II. 지방자치의 이념 | 23 |
| 1. 지방자치와 민주성 | 24 |
| 2. 지방자치와 효율성 | 30 |
| III. 지방자치의 구성과 유형 | 34 |
| 1. 지방자치의 구성요소 | 34 |
| 2. 지방자치의 유형 | 37 |

제2장 외국의 지방자치와 우리나라 지방자치의 역사

| | |
|---|---|
| I. 외국의 지방자치 | 42 |
| 1. 지방자치 유형에 따른 분류 | 42 |
| 2. 미국의 지방자치 | 45 |
| 3. 독일의 지방자치 | 64 |
| 4. 프랑스의 지방자치 | 72 |

Ⅱ. 우리나라 지방자치의 역사     77

  1. 근대 이전의 지방자치     77

  2. 근대 이후의 지방자치     81

  3. 현대의 지방자치     83


제3장 지방자치단체의 기관구성과 주민


Ⅰ. 지방자치단체의 기관구성 형태     109

  1. 선거방식에 의한 분류     109

  2. 권력 분산 형태에 의한 분류     110

Ⅱ. 지방자치단체의 주민     125

  1. 주민의 의의     125

  2. 주민의 권리 및 의무     127

  3. 주민의 참여     135

  4. 주민참여의 단계 및 효과     141

  5. 한국의 주민참여     149


참고문헌     153

# 2부 지역 거버넌스와 주민자치 / 김필두


제1장 지역 거버넌스

Ⅰ. 지역 거버넌스 연구의 필요성     158

Ⅱ. 지역 거버넌스의 개념과 등장배경     160

  1. 지역 거버넌스의 개념     160

2. 거버넌스의 등장배경 166

3. 주민자치와 거버넌스 168

Ⅲ. 지역 거버넌스의 구성요소와 유형 170

1. 지역 거버넌스의 요소 170

2. 협력적 거버넌스의 유형 173

3. 지역 거버넌스의 주체(주요 행위자) 179

4. 지역 거버넌스 관련 제도 분석 181

Ⅳ. 지방정부와 지역주민 간 협력적 거버넌스 184

1. 지방정부와 지역주민 간 협력적 거버넌스의 형성요인 184

2. 협력을 위한 네트워크와 파트너십 187

3. 지방정부와 주민자치회간 협력적 파트너십 형성방안 190

4. 지방정부와 주민자치회간 협력적 네트워크 구축방안 197

Ⅴ. 지방정부와 NGO 간 협력적 거버넌스 203

1. 지방정부와 NGO 간의 관계 203

2. 지방정부와 NGO간 협력적 거버넌스 형성의 요인 209

3. 지방정부 정책과정에의 지역NGO 참여 211

Ⅵ. 지방정부와 지역NGO간 협력적 거버넌스 활성화 사례 220

1. 일본의 지속가능한 마을 만들기 활동 220

2. 그라운드워크(Ground Work) 운동 225

3. LCSD의 선도적인 실험과 경험 : 서울시 녹색서울시민위원회 228

4. 지역주민의 힘으로 일구어 낸 희망:경남 김해시의 대포천 살리기 232

5. KCOC(국제개발협력민간협의회)의 글로벌시민교육 235

6. 나눔교육을 통한 SDG 12 달성에 기여: 아름다운 가게 나눔교육 239

7. 부산 YWCA의 산청군 차황면 생태마을 조성 사례 243

8. 감천문화마을 247

## 제2장 협력적 네트워크와 주민자치회

Ⅰ. 협력적 네트워크의 개념과 구성 요소      253

 1. 협력적 네트워크의 개념      253

 2. 협력적 네트워크의 구성요소      256

 3. 협력적 네트워크의 이론 : 자원의존이론      262

Ⅱ. 네트워크조직의 유형      265

Ⅲ. 협력적 네트워크 구축과 주민자치회      268

 1. 필요성      270

 2. 지역주민과 주민공동체      273

 3. 주민공동체로서의 주민자치센터      276

참고문헌      277

## 3부 현 주민자치와 주민자치회를 너머
## - 시민·주민 도구에서 주인 되기 / 박철

시작하며      282

## 제1장. 새로운 사상으로서의 주민자치

Ⅰ. 오늘날 왜 주민자치인가      291

Ⅱ. 대한민국에서 주민자치의 혼란      293

Ⅲ. 대한민국은 왜 주민자치에 대해 열광하는가      296

Ⅳ. 담론정치 · 생활정치 동력 주민자치      301

Ⅴ. 주민자치 원리와 영역 다시 생각해보기      303

Ⅵ. 변화를 요구받고 있는 대한민국 민주주의     306

1. 새로운 국가운영체제 구축     308

2. 중앙-지방 정부 간 권한 재분배     309

3. 입법기관 이원화     311

4. 중앙-지방 정부 대등관계     312

5. 지방검사장 주민 직선과 사법분권     312

Ⅶ. 주민자치를 위한 지방자치분권     314

1. 단체자치조차 제대로 안 되는 지방자치     314

2. 지방분권이 우선인가 주민자치 작동이 우선인가     315

3. 지방자치는 주민자치 패러다임으로     316

Ⅷ. 주민자치적 지방자치를 실현할 지방정부의 역할     318

1. 국가-주민 연계 플랫폼은 지방정부     318

2. 지방자치는 주민의 불신 해소와 신뢰 구축부터     319

Ⅸ. 주민자치 가동은 시민사회 영역부터     321

1. 주민자치주체기구를 만들기 위한 전제조건     322

2. 주민자치를 통한 시민사회 활성화     323

Ⅹ. 주민자치회 사무와 정치적 역할     324

1. 정부가 권고한 위탁사무와 주민자치사무 측면     324

2. 정치적 측면(주민집단의 자기통제)     327

3. 주민자치주체기구의 정치적 역할     330

제2장. 문재인 정부의 주민자치회, 주민의 자치 주체기구 되기

Ⅰ. 국민의 나라 정의로운 대한민국 건설     332

1. 국민의 시대 정부의 3가지 과제     333

2. 국민의 나라는 주민자치 원리로부터     334

Ⅱ. 국정과제 중 주민자치 원리 접목하기　　　　　335

Ⅲ. 정부의 주권자 민주주의 정책에 대한 제언　　　338

1. 국가 중심에서 일반주민 중심 민주주의로　　　338

2. 간접통제식의 지역 사회 정책은 지양　　　　　339

Ⅳ. 정부의 읍면동 정책에 대한 제언　　　　　　340

1. 정부의 읍면동 정책　　　　　　　　　　　340

2. 제안 하나, 주민자치 실현 공간에서 행정 통제는 빠져줘야　　342

3. 제안 둘, 파편화된 주민의 자치조직들 구심점 필요　　343

Ⅴ. 정부의 주민자치정책에 대한 제언　　　　　　345

1. 제안 하나, 주민자치회에 마을협의체와 민관중간지원조직 지위 부여　345

2. 제안 둘, 주민의 행정 참여가 목표여선 안 돼　　347

3. 제안 셋, 주민들이 자치한다는 개념에서 출발　　348


제3장 주민자치회 재원과 주민세


Ⅰ. 주민세 개편 시 고려해야 할 점　　　　　　　351

1. 정부와 지자체의 주민세 활용 방안　　　　　351

2. 주민자치세를 목적세로 할 경우 고려할 점　　353

3. 주민자치 교육예산과 (가칭)주민자치세　　　356

4. 유급사무원 도입과 (가칭)주민자치세　　　　357

Ⅱ. 주민자치회 재원으로서 (가칭)주민자치세 성격　358

1. 세금과 회비의 차이　　　　　　　　　　　359

2. (가칭)주민자치세의 균등과 차등　　　　　　361

3. (가칭)주민자치세 차등분담 명분　　　　　　362

4. (가칭)주민자치세에 대한 주민의 권리　　　　363

# 제4장 새로운 국가기본운영체제 씨앗으로서의 주민의 자치

Ⅰ. 우리가 꿈꾸는 희망과 한국 사회의 민낯      366
Ⅱ. 새로운 주민의 자치 패러다임 상상      368
   1. 자치라는 희망을 꿈꾸는 것은 인간의 특권      369
   2. 다양한 얼굴을 띠고 있는 주민자치      371
Ⅲ. 주민자치는 무림세계      374
   1. 5대 문파에 6계파 난무      374
   2. 무소불위로 치닫는 주민자치회 논리      377
Ⅳ. 지방자치단체 다양화와 주민총회형 기구형태      378
   1. 새로운 지방정부는 주민 스스로 선택      378
   2. 지방자치단체 기관구성 형태의 다양화      380
   3. 주민총회형 기구형태 설치·운영      382
Ⅴ. 시민사회와 주민자치주체기구 목표·수단·틀      385
   1. 읍·면·동 사회질서와 주민자치주체기구      386
   2. 주민자치주체기구의 목표·수단·틀      388
Ⅵ. 주민자치주체기구 설차·운영 방식과 역할      390
Ⅶ. 주민자치주체기구의 보충성과 공공성 원리      393
Ⅷ. 주민자치주체기구로서의 주민자치회      395
   1. 민관중간지원조직 고찰      395
   2 주민자치회가 주민자치주체기구여야 하는 이유      397
Ⅸ. 주민자치주체기구 위원의 조건      399
Ⅹ. 주민자치회를 통한 생활정치는 주민의 권리      401

마치며      404
참고문헌      407

# 1부

## 주민과 함께 하는 지방자치[1]
### - 안광현 -

1) 세계화와 한국지방자치의 내용 중 일부 수정 보완함

# 제1장 지방자치의 본질과 이념

## Ⅰ. 지방자치의 의의

### 1. 지방자치의 의의

#### 1) 지방자치의 정의

지방자치는 지방의 조직특성이나 여건, 지방의 대비 개념인 중앙의 조직화 과정과 관련하여 다양하게 정의되어 오고 있다. 나라마다 역사와 공간적 특성은 정부의 필요성에 해당하는 공공부문이 한 국가의 경제·사회·문화적 배경과 밀접하게 관련되어 있어서 지방의 조직화 과정, 규모 및 자치의 정도가 다르다는 것은 너무 당연하다.

노융희(1987: 13)는 지방자치의 사상적 지주로 지방분권과 민주주의를 들고 있는데, 이는 '자치'라는 성분을 강조하여 지방자치를 이해하고 있다. 김안제(1995: 64)는 지방자치의 성립요건으로 구역, 주민 및 자치권을 들고 있는데, 이 중에서 구역과 주민은 '지방'의 성분으로 자치권은 '자치'의 성분으로 분류할 수 있다.

김영기(1999: 13)는 지역(구역), 주민과 지방자치단체, 자치권, 자치기관, 자치사무, 자치재원을 지방자치요소로 들고 있는데, 이것 역시 지역(구역), 주민과 지방자치단체, 자치기관, 자치사무는 '지방' 성분으로, 자치권과 자치재원은 '자치' 성분에 포함시키고 있다고 볼 수 있다.

결국 지방자치(地方自治)의 개념은 '지방(地方)'과 '자치(自治)'라는 두 단어가 결합한 것이다. 즉, 지방에서 이루어지는 자치를 말한다. 여기서 지방(地方)이란 국가의 한 부분으로서 지역을 의미하는 것이고, 자치(自治)란 자기 일을 스스로 다스림을 말한다. 지방자치란 "지방공공단체를 구성하는 일정지역의 주민이 스스로 또는 대표자를 통해 지역 내의 사무를 처리하여 궁극적으로 주민의 복리를 실현하는 것"이라고 할 수 있다.

<표 1-1-1> 지방자치의 개념

| 지방자치란 |
| --- |
| Who - 「지방공공단체를 구성하는 일정지역의 주민이」<br>How - 「스스로 또는 대표자를 통해」<br>What - 「지역 내의 사무를 처리하여」<br>Why - 「궁극적으로 주민의 복리를 실현하는 것」 |

## 2) 지방행정의 정의

### (1) 지방관치행정과 지방자치행정

지방행정은 중앙행정기관에 의하여 수행되는 중앙행정에 대응하는 개념이다. 즉, 지방행정기관에 의하여 수행되는 행정을 말한다.

지방행정이 자치행정이라고 할 때에는 이와 대립되는 지방관치행정과 함께 동시에 검토해야 한다. 지방관치행정(地方官治行政)과 지방자치행정(地方自治行政)은 주체, 특성, 권한, 통제, 사무처리라는 측면에서 근본적으로 상이한 차이점을 지니고 있다. 즉, 지방관치행정은 그 주체가 국가 또는 중앙정부로서 중앙의 의사에 의해 운영되며 법인격을 부여받지 못한 타율적 행정인 데 반해, 지방자치행정은 지역주민 또는 지역주민의 대표자에 의해 구성되는 자치단체가 법인격을 갖고 자율적 행정을 도모하는 것이라 할 수 있다.

<표 1-1-2> 지방관치행정과 지방자치행정의 차이점

|  | 지방관치행정(地方官治行政) | 지방자치행정(地方自治行政) |
|---|---|---|
| 주체 | 국가의 기관 또는 공무원 | 지역주민, 주민 대표자와 지방공무원 |
| 특성 | 관료적·타율적 행정 | 자주적·자율적 행정 |
| 권한 | 독자적 과세권이나 소송의 능력 또는 기관의 자기조직권 부재 | 행정상·재정상 독립성을 인정받은 법인격이 있는 조직체 |
| 통제 | 국가의 의사에 의한 행정운영 | 지역주민의 의사에 의한 행정운영 |
| 사무처리 | 지역주민의 참여와 통제 배제 | 지역주민의 참여와 통제 전제 |

(2) 지방관치행정과 지방자치행정의 관계

지방에서 처리되어야 할 공적 사무를 처리하는 방식은 국가나 시대적 상황, 즉 환경에 따라 다양하다. 집권적 전통이 강한 나라는 중앙정부의 일선기관에 의해 처리해야 하는 사무가 많고, 분권적 전통이 강한 나라는 지방자치단체가 처리해야 하는 사무가 훨씬 많기 때문이다.

그러므로 지방의 공적 사무를 지방자치나 지방관치의 어느 한 가지 방식에 의해서만 처리하는 경우는 없고 두 가지 방식이 모두 이용된다. 실제로 전국적으로 통일이 필요한 사무와 지방의 자주적 판단에 의해 처리하는 것이 필요한 사무가 공존하고 있다.

<표 1-1-3> 관치적 지방행정과 자치적 지방행정의 구분

| 관치적 지방행정 | 반자치적 지방행정 | 완전 자치적 지방행정 |
|---|---|---|
| • 중앙집권적 지방행정 또는 비민주적 지방행정<br>• 지방의 행정을 중앙정부 또는 국가가 자기의 지방하급기관을 통하여 직접 수행하고 지역주민의 참여나 통제를 인정하지 않음 | • 자치권을 갖는 지방자치단체를 통하여 지방행정이 운영되나 자치의 범위가 협소하고 사무의 많은 부분이 국가 사무임<br>• 지방자치단체 내에 중앙정부의 관료도 배치됨<br>• 지방자치단체에 대한 중앙정부의 통제·감독이 비교적 엄격함<br>• 지방행정조직이 피라미드형의 획일적·정형적·고정적으로 구성되어 있음 | • 지방자치단체의 자치권이 광범위하고 행정사무의 대부분이 지방자치단체의 책임하에 있음<br>• 지방자치단체 안에 중앙정부의 관료 또는 국가공무원이 없음<br>• 지방행정에 지역주민의 폭넓은 참여가 인정됨<br>• 지방제도가 다양성·탄력성·개별성을 지니고 있음 |

출처: 안용식 외(2006: 23).

## 2. 지방자치의 목적

지방자치는 "지방공공단체를 구성하는 일정지역의 주민이 스스로 또는 대표자를 통해 지역 내의 사무를 처리하여 궁극적으로 주민의 복리를 실현하는 것"이라고 앞서 논한 바 있다. 이러한 지방자치의 목적에는 학자들마다 다양한 입장을 표명하고 있다.

토크빌(A. de Tocqueville)은 "지방자치는 자유를 국민의 손에 맡기는 것에 있다. 국민은 다양한 정치제도가 없어도 자유로운 정치를 할 수 있다. 그러나 지방자치제도가 없이 국민의 자유로운 정신을 소유하기는 어렵다. 지방자치제도는 국민에게 자유를 평화적으로 행사하는 흥미를 갖도록 하는 것이고 자유의 활동을 습득하게 한다."고 하여 지방자치의 목적을 민주주의 근본이념인 '자유 실현'으로 바라보았다.

조창현(2000: 321~322)은 지방자치를 "국민의 기본적인 생계를 보장하고 생활의 질적 향상을 도모함으로써 모든 국민이 인간다운 삶을 누릴 수 있도록 하는 것"으로 규정하여 궁극적으로 지방자치의 목적을 지역주민의 복리증진으로 바라보았다.

최창호(2006: 58~62)는 지방자치의 효용을 정치·행정적인 것과 경제·사회적인 것으로 크게 구분하고, 정치적 측면에서는 민주주의 이념 실현, 민주주의 훈련장, 전제정치의 방파제, 정국마비의 방지를 행정적인 측면에서 지역실정 적응행정, 정책의 지역적 실험, 분업을 통한 효율행정, 지역 안의 종합행정을 들었다. 다른 한편 경제적 측면으로는 자원배분의 효율성, 후생의 극대화, 소비자 선호성의 구현, 지역 특수 산업의 발전을 들고, 사회적 측면으로는 경쟁성과 창의성의 제고, 주체의식·책임의식의 함양, 다원적 사회의 형성, 인구의 균등분산을 들고 있다(소진광, 2008).

종합하면 지방자치의 목적은 주민복지 증진 혹은 삶의 질 향상이라고 할 수 있다. 다만, 이와 같은 주민복지 증진과 삶의 질 향상은 추상적인 개념으로 그 지표화가 어렵기 때문에 목표달성 정도를 가늠할 수 없어서 행정 서비스의 수급 불균형과 낭비가 은폐되기 쉽다. 그러므로 구체적이고 실천적인 목표 선정을 통해 정책수단 및 결과의 투명성을 향상시키고, 나아가 지방자치 활성화 및 지방자치 발전을 이끌어가야 할 것이다.

## 3. 지방자치의 필요성

### 1) 독재 또는 전제정치에 대한 방파제

중앙집권적 국가에는 지방자치가 없으며, 지방자치가 있다는 사실은 중앙집권이 되는 것을 방지한다는 뜻이고, 국민 한 사람 한 사람이 지방자치를 방파제로 삼아 독재 또는 전제정치를 방어하는 것을 말한다. 옛말에 "자유나 자치단체를 갖지 않은 자유국가는 없다"고 했다. 이것은 민주적으로 선출된 중앙정부일지라도 인간인 이상 권좌에 앉게 되면 대중의 의사와 정반대되는 행동을 하는 경우가 있기 때문에 삼권분립과 같은 제도가 필요했듯이 행정권이 비대해지면 수평적 삼권분립에 못지않게 수직적인 지방분권이 필요하다는 의미이다.

지방자치란 다름 아닌 바로 이러한 권력의 수직적 분권을 통해서 지방자치단체가 주민의 지지와 배경을 가지고 중앙정부가 국민의 의사에 반해서 수행하는 것을 비판하고 그 실정을 개정토록 촉구하는 것이다.

### 2) 정치의 지역적 실험

지방자치는 문자 그대로 일정한 지방에 한해서 그 주민이 독립적으로 맡겨진 사무를 처리하는 것을 뜻하는 것으로, 각 지방에 따라서 여러 가지의 정치적

、행정적 실험이 중요한 것은 사회·경제가 변하여 정치·행정도 구태의연하기만 할 수는 없지만 이러한 실험을 일제히 전국적으로 실시하는 것은 위험부담이 너무 커서 정치와 행정이 흔히 보수적으로 나아가는 경향이 있기 때문이다. 즉 이러한 실험이 귀중함은 기업과 산업에 있어서의 창의적 노력이 중요시되는 것과 똑같은 맥락인 점에 유의해야 하겠다.

## 3) 민주주의의 학교

지방자치가 민주주의의 학교라는 말은 두 가지 측면에서 이해되어야 하는데, 그 첫째는 주민 자신의 입장에서 민주주의에 대한 교육을 받는다는 의미이며, 둘째는 지방자치단체의 대표자가 받는 민주주의 교육을 말한다.

먼저 주민의 입장에서 보면 지방자치를 통하여 정치의 실태를 직접 체험할 수 있는 기회가 된다는 점이다. 물론 지방정치라는 것이 중앙정치와는 차이가 있지만 지금까지 '정치'라고 하게 되면 자기와는 먼 곳에 있는 것으로, 그리고 자기와는 직접 관계가 없는 것으로 인식되던 것에서 탈피해서 자기 신변에서 생겨나고 자기와 직접적 관계가 있는 것으로 인식하게 된다는 것은 정치에 대한 올바른 인식이라는 맥락에서 매우 중요한 계기가 아닐 수 없다. 즉 지방자치를 통해서 자신이 던진 한 표가 어떠한 결과로 이어지는 것에 대한 새로운 인식이 결과적으로는 국정에 대한 비판력과 저력을 함양시킨다는 뜻으로서 이것은 곧 국민의 정치의식 함양이라는 결과로 이어진다고 할 수 있다.

이러한 민주주의의 훈련과 교육은 비단 국민의 정치의식을 고양하는 차원보다 한 걸음 더 나아가서 지방자치단체의 대표자에 대한 학교로서의 역할을 한다. 지방선거에 의하여 당선되는 각급 지방자치단체의 장과 지방의원들은 사실상 작은 규모의 나라살림을 배울 수 있다는 것이다. 이렇게 배운 지식과 경험은 점차 축적이 되어서 나중에는 국가를 대표하는 국회와 행정부에 진출할 수 있는 능력을 갖추게 된다.

특히 현대국가는 정치와 행정 역시 전문적 지식과 경험 등 고도의 전문성을
요구하는 바, 하루아침에 훌륭한 정치가가 등장하리라고 막연히 기대하기보다
는 착실하게 미래의 훌륭한 정치가들을 지방자치를 통해서 양성한다고 하는
것은 이론적으로나 실증적으로 부인할 수 없는 지방자치의 필요성이자 당위성
이라 하겠다.

### 4) 민주적 사회개혁

오늘날 세계의 여러 나라 가운데 군사혁명(쿠데타)이 일어나고 있는 대부분
의 나라는 주로 강력한 중앙집권적 독재 내지는 전제국가였다는 사실에 주목
할 필요가 있다.

이러한 국가에서 군사혁명이 자주 일어나는 까닭은 독재나 전제정치를 하는
중앙집권적 국가에서는 그러한 중앙정부를 견제할 지방정부가 없기 때문에 필
요한 사회개혁에 중앙정부가 적절히 대응하기보다는 중앙정부를 수호하고 유
지하기에 급급하게 된다. 국민의 불평불만은 날로 고조되나 이것을 적절히 대
처하기보다는 오히려 더 억압적으로 나가기 쉽고, 그러한 억압정책을 집행하
기 위해서는 원리원칙을 무시한 인사정책으로, 주로 정권에 맹종하는 사람들
로 정책결정 요직을 채우는 등 국민의 뜻을 무시한 정치와 행정을 파행적으로
펴 나가기 때문에 결국은 힘을 가진 군인들이 혁명을 일으키게 된다.

## 4. 지방자치의 근거

일정지역의 주민이 지방공공단체를 구성하여 지역 내의 사무를 자기 부담에
의해 스스로 또는 대표자를 통해 처리하여 주민의 복리를 실현하는 것이 지방
자치인데 이를 이해하기 위해서는 먼저 자치권을 보는 입장들에 대해서 이해

를 해야 한다. 지방정부는 지방자치단체, 주민, 자치권으로 구성되기 때문에 지방자치의 핵심이 되는 자치권을 어떻게 이해하느냐에 따라서 지방자치에 대한 이해도 달라질 수 있다. 자치단체의 권능, 즉 자치권은 개인의 천부인권적 기본권에 해당하는 자치단체의 고유권인가 또는 국가로부터 수여된 전래권인가에 대하여 학설의 대립이 있다. 그리고 제도적 보장설적 입장과 기능적, 자치행정관념적 입장도 있다. 지방자치의 모국이라고 하는 프랑스와 영국 모두 19세기에 기본적인 지방자치의 형태가 나타나기 시작했다(Ashford: 1982).

사전적 의미로의 자치권은 지방자치단체가 그 구역 안에서 가지는 공적 지배권 또는 넓은 의미로 공공단체의 자주적 사무처리 기능을 말하는 것을 말한다. 즉 자치권이란 국가로부터 독립한 법인격을 가진 지방자치단체가 그 소관업무를 자신의 창의와 책임 하에 자율적으로 처리할 수 있는 권한을 말한다. 이러한 자치권은 자치입법권, 자치행정권, 자치재정권, 자치사법권 등이 해당된다. 다만 이와 같은 자치권한의 범위 및 행사의 정도는 국가 간 또는 시대적으로 차이가 있다. 이러한 차이점이 발생하는 근거를 고유권설, 전래설, 제도적 보장설로 나누어 살펴본다.

## 1) 고유권설

고유권설은 지방자치단체의 고유한 인격과 고유한 지배권을 주장한다. 즉 국가와 관계없이 인간이 태어나면서부터 천부의 인권을 갖는 것처럼 지방자치단체도 고유한 권리를 갖는다는 주장이다. 따라서 지방자치단체는 독자적인 고유의 정치적 지배권을 갖고서 국가, 기타 모든 외부적 권력으로부터 독립하여 활동한다는 것이다.

다시 말해서 국가권력은 지방자치단체의 정치적 지배권을 승인할 뿐, 자치권을 제한하거나 외부로부터 창조하거나 부여받을 수 없다는 것이 핵심이다.

다만, 고유권설은 지방자치단체의 자치권을 자연권적 고유권으로 이해하는 입장이지만, 실질적으로 고유권이 무엇인가에 대한 불충분한 논증과 자치권을 헌법에 명시된 개인의 기본권과 동일시한다 하더라도, 자치권을 지방자치단체의 고유의 기본권이라고 확대 해석하는 것은 무리라는 비판도 제기되고 있다.

## 2) 전래설

전래설은 고유권설을 배척하고 이를 비판하는 데서 시작이 되는데, 이는 지방자치가 민족적 통일국가의 성립을 그 전제로 하는 까닭에 국가가 자치단체에 일정한 지방사무를 이양하여 지방주민 스스로 처리하도록 허용할 때 비로소 가능했던 것이라는 주장이다. 따라서 자치권은 고유한 권리, 즉 천부적 권리가 아니라 통치구조의 일환으로 형성된 국법으로 부여된 권리를 말한다.

요약하면 법인격으로서의 지방자치단체는 법의 규정으로 존재의 의미를 부여받게 되는데, 법은 국가의 법인 헌법 또는 지방자치법 이외에는 존재할 수 없다. 따라서 법인격으로서의 지방자치단체는 국가가 창조한 것이고 공법인격의 내용인 정치적 지배권, 기타 정치적 능력의 행사는 국법이 규정하는 바에 의하며, 이런 의미에서 자치권은 국가로부터 부여받은 것이고 지방자치단체의 고유한 것은 아니라고 주장한다.

## 3) 제도적 보장설

제도적 보장설은 헌법에 지방자치 규정이 있으므로 지방자치가 제도적으로 보장된다는 주장이다. 즉 지방자치의 조직과 운영에 대한 기본 원칙을 헌법에 보장함으로써 법률로는 절대로 파괴할 수 없다는 것이다. 이러한 제도적 보장설은 독일의 바이마르헌법을 그 논거로 하고 있으며, 슈미트(C. Schmidt)에 의하여 확립되었고 오늘날 많은 학자들이 이에 따르고 있다.

우리나라에서도 제도적 장치로서 지방자치제도는 헌법상 자유민주주의 원리

(대한민국 헌법 제8장 제117조, 제118조), 권력분립의 원리, 보완의 원리 및 기본권의 보장을 내용으로 하고 있다(김성호, 1994).

그러나 제도적 보장설은 지방자치권의 보장이라는 소극적 기능을 갖지만, 국법의 입법에 대한 승인을 인정하게 되므로 시대에 따라 변천하는 지방자치제도의 탄력성과 발전이라는 적극적 기능을 해친다는 비판을 받고 있다.


## II. 지방자치의 이념

이념(理念)이란 '이상적인 것으로 여겨지는 생각이나 견해'로 철학적으로 보자면 '순수한 이성에 의하여 얻어지는 최고 개념'을 뜻한다. 영어로 이념은 'ideology'라고 표현되는데, 이는 독일어인 'idea'에서 파생된 단어로 사상이나 관념형태의 내용을 순수하게 내면적으로 이해하는 방법인 '이데아적 견해'에서 파생되었다. 이러한 사전적 의미를 통해 유추해 볼 때 일반적으로 말하는 이념이란 데카르트나 영국의 경험론에서는 인간의 주관적인 의식 내용을 뜻하며 본인의 사회적 존재에 따라 결정되는[2] "의식이 존재를 규정하는 것이 아니라 존재가 의식을 규정한다"라는 유물론적 이해를 바탕으로 출발해야 할 것이다.

이러한 장황한 사전적 이념에 대해서 설명하고 강조하는 것은 우리가 지방자치의 이념이라고 할 때 지칭하는 이념(이상적인 것으로 여겨지는 생각이나 견해)이 단순히 인간 내면의 순수이성에 의한 것이 아닌 사회적 변화와 그에 따른 인간 내면의 요구 및 가치변화에 따른 것이라고 생각해야 하기 때문이다.

이렇듯 이념을 사회적 이데올로기의 개념으로 정의할 때 지방자치가 추구하는 이념은 무엇이며 그것을 나누는 기준과 그에 따른 효용 및 장단점, 더 나아가 그 기저에 깔린 사회적 요구에 대해서 이해하고자 하는 노력이 필요하다.

---

2) Marx, Engels.

## 1. 지방자치와 민주성

지방자치와 민주주의의 상호 관계성에 대한 상이한 두 개의 관점의 검토를 통해 지방자치의 본질을 이해하는 데 한 걸음 더 다가갈 수 있다. 이 상이한 두 가지 주장 중 하나는 지방자치와 민주주의가 상호 밀접한 불가분의 관계라고 주장하는 상관성 긍정론이고, 다른 하나는 지방자치와 민주주의가 관계가 없거나 멀다고 주장하는 상관성 부정론이다.

### 1) 상관성 긍정론

상관성 긍정론은 지방자치와 민주주의를 상호 필연적이며, 상호보완적인 불가결 관계로 보는 주장이다. 즉 지방자치는 민주주의의 필수불가결의 요인으로 작용하며 민주주의를 부단히 육성하고 발전시키는 통치방식이라는 것이다 (최봉기, 2006: 15). 이러한 주장을 하는 대표적인 학자들로는 벤담(J. Bentham), 밀(J. S. Mill), 라스키(H. J. Laski), 토크빌(A. de Tocqueville), 브라이스(J. Bryce), 팬터-브릭(Keith Panter-Brick) 등이 있다.

(1) 방파제설

방파제설이란 지방자치는 전제 또는 독재정치에 대한 방파제 역할을 수행하여 민주주의를 구현하는 것을 말한다. 좀 더 구체적으로 지방자치는 전제 독재정치 시대는 물론 공선(公選)에 의한 중앙정부와 삼권분립이 확립된 현대국가에서도 그 의의가 한층 중요하고 어떤 정치체제에도 적용할 수 있을 뿐만 아니라 국가 전체의 민주화에 기초가 된다는 것이다. 즉 상관성 부정론에서는 공선의 국회와 삼권분립에 의한 중앙정부의 성립에 절대적 보장과 신뢰를 두고 있지만, 방파제설에서는 헌정상의 민주적 형태에 불비점을 인정하고 널리 지방자치를 통하여 민주주의를 실현하고자 하는 것을 말한다(안용식 외, 2006).

## (2) 독립설

독립설은 상관성 부정론에 대한 반론에서 논의를 전개한다. 즉 상관성 부정론은 민주적 중앙정부의 성립에 의하여 지방자치가 소멸할 것을 주장함으로써 민주주의를 지나치게 평등한 획일성에서 찾고 있다는 것이다. 또한 상관성 부정론은 일부 지방 이익의 주장을 반민주주의라고 주장하고 있으나, 독립설은 지방자치에 의한 다양성과 지방적 이익의 주장 가운데 민주주의의 본질이 있다고 주장한다(안용식 외, 2006).

## (3) 지방자치와 민주주의 이념

지방자치는 "지방공공단체를 구성하는 일정지역의 주민이 스스로 또는 대표자를 통해 지역 내의 공동사무를 처리하여 궁극적으로 주민의 복리를 실현하는 것"이라고 앞에서 정의한 바 있다. 이처럼 지방자치는 궁극적으로 주민의 복리를 실현하여 민주주의의 이념과 원칙을 구현하는 제도이며 사상인 것이다.

이러한 지방자치는 자유사상, 평등사상, 인간존엄사상 등의 민주주의 이념과 원칙을 다음과 같이 실천할 수 있다.

첫째, 지방자치는 자유사상을 실천할 수 있다. 지방자치는 중앙의 집권적 통치를 벗어나 지역주민들 스스로 자유의사에 의한 자율통치를 말한다. 따라서 주민들로 하여금 주민들의 자유의사에 기초를 두고, 자신들의 문제에 결정권을 갖고, 책임을 짐으로써 민주주의의 이념 중 하나인 자유사상을 실천할 수 있게 한다.

둘째, 지방자치는 평등사상을 실천할 수 있다. 지방자치는 지방관치행정을 통해 중앙이 지방을 종속관계로 지배해서 나타난 불평등관계로부터 벗어나,

지방자치행정을 통해 지방자치단체가 각자의 의사와 능력을 통해 주민들이 법적, 정치적, 사회적 평등한 대우를 받을 수 있도록 함으로써 평등사상을 누릴 수 있게 한다.

셋째, 지방자치는 인간존엄사상을 실천할 수 있게 한다. 지방자치는 지역 내의 문제를 주민 스스로 처리하기 때문에, 모든 주민들은 자신의 생각과 뜻을 자유로이 제시할 수 있으며, 주민들의 의사는 동등하게 취급받고 존중된다. 이처럼 지방자치는 주민들 개개인의 인격과 가치를 존중하는 인간존엄사상을 실천할 수 있게 한다.

결론적으로 지방자치는 민주주의를 실현하고, 이를 실현하는 민주시민을 양성하는 배움터라고 할 수 있다.

## 2) 상관성 부정론

상관성 부정론은 지방자치와 민주주의는 필연적인 관계가 아니며, 상호 보완적인 불가결한 관계가 아니라는 주장이다. 즉 지방자치는 민주주의와 필연성이 있는 것이 아니라 유럽대륙(대륙계)에서의 역사적 우연으로 보는 것이다. 이러한 주장에는 켈젠(H. Kelsen), 랭그로드(G. Langrod), 벤슨(G. C. S. Benson), 모울린(Moulin) 등이 있다.

### (1) 사적 변모설

사적 변모설이란 지방자치의 사적(私的) 변모에 중점을 두고 있는데, 이는 민주적 중앙정부의 성립에 따라 그 상관성을 상실했다는 입장과 사회·경제 등의 근대화에서 상관성을 부정하는 입장에서 살펴볼 수 있다.

먼저 민주적 중앙정부의 성립에 따라 그 상관성을 상실했다는 주장은 전제군주정 시대에 대항하는 지방자치의 민주적 의의는 충분히 인정되나 공선에 의한 민주적 중앙정부가 성립한 현대 국가에서는 지방자치의 민주적 의의는 상실되고 소멸할 운명에 있다고 보는 주장이다.

다음으로 사회·경제 등의 근대화에서 상관성을 부정하는 주장은 근대화에 의하여 이미 지방자치의 기반인 지방적인 지역사회로서의 성격이 상실되고 행정적으로 오히려 지방자치의 존재가 장애가 된다는 주장이다.

그러나 오늘날에는 민주적 중앙정부의 성립과 사회·경제 등 근대화를 지방자치와 민주주의의 상관성 부정 근거로 보지 않고, 다음의 두 가지 사정의 변화 때문에 민주주의와 지방자치의 상관성이 상실되고 있다고 주장한다. 첫째, 지방자치를 곤란하게 하는 사정 때문이다. 즉 사회·경제 기능의 광역화에 의하여 행·재정 규모의 광역화가 필요해지고, 행정의 균등화 현상과 국가 역할의 증대 등으로 지방자치의 필요성이 반감되고 있다는 것이다. 둘째, 지방자치의 존재 이유를 약하게 하는 사정 때문이다. 일반적으로 행정이 민주화되어, 관료정치에 대립하는 것으로서의 지방자치의 매력이 감소되고 있다는 것이다(안용식 외, 2006).

(2) 한정적 부정설

한정적 부정설은 지방자치가 행해지는 범위 한계에 주목한다. 즉 지방자치와 민주주의의 상관성을 전면적으로 부정하는 것이 아닌, 순수하게 지방적·지역적 문제에 대해서는 결합성을 인정하고, 그 밖의 사항에 대하여 지방자치가 행해지는 것에 강력히 반대하며, 지방적 문제 이외의 사항에 대하여 지방자치를 실시하는 것은 오히려 반민주주의라고 주장한다. 따라서 지방적 문제 이외의 문제에 한정하여 그 상관성을 부정하고 있기 때문에 한정적 부정설이라고 한다(안용식 외, 2006).

## 3) 지방자치의 장단점(민주성을 중심으로)

풀뿌리 민주주의라고 표현되는 지방자치는 도입과 실시에 있어서 동전의 양

면처럼 장점과 단점을 지니게 되는데 그 특징은 다음과 같다.

(1) 지방자치의 장점

지방자치는 먼저, 권력의 집중을 방지할 수 있다. 지방자치는 분권을 전제로 이루어질 수 있는 제도이다. 권력의 집중은 남용될 가능성이 많은데, 지방자치의 실시는 분권을 통해서 집권화된 권력의 횡포를 방지할 수 있다.

둘째, 정치교육을 할 수 있다. 지방자치는 지방의원이나 단체장의 선출, 조례 제정, 개정 및 폐지의 청구, 주민투표 등과 같이 주민이 정치에 참여하는 기회를 제공한다. 정치 참여의 기회는 주민들로 하여금 지역의 공적 문제에 대한 관심을 제고시키고 이것들에 대해 생각하고 토론하게 만드는 계기를 마련한다. 이러한 정치교육을 통해 민주주의를 발전시킨다.

셋째, 정치인의 교육과 훈련이 가능하다. 정치인은 지방자치를 통해 정치에 대한 교육과 훈련의 기회를 갖게 되고, 지방에서 쌓은 경험과 기술은 중앙정치에 진출할 수 있는 역량이 된다. 또한 유권자의 입장에서는 정치인의 능력과 자질을 검증할 수 있는 기회가 된다.

넷째, 민주적 사회로 발전할 수 있다. 지방자치가 실시되면 각종 선거와 투표 등으로 정치 참여의 기회가 확대되어 사회적인 불만과 요구를 반영시킬 기회가 많아진다. 따라서 지방자치는 급진적인 정치적 변화를 피하고 사회를 점진적이고 민주적으로 변화·발전시키는 데 꼭 필요한 제도이다.

(2) 지방자치제도의 단점

지방자치는 첫째, 지역이기주의를 심화시킬 우려가 있다. 지방자치는 일정 지역을 기반으로 행정이 이루어지기 때문에 편협한 지방적 이해관계를 강화하게 되어 쓰레기 소각장, 장애인 시설, 노숙자 시설, 화장터, 교도소와 같이 많은 주민들이 혐오하는 특정한 시설의 설립을 반대하는 NIMBY현상이나, 학교·은행·공원 등의 특정 시설의 설립만을 선호하는 PIMFY현상과 같은 집단이기주의 내지 지역이기주의를 심화 할 수 있다.

둘째, 지역갈등이 고조될 수 있다. 지방자치를 통해 지역주민들은 자기 지역의 문제에 대한 관심과 협력으로 문제를 해결하다 보면, 지역 간의 선의의 경쟁이 자칫 지역 간 감정대립으로 비화될 수 있다. 또한 지역 간의 견해 차이에 따른 대립이 지방자치를 통해 더욱 악화될 우려가 있다.

셋째, 소수 엘리트에 의한 독선이 나타날 수 있다. 이상적인 지방자치를 위해서는 주민들의 적극적인 참여와 협력이 필요한데, 주민의 참여와 협력이 저조할 경우 지역의 소수 엘리트에 의한 지역의 문제 결정 및 처리와 같은 독선이 나타날 수 있다.

넷째, 폐쇄적 지방주의가 나타날 수 있다. 지방자치의 중요한 이념인 자율성과 주체성을 지나치게 강조하여, 지역적 특수성만 강조하게 되면 우물 안의 개구리가 될 수 있다. 즉 지나친 지방주의는 무한경쟁시대의 오늘날 지역의 역량을 떨어뜨리고, 지역발전을 방해할 뿐만 아니라 나아가 지방자치의 발전을 저해하게 된다.

<표 1-1-4> 지방자치와 민주성

| 비 교 | 장 점 | 단 점 |
|---|---|---|
| 특 성 | 1. 권력 집중 방지<br>2. 정치 교육<br>3. 정치인의 교육과 훈련<br>4. 민주적 사회 발전 | 1. 지역이기주의<br>2. 지역갈등<br>3. 소수 엘리트의 독선<br>4. 폐쇄적 지방주의 |
| 사 례 | 청주시의회의 행정 정보공개조례 제정3) | 부안 방사능폐기장 유치의 백지화4) |

---

3) 1991년 지방자치의 부활과 더불어 구성된 청주시의회에서 주민의 알 권리를 보장하고 책임 행정의 진작을 통하여 주민복지의 증진과 민주적인 시정 발전에 기여함을 목적으로 제정(한국행정연구원, 1992: 92).

4) 2003년 7월 전북 부안군수가 위도에 방사성폐기물 관리시설을 유치한다고 발표하였으나 주민들과 단 한 차례의 의견수렴 과정도 거치지 않은 채 군의회의 반대결정도 무시하고 원전수거시설 단독 유치신청을 한 것은 민주주의(지방자치의 본질)를 짓밟는 처사.

## 2. 지방자치와 효율성

지방자치의 본질을 이해하기 위해서는 지방자치와 효율성에 대한 검토가 필요하다. 개념적으로 지방자치의 궁극적 목적은 주민의 복리실현이라 할 수 있기 때문에 민간 부문에서 제기되는 효율성의 개념과는 상이하다. 이는 민간 부문에서는 사적 이윤 증대가 그 목적이지만, 지방정부는 사적 이윤 증대보다는 공익을 추구하며 공익을 위해 정책을 결정하고 집행하기 때문이다.

이렇게 지방정부와 민간 부문의 운영원리가 근본적으로 상이함에도 불구하고 민간 부문에서와 같은 효율성의 개념이 중요한 것은 지방정부에 있어서도 인사행정, 조직행정, 재무행정 등의 분야에서 효율적인 관리 과정이 빠뜨릴 수 없는 중요한 기본적 기능이기 때문이다.

### 1) 지방자치의 효율성

#### (1) 맞춤형 행정 서비스

지방자치는 다양한 지역적 특성과 주민들의 요구에 적절하게 부응할 수 있는 행정을 가능하게 한다. 다시 말해 지역사회의 생태적·문화적 차이에 따라 발생하는 지역의 특수성·다원성의 이해를 통해 중앙정부가 지방행정수요를 일일이 파악하고 처리할 수 없는 한계를 극복하고, 나아가 맞춤형 행정 서비스를 가능하게 한다.

#### (2) 신속한 지역문제 처리

지방자치는 기존의 중앙집권적 통제 관리에서 벗어나 주민의 행정수요에 민감·신속하게 반응할 수 있다. 또한 중앙과 지방의 상호 협력적인 분업체계를 통한 기능적 분화로 중앙정부는 국가 전체에 이해관계를 가진 행정에 전념할 수 있고, 지방정부는 지역문제에 전념함으로써 신속한 처리를 할 수 있게 된다. 이는 궁극적으로 국가 전체적인 행정의 효율을 증진시킨다.

### (3) 지방공무원의 발전

지방자치는 지방공무원들의 사기를 증진시키고 그들의 능력을 발전시킨다. 지방자치를 통한 지방의회의 구성과 의원들의 행정사무에 대한 조사 및 감사 활동과 지역주민들의 통제 및 감독을 통해 지방공무원들은 자기 업무에 대한 전문가적 자질함양을 자극·촉진시키게 된다. 또한 지방분권에 따른 지방공무원들의 재량권 증대는 지방공무원들의 역량과 책임을 향상시켜 궁극적으로 지방공무원들을 발전시키게 된다.

### (4) 예산 절감과 효용 극대화

지방자치는 지역주민이 직·간접적으로 예산의 편성 및 지출 과정을 가까이에서 감시 및 통제하기 때문에 예산의 낭비를 줄일 수 있다. 또한 주민들은 자신의 세금이 낭비 또는 오용되는 것을 원치 않기 때문에 신중한 예산의 결정 및 집행을 원하고 이는 궁극적으로 예산의 절감과 효용의 극대화를 얻을 수 있다.

### (5) 지역행정 서비스의 향상

지역주민은 지방자치를 통한 공공 서비스를 구매하는 고객이며 소비자이다. 따라서 공공 서비스의 만족은 지방자치단체장이나 지방의원을 선택할 때 가장 중요한 기준이 된다. 즉 지방자치단체장이나 지방의원은 고객인 지역주민에게 품질 좋은 행정 서비스를 제공하기 위해 경쟁하게 되고 나아가 지역행정 서비스의 향상을 이끌어 낸다.

행정적 측면에서 지방자치를 통해 얻는 유용성은 지방자치의 효율성에 대한 논의로 이해할 수 있다. 모든 조직의 행정 과정에 있어 효율성은 중요한 가치이나 지방자치의 궁극적 목적이 주민의 복리실현인 만큼 민간부문의 효율성과는 상이한 개념이라는 것을 명심해야 한다. 요컨대, 행정적 측면에서 지방자치의 유용성은 국가−지방사무의 분업과 독자적 자치행정권을 향유함에 따른 효율적 공공 서비스 제공을 뜻한다.

지방자치의 사회·경제적인 근거는 중앙정부가 지방정부보다 비효율적이기 때문이다. 물론 반드시 중앙정부가 지방정부보다 비효율적인 것은 아니지만, 경제학적 판정에서 중앙정부는 지방정부보다 비효율적이다. 흔히 말하는 'Near is better'의 원칙으로 이 같은 주장의 경제학적 근거는 오츠(Oates, 1972)의 분권화정리5)나 티부(Tiebout)모형6)을 통해 설명할 수 있다. 오츠와 티부의 이론은 각 지방정부가 독립적인 판단에 의해 그 지역에 공공재를 공급하는 것이 지역 고유의 특성을 잘 알지 못하는 중앙정부에 의한 획일적인 공급보다 효율적일 수 있는 것이다. 이러한 경제학적 관점에서 지방자치는 공공재의 효율적 공급 및 지역특성에 맞는 서비스 제공을 통한 효율성을 제고할 수 있으나, 현실적으로 경제이론에서 제시하는 많은 가정들이 준수되지 않으므로 그 한계를 가지기도 한다.

## 2) 지방자치의 비효율성

### (1) 비효율 행정

지방자치는 중앙정부와 지방정부 또는 광역정부와 기초정부 간의 기능배분이 분명하지 못하면, 중앙정부와 지방정부 간 또는 광역정부와 기초정부 간에 중복행정 내지 이중행정이 되어서 자원을 낭비 또는 오용할 우려가 있다. 그리고 행정 수준이나 기술 수준에 있어서 각종 자원의 부족, 권력의 한계 등의

---

5) 지역공공재의 생산을 어느 단계의 정부가 담당하든 동일한 비용이 들어갈 경우, 각 지방정부가 스스로의 판단에 의해 그 지역에 적정한 양의 지역공공재를 공급하는 것이 중앙정부에 의한 공급보다는 효율적이다.

6) 다수의 지방정부로 구성되어 있는 나라가 있다고 가정할 때, 이 나라의 각 지방정부가 지역주민의 선호에 따라 지방세와 지방공공재의 공급 수준을 결정하고 개인의 지역 간 완전이동성이 보장된다면 각 지역에서 지방공공재가 최적 수준으로 공급될 뿐만 아니라 국민들은 효율적으로 거주지를 결정하게 된다.

이유로 지방정부가 중앙정부보다 불가피하게 열등할 수밖에 없다.

(2) 국가행정의 통일성 및 효율성 저해

중앙정부의 권한이 지방정부로 분산(이양)되는 과정중에 나타나는 행정의 중복·혼란 현상은 효과적이고 일관된 정책집행을 어렵게 하고, 전국적 규모의 각종 개발계획 또는 경제사회적 발전을 위한 정책 및 법률 등 국가행정의 통일성 및 효율성을 저해한다.

(3) 무기력한 지방행정

전통적인 지방행정은 투입 요소와 행정절차에 있어서 명령과 통제를 중심으로 행정을 수행해 왔다. 즉 지방정부는 목표에 의한 행정이 아닌 규칙과 예산에 의한 운영을 하게 된다. 물론 규칙과 예산은 행정의 오용, 남용 등의 부정적인 측면을 방지할 수 있지만, 창의적이고 생산적인 행정의 결과를 방해하거나 지방정부를 무기력하게 만들 수 있다.

(4) 지역 간 불균등

지방자치는 지역의 행정을 주민 스스로 처리하기 때문에, 국가적으로 일정한 수준을 유지해야 할 행정 서비스가 지방자치단체의 재정력 격차로 행정 서비스를 제공하지 못하거나 미약할 경우 지역 간 불균등이 발생하게 된다. 또한 지방자치단체 간 재정력 격차의 심화는 행정 서비스 제공의 불균등뿐만 아니라 도시이탈, 상대적 소외감 등 심각한 사회문제를 발생시킬 우려가 있다.

<표 1-1-5> 지방자치와 효율성

| 비 교 | 장 점 | 단 점 |
|---|---|---|
| 특 성 | 1. 맞춤형 행정 서비스<br>2. 신속한 지역문제 처리<br>3. 지방공무원의 발전<br>4. 예산 절감과 효용 극대화<br>5. 지역행정 서비스의 향상 | 1. 비효율 행정<br>2. 국가행정의 통일성 및 효율성 저해<br>3. 무기력한 지방행정<br>4. 지역 간 불균등 |
| 사 례 | * 강원도 인제군의 출산 보조금[7]<br>* 인천광역시의 출산장려 보육료 지급[8] | * 허술한 환경오염 단속 실태[9] |

## III. 지방자치의 구성과 유형

### 1. 지방자치의 구성요소

지방자치의 실체를 구성하는 단위를 지방자치의 구성요소라고 할 수 있는데, 여기서는 지방자치의 주체 요소와 객체 요소로 구분(강용기, 2008: 34~37)한다.

### 1) 지방자치의 주체 요소

지방자치의 주체(主體)라 함은 지방자치 과정에서 의사결정력을 행사하고, 그를 통해 특정한 이익을 실현하고자 하는 의사 능력과 행위 능력의 주체를

---

7) 강원도 인제군의 의회에 제안에 따라 농어축산 전업 가정의 임산부에게 보조금을 지급하고 있음, 1997년부터 1인당 10만 원씩 35명을 지원했고, 1998년에는 20만 원씩 40명에게 전달하였으며, 늘어나는 수요에 발맞춰 보조금과 수혜자가 증가함.

8) 인천광역시는 2004년부터 3명 이상의 자녀를 둔 가정에 5세까지 1인당 매달 24만 3천원의 출산 장려 보육료를 지급.

9) 2001년 감사원의 감사에 따르면 지난 5년간 폐수배출 업소의 수는 2.3배가 증가했지만, 점검 인원은 업소당 2.53명에서 1.51명으로 오히려 줄어들어 실질적인 단속이 이루어지지 않는 것으로 분석.

의미한다. 여기서는 국가, 지방자치단체, 주민을 지방자치의 의사 능력과 행위 능력의 주체로 파악하고자 한다.

## (1) 국가(중앙정부)

지방자치에서 국가(國家, state, nation)는 지방과는 독립된 실체이지만, 지방과 관련된 의사결정에 항상 관여하여 나름대로의 의사결정권을 가진다. 국가는 지방의 전체적 연합체로서 지방자치의 문제는 항상 국가의 의사와 이익과 연관되어 존재한다. 따라서 지방자치와 관련된 의사결정에서 국가의 존재가 무시될 수는 없다.

국가와 유사한 의미로 중앙정부(central government) 혹은 그냥 정부(government)라는 용어를 사용하기도 한다. 특히 우리나라나 일본의 지방자치법에서 사용하는 '국가'라는 개념은 실질적으로 '중앙정부'와 동일한 의미로 사용된다.

## (2) 지방자치단체(지방정부)

지방자치단체(地方自治團體, local state, local government, local authority)는 지방자치를 수행하는 기본 단위이며, 지방자치의 법적인 권리와 의무의 주체이다.

지방자치단체는 주민, 구역, 자치권을 기본 요소로 형성된 법인격을 갖는 지역의 공공단체라는 면에서 국가 내의 부분 영토에 형성된 지방 국가(local state)적 성격을 가지고 있다. 이 밖에도 지방자체단체는 국가 내의 부분 영토에 형성된 주민들의 주권을 위임받은 통치기구라는 의미의 지방정부(local government)로 이해되기도 한다. 또한 가장 좁은 의미로 지방자치단체를 '지방자치단체장을 중심으로 한 지방행정부 혹은 집행부'로 인식하기도 한다.

우리나라의 경우 법·제도적 측면에서는 지방자치단체라는 용어를, 정치·경제 등의 영역에서는 지방정부라는 용어를 주로 쓴다. 우리나라 헌법이나 지방자치법은 지방자치단체라는 용어를 사용하고 있는데, 여기서 지방자치단체는 통상 지방정부와 동일 개념으로 이해된다.

### (3) 주민(시민)

주민(住民, citizen, resident)은 지방자치의 실질적 주체이며 주권자이다. 지방자치법상 주민은 해당 주소지에 주민등록이 되어 있어야 한다. 주민은 또한 지방자치단체가 제공하는 행정 혜택을 받을 권리를 가지며, 그에 따른 의무도 부담한다. 주민은 개별적 지위로서 혹은 주민집단으로서 다양한 방식으로 참여할 수 있으며, 국가와 지방자치단체에 의사결정권을 행사할 수 있는 독자적인 의사결정과 행위의 주체이다.

주민이란 용어 대신으로 시민이란 표현을 쓰기도 한다. 주민은 헌법 · 지방자치법상에 규정된 법 · 제도적 의미를 가지며, 시민은 근대 시민사회의 성립과 함께 형성된 정치적 개념으로 근대 민주국가에서 주권자라는 역사적 · 정치적 의미를 내면에 지니고 있다.

## 2) 지방자치의 객체 요소

지방자치의 객체(客體)란 지방자치의 주체들이 추구하는 대상에 관한 것이다. 지방자치의 행위자인 국가, 지방자치단체(지방정부), 주민(시민)은 궁극적으로 지역의 문제를 해결해 주민의 복지와 이익을 향상시키고자 노력한다.

### (1) 지역문제

지역문제(local problem)는 지방자치가 담당하는 고유 사무의 영역이다. 지방자치는 이러한 지방적 사무, 지역의 문제를 해결하고자 한다. 지역의 거리를 편리하게 만들고, 가로등을 관리하며, 청소를 하고, 공원을 관리한다. 또한 지역의 경제와 주민의 복지에 대해 고민하고 지역의 문화를 발전시키고자 노력하는 것이다.

지방의 사무는 국가나 중앙정부가 관여해 해결하는 것보다는 일상생활 속에서 경험하고 문제를 느끼고 있는 지방주민에게 맡겨 처리하는 것이 효과적이다. 지방자치는 거시적이고 국가적인 사무에 관여하기를 원하는 것이 아니다. 우리 자신의 문제, 우리 동네의 문제를 우리 자신이 주도해 처리하고자 하는 것이다.

(2) 주민복리

지방자치는 궁극적으로 행복한 지역 만들기를 추구한다. 우리나라 헌법에는 인간의 존엄과 가치 행복추구권을 보장하고 있다. 지방자치는 주민 스스로 참여와 노력에 의해 행복한 지역을 만들려고 노력한다. 주민이 행복하기 위해서는 제도적이고 평화적으로 갈등을 해결할 수 있는 합리적 통치 시스템구축과 지역경제와 문화의 발전 및 여타 지역복지 여건이 충족되어야 한다. 또한 지역주민이 거주할 수 있는 쾌적한 거주공간과 환경이 정비되어야 한다.

그러나 지방마다 지리적 여건이 다르고, 경제적·재정적·사회문화적 배경이 다르기 때문에 살기 좋은 지방, 살고자 모이는 지방이 있는가 하면, 살기 힘든 지방, 떠나가는 지방이 있을 수 있다. 그러나 이러한 현실 속에서도 주민이 필요로 하는 여건, 주민이 좀 더 행복할 수 있는 환경을 만들기 위해 최선을 다하는 것이 지방자치의 궁극적 존재 이유라 할 것이다.


2. 지방자치의 유형


지방자치의 개념을 좀 더 구체적으로 이해하기 위해서는 지방자치제도의 역사적 발전과정에 따라 유럽에서 형성되어 영국을 중심으로 발달된 주민자치와 프랑스와 독일을 중심으로 발달된 단체자치 이 두 가지 형태의 자치제도를 살펴봐야 한다. 다만 오늘날에 이르러 실제로 주민자치와 단체자치가 명확하게 구분되는 것은 아니고, 양자의 장점을 조화시켜, 상호 협력적인 방향으로 나가려는 노력이 나타나고 있다.

## 1) 주민자치와 단체자치의 의의

### (1) 주민자치(민주화): 영미형

주민자치란 지방의 행정을 그 지방주민의 참여와 의사에 기초하여 그들의 판단과 책임에 의해 처리하는 것을 말한다. 이때 주민은 직접 스스로의 의사를 실현하거나 대표자를 선출하여 이들에게 행정 처리를 맡기기도 한다.

이러한 주민자치는 영미 지역에서 발달하였다. 역사적으로 영미 지역은 중앙정부보다 지방정부가 먼저 발달하였으며, 따라서 지방의 사무는 당연히 지방정부가 이를 처리하는 것으로 정착되었다. 이로 인해 지방사무에 대한 중앙정부의 관여나 개입은 당연히 고려되지 않았고, 제도적으로도 지방정부가 존재하는 곳에 유사한 업무를 관장하는 중앙정부의 지방행정기관이 공존하는 일은 없었다.

### (2) 단체자치(분권화): 대륙형(독일·프랑스 등)

단체자치란 국가로부터 독립된 인격을 인정받은 지역적 단체가 국가 내부에 일정 지역을 자신의 권능과 책임 아래 원칙적으로 국가의 간섭과 감독을 받지 않고 행정을 처리하는 것을 말한다.

이러한 단체자치는 강력한 통치권을 가진 독일·프랑스 등의 대륙계형 국가에서 발달하였다. 유럽의 국가들은 대개 중앙집권적 정치체제를 가지고 있었다. 그래서 정치적 권력은 중앙정부에 속하는 것으로 간주되었으며 지방사무의 처리도 원칙적으로 중앙정부의 소관사항이었다. 그러나 국가는 공간적으로 떨어져 있고, 지역에 따라 여건이 다른 지방의 사무를 효율적으로 처리하기 위해서 일정한 범위의 권리와 책임을 지방정부에 부여하지 않을 수 없었다. 따라서 단체자치 아래서 지방자치단체가 수행하는 자치사무는 국가로부터 부여된 것이다.

## 2) 주민자치와 단체자치의 비교

주민자치와 단체자치는 핵심이념, 자치권에 대한 인식, 지방사무의 처리 경향, 권한 부여 방법, 감독 방법, 권한 배분, 기관 구성, 국가공무원의 배치 등에서 상이한 측면이 있다.

첫째, 주민자치는 지방정부가 주민과의 관계에서 지방의 문제를 주민과 협의하여 주민의 의사에 따라 처리하는 '민주화'가 핵심이념인 반면에, 단체자치는 국가와의 관계에서 일정한 독립적인 지위에서 그 지방의 문제를 자주적으로 처리하는 '분권화'가 핵심이념이다.

둘째, 자치권에 대한 인식에 있어서 주민자치는 주민 스스로의 처리가 당연하며, 국가 성립 이전부터 존재했다고 바라보는 반면에, 단체자치는 중앙정부의 필요에 따라 국가에서 주어지는 권리로 바라보았다.

셋째, 지방정부의 사무에 대해서 주민자치는 중앙에 의지하지 않고, 주민 스스로 또는 대표자에 의해 사무 처리를 하지만, 단체자치는 국가와 별개의 법인격을 갖는 지방단체가 자율적으로 사무 처리를 한다.

넷째, 권한 부여 방법에 있어서 주민자치는 권한의 범위가 법이 지정하는 기능에 한정되어 있는 개별적 지정(specific grant)주의인 반면에, 단체자치는 국가나 다른 단체의 권한 외에 자방자치단체와 관계있는 사무를 처리할 수 있는 포괄적 위임(grant of general powers)주의이다.

다섯째, 감독 방법에 있어서 주민자치는 입법적 통제와 사법적 통제가 주된 통제의 방식이 되어서 자치권을 강하게 보장하는 반면에, 단체자치는 입법적 통제와 사법적 통제가 아닌 허가·명령·취소 등의 행정적 통제 수단을 이용하여 지방자치단체에 관여하므로 자치권에 대한 제약이 크다.

여섯째, 권한 배분에 있어서 주민자치는 법률에 의해 권한이 명시적·한시적으로 규정되어 사무를 자주적으로 처리할 수 있는 재량권의 범위가 큰 데 비하여, 단체자치는 권한 한계가 불명확하여 권한상의 마찰과 중복이 많다.

일곱째, 기관의 구성에 있어서 주민자치는 대체로 의결기관과 집행기관이 통합된 기관통합형을 채택하여 지방의회가 입법과 집행을 책임지는 반면에, 단체자치는 의결기관과 집행기관이 분리된 기관분립형을 채택하여 지방의회가 입법을 집행기관은 집행을 책임지고 있다.

<표 1-1-6> 주민자치와 단체자치의 차이

| | 주민자치 | 단체자치 |
|---|---|---|
| 핵심이념 | 민주화 | 분권화 |
| 자치권에 대한 인식 | 국가 성립 이전부터 존재 | 국가에서 주어진 권리 |
| 지방사무 처리 경향 | 주민 스스로(대표자) 사무 처리 | 자율적 사무 처리 |
| 권한 부여 방법 | 개별적 지정(specific grant)주의 | 포괄적 위임 (grant of general powers)주의 |
| 감독 방법 | 입법·사법적 통제 | 허가·명령·취소 등의 수단 |
| 권한 배분 | 법률에 의해 권한 규정 | 권한의 한계가 불명확 |
| 기관 구성 | 기관통합형 | 기관분립형 |

## 3) 주민자치와 단체자치의 조화

세상의 모든 제도에는 기회비용이 있게 마련이다. 주민자치의 전통이 강한 영미 지역도 지방적 사무가 전국적 사무화됨에 따라 중앙정부의 지방자치단체에 대한 행정적 통제의 필요성이 강화되므로 단체자치적 요소의 도입이 필요하며, 관료주의적 절대군주제 국가에서 생성 및 발전된 단체자치도 중앙정부와 지방정부가 모두 민주적 성향을 갖게 됨에 따라 양자 간에 동질성을 유지하게 되어 중앙정부가 지방자치단체를 통제할 필요성이 약화되고, 주민 참여의 증대를 통해 주민자치적 요소의 도입이 필요하다.

다시 말해서 주민들의 정치적 참여와 행정에 대한 통제에 있어 지방자치단체라는 법인격을 갖는 지방자치단체는 주민 없이 존재할 수도 구성되어 운영될수도 없다. 즉 완전한 지방자치는 주민의 참여를 강조하는 주민자치와 중앙정부로부터의 독립을 강조하는 단체자치의 조화와 균형을 통해서 실현될 수 있다.

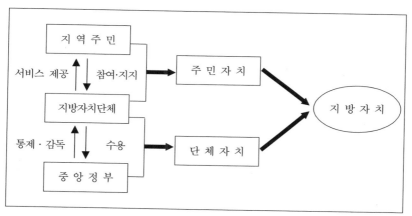

<그림 1-1-1> 주민자치와 단체자치의 조화

# 제2장 외국의 지방자치와 우리나라 지방자치의 역사

## Ⅰ. 외국의 지방자치

### 1. 지방자치 유형에 따른 분류

#### 1) 영국형

영국을 위시하여 영국에서 이민하여 나라를 구성한 캐나다, 호주, 뉴질랜드, 남아프리카공화국 등과 과거 대영제국의 식민지였던 인도, 파키스탄, 스리랑카, 말레이시아, 미얀마, 수단 등이 이 유형에 속하는데 이 경우에도 구 영국 식민지국가들은 제2차 대전 후 영국의 영향에도 불구하고 중앙집권적 관치의 색채가 강한 나름대로의 전통을 갖고 있다.

영국형의 특징은 다음과 같다.

첫째, 주민자치의 관념이 정착화 되어 있거나 그것을 지향한다.

둘째, 자치사무와 위임사무의 구별 없이 지방정부가 그 지역 내의 대부분의 공공사무를 결정·집행한다.

셋째, 지방의회가 자치행정의 중심이 되고 모든 권한이 지방의회에 속한다.

넷째, 지방의회는 의결기관인 동시에 집행기관으로서 의결과 집행이 통합되어 있다.

다섯째, 지방의회의 각 위원회가 의회의 예비심사기관으로서 뿐만 아니라 의회에서 의결된 사항의 집행을 담당한다.

여섯째, 따라서 집행기관이 따로 존재하기보다는 각 국장은 각 소관위원회의 지휘에 따라 행정을 집행하며 책임도 소관위원회에 대해서 진다.

일곱째, 시장은 있으나 행정수반이 아니고 시를 의례적으로 대표하는 상징적 존재에 불과하다.

여덟째, 중앙정부의 감독이 권력적 감독보다는 대등한 입장에서 상호 협동하며, 기술적 서비스 제공 등에 치중한다.

## 2) 미국형

미국을 위시한 필리핀, 일본, 독일의 일부 등이 포함되는 유형인데, 이 유형의 기원은 영국계로서 초기엔 영국제도를 그대로 답습했으나 세월이 지남에 따라 미국 특유의 제도를 개발한 것이다. 미국형의 특징은 다음과 같다.

첫째, 지방자치에 관한 기본관념은 영국형과 마찬가지로 넓은 범위의 지방분권주의, 높은 주민참여, 의회중심주의이다.

둘째, 권력분립주의에 입각한 의회와 장의 분리, 즉 기관대립형이 채택되어 있다.

셋째, 의원과 장을 모두 주민이 직선한다.

넷째, 장 이외의 집행기관을 다수 직선한다.

다섯째, 직접 민주주의제도, 즉 주민발안, 주민표결 및 공직자의 소환제가 채택되어 있다.

## 3) 독일형

독일을 위시하여 오스트리아, 스위스, 벨기에, 네덜란드, 룩셈부르크 등이 이 유형에 속하는데, 독일도 제2차 대전 이후에 점령국의 영향을 받아 전통적 독일식에 영국, 미국, 프랑스식이 많이 가미되어 있음을 알 수 있다. 특히 전후 독일은 연방제의 채택으로 각 주가 지방자치제도를 독자적으로 채택함으로써 종래의 획일성이 없어지고 상당히 다양한 특색을 갖는 제도로 변모하였다. 그러나 이러한 제도상, 외형상 차이에도 불구하고 기본관념과 근본적 제도에는 큰 변화가 없다. 독일형의 특징은 다음과 같다.

첫째, 기초자치단체인 시·읍·면(Gemeinde)은 따로 규정하지 않는 한 주민의 일반적 이익을 위하여 필요한 모든 사항을 처리할 수 있도록 비교적 넓게 지방분권이 되어 있다.

둘째, 지방자치단체에 대한 권한부여방법은 포괄적 위탁주의를 채택하고 있다.

셋째, 중앙정부의 감독·통제는 최소한에 그치고 있으며, 자치사무에 대해서는 위법성의 감독에 그친다.

넷째, 집행기관의 구성이 독특한데 의회가 선출한 행정위원회(magistrate)가 의회의 통솔하에 행정집행의 책임을 지며, 대부분의 경우 시·읍·면장은 의례적인 명예직이다.

다섯째, 지방자치단체의 사무는 국가사무와 자치사무로 구별되며, 국가사무는 중앙정부가 자치단체의 집행기관에 위임하여 처리한다.

여섯째, 지방행정에 주민이 참여할 수 있는 폭이 넓고 지방분권의 범위도 비교적 넓어 주민자치와 단체자치의 요소가 가장 잘 결합되어 있는 제도라 하겠다.

## 4) 소련형

이 유형은 소련을 위시하여 폴란드, 불가리아, 유고슬라비아 등 기존의 동유럽국가와 쿠바, 베트남 등이 속한다. 중요한 것은 형식상으로는 지방행정이 인민에 의하여 선출된 대통령으로 구성되는 지방소비에트 또는 인민위원회(일종의 지방의회)에 의하여 통치되는 것으로 되어 있으나 실제 운영 면에서는 이른바 민주적 중앙집권제(democratic)를 채택하고 있는 공산당의 지휘와 지도하에 있기 때문에 상급소비에트 집행위원회의 지휘·감독을 받고 있어 지방자치가 아닌 중앙통제임을 알 수 있다. 소련형 특징은 다음과 같다.

첫째, 인민의 대표기관이라고 하는 지방소비에트(인민위원회)는 명목상의 존재이며, 모든 사항은 민주적 중앙집권제에 의해 공산당이 통제·지배한다.

둘째, 하급지방행정기관이 상급기관의 지시·감독 하에서 움직이는 까닭에 독자적인 의사결정권이 없는 완전한 계층제적 중앙집권이 형성되고 있다.

셋째, 모든 공직선거에 있어서 공산당의 추천을 받은 단일후보자에게 표를 던진다.

넷째, 기관대립형이 아닌 형식적으로는 인민이 직선한 인민위원회를 정점으로 하여 권력 통합주의를 채택하고 있다.

다섯째, 다수위원으로 구성되는 소비에트 또는 인민위원회는 명목상의 존재에 지나지 않고 인민위원회가 선임하는 집행위원회 또는 집행위원회 간부회(의장, 부의장, 서기 등 소수로 구성)의 지휘 하에 각 부문별 행정위원회가 거의 모든 사항을 집행한다.

## 2. 미국의 지방자치

미국에 있어 지방자치단체는 주의 창조물(Creature of The State)이며, 따라서 주마다 지방자치의 유형이 다르다.

### 1) 미국 지방자치의 역사

(1) 식민지 시대

1607년 버지니아에 영국의 식민지가 최초로 형성되면서 미국의 역사는 시작되었다. 이후 17세기 초부터 18세기 초반까지 13개 주[10]의 식민지가 형성되면서 식민지 시대가 시작되었고, 각각의 주는 종주국이었던 당시 영국의 지방자치제도를 모방하여 자치적 생활을 시작하였다. 이 당시, 이들 13개 주를 통틀어 24개의 시가 존재하였고, 이들 시는 인구나 규모에 의해 인정되기보다는 헌장 또는 특허장에 의해 자격이 부여되었다. 식민지 시대의 지방자치는 영국의 제도를 모방하는 형태가 일반적이었으며, 시의 자치는 자율성과 독립성을 띠지 못하였다.

(2) 독립과 자치제도의 형성

당시 영국은 프랑스와의 전쟁이 끝나지 않아 식민지의 반란을 미연에 방지하기 위해 신생식민지에 대해 강력한 통치권을 수행하지 않고 형식적인 자치형태와 타운으로 한정된 실질적 자치를 부여하였다. 프랑스와의 전쟁이 종결되자 영국은 식민지에 대한 통제를 강화하기 시작하였다. 반면, 프랑스와의 전쟁을 겪으면서 식민지 미국은 영국에 대한 의존도가 낮아지고 외국과의 무역 및 자치정부 운영에 대한 자유에 익숙해져 식민지민들의 의식이 변화하기 시작했다. 그러한 의식의 변화를 바탕으로 영국인, 영국의 식민이라는 의식에서 미국인으로의 자각이 생겨나기 시작했고, 무역과 경제에 관한 영국의 통제에 반발하기 시작했다.

1773년 '보스턴 차사건'을 계기로 영국과 미국은 극도의 대립상황으로 치닫게 되어 결국 1775년 미국의 독립전쟁이 시작되었다. 1776년 7월 4일 제2차 대륙회의 중 독립선언문을 채택하고, 독립전쟁을 승리로 이끌고 1783년 파리 조약으로 미국은 독립국가로 인정받게 되었다. 1776년 독립 이후 미국의 지방자치제도는 민주적으로 재편성되어 영국의 모방에서부터 탈피하여 독자적인 지방자치제도를 형성하기 시작했다. 삼권분립, 견제와 균형의 원칙 등이 지배적 원리로 채택되었고, 선거권과 피선거권이 확정되었다. 이 시기에 가장 대표적인 변화인 '잭슨 민주주의'의 탄생(1828년)은 잭슨 대통령의 강력한 정치

---

10) 13개 주는 버지니아, 매사추세츠, 메릴랜드, 로드아일랜드, 코네티컷, 뉴햄프셔, 노스캐롤라이나, 사우스캐롤라이나, 뉴욕, 뉴저지, 펜실베이니아, 델라웨어, 조지아 등이다.

개혁으로 시민적 평등과 기회의 균등이라는 원칙을 낳았다.

## (3) 남북전쟁과 연방정부의 강화

남북전쟁의 주권 원인으로는 노예제를 포함한 경제적 이해관계를 꿈을 수 있겠지만 합중국이라는 정부형태와 주의 자치에 대한 해석적 견해 차이도 존재하였다. 북부인들은 미합중국을 국민의 창조물로 보아 분열될 수 없는 대상으로 여겨 각 주는 연방법을 준수해야 하며 합중국에서 탈퇴할 수 없다고 생각하였다. 반대로 남부인들은 합중국 형태는 각 주 간의 협약일 뿐, 만약 각 주가 연방법에 동의하지 않을 경우에는 그 법을 준수하지 않거나 연방을 탈퇴할 수 있는 권리가 있다고 생각하였다. 연방에 대한 주의 도전이라고 할 수 있는 남북전쟁은 남부의 패배로 막을 내렸고 관대한 남부 재건안[11]은 묵살됐다. 이에 남부는 북부의 식민지 형태로 전락하게 되었다. 이후 주정부에 대한 연방정부의 권한강화가 본격적으로 등장하게 된 것은 세계대전 시기로 제1차 세계대전, 제2차 세계대전을 겪으면서 연방정부가 주정부를 이끌게 되었다.

## (4) 신연방주의

제2차 세계대전을 겪으면서 급속도로 강화된 연방정부의 권한은 1960년대 이후 시련을 맞이하게 되었다. 연방정부에 의한 중앙집권적 현상은 행정의 효율성을 제고시킨 반면, '거대한 정부'의 폐해를 드러냈다. 특히 1970년대 오일쇼크를 동반한 심각한 인플레이션은 연방정부의 재정 면에 심각한 우려를 가져왔고, 연방정부의 위상이 변화할 필요가 있음을 인식하게 되었다. 연방정부의 정치형태를 탈피하기 위한 첫 시도는 닉슨에 의해 있었으나 워터게이트 사건으로 실패하였다. 그 후 레이건이 신보수주의 정책의 일환으로 내세운 신연방주의인 '레이거노믹스'라는 강력한 경제정책은 미국경제의 부흥을 가져왔고

---

11) 링컨은 남부에 관대한 재건안을 마련하였으나, 그가 1865년 4월 14일, 남부군 지지자 부스에게 암살되어 공화당의 강경파가 남부에 대한 압박정책을 실시하게 되는 계기가 되었다.

신지방분권 정책으로 평가되고 있다.

## 2) 미국의 연방제도

### (1) 연방제도

미국에는 애초부터 국가가 없었고 주(state)만 있었다. 주가 모여서 연방국가를 만들어 미국이 되었다. 미국의 지방자치를 제대로 알기 위해서는 연방제도를 이해해야 하고 이를 위해선 다른 정부형태에 대해 알아야 한다.

현재 정부형태로는 대체로 단일정부체제, 연합정부체제, 연방정부체제라는 세 가지가 있다. 단일정부체제는 강력한 중앙정부가 있어 지방자치단체를 통합하며, 궁극적으로 국가권력은 중앙정부에 귀속되어 있는 정부형태이다.

연합정부체제는 연합규약하의 미국 초기 정부형태인데 정부의 주축은 주정부이며 연합정부는 주정부가 부여하는 한정된 권한만 행사할 수 있는 형태이다. 연합정부는 법률 제정권이 없기 때문에 어떤 면에서는 오늘날의 국제연합(UN)과 비슷하다.

연방정부체제는 단일정부체제와 연합정부체제의 중간 형태로 국가권력은 헌법에 의해 중앙정부와 지방정부에 배분되어 있다. 미국의 경우 역사적으로 볼 때 13개 주가 합의하여 연방정부를 창설한 것인 만큼, 양 정부는 대등한 관계에 있으며, 각 정부는 그 구성원에 대하여 각각 권력을 행사한다. 어느 정부형태도 그렇겠지만 연방정부체제도 각기 장단점[12]이 있다.

---

12) 연방정부체제의 장점: ① 정치권력이 각급 정부 간에 골고루 분산되어 있기 때문에 사회·정치적 갈등을 효율적으로 관리할 수 있다. ② 행정의 효율성을 증진시킨다. 즉 단일정부의 거대한 관료제에서 파생되는 폐해를 막을 수 있다. ③ 혁신을 촉진한다. 주정부와 지방정부는 주민의 다양한 욕구를 수용하는 새로운 정책을 끊임없이 수립·시행하면서 각종 시책의 '실험실' 역할을 하고 있다. ④ 주민의 정치참여를 극대화한다. 주정부-지방정부로 이어지는 여러 단계의 정치행사에서 주민은 충분히 주권을 행사할 기회를 가진다. ⑤ 중앙정부의 독단이나 정치적 이데올로기에 대항할 수 있는 제도적 장치를 갖고 있기 때문에 개인의 자유를 보호하는 데 유리하다. 연방정부체제의 단점: ① 갈등을 관리하기도 쉽지만 악화시킬 위험도 있다. ② 행정의 효율성 대신 많은 정부가 난립함에 따라 중복과 혼란이 야기될 수 있다. 혁신을 촉구하는 면도 있지만 국가정

(2) 연방정부와 주(State) 간의 관계

연방정부는 국가로서의 고유권한을 갖고 있다. 다시 말해, 조폐, 외교, 주간 통상규제, 조세 부과·징수, 선전포고, 군대 양성·지원 등의 권한을 배타적으로 행사할 수 있다. 연방헌법이 금지하고 있는 권한은 주 간 거래에 관한 관세 부과, 권리장전 침해, 주 경계 변경 등이 있으며 연방헌법은 주정부에 대하여 주내 통상규제, 선거관리, 지방자치단체 설립, 헌법 수정 비준, 주 방위군 설치 등의 권한을 배타적으로 인정하고 있다. 연방헌법은 연방정부와 주정부에 대하여 동일한 권력을 부여하고 있기도 한데, 조세권과 법률 제정 및 집행 등의 권한을 예로 들 수 있으며 권력의 공유 외에도 정치적, 행정적 차원에서 연방정부와 주정부는 서로 밀접한 관계를 유지하고 있다.

(3) 주(State)와 지방정부의 관계

① 주와 주 간의 관계

주는 원칙적으로 대등한 관계에 있다. 연방헌법은 다음과 같은 조항을 두어 주 간에 상호 협조할 것을 요구하고 있다.

첫째, 주는 신뢰와 존중의 원칙에 입각하여 타 주의 행정행위, 기록, 사법행정 등에 있어 협조해야 한다. 그리고 타 주에서 이루어진 사인 간의 계약도 인정하도록 하고 있다.

둘째, 주는 자기 주 주민들에게 부여되는 특권과 특전을 다른 주 주민들에게도 동등하게 부여하여야 한다. 이것은 특정 주에서 재산을 취득하거나 계약을 맺은 것이 문제가 되면 다른 주에서 민사상 다툴 수 있다는 의미이다.

셋째, '범인 인도 협정'으로 모든 주는 범인을 관할권이 있는 주에 인도하여야 한다.

넷째, 주는 연방정부가 인준하는 경우 '주 간 협약'을 맺을 수 있다. 물론 공

---

책과 그 우선순위를 저해할 수 있다. ③ 주민의 정치 참여 기회가 많이 주어지는 것은 사실이나 국가 이익보다 지방적 이익이 우선시되는 우를 범하기 쉽다.

식적인 협조체계가 있음에도 주 간의 관계는 항상 경쟁과 갈등이 많다. 그래서 누군가는 획일적인 잣대로 전국적인 통일 기준을 제정하면 안 되느냐고 반문할 수 있다. 그러나 연방주의란 이름 아래 미국 국민들은 주와 지방정부의 다양성과 자치를 지지하고 이로부터 파생되는 불편함은 기꺼이 감수하고 있다.

② 주와 지방정부의 관계

주와 지방정부는 상·하 주종관계가 명확한 단일정부체제이다. 주정부는 산하 지방정부로 하여금 주의 정책목표를 충실히 이행하도록 강제할 수 있다. 지방정부는 주의 지시에 복종할 의무가 법적으로 규정되어 있다. 연방정부의 행정명령이 비용을 많이 소요하는 경우, 주는 이를 바로 지방정부로 떠넘기는 일도 있다. 행정명령의 남발로 지방정부에 과중한 부담을 지우지 못하도록 하는 법률을 제정하게끔 지역 단위에서 정치적 압력을 행사하는 경우도 많다. 그러면서도 지방정부는 행정적·경제적인 능력의 한계 때문에 주정부의 재정지원에 기대지 않을 수 없어 주의 행정명령을 따를 수밖에 없다. 그러나 현재는 분권화가 많이 진전되어 지방정부에 권한이 많이 위임되고 재정지원이 많이 늘어나는 형태로 변화하는 추세이다.

## 3) 미국 지방자치의 역할

미국의 지방정부는 그 형태나 기능 면에 있어서 역할이 매우 다양하나 일반적으로 그 역할을 크게 다섯 가지로 구분하고 있다.

(1) 민주정치의 단련장

미국이라는 국가는 너무 크고 광범위하기 때문에 국민들이 그들 지도자를 잘 알지도 못하고 정치에 참여할 기회도 좀처럼 없어 정치지도자들의 책임을 묻기 어려운 실정이다. 이에 반해 시, 카운티 등의 지방정부는 민주정치의 이상적 단위로서 주민들의 생활의 질에 직접 영향을 미치는 현안, 즉 교육, 치안, 보건, 직업훈련 등을 다루기 때문에 정책결정에 중요한 영향을 미치고 주민의 정치 참여가 자연스레 이루어진다. 즉 미국의 지방자치는 주민들의 정치참여 기회와 정부정책에 대한 영향력, 지도자들과의 접촉·친밀도를 높이는 역할을 한다.

### (2) 대규모 지출 및 고용자

주와 지방정부는 1조 달러 이상을 지출하고, 지방정부에 근무하는 공무원은 1,100만 명 이상으로 주정부 공무원보다 3배 빠른 증가를 보이고 있다. 또한 미국의 지방정부는 지역경제의 주역으로 기능하고 있으며 국가경제에 미치는 영향력도 중요하여 민간기업으로부터 구매하는 물품이나 서비스의 종류, 공무원의 봉급 수준, 조세부담률 등이 민간기업이나 개인 및 지역경제에 직접적인 영향을 미치고 있다.

### (3) 연방제도하의 주요 행위자

공공 분야의 전 분야에 있어 정책제안과 이에 따른 책임은 균형 있게 갖는 것이 지방정부에 요구되고 있으며 연방정부와 주 및 지방정부는 동반자로서 계획 수립 단계부터 집행까지 공동보조를 취하고 있다. 지방정부 기능인 교육이 대표적 예로, 주와 지방정부는 연방정부와 때로는 독자적으로 때로는 협조적으로 연방제도하에서 핵심적인 역할을 하고 있다.

### (4) 민주주의 실험실

경제 대공황기에 몇 개 주가 사회·경제 정책을 용기 있게 도입, 추진함으로써 국가의 다른 부문에 위험을 초래하지 않고, 또 시행착오도 줄이는 실험실로 기능한 바 있다. 이것은 연방제도가 갖는 장점 중의 하나로서 연방정부가 시행하기 전 몇 개 주가 도입했던 실업보상, 고령보험, 은행예금보험 등이 그러한 주장의 근거가 되고 있다. 오늘날에도 지방정부는 여전히 여러 부문에서 민주주의의 실험실로 기능하고 있다.

(5) 일일 행정 서비스 제공자
일반 시민들이 접하는 지방정부의 행정 서비스는 아침에 등교하는 통학버스에서부터 저녁 때 쓰레기 치우는 것까지 계속되며 심지어 자고 있는 동안에도 시민들은 경찰, 소방관, 응급의료팀의 행정 서비스를 받고 있다. 지방정부의 결정은 주민의 삶의 질에 바로 영향을 미치고 있다.

## 4) 미국의 지방정부

(1) 지방정부의 종류
미국의 지방정부는 우리나라의 기초지방자치단체에 해당한다. 지방정부의 종류는 카운티, 시, 타운 및 타운십, 학교구, 특별구 등이 있다. 지방자치단체는 일반자치단체와 준자치단체로 분류된다. 일반자치단체로서는 시(city), 읍(Incorporated Town), 면(Village)이 있으며 주로부터 헌장(Charter)을 부여받고 있는 완전 법인체이다. 준자치단체는 카운티(Country), 읍(Township, Town), 특별구(Special District) 등으로, 특별구는 특히 한정적 자치단체이기도 하다.
준자치단체는 주정부의 기능을 보완적으로 집행하며 주에 의하여 설립된 것으로 주민의 요청에 따라 설립되고 법인격을 갖는 자치단체와는 구분된다. 그러나 준자치단체는 점차 주민을 위한 자치기능을 확충해 감에 따라 자치단체로서의 성격을 강하게 가지게 되었다.
지방자치단체의 설치는 주에 따라 다르나 단체의 종류, 권한, 처리사무, 설치절차 등은 주 헌법에 보통 규정되어 있다. 일반자치단체인 시읍면의 설치에는 인구 요건을 두는 주도 있으나 모두가 헌장 부여방식에 의거하여 설립된다. 헌장 부여방식에는 개별적 헌장, 일반적 헌장, 계층적 헌장, 선택적 헌장, 자치적 헌장 방식이 있다.

자치적 헌장(Home Rule Charter)은 사무, 권한, 기구 등에 관하여 주 헌법 또는 주법에 일정한 제한을 두고 기타의 사항에 관해서는 모두 관계주민의 자주적 결정에 맡기는 방식이다. 주법에 의해 금지되거나 제한되어 있지 않는 한 여하한 사무도 자치단체(시읍면)의 재량에 의하여 그 권한으로 할 수 있기 때문에 자치권이 확대되는 이 방식을 채택하는 경향이 늘고 있다.

지방자치단체의 사무는 주에 따라 다르나 교육, 도서관, 사회복지, 의료, 소방, 병원, 보건관계, 도로관리, 주차장 등이 주 업무가 되고 있다. 도(County)는 주행정의 보조적 성격의 기능으로 전통적인 사무로서 주로 교육, 경찰, 소방, 도로 등 업무를 담당하고 있으며 시읍면은 도시적 지역에 설치됨으로써 수도, 가스, 전기사무 등과 그 지역의 도 업무의 대부분을 이관 받아 처리하고 있다. 특별구는 주로 교육업무를 목적으로 설치되며, 그 밖에 병원, 보건, 주택, 도시재개발 업무를 위해 설치되기도 한다.

근래 50년간 가장 큰 변화는 학교구 수가 급감한 것과 특별구의 수가 급증한 것이다. 미국의 지방정부는 당초 원대한 기본 계획 하에 설립된 것이 아니라 그때그때 시민의 요구나 이익집단의 압력, 주정부의 승인 하에 설립되었던 것이기 때문에 지방정부의 구성이나 정부형태가 각양각색이고 준거가 될 만한 원칙이 없다. 따라서 지방정부의 수는 주에 따라 많은 차이가 나며 재량권과 독자성 역시 주나 지방정부의 종류에 따라 서로 다른 모습을 보이고 있다. 시는 일반적으로 카운티나 기타 지방정부보다 자율성의 범위가 크고 정부조직 및 구성권에 있어 보다 많은 재량권이 부여되고 있다.

① 카운티(County)
카운티는 주정부의 업무를 일선 지방단위에서 집행하여야 할 필요성에 따라 설립되었다. 독자적으로 행정관청을 이루는 경우도 있지만 대부분 시, 타운,

타운십, 학교구 등을 묶은 하나의 행정청으로서의 지방자치단체이며 가장 큰 지역을 관할하는 자치단체이다. 카운티와 시, 타운, 타운십은 경계가 완전히 떨어져 있는 것이 아니라 카운티가 몇 개의 시, 타운을 포괄하고 있으며, 카운티 정부가 끊임없이 노력하고 발전하지 않으면 폐지될 수도 있다. 미국의 전 국토는 3,043개의 카운티로 나누어져 있는데 카운티의 크기와 수는 주에 따라 엄청난 차이[13])를 보이고 있다. 카운티의 기본적인 역할은 재산세 평가 및 징수, 법 집행, 선거관리, 각종 기록관리 등이고 최근에는 주민 건강관리, 환경오염 방지, 대중교통, 산업발전, 사회보장, 소비자보호 등으로 그 역할이 증대되고 있다. 이에 따라 주정부는 카운티에 대하여 자치권을 확대시켜 주고 있다. 그럼에도 불구하고 모든 지방정부는 주정부에 대하여 불만을 갖고 있는데, 그 이유는 재정보조 없이 기능만 확대하고 있기 때문이다.

② 시(Municipality)

역사적으로 시는 가장 전형적이고 오래된 지방정부형태로서 설립경위나 역할이 카운티와는 많이 다르다. 시는 주민이 사실상 거주하고 있는 데 대해 법적으로 그 법인격을 인정받았으며 시 정부의 자치권은 크게 확대되어 왔다. 시는 카운티보다 더 넓은 범위의 행정 서비스를 시민들에게 제공하고 치안, 토목건설, 공원, 쓰레기 수거, 교통 신호등 관리, 시립묘지, 시영주택, 시립항만 등의 업무를 담당하고 있다.

③ 타운 및 타운십(Town & Township)

영국 식민지시대에 타운은 마을과 이들 주위의 농장을 포괄하고 있었다. 모든 주민이 직접 참여한 가운데 관리를 선출하고, 조례를 제정하며, 예산을 통과시키는 지방정부형태로서 오랜 전통을 갖고 있다. 타운 및 타운십은 근래에

---

13) 하와이 주와 델라웨어 주에는 3개의 카운티밖에 없으나, 텍사스 주에는 245개의 카운티가 있다. 인구 300만 명이 넘는 카운티가 있는가 하면(로스앤젤레스, 쿡, 해리스), 1만 명 미만의 카운티도 700여 개나 된다.

오면서 시민의 직접 참여를 유도하기가 어려워짐에 따라 자치권의 상당 부분을 카운티나 시에 맡기고 있지만, 어떤 타운십은 대규모 시와 마찬가지의 완전한 자치체로서 모든 행정업무를 담당하는 경우도 있다. 카운티가 설립되고 시자치제가 구성되면서 타운의 역할은 감소되었다. 타운과 유사한 형태로 타운십이 있다. 몇몇 타운십은 지금도 연례 타운미팅을 소집하고 별도의 주민대표를 선출하고 있다. 농촌 타운십은 많은 기능을 카운티로 이관하고 도시지역의 타운십은 카운티 의회에 대표를 보내는 단위로밖에 남아 있지 않은 곳이 많다.

④ 특별구(Special District)

특별구는 일반적인 지방정부가 할 수 없거나, 하려고 하지 않거나, 하지 않는 업무를 담당하기 위하여 설립된다. 일부 특별구는 조세 부과·징수권을 가지며, 그 외에는 사용자 수수료, 보조금, 수익채권 등으로 세입을 충당한다. 조세 징수권을 가진 특별구는 주민 직선의 집행위원회를, 그렇지 못한 특별구는 임명된 위원회에서 관리를 맡는다. 특별구의 수는 계속 늘어나고 있으나 모두 같은 형태는 아니다. 특별구는 설립목적에 따라 다양한 업무를 수행하며 천연자원 관리, 소방, 주택 및 지역개발, 지하철, 공항, 도서관 등이 가장 보편적인 업무이다. 특별구가 설립되는 주된 이유는 일반 지방정부가 갖고 있는 기술적·재정적 한계와 정치적 요인 때문이다. 특별구의 예산 및 공무원의 수는 단체별로 많은 차이를 보이며 특별구는 책임성이 약하기 때문에 많은 비판이 있다.

⑤ 학교구(School District)

학교구는 교육이라는 단일 목적을 가진 지방정부로서, 광의의 특별구의 일종이다. 학교구의 최고 의사결정기구는 '학교위원회'이며 보통 5~7명의 위원으로 구성되고 비선거구방식에 비정당 선거로 주민이 직접 선출한다. 학교구의 행정집행은 교육장이 총괄한다. 1980년대에 들어서면서 학교구는 학교선택권 부여, 교육재정과 관련하여 교육의 형평성 문제가 논쟁이 되어 감소추세에 있다. 현재는 '평등화 공식'을 도입하고 가난한 학교구에 보다 많은 재정지원을 하여 교육 기회의 평등을 도모하고 있다.

이외에 미국의 자치단체는 서로의 원활한 업무 협의, 정보교류, 능력개발을 위한 협력 등을 위해 연합기구를 다양하게 결성, 운영하고 있다. 주요 단체를 보면 다음과 같다.

첫째, NLC(National League of Cities): 미국의 많은 도시 단체들이 가입, 활동하고 있는 미국 도시연맹.

둘째, NACo(National Association of Counties): 대부분의 카운티들이 가입하고 있는 미국 카운티 연합.

셋째, NATaT(National Association of Town and Townships): 소규모 자치단체들이 주로 가입하고 있는 미국 시읍연합.

넷째, USCM(Unites States Conference of Mayors): 인구 3만 이상 시장들이 가입하고 있는 미국 시장연합회.

한편, 미국의 주 단위 연합체로 미국 주정부협의회(CSG: The Council of State Government)와 전미주의회회의(NCSL: The National Conference of State Legislature) 등이 있다.

(2) 지방정부의 형태

① 카운티 정부형태
카운티 정부형태의 전형은 〈그림 1-2-1〉과 같다. 주민 직선으로 구성되는 의회 또는 감독위원회가 의회기능을 하며, 최고 정책결정권을 행사한다. 그리고 조례제정권과 예산 승인권, 주민이 직선하는 보안관, 재무관, 검시관, 검찰

관 등을 제외한 국 단위, 즉 건설토목국, 교통국 등의 국장 임명권을 갖는다. 이러한 카운티의 정부형태는 미국 카운티의 3분의 2가 채택하고 있는 형태이다. 의회기능을 맡는 감독위원회는 통상 3～5명의 위원으로 구성되며, 회기는 한 달에 두 번 정도 정기적으로 소집된다. 집행부는 주민이 직선하는 관리들이 각기 자기 분야의 행정책임을 담당하는 외에 일반적인 집행기능은 감독위원회가 임명하는 국장들이 담당하고 있는데 이러한 집행부의 이원적 정부형태는 많은 비판을 받아 두 가지 형태의 개선안14)이 도출되고 있다.

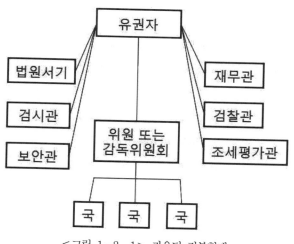

<그림 1-2-1> 카운티 정부형태

② 시 정부형태

시의 정부형태는 크게 시장-의회 모델, 의회-지배인 모델, 위원회 모델 세 가지로 나누어진다. 미국 전체로 볼 때 각 모델별 분포는 시장-의회 모델이

---

14) 두 가지 개선안: ① 카운티의회-직선 집행관 모델: 주민이 의회의원 외에 집행관을 직선하는 것으로 시정부의 시장-의회 모델처럼 의회와 집행부 간에 권력분립이 이루어지고 있다. 집행관은 집행기능을 총괄하고 국장 임명권을 가진다. ② 의회-행정관 모델: 의회 또는 위원회가 시 지배인처럼 전문적인 행정관을 임명하고 집행부의 행정책임을 맡기는 유형이다. 이 형태는 행정집행을 보다 능률적이고 전문적이며 효과적으로 이끌 수 있다는 장점이 있다.

54%, 의회-지배인 모델이 40%, 위원회 모델이 2% 정도 되며, 나머지는 타운 등의 형태를 취하고 있다.

첫째, 시장-의회 모델(Mayor-Council Model)은 시 정부형태 중 가장 보편적인 유형으로서 직선된 시장과 의회가 각각 집행부와 입법부의 기능을 수행하고 있다. 이 정부형태는 시장이 집행권을 행사할 수 있는 파워를 기준으로 '약시장-의회 모델'과 '강시장-의회 모델'로 나누어진다. '약시장 체제(Weak-Mayor System)'는 시장이 집행권의 전부를 행사하지 못하고 여타 선거직 공무원과 나누어 갖고 있으며 의회에 대해서도 영향력이 그다지 크지 못하다. 1870년대 이전까지만 해도 미국 시는 시장 1인에게 모든 권력을 집중시키는 데 두려움을 가지고 있었기 때문에 약시장 체제의 정부형태를 취하고 있었다. 의회는 입법부와 행정부를 겸하였고 의원들은 행정관리를 임명하였으며 정책을 입안하고 각종 위원회의 예산을 편성, 의결하였다. 시장은 공직임명권도 해임권도 조례거부권도 없어 힘을 쓸 수가 없었다. 한마디로 이 유형은 시장의 부당한 압력으로부터 행정권을 지키기 위한 것이었다. 반면, '강시장 체제(Strong-Mayor System)'하에서는 주민이 직선한 시장이 집행권과 예산권을 행사한다. 강시장은 의회와는 별도로 산하 집행 부서를 통할하고 있으며 주민 직선으로 선출되어 임기 4년에 연임을 할 수 있다. 이 제도하에서 시민들은 시장에게 많은 것을 기대하고, 그에 따라 시장이 잘못할 경우 비난의 표적이 되기도 쉽다는 것이 특징이다. 이러한 문제점을 해소하고 일상적인 행정집행을 총괄하기 위하여 최고행정관을 두기도 하는데 이때 최고행정관은 시장이 임명하며 시 재정을 비롯한 광범위한 관리 책임을 맡게 된다.

둘째, 의회-지배인 모델(Council-Manager Model)은 20세기 초 지방정부 개혁운동[15]의 일환으로 도입되었다. 유권자는 의원들만 선거하고 시 지배인은 행정전문가로서 의회가 임명하며 시 행정 전반에 관해 집행권을 행사한다. 의원은 전체 선거구에서 비정당 선거로 선출되며, 직업공무원제도는 잘

---

15) 개혁운동가들은 당시 시정부의 부정부패를 일소하기 위해 시 행정을 정당정치로부터 분리시켰다. 정치적으로 선출되는 시장 대신 의회가 행정전문가를 임명하였다.

확립되어 있다.

셋째, 위원회 모델(Commission Model)로 위원회 정부는 대선거구방식으로 선출되는 3~9명의 위원으로 구성되며 위원들은 입법권과 행정권을 동시에 행사한다. 즉 시정부의 부서책임자가 되면서 시 조례나 예산안을 통과시키는 것이다. 이러한 위원회 정부형태는 급감하고 있는 추세[16]이다.

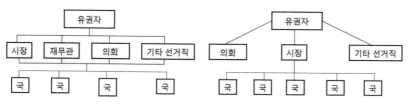

<그림 1-2-2> 약시장-의회 정부형태  <그림 1-2-3> 강시장-의회 정부형태

이와 같은 자치단체 조직이 일반적 유형이나 단체에 따라 상이한 점이 있으며, 특히 카운티에는 행정사무를 독자적으로 분담하는 공선된 직위가 많다. 즉 검찰총장(County Attorney), 보안관(Sheriff), 서기관(County Clerk), 재무관(County Treasurer) 등이 선출되고 있다.

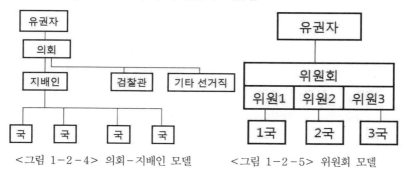

<그림 1-2-4> 의회-지배인 모델  <그림 1-2-5> 위원회 모델

16) 위원회 정부형태가 급감하고 있는 이유: 첫째, 권력분립이 이루어져 있지 않고, 재정 지출과 행정집행에 대한 통제기관이 없다. 둘째, 아주 유능한 인재를 위원으로 끌어들이기가 어렵기 때문에 지방행정이 아마추어의 손에서 다루어지게 되었다. 셋째, 최고 행정책임자가 없기 때문에 책임소재가 불분명하다. 넷째, 소규모 위원회 체제는 토론과 논쟁, 비판보다는 화합 분위기에 안주하기 쉽다. 다섯째, 위원들 간에 타 위원 소관업무에 대해서는 서로 눈감아 주고 불간섭함으로써 업무의 조정·통제가 어렵기 때문이다.

(3) 지방공무원제도

① 직업공무원제도

미국정부 초기의 공무원들은 부유하고 훌륭한 교육을 받은 상류층 인사들이 맡았다. 잭슨 대통령 시절(1829~1837) 정부 공직을 백인 남성들에게 개방했던 '정실주의'[17]가 도입되었고 이것은 주와 지방정부의 공직임용에 있어 원칙이 되었다. 이 제도는 일반 시민에 대한 봉사나 정직성, 성실성과는 거리가 멀었으며, '엽관주의'[18]라고 불리는 공무원 채용 방식은 선거운동에 대한 보답으로 공직을 수여했다. 이러한 이유들로 인해 공공 서비스의 질이 형편없게 되었다. 1883년 펜들턴법의 제정으로 '실적제도'가 도입되면서 공무원 임용을 객관적이고 실적 위주로 하기 위한 독립적이고 양당적인 '공무원 인사위원회'가 정부 내에 설치되었다. 실적제도의 도입으로 객관적이고 검증된 가장 능력 있는 자가 공직에 임용되었고 승진과 장기간 근무에 있어서도 실적 위주로 하게 되었다. 실적위주의 승진과 장기간 근무가 이루어졌다. 오늘날에도 주 및 지방정부는 인사제도 개혁을 위해 끊임없이 노력하고 있다.

② 지방공무원의 권리와 의무

공무원의 정치활동 제한[19]은 주 법률에 규정되어 있다. 이러한 제한 조치는 공무원을 벌하기 위해서가 아니라 정치적 압력으로부터 그들을 보호하고 정치적 중립성을 지켜 주기 위해서이다. 공무원의 임용, 승진, 기타 인사제도 운용 시 기회균등[20]은 연방법률에 의해 보장되고 있는 것으로서 주나 지방정부

---

17) 정실주의: 공직이 요구하는 소양보다는 정치성, 개인의 친소관계, 혈연, 정치자금 기부 등의 정도에 따라 공무원을 채용하는 것을 말한다.

18) 엽관주의: 주지사의 소속 당이 바뀔 때마다 거의 모든 공무원이 교체되는 것으로 잭슨 대통령과 그의 추종자들은 "한 사람이 공직에 오래 근무하게 되면 부패하거나 국민들과 멀어진다"는 말로 이 관행을 합리화하였다.

19) 제한하고 있는 공무원의 정치활동: 선거직 출마, 특정 후보나 정당을 지지하는 선거운동, 정치적 페레이드에의 참가, 정당 및 특정 후보를 위한 정치자금 모금활동의 전개 등이다. 때로는 정당이 개입되어 있지 않은 선거운동이나 활동에의 참여도 금지되고 있다.

는 물론 민간기업까지 적용되고 있다.

③ 지방공무원의 수와 보수

주와 지방정부에 근무하고 있는 공무원 수는 2000년 1,798만 명으로 조사된 후 꾸준히 증가하고 있는 추세이다. 공무원 고용에 따른 인건비 지출은 공무원 수보다 더 빠른 속도로 증가하여 2000년에 주 및 지방정부의 공무원 인건비는 총 467억 달러로 집계되었다. 공무원의 수는 주나 지방정부별로 많은 차이를 보이는데, 인구수가 많거나 주민 1인당 소득수준이 높을수록 그렇지 않은 정부보다 많다. 평균적으로는 대략 미국의 직장인 6명 중 1명은 공무원인 셈이다. 공무원의 보수는 지역의 인구규모와 지리적 위치에 따라서도 달라지며 보수 이외에 연금, 유급휴가, 병가, 의료보험 등 부가급부도 중요한 의미를 갖는다.

④ 지방의회

첫째, 의회 역할 및 구조를 살펴보면 오늘날 지방의회의 모습은 정부형태와 자치제의 크기에 따라 많이 다르다. 작은 의회(5~9명)는 의회-지배인 체제에서 보편화되어 있고, 의원의 수가 많은 대도시 의회는 시장-의회 체제를 채택하여 연방의회나 주의회처럼 주민대표 기능과 집행부 견제 기능을 충실히 수행하고 있다. 오늘날의 시의회는 모두 단원제이며 시 전체를 선거구로 하는 대선거구제로 이행하는 추세이고 정당관여도 배제되었다.

둘째, 지방의원들은 대부분 파트타임으로 근무하며 본업은 따로 갖고 있다. 파트타임의 의원들이 갖는 특징은 정보와 정책개발을 집행부 관리들에게 주로 의존한다는 것이다. 의원보수는 파트타임인 만큼 미미하지만 큰 도시의 경우 의원들은 풀타임으로 일할 것이 요구되며 보수가 높다. 의원으로서의 자격은 미국시민으로서 투표권이 있고 선거일 전 1년 또는 2년 이상 해당 시의 주민

---

20) 여기서 말하는 기회균등은 인종, 성별, 종교 등에 의한 인사상의 차별을 금지하는 것을 말한다.

이면 된다. 의원의 임기제한은 두고 있지 않지만 최근 임기 제한 움직임이 나타나고 있으며 의원 구성의 다수 계층은 백인 남성이다. 근래에 들어오면서 흑인과 히스패닉계가 의원으로 많이 진출하고 있다.

셋째, 의회 운영을 살펴보면 정기회기는 주 법률이나 의회 회의규칙에서 정해진다. 대체로 대도시의 경우 주 1회 이상 소집되며 중소도시는 월 1회로 소집된다. 정기회기 이외에 연구회기, 특별한 경우 소집되는 특별회기와 위원회회기가 있다. 위원회회기는 정기회기 전에 소집되는 것으로 비공개로 진행된다. 시의회는 주의회나 연방회의와는 달리 공청회를 마친 다음 바로 의사결정을 하는 수가 많으며 공청회가 의원들의 표결에 미치는 영향은 집행부의 의견이나 각종 연구보고서보다 큰 경우가 많다. 의회의 기능은 도시규모에 따라 각기 다른 모습을 보이고 있다. 대도시 의원들은 작은 시나 타운 의원들보다 도시계획이나 집행부가 제안한 안건을 검토하는 데 많은 시간을 보낸다. 반면에 소도시 의원들은 집행부의 행정집행 상황을 감독하고 지역주민들의 요구에 응답하며, 직원채용, 해고 등에 더 많은 관심을 가진다. 지방의원들의 전문성이 낮을수록 시장을 비롯한 집행부가 정책결정을 주도하기가 용이해지며 시의원들은 통상 시의 정책결정 때에 부동산업자, 상인 등의 지방적 이익을 위해 활동하고 있다. 시의회의 정책결정 참여 정도는 시 정부형태에 의해 크게 좌우되며 대부분의 시의회는 수동적이고 정책제안을 하기보다 반대하는 것이 보편적이다.

## 5) 미국의 지방재정

미국은 연방제 국가로 사무 처리에 소요되는 세원이 각기 정하여지고 있으며 자치제도와 지방세원도 주에 따라 다르다. 지방재정 규모는 전체재정 규모 중 65%를 차지하고 있으며(주재정을 포함), 국가재정보다 규모가 더 크다. 지방세입의 구성은 지방세를 포함하여 자주재원의 비중이 더 크다. 세출에 있어서는 교육, 공공질서, 보건 및 사회복지, 운송통신 등에 주로 지출되고 있다.

지방세로는 재산세가 주 세원이며 그 밖에 판매세, 소득세(개인) 등이 있다. 주는 판매세와 소득세를 주로 하고 일부 재산세도 부과한다. 재산세(Property Tax)는 과세대상이 주나 자치단체에 따라 다르나 토지, 건물 등 부동산이 중심이 되고 있고 일부 주에서는 유체동산과 무체동산도 일부 포함하고 있다. 그러나 평가액으로 보면 80~90%가 부동산이 되고 있다.

(1) 지방재정의 특징

① 정부지출의 팽창

20세기에 들어서 미국 각급 정부의 재정지출은 급격히 팽창되어 왔다. 이처럼 정부지출이 계속 증가하고 있는 원인은 인플레이션, 인구 증가, 국민소득 증가 및 유권자들의 행정욕구 변화, 선거직 정치지도자들의 행태 등에서 찾아볼 수 있다.

② 상호 의존성

미국정부의 재정규모는 세계 최강의 부국답게 엄청난 규모를 자랑한다. 대부분은 조세, 사용자 수수료 등 자체세입으로 이루어져 있다. 미국은 연방정부이기 때문에 각 주는 연방헌법이 연방정부의 권한으로 규정한 것 이외에는 당연히 권한 행사를 할 수 있는 독립된 정부형태이다. 그러나 재정적 측면에서는 연방-주-지방정부 간에 대단히 긴밀한 관계를 유지하고 있다. 지방정부는 지방재정제도와 운용에 있어 연방정부보다는 주정부에 크게 의존하고 있다. 지방정부의 조세 및 사용자 수수료 징수, 채무부담 등에 관한 권한의 범위는 주정부만이 정할 수 있기 때문이다.

③ 다양성

연방정부, 주정부, 지방정부는 각자 하나 이상의 주된 세입원을 갖고 있다. 연방정부의 개인소득세와 사회보장세, 주정부의 개인소득세와 판매세, 지방정부의 재산세가 그것이다.

(2) 지방세입 징수의 개관

주와 지방정부의 주요 세입원은 정부 간 수입(연방 및 주정부의 보조금), 조세, 사용자 수수료 등 세외수입, 공공시설수입, 보험신탁수입 등이 있다. 보조금은 연방정부로부터 지원되는 것으로서 대부분은 주정부로 지원되지만 지방정부로 직접 지원되는 경우도 극히 일부 있다. 지방세 수입은 일반판매세, 개인소득세, 선별적 판매세와 소비세, 법인세, 재산세 등이 있다.

## 3. 독일의 지방자치

### 1) 독일의 지방자치 역사

독일에서 지방자치의 근원은 고대 도시국가에서부터 중세 도시국가까지 소급하여 논의되는 경우도 있으나, 19세기 초 프로이센의 행정개혁을 지방자치의 역사적 배경으로 보는 것이 지배적[21]이다. 프로이센은 나폴레옹 1세와의 전쟁 패배에 따라 국가적으로 많은 어려움에 직면하게 되었다. 그 전쟁의 결과는 국가경제와 국민 부담에 심각한 재정적 고통을 안겨 주었다. 그 당시 슈타인[22]은 국가재건을 위한 수단으로 시 조례를 만들어 광범위한 행정개혁을

---

21) 독일은 이미 17~18세기에 지방자치 발전을 위한 제도로서 '시장과 도시구조' 및 '지방법규'가 제정되었다. 또한 1794년 프로이센지방법이 통과됨으로써 최초로 도시와 지방자치단체에 대한 통합이 이루어졌다.

22) 하인리히 슈타인(Freiherr vom stein)은 당시 프로이센의 유명한 정치개혁자로서 독일지방행정개혁에 지대한 영향을 주었다.

시도하였다. 그 후 지방자치의 역사적 배경은 1808년 11월 19일 발표된 '슈타인 도시조례'23)를 그 기원으로 보고 있다. 슈타인은 지방자치의 원활한 발전을 위하여 중앙정부로부터 정치적 자유와 재정적 독립을 주장하였고, 필요한 지방재원을 독자적으로 조달할 수 있도록 재정조달의 탄력성을 강조하였다. 지방정부가 지방정책에 대한 자율성과 독립성을 부여받아 민주적인 절차에 따라 정책집행을 하길 바라는 슈타인의 행정 철학은 1831년과 1853년 사이에 여러 차례 행정개혁이 이루어지는 과정에서 국가가 다시 지방정부를 통제하는 방향으로 개편되어 좌절되게 되었다.

그 당시 지방자치의 권력구조는 수직적 권력구조에 의한 중앙집권화로 볼 수 있으며 자치권에 대한 자율성은 거의 인정되지 않았다. 또한 재정적으로 어려움을 겪고 있는 지방자치단체는 자율적인 지역활동과 자치업무를 집행하는 데 많은 어려움이 있었다. 그 후 나치정권에 의해 만들어진 1935년 1월 30일 독일통합지방자치법의 제정은 지방자치의 전통이 사라진 '지방자치의 붕괴'24)라고 볼 수 있다. 제2차 세계대전 이후 연방정부는 중앙집권적 권력구조에서 나타난 문제점들을 보완하기 위하여 지방정부에 권한, 책임을 위임하고 행정의 효율성을 극대화하는 방안을 추진하는 등의 노력을 하였다. 이러한 노력으로 지방정부는 다양한 행정사무와 정책과제를 수행하는 과정에서 권한과 책임의 투명성을 중요시하게 되었고, 지역특성에 맞는 정책개발과 독창적인 모델을 강조하게 되었다.

## 2) 독일의 지방계층구조

---

23) 시 조례의 목적은 정부와 지방 간 정책적 갈등을 조정하는 동시에 국가와 시민의 관계를 좀 더 참여적 관계로 정립하자는 데 그 의의가 있었다. 그 당시의 지방자치는 주민들의 자발적인 참여를 통한 지역현안과 정치적 문제에 관심을 갖도록 하는 것이었다. 따라서 시민들이 자연스럽게 프로이센 국가의 재정적 부담을 줄이고 국가재건을 위하여 적극적으로 동참할 수 있도록 유도하는 데 그 목적을 두고 있었다.

24) 독일지방자치는 지역의 특성에 따라 그 다양성이 인정되어 왔으나 1935년에 제정된 독일의 통합 자치법은 지역특수성을 고려하지 않고 획일적으로 광범위하게 적용되었기 때문이다.

독일정부의 형태는 기본적으로 순수의원내각제를 바탕으로 연방정부와 주정부 간 기능배분을 통한 국정관리의 분권화 및 상호 협력적 관계를 중시한다. 연방정부와 주정부는 국가 관리를 하는 데 있어서 최대한 독립성과 자율성을 인정하고 있다. 연방정부 아래 독일행정체제는 3단계 즉, 연방정부, 주정부, 지방자치단체로 분류된다. 원칙적으로는 3계층제로 구분하나 실제로 도시국가나 소규모 주정부의 경우 행정단계가 축소되고 있으며 규모가 큰 주정부들은 행정단계를 더욱 세분하는 경향이 있다. 일부 주정부들은 하급구조로 관구행정구를 가지고 있으며 지방행정의 하위단계인 광역자치단체의 성격을 가진 군과 자치시 성격을 갖는 독립 자치시, 그리고 기초자치단체로 구성되어 있다. 독일지방자치의 계층구조는 단층제를 기본으로 광역군이 있는 경우는 부분적으로 2층제를 겸하는 독특한 행정체제라 할 수 있다. 연방주의 아래 독일 행정체제의 전체 구성은 다음과 같다.

<표 1-2-1> 독일의 행정체제 형태

| 제1단계 | 연방정부(Bundesregierung) | 1개 |
| 제2단계 | 주정부(Landesregierung) | 16개 |
| 제3단계 | 주정부관구(Regierungsbzirk) | 26개(구서독 23개+구동독 3개) |
| 제4단계 | 광역군(Kreise) | 총 439개[25] |
| 제5단계 | 기초자치단체(Gemeinde) | 총 12,436개 |

## 3) 독일의 지방자치단체 조직유형

지방자치단체의 조직유형은 각 주정부에 따라 크게 4가지 유형으로 분류할 수 있다. 이러한 유형은 각 주정부에 따라 약간의 차이가 있으며, 기본적으로 역사적·정치적·문화적 환경과 밀접한 관계가 있다고 볼 수 있다.

---

25) 이 숫자는 자치시 116개와 지역군 323개를 합한 것이다.

## (1) 북독 의회형

북독 의회형 제도는 지방의회가 행정 전반에 걸쳐서 강력한 권한을 가지고 있으나 집행부는 지방의회에 비하여 권한이 약한 것이 특징이라 할 수 있다. 특히 주민의 직선으로 구성된 지방의회가 자치단체에서 강력한 권한을 가지고 있으며 의회에서 선출된 대표는 의회의장과 시장을 겸하면서 외부를 대표하는 자치단체를 대표한다. 또한 의회는 지방자치단체를 관리하는 행정책임자를 선출하며 이는 행정집행관으로서 집행부의 법적인 대표자인 동시에 전문행정관리인으로서 행정업무를 수행한다. 여기에서 행정집행관은 행정에 관련된 정치적 결정권이 없으며 의회의 결정에 성실히 수행하는 단순한 도구적 기능을 하고 있다. 이 제도의 특징은 의회가 행정의 중요한 정책 사항을 관장하면서 행정에 많은 영향력을 행사할 수 있는 강력한 권한을 가지고 있다는 데 있다.

## (2) 남독 시장형

남독 시장형에서 지방의회는 주민의 대표기관으로서 지위와 자치단체의 최고의사결정기관으로서의 지위를 가지며 주마다 의원 임기는 다르다. 지방정부의 집행기관인 시장은 행정집행을 위한 강력한 권한을 가지고 있고 행정의 최고책임자이자 의회의장과 위원회의 위원장을 겸하기 때문에 강력한 행정추진력을 발휘할 수 있다. 또한 시장의 임기 역시 주마다 다르다. 이 유형의 특징은 일반적으로 지방의회와 시장의 관계에서 상호 견제와 균형을 강조하고 지방의회의 권한보다 시장의 권한이 강력하다는 것이다. 때문에 시장이 원하는 방향으로 정책집행을 추진하는 데 많은 장점이 있다.

## (3) 의회 참사형

의회 참사형은 전통적인 프로이센의 슈타인 시 조례를 많이 답습하고 있는 유형이다. 지방의회와 참사회가 자치단체의 권력배분을 이원적 체제로 운영하고 행정사무에 대한 처리를 의회와 참사회가 적절히 역할 분담을 하도록 한다. 여기서 자치단체의 최고의사결정은 주민에 의해서 선출된 의회가 행사하며, 동시에 지방의회는 행정에 대한 주요 정책결정과 정책집행을 원활히 수행할 수 있도록 지원하며 행정집행의 감시자로서 역할을 성실히 수행한다. 또한 의회는 주요 정책에 대한 사무를 처리하기 위하여 위원회의 형태로서 구성되며, 위원회의 역할과 기능이 강조되고 있다.

## 4) 독일의 지방자치단체의 종류

독일 지방자치단체의 종류에는 기본적으로 기초자치단체인 게마인데와 광역자치단체인 독립시, 크라이스가 있다. 각 주 공통의 자치단체는 군(Kreis) 및 시읍면(Gemeinde)의 2층제이며 군에 속하지 않는 특별시(Kreisfreie Stadt)는 단층제로 되어 있다. 그 밖에 특별 지방자치단체로 광역자치단체연합과 시읍면연합체를 들 수 있다.

시읍면은 법률의 범위 내에서 지역사회에 관계되는 모든 사무를 처리할 수 있으나, 시읍면 연합체는 주 법률이 정한 기준에 따라 설치되며, 법률이 정한 기준이나 관계 시읍면의 협의에 의해 위임된 범위 내의 사무를 처리할 수 있는 한정적 자치권만 부여받고 있다.

<표 1-2-2> 독일 지방자치단체의 종류(2005년)

| 명칭 | 성격 | 수 |
|---|---|---|
| 크라이스(Landkreis) | 광역자치단체(도) | 323개 |
| 독립시(Kreisfreie Stadt) | 광역자치단체(광역시), 보통 인구 20만 명 이상의 광역시 | 117개 |
| 게마인데(Gemeinde) | 기초자치단체(시, 보통 인구 20만 명 이하) | 12,477개 |
| | 기초자치단체(군, 게마인데) | |

(1) 게마인데

게마인데(Gemeinde)란 일차적으로 기초자치단체를 총칭하는 개념이다. 즉,

광역자치단체인 독립시 또는 크라이스까지도 포함하는 독일 지방자치단체의 대표적 개념이다. 시읍면과 같은 게마인데는 기초적 자치단체로서 광범위한 사무를 처리하는 지역의 중추적 단체이다. 게마인데는 대부분 소규모(72%가 2,000명 이하)로 통합이 꾸준히 이루어져 오고 있다. 게마인데는 크라이스 소속으로 분담금을 납부하고 있는바, 인구규모가 큰 단체는 분리 독립을 추진하고 있어 이에 대처하여 사무위임 및 감독 면에서 특별한 지위를 부여함으로써 이탈을 방지하고 있다.

게마인데는 기초자치단체로서 주민들의 생활과 직접 관계가 있는 사무를 담당하고 있으며 주민들에게 직접 조세권을 행사한다. 게마인데의 종류에는 규모가 작은 시가 있으며, 한국의 군과 같이 농촌 지역 게마인데도 있다. 게마인데의 규모는 일률적으로 말하기 어려우며 큰 게마인데도 있고 작은 게마인데도 있다. 현재에는 행정개혁의 일환으로 인구가 적은 게마인데를 통폐합해서 그 수가 점차 줄어드는 추세이다.

## (2) 크라이스

크라이스(Kreis) 혹은 란트크라이스(Landkreis)는 주의 관할지역에 있는 광역자치단체이다. 한국의 도 단위 광역자치단체와 비슷한 기능을 하는 지방자치단체로서 관할지역에 여러 개의 게마인데를 두고 이들 게마인데의 사무를 지원하고 광역행정체제를 구축하는 기능을 수행한다. 게마인데가 단독으로 추진하기 어려운 대형 사무를 지원하고 감독하는 기능을 담당하며 관할지역에 있는 게마인데의 경제·사회·문화 발전을 지원하고 후원하는 기능을 수행한다. 크라이스는 게마인데와 달리 주민들에 대한 조세 징수권을 행사할 수 없으며 주 또는 연방으로부터의 지원으로 재정을 충당한다.

## (3) 독립시

독립시(Kreisfreie Stadt)란 크라이스로부터 독립된 중·대도시를 의미하며 규모는 주마다 다르나 보통 인구 20만 명 이상의 도시를 말한다. 독립시는 게마인데보다 인구가 많고 행정규모도 커서 한국의 광역시와 비슷한 성격을 가지고 있다고 할 수 있다. 독립시는 재정적으로 비교적 안정되어 있고 크라이스의 감독과 지시를 받지 않기 때문에 게마인데보다 훨씬 독립적인 행정을 펼 수 있다. 다만 독립시도 다른 지방자치단체와 마찬가지로 때에 따라 주로부터 사무 감독은 물론 행정적 지원도 받는다.

### (4) 관구

독일의 지방자치단체를 설명할 때 빠뜨릴 수 없는 행정 단위의 하나가 관구(Bezirk)이다. 관구란 원칙적으로 지방자치단체가 아닌 주의 일선 행정구역이다. 독일 대부분의 주정부는 행정 서비스 제공을 위하여 주를 3~7개 구역으로 분할해서 그 지역의 중심 도시에 각각 관구청을 설치하여 주 행정을 담당하게 하고 있는데, 이 구역이 관구이다. 따라서 관구는 광역자치단체인 크라이스보다 관할지역이 넓은 편이다. 이러한 관구가 독일의 지방자치제도에서 가지는 중요한 의미는 마치 광역자치단체와 같이 관할지역에 있는 지방자치단체를 지원하고 있다는 점이다.

## 5) 독일의 지방행정 특징

독일의 지방정부는 상호 수직적·지배적인 관계가 아니라 수평적·협조적 관계를 중시하고 있으며, 지역주민들에게 많은 영향을 미치는 정책결정은 민주적 절차, 주민참여, 공개토론 및 여론수렴 등을 통하여 사전에 정책적 검증을 받고 있다. 이와 같이 지방정부는 권력자의 일방적인 정책결정이 아니라 주민에 의해서 정책심의를 받아야 하는 민주적인 절차와 결정을 중시하고 있다. 현재 독일의 지방정부는 가능한 한 모든 지방정책들을 투명하게 공개하고 정치인에게 필요한 정부를 제공함으로써 정책오류를 최소화하는 데 노력하고 있다.

## 6) 독일의 지방세원 조정제도

독일정부의 주요 재정수입은 조세수입, 세외수입, 공기업 수입이나 부동산 매각 등과 같은 경제활동을 통한 재정수입, 채권발행, 교부금 등을 들 수 있다. 지방재정의 조정제도는 연방정부와 주정부 간 재정조정 및 주정부와 지방자치단체 간 재정조정으로 분류될 수 있다. 또한 재정조정의 성격에 따라 연방정부와 주정부 간 수직적 재정조정, 주정부 상호 간 수평적 재정조정으로 구분된다. 전자의 경우 연방정부와 지방정부 간의 세원배분, 지방정부에 대한 연방정부의 재정보조 등을 들 수 있고(수직적 재정조정) 후자의 경우에는 주정부 간 재정형평성을 위한 역교부금(수평적 재정조정)이라 할 수 있다. 이런 재정조정제도는 연방·지방정부와 지방자치단체 사이의 재정 불균형을 조정하고자 도입한 제도이다. 세수입체제는 재정조정제도[26]를 통하여 어느 정도 균형을 이루어 가고 있으며 독일지방재정의 수평적·수직적 조정제도를 세분화하면 다음과 같다.

<표 1-2-3> 독일지방재정의 수평적·수직적 조정제도의 4단계

| 1단계 | 연방정부와 각 주정부 간의 수직적 조세수입배분인데 공동세인 소득세, 법인세 및 부가가치세를 연방정부와 지방정부 간에 일정비율에 따라 배분하고 기타 세수입은 분리방법에 따라 각각 배분한다. |
|---|---|
| 2단계 | 주정부 상호 간 수평적 부가가치세수입 배분인데 배분과정은 3단계로 나누어진다. ① 세원의 공동이용방법에 따라 1~3년 기한으로 총부가가치세 수입 중 연방정부에 65%, 전체 주정부에 35%가 배분된다. ② 전체 주정부에 배분된 35% 세수입 중 75%는 주민수의 기준에 따라 각 주정부에 배분된다. ③ 전체 주에 배분된 35% 세수입 중 25%는 지방정부 간 재정력 격차를 해소하기 위하 |

---

26) 지방재정조정제도의 주요 조정기능: ① 주정부는 모든 지방자치단체의 평균 과세부담을 고려하여 재정적인 최소비용을 보존해 주는 재정기능을 한다. ② 각 지방자치단체는 불균형한 재정력 차이를 균형 있게 조정한다. ③ 재정능력이 부족한 지방자치단체는 재정이 건전한 지방자치단체의 조세수입보다도 많은 지원금을 받는다. 여기서 재정조정의 효과는 조정제도의 재정규모에 따라 강화될 수 있다.

| | |
|---|---|
| | 여 배분된다. |
| 3단계 | 주정부 상호 간에 조세수입의 재분배(제2차 수평적 재정조정)인데 주정부 상호 간에 재정적 격차를 줄이기 위한 제도이다. 재정력이 전체 주정부의 평균치 이하에 있는 주정부는 전체 평균치 이상의 재정력을 가진 주정부에 의해서 제공되는 재정조정교부금을 배분받게 된다. |
| 4단계 | 연방정부와 주정부 간 제2차 수직적 재정조정인데 1~3단계까지 재정조정을 실시했지만 아직도 해결되지 못한 각 주정부 간 재정적 격차를 줄이기 위한 방법으로 연방정부는 교부금을 지급한다. |

지방자치단체의 주요 세입은 조세와 요금수입 그리고 연방 및 주의 보조금이다. 지방단체조합이나 크라이스(Kreis)는 관내 자치단체의 분담금수입에 의존하고 있다. 독일의 지방세입 구성은 지방세를 포함한 자체수입이 78% 수준이며 그 밖에 교부금으로 운영된다. 세출은 사회보장 및 복지, 주택건설 및 지역개발, 보건사업 등의 순으로 되어 있다.

기초자치단체(Gemeinde)의 주 세목은 영업세와 부동산세이며 그 밖에 소득세 참여 등 공동세 배분이 있다. 공동세란 일정률에 따라 국가와 주, 자치단체가 세원을 공유하는 세원배분제도이다. 공동세는 소득세(국가, 주, 지방단체에 42.5%, 42.5%, 15%로 배분), 법인세(국가와 주 간 50:50), 매상세(국가와 주 간 50.5:49.5로 배분)가 된다(1996년 이후).

주의 세목으로는 재산세, 자동차세, 음료(Beer)세, 상속증여세가 있다. 특히 과세표준의 평가는 재산세, 부동산세 등에 공통으로 적용되는 통일평가법에 따라 평가되며 부동산세의 경우 일정률(농림업용 부동산 0.6%, 일가족용 주택 0.26%)을 곱하여 주 세무관서에서 조세예정액을 산정, 자치단체에 통보하며 단체별 재정수요에 따라 세율을 적용, 세액이 산출된다. 그 밖에 주간 수평적 재정조정제도가 있어 재정균형화에 기여하고 있다.


4. 프랑스의 지방자치


1) 프랑스 지방자치에 대한 이해

(1) 프랑스 지방자치의 역사

프랑스는 지중해와 대서양 사이에 위치하는 서유럽으로 수도는 파리이고 인구는 약 6천5백만 명인 공화국이다. 프랑스 지방정부는 19세기에 많은 사건 등이 발생했음에도 코뮌(commune)의 형태를 기초로 한 그들의 지방정부구조는 거의 변하지 않아 왔다. 나폴레옹이 지금의 체제를 고안했고 지방의 독립성 유지와 함께 중앙통제를 조화시켰으며 군주제의 형태로 수세기 동안 진화해 왔다.

(2) 프랑스 지방정부에 대한 이해

프랑스 지방정부의 본질을 이해하기 위해서는 중앙집권화된 공식적인 체제와 필적할 만한 비공식적인 후원자-수혜인 관계를 제대로 파악해야 한다. 이러한 비공식 제도의 존재는 명백하게 역설로 이해될 수 있다. 비록 프랑스 지방정부체제가 중앙집권화되어 있음에도 불구하고 국회의원의 80% 이상이 지방정부의 직위를 가지고 있기 때문이다. 적어도 1982년 개혁 전까지 프랑스 지방정부의 표면적인 법적 해석은 완전히 지배적인 각부의 정책결정을 제안하고 tutelle[27]의 원리를 통하여 코뮌에 중앙의 명령을 강제할 수 있게 되어 있었다. 현실에서 중앙정부의 정책은 지방정부의 정책만큼 지방정부의 이익과 직결되어 있었다. 이러한 연결이 지속된 중요한 요인은 중앙정부의 잠재적인 힘이었는데, 법적으로 지방정부의 많은 측면이 내무부에 의해 명령되는 관료 연계망에 의해 조정되고 있는 만큼 정치인들에게는 자신들의 지역에 대한 이익을 중앙정부 의사결정에 영향을 끼치기 위해선 중앙에서 두각을 나타낼 필요가 있었기 때문이다. 상원의원과 하원의원으로서, 지방이익과 함께하는 정치인들은 장관이나 고위 공무원이 자신들 지역의 요구를 반영하도록 위협하거나 감언으로 속일 수 있었다. 정치인들은 중앙으로부터 자신들의 지방에 얼마나 많은 지원을 받아낼 수 있는지 능력에 따라 상당한 지방유권자들의 지원을

---

27) 지방정부에 대한 국가의 감독.

얻을 수 있었기 때문에 '후원자-수혜인 제도'는 항상 프랑스 지방정부의 중심에 놓여 있다. 이러한 시스템의 결과로 능력 있는 국회의 구성원(국회의원)인 시장에게 직접적인 호소를 해야지만 코뮌에 정책이 부과될 수 있게 되었다.

## 2) 프랑스 지방정부의 구조

프랑스는 지방정부의 목적에 따라 5개 층으로 세분화되어 있다. 레자옹, 데파르트망, 아롱디스망, 캉통, 코뮌이 그것이다. 프랑스에는 지방행정기관의 가장 중요한 3개의 층이 있는데 레자옹, 데파르트망, 아롱디스망이다. 레자옹은 광역도로서 몇몇 데파르트망을 포함하고 데파르트망은 도로서 다수의 코뮌을 포함한다. 코뮌은 기초자치단체로서 시, 읍, 면을 지칭하고 이 세 층(레지옹, 데파르트망, 아롱디스망)은 주민들의 직선에 의한 의회를 가지고 재정적 자치권을 부여받는다. 아롱디스망과 캉통은 정부에서 제한된 역할만을 수행하는데 그들은 자치권이 없으며 단순히 특정목적이나 사무수행을 위한 행정적 지역이다. 따라서 그들은 재정적 자치권이 없다.

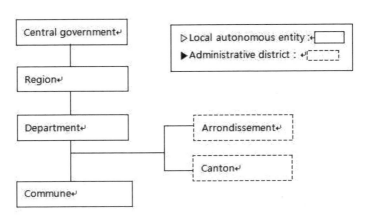

<그림 1-2-6> 프랑스의 지방정부 구조

## (1) 레지옹

레지옹은 광역단위의 국가행정단위로 자치권을 가지며 몇몇 데파르트망을 포함한다. 레지옹은 전체 26개이며 본토에 21개, 해외영토에 4개, 그리고 코르시카 섬으로 구성되어 있다. 레지옹의 주요 권한의 분야는 계획, 지역적 마을과 시골 계획, 경제적 발전, 직업훈련 그리고 건설, 장비 그리고 학교 기금 운영 등이 있다.

## (2) 데파르트망

데파르트망은 중요한 행정적 단위로 자치권이 있다. 데파르트망은 전체 100개이며 본토에 96개, 해외영토에 4개가 있다. 데파르트망은 독립적 법적 권한을 가지고 있고 국가의 행정적 그리고 지리적 조직에서 두드러진 역할을 한다. 건강과 사회적 서비스, 시골의 수도 업무, 수도 비용 등에 권한을 가지고 있다.

## (3) 아롱디스망

아롱디스망은 지방자치단체가 아닌 데파르트망의 행정적 편의를 위한 보조적 행정지역이다. 예외적으로 파리, 리옹, 마르세유는 준자치단체적 성격을 지니고 있는데 이는 그들이 직선에 의해 구성된 의회를 가지고 있기 때문이다. 데파르트망은 329개의 아롱디스망으로 나누어지며 아롱디스망은 다양한 분야의 행정적 사무를 조정하는 역할을 한다.

## (4) 캉통

캉통은 아롱디스망과 코뮌 사이에 위치하는 행정적 지역으로 지방자치단체가 아니다. 아롱디스망은 3,879개의 캉통으로 나누어지고 캉통은 지방의회의 의원이나 국회의원을 선출할 때 선거구의 역할을 하며 징병업무를 담당한다.

## (5) 코뮌

코뮌은 최하위 행정적 단위이고 자치권을 가지고 있다. 코뮌의 전체 수는 36,779개이며 본토에 36,564개, 해외영토에 196개가 있고 특별자치구에 19개가 있다. 코뮌은 지나치게 세분화되어 있어 자치단체들 사이의 주민분포는 불균형적이다. 코뮌의 90%가 2,000명 이내의 주민수로 이루어져 있고 오직 108개의 코뮌만이 프랑스 코뮌들의 전체 인구 중 24%를 차지한다. 이러한 이유로, 코뮌은 작은 코뮌들을 합칠 것이 제의되어 왔다. 하지만 이러한 합병의 시도들은 지역연합체의 강한 반대에 의해 거부되었고 개혁제안은 제한적 성공만을 거둬 프랑스에는 대다수가 2,000명 이내의 주민들로 구성된 코뮌이 약 36,000여 개가 남아 있다.

## 3) 프랑스 지방정부의 재정

프랑스는 단방국가이기 때문에 재정은 중앙정부의 통제에 놓여 있지만, 1982년 지방분권 이후 법률의 범위 내에서 예산을 자율적으로 편성하고 집행할 수 있게 되었다. 그래서 중앙정부와 지방정부는 동일한 세원을 이용하지 않고, 이들 간의 세원을 분리한다. 지방정부의 주요 세원으로는 지방세가 있고, 그중 재산세와 사업세가 가장 많은 비중을 차지한다. 총경상교부금은 지방세수 부족을 보충하기 위해 국가가 지급하는 것이고 지방분권일반교부금은 1982년에 지방분권에 따른 지방자치단체에 관한 법률이 규정되면서 이에 따른 지방예산의 증가를 보완해 주기 위한 목적으로 설치되었다. 총설비교부금은 자금배분의 불확실성과 복잡함 등을 내포한 특수보조금을 대체하기 위한 것으로 이것은 지방자치단체가 그들에게 맞는 시설물 설치에 관해 강력한 결정권을 행사할 수 있게 된 점에 의의가 있다. 그동안 지방재정의 문제점으로는 중앙정부에서 지방정부로의 권한이양이 실질적으로 이루어지지 않는다는 것이었으나 1980년대 이후 자치정부의 역할은 증대되었고 정부의 재원이 지방정부로 많이 이전되면서 지방정부의 경쟁력은 높아졌다.


## II. 우리나라 지방자치의 역사

지방공공단체를 구성하는 일정지역의 주민이 스스로 또는 대표자를 통해 지역 내의 공동사무를 처리하여 궁극적으로 주민의 복리를 실현하는 지방자치는 시작부터 완벽한 것은 아니었다. 하지만 지방자치의 근본정신인 주민의 복리 실현을 위한 노력은 오래된 역사 속에서 찾아볼 수 있다.

### 1. 근대 이전의 지방자치

#### 1) 삼국시대

우리나라의 지방제도 및 지방행정을 잘 살펴보면 그 시작은 지금으로부터 약 1500~2000년 전인 삼국시대에서부터 찾아볼 수 있다. 고구려·백제·신라는 모두 부족국가에서 출발하여 고대국가에 이르기까지 모두 각 지방의 행정을 귀족 및 왕족을 임명하여 각 지역의 특수성에 맞게 다스리게 하였다. 또한 삼국통일 이후의 신라도 전국을 9주 5소경 117군 283현으로 재편성하고, 말단 행정구역으로 향읍과 촌락을 구성할 뿐만 아니라 특별행정구역으로 부곡을 설치하여 지방자치 초기 모습을 보여 주었다(최봉기, 2006: 44). 다만 이러한 행정단위의 지방사무는 지방주민의 삶의 질 향상 및 주민의 복리증진과 같은 지방자치의 본질적 정신을 구현하는 것이 아닌 왕권에 의한 직접 또는 간접적인 지방의 통제수단의 일환이라는 한계를 가지고 있다.

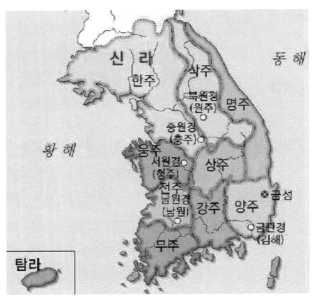

고려는 건국 초기까지는 통일신라의 지방제도를 답습하다가 제6대 성종 때부터 중국의 당나라 제도를 도입함으로써 중앙집권적 관료제와 더불어 지방제도를 정비하였다. 지

<그림 1-2-7> 통일신라의 9주 5소경

방은 초기의 제도가 몇 차례 바뀌어 제8대 현종 때에 전국을 5도 양계로 나누고 그 밑에 경・도호부・목・부, 그리고 군・현・진을 두게 되었다. 그중 지방자치의 모습을 잘 살펴볼 수 있는 행정제도 두 가지는 다음과 같다. 첫째, 건국공신에게 출신지방의 통치를 맡겨 상당한 정도의 독립성을 가지고 지방행정을 수행하는 사심관제를 운영하였다. 둘째, 지방세력가들을 중심으로 주・목・군・현 등에 지방행정을 수행하는 향직단체를 운영하였다.

하지만 이 두 행정제도도 주민복지보다는 착취와 수탈이라는 폐해로 인해 지방자치의 정신을 구현하지 못하였다(최봉기, 2006: 44).

3) 조선시대

조선시대는 유교를 통치이념으로 삼아 강력한 중앙집권체제를 확립하였기

| 범례 | |
|---|---|
| ▣ | 수도 |
| ◎ | 3경 |
| ◉ | 4도호부 |
| ○ | 12목 |

<그림 1-2-8> 고려의 5도 양계

때문에 지방자치가 발달할 여지가 없었다. 가산국가(家産國家)적 중앙집권체제 아래서 지방에는 왕의 대리인으로서의 지방관이 파견되어 지방행정을 담당하였고, 이들은 엄격한 중앙의 통제를 받았다.

조선시대는 지방행정구역으로 전국을 8도로 나누고 그 밑에 부·대도호부·목·도호부·군·현을 설치하였다. 대개 품격에 따라 이런 지방단위에 관찰사나 수령은 모두 왕의 대리인으로 간주되었으며, 이들은 주로 농민으로부터 세금을 받아 주민교육이나 민생구휼사업에 주력하였다.

그러나 조선시대의 지방행정도 지역주민의 권익보다는 지방의 토호세력과 문벌의 집단이익을 옹호하는 데 치우쳐 있다는 점에서 오늘날의 지방자치제도와 거리가 멀다(최봉기, 2006: 44~45).

이러한 가운데 지방행정의 효율성을 높이기 위하여 유향소·향청·향약과 같은 일종의 자치제도를 채택·운영하였다.

8도

[경기, 충청, 경상, 전라, 황해,

강원, 영안(함경), 평안]


4부

(경주, 전주, 영흥, 평양)


4대 도호부

(안동, 강원, 안변, 영월)


20목 44도호부 82군 175현

<그림 1-2-9> 조선시대의 행정구역도


<표 1-2-4> 조선시대의 지방행정 제도

| | |
|---|---|
| 향청제도 | 지방민을 대표하는 자치기구로 지방 수령을 보좌하고 향리의 악행을 감시하며 백성을 하기 위해 설치되었다. 조선 초기 유향소, 향소 등으로 불렸으며 조선 후기로 갈수록 머리인 좌수의 부패와 비리가 늘고 위엄을 세우는 기관으로 변모하면서 악폐를 낳 |
| 향약(鄕約) | 조선 중기 이후 지방의 토착세력 및 유생들로부터 자발적으로 시작된 향촌사 자치 규약과 그 규약에 근거한 행정조직체를 뜻한다. 중국 송나라 때의 여씨 (呂氏鄕約)을 본뜬 것으로 조선 중종 때 조광조를 비롯한 사림파의 주장으로 되어 영·정조 때까지 전국 각지에서 실시하였고, 덕업상권, 과실상규, 예속 환난상휼[28]을 이념으로 하였다. 실제 운영에 있어 형벌권 남용으로 주민을 괴 는 기관으로 변질되었다. |
| 향회제도 | 조선 중기 지방에 거주하는 양반, 사족이 중심이 되어 운영한 지방자치회의이다. 수 권한을 통제하고 지방 사족의 내부 결속 및 지방민의 부역체제에 관여했다. 19세기 향회의 참여층이 지방 사족이 아닌 일부 평민층으로 확대되었으며 19세기 말에는 지 모두가 참가하는 도회개념으로 변모하였다. |

28) 첫째, 지역주민의 덕행을 장려하고 서로 근면·성실하도록 하고(덕업상권)
둘째, 과실에 대해서는 서로 경계하여 고치도록 하며(과실상규)

## 2. 근대 이후의 지방자치

### 1) 갑오경장시기의 지방자치

조선 말기에 향회제도가 있었는데 향회는 군·면·리에 각각 그 지역주민으로 구성되는 군회·면회·리회를 설치하고 의결권을 부여했으며, 면·리의 집행기관으로 임기 1년의 집강·존위를 주민이 선출하였다. 임무를 제대로 이행 못 할 경우에는 임기 중이라도 개선토록 한 오늘날의 지방의회와 유사하다. 집행기관의 주민선출제도 역시 근대적 지방자치제도와 유사하였으나 1910년 한일합방으로 폐지되었다.

또 다른 하나는 민회가 있었다. 조선 후기 행정적 질서의 혼란으로 인한 국가와 일반백성 간의 긴장관계가 고착화되자 농민들을 중심으로 민회가 성립되어 정부관리 및 지방수령들에 대응하였다. 민회를 통한 의사수집·관리들에게 대책을 요구하였으며, 봉기집행 및 행정기구를 형성하였다. 1894년 갑오농민혁명 시 발전된 형태의 자치행정조직으로 발전하였고 일반 백성들의 자발적 조직 및 행정권 행사라는 측면에서 지방자치적 요소를 지니고 있다.

1894년 갑오년에는 중국식 가신국가체제가 서구식 근대국가체제로 바뀌는 대규모의 개혁이 단행되었다. 개혁에서는 23개의 부와 336개의 군을 두는 것과 새로운 향회제도29)와 면과 리에서의 자치를 실시하는 것을 주 내용으로 하였다.

그러나 개혁파의 이러한 개혁은 당연히 보수 양반세력을 중심으로 한 기존 지배집단의 강력한 반발에 부딪치게 되었다. 개혁 주도세력 또한 일본 세력과 협력하고 그 힘을 빌려 오히려 농민군을 진압하면서 그 정당성을 잃어 갔다.

결국 갑오개혁의 실패와 함께 지방행정제도도 구체제와 유사한 형태로 환원

---

셋째, 예의와 풍속을 서로 나누어 생활을 바르게 하고(예속상교)
넷째, 질병과 재난에 대하여 서로 돕도록 한다(환난상휼).
29) 고을의 일을 의논하기 위한 고을 사람들의 모임의 제도.

되고 말았다. 즉 1896년 8월, 23부가 폐지되는 대신 과거의 8도 체제를 일부 변형시킨 13도제가 다시 들어서 지방행정제도는 13도 7부 1목 331군이 되었다(김택 외, 2003).

## 2) 일제강점기의 지방자치

일제강점기의 행정제도는 식민통치를 위한 것으로 개편되었다. 즉 중앙에 조선총독부를 설치하면서 지방제도도 개편을 단행하였는데, 지방에는 도·부·군·면을 두고 그 아래 동·리를 두었다. 이런 지방단위의 주요사업이 국민교육과 지역복지였음은 과거와 다름이 없으나, 행정의 초점은 한국인을 일본에 동화시키는 것과 경제적 착취에 맞추어져 있었다는 문제점이 있었다.

그러나 형식적으로 지방자치의 면모를 갖추었는데, 1930년 지방제도를 전면 개정하면서 지정면을 읍으로 승격시키고, 도와 읍에는 공법인 자격을 부여하였다. 그리고 도·부·읍에는 의결기관으로서 도회·부회·읍회를 설치하였으며 면에는 자문기관으로서 면협의회를 두도록 하였다.

하지만 이 역시 주민에 의한 자발적 운영을 통한 주민의 복리향상과는 거리가 먼 지방 통제의 일환이었다(최봉기, 2006: 46).

<표 1-2-5> 일제 강점기의 지방행정 구역표(1914. 3. 1)

| 시대 | 일자 | 도(道) | 부 | 목 | 군 | 도(島) | 면 | 지정면(읍) | 보통면 |
|------|------|------|----|----|----|------|------|--------|------|
| 조선 | 1896. 8. 4 | 13 | 9 | 1 | 329 | – | 4,338 | – | – |
| 일제 | 1914. 3. 1 | 13 | 12 | – | 218 | 2 | 2,518 | 23 | 2,493 |

출처: 임승빈, 2006: 120

## 3) 미군정시대의 지방자치

1945년 일제로부터의 해방 이후 허울 좋은 지방제도의 개편이 막을 내리고

3년간 과도기적인 미군정시대로 이어지게 되었다. 미군정시대에는 서구식 자유민주주의의 정치·행정제도를 도입하려고 하였다. 즉 대의적 민주주의와 분권화된 행정체제를 이식하려고 하였다. 그러나 과도기적 군정이 갖는 한계로 인하여 일제강점기의 통치기구는 거의 그대로 존속하였으며 정치·행정제도상 발전보다는 오히려 도회·부회·읍회·면협의회를 폐지하여 지방자치제도의 후퇴를 가져오게 되었다(최봉기, 2006: 46~47).

<표 1-2-6> 미군정시대의 지방행정 구역표

| 구분 | 직할시 | 도(道) | 부 | 군 | 도(島) | 읍 | 면 |
|---|---|---|---|---|---|---|---|
| 일제 | - | 13 | 22 | 218 | 2 | 107 | 2,246 |
| 미군정시대 (남한기준) | 1 | 8 (9) | 12 | 134 | 2 (1) | 76 | 1,475 |
| 북한 | - | 5 | 10 | 84 | - | 31 | 768 |

비고 1. 1946. 7. 2 제주도 승격: 남한(9)으로 됨.
   2. 직할시는 서울시를 말함.

출처: 임승빈, 2006: 121

## 3. 현대의 지방자치

우리나라의 현대적이고 실질적인 지방자치는 1995년 6월 27일 제4대 지방선거를 통해 시작되었다. 이 선거는 지방자치단체장과 지방의회를 지역주민이 직접 선출했다. 다시 말해 중앙집권적 통치체제를 지방분권적 자치체제로 전환시킨 창조적 의미를 갖는다.

### 1) 제1공화국

(1) 지방자치법 제정
1948년 건국헌법 제96조와 제97조에 의거하여 1949년 7월 4일 법률 제32

호로 우리나라 최초의 지방자치법이 제정·공포되었다.

① 지방자치단체의 주체
서울특별시와 도를 광역자치단체로, 시·읍·면을 기초자치단체로 했다.

② 지방자치단체의 구성
서울특별시와 도는 정부의 직할에 두어 대통령이 각각 임명하였으며, 시·읍·면은 도의 관할하에 시·읍·면장을 지방의회에서 무기명 투표로 선출하였다.

③ 지방자치단체의 성격
서울특별시와 인구 50만 명 이상의 시에는 구를 두며, 도에는 군을 두었다. 또한 시·읍·면에는 동과 리를 두었다. 덧붙여 군수와 구청장은 국가공무원으로 임명하였고, 동·리장은 주민이 선출하였다.

④ 지방의회의 성격
선거의 4대 원칙인 보통·직접·평등·비밀로 선출하였으며, 의원의 임기는 4년으로 하는 명예직으로 구성하고 의원의 수는 인구를 기준으로 정해졌다.
이렇게 제정된 지방자치법은 부칙 제1조의 규정에 의해 1949년 8월 15일부터 실시하도록 되어 있었으나, 대한민국 정부 수립 이후에 안정되지 못한 행정체제와 불안정한 국내 정세 등의 이유로 지방의회의원선거가 연기되어 실질적인 지방자치는 이루어지지 못했다.

(2) 지방자치법 제1차 개정(1949년 12월 15일)
지방자치법이 제정 및 공포되었으나 현 상황에 적합하지 못한 지방자치법의 모순 및 미비, 누락 등을 극복하기 위해 1949년 12월 15일 제1차 개정을 하였다.

① 지방자치의 연기

대통령은 천재지변, 기타 비상사태로 인해 선거를 실시하기 곤란하다고 인정할 때에는 지방자치단체의 전부 또는 일부의 선거를 연기 또는 정지할 수 있다는 규정을 신설하였다.

② 지방자치단체의 구성

서울특별시와 도는 정부의 직할에 두어 대통령이 각각 임명하는 것은 동일하였으나, 시장은 대통령이, 읍·면장은 도지사가 임명하도록 하였다.

③ 지방자치단체의 성격

지방의회가 설립될 때까지 의회의 의결을 요한 사항은 특별시와 도는 내무부(현 행정안전부)장관의 승인을 필요로 하고, 시·읍·면은 도지사의 승인을 얻도록 했다.

(3) 제1회 지방선거

이승만 정부는 지방자치법의 제정 및 개정 이후에도 국내 정세의 불안을 이유로 지방선거를 하지 않았다. 그러다가 1952년 한국전쟁 중임에도 불구하고, 대통령선거를 앞두고 당시 국회의 중심세력이었던 한민당과의 대립으로 제2대 대통령으로 재선될 가능성이 없자, 국회의 간선제를 폐지하고 국민에 의한 직선제로의 개헌을 추진하였다. 하지만 정부가 제출한 개헌안이 국회에서 부결되자 국회의 무력화를 위해 1952년 4월 25일은 시·읍·면 의원선거를, 5월 10일에는 도의회의원선거를 각각 실시했다.

① 지방자치단체의 구성

서울특별시와 도는 정부의 직할에 두어 대통령이 각각 임명하였으나, 시·읍·면은 의원선거를 하여 선출하는 간선제로 개정했다.

② 지방자치단체의 성격

서울특별시장 및 도지사는 대통령의 허가를 얻어 의회를 해산할 수 있는 권한을 가지게 되었으며, 시·읍·면장은 도지사의 허가를 얻어 의회를 해산시킬 수 있는 권한을 각각 가지게 되었다.

③ 지방의회의 성격

지방의회는 1949년 지방자치법 제121조 지방자치단체장을 불신임할 수 있는 권한을 통해 정치목적에 따라 많은 수의 단체장들이 퇴직을 거듭해 혼란을 야기했다(강용기, 2008: 90).

이처럼 제1회 1952년 4월 25일 시·읍·면 의원선거와 5월 10일 도의회의원선거는 지방자치의 현대적 시작을 알리는 역할을 하였다. 하지만 한국정치사상 최초의 근대적 지방의회의 구성이라는 역사적 의미의 내면에는 다음과 같은 결점을 내재하고 있었다.

첫째, 지방의원선거 과정에 있어서 혈연주의와 지역주의가 심각하게 나타나 주민들 간의 불화 및 갈등이 심화되었다. 당시 지방자치의 미경험자들인 주민들의 정치역량과 민주주적 정치의식이 매우 낮았으며, 지방자치의 도입이 국민들의 염원이 아닌 이승만 정부의 재집권을 위한 정치적 책략의 일환이었기 때문이다.

둘째, 지방자치단체장의 간선제로 인한 폐해 발생이다. 지방자치법 제1차 개정에 따르면 시·읍·면은 지방의원선거를 통한 지방자치단체장의 임명이 간선제를 통해서 이루어졌다. 이로 인해 주민들에 의해 실시되는 민주정치와는 거리가 있었을 뿐 아니라, 지방의회의 파벌문화, 의회 내에서의 폭력사태 및 지방자치단체장 선출을 위한 뇌물 및 비리 부패가 발생하는 많은 폐해가 나타났다.

셋째, 단체장 불신임권과 의회해산권의 남용 및 오용이다. 1945년 제1회 지방의원선거가 이루어졌던 당시에는 지방자치법에 지방의회와 지방자치단체장의 상호견제와 균형을 위한 제도적 권한이 있었다. 하지만 이 단체장 불신임권과 의회 해산권은 자신들의 정치적 목적으로만 사용되어 오히려 민주정치사회로 나아가는 데 걸림돌로 전락하고 말았다. 이로 인해 1956년 2월 13일 지방자치법의 개정에서는 의회의 지방자치단체장에 대한 불신임 의결제도와 지방자치단체장의 의회에 대한 의회해산제도를 폐지하게 된다.

(4) 지방자치법 개정(1956년 2월 13일)

① 지방자치단체의 구성
제1회 지방선거에서와 같이 서울특별시와 도는 정부의 직할에 두어 서울특별시장과 도지사는 대통령이 각각 임명하였으나, 시·읍·면은 주민의 직접선거를 통해 선출되는 직선제로 제2차 개정에 따라 선거를 실시했다.

② 지방자치단체의 성격
1956년 2월 13일 지방자치법 제2차 개정에서 서울특별시장 및 도지사는 대통령의 허가를 얻어, 시·읍·면장은 도지사의 허가를 얻어 의회를 해산시킬 수 있는 의회해산제도는 폐지되었다.

③ 지방의회의 성격
지방의회의 지방자치단체장에 대한 불신임 의결권은 지방자치단체장과의 상호균형을 위한 민주사회로의 발전을 위한 제도로 사용되지 못하고, 자신들의 정치적 목적으로 사용함으로써 오히려 자치단체장의 잦은 교체를 통한 행정의 비효율을 발생시켜 1956년 2월 13일 지방자치법 제2차 개정에서 폐지되었다.

(5) 제2회 지방선거(1956년 8월)

1952년 제1대 지방의회가 구성된 후에 1956년 2월 13일 제2차 지방자치법 개정, 1956년 7월 8일 제3차 지방자치법 개정을 거쳐 1956년 8월 8일에는 제2대 시·읍·면 의원선거 및 제1대 시·읍·면장 선거가 이루어졌으며, 동년 8월 14일 제2대 도의원선거 및 제1대 서울특별시의원선거가 실시되었다.

이처럼 제2대 지방의원 및 제1대 지방자치단체장 선거는 대한민국 지방자치 사상 시·읍·면장을 주민들이 직접 선출하는 민주사회로의 진입을 알리는 신호탄을 발사했다. 이를 구체적으로 살펴보면 다음과 같다.

첫째, 지방행정의 효율성과 민주성을 회복할 수 있었다. 폐단으로 가득 찬 지방자치단체장에 대한 불신임 의결제도와 지방의회의원에 대한 지방의회해산제도를 폐지함에 따라 지방자치단체장과 의회와의 마찰이 줄어들고, 주민의 복리증진을 위한 일관성 있는 지역정책이 이루어질 수 있었다.

둘째, 지방의원의 정수 과다의 선출을 통한 의원의 질적 저하 및 의회 운영비 증가 등 지방의회 구성 및 관리에 있어서 지방의회의원의 정수를 감축함으로써 지방의회의원의 경쟁력을 높이고 나아가 지방의원의 자질을 향상시킬 수 있었다.

하지만 오랜 세월 동안 관존민비의 사회문화 및 미흡한 민주주의 사회의 지방자치문화는 제2대 지방의원 및 제1대 지방자치단체장 선거에서 다음과 같은 문제점을 나타내고 있다.

첫째, 지방재정의 낭비이다. 주민들이 직접 선출하는 직선제는 재선을 위한 지방의원과 지방자치단체장의 무분별한 선심정책을 통해 지방재정의 악화 및 파탄을 초래하여 오히려 민주사회로의 발전을 저해했다.

둘째, 공정한 선거의 부재이다. 지역주민들에 의한 직접선거에 있어서 당선을 위한 각종 비리와 부패로 공정한 선거가 이루어지지 못하였을 뿐 아니라 당선된 이후에도 각종 비리와 부패는 만연하였다.

(6) 지방자치법 개정(1958년 12월 26일)

① 지방자치단체의 구성

서울특별시와 도는 정부의 직할에 두어 서울특별시장과 도지사는 대통령이
각각 임명하고, 시ㆍ읍ㆍ면은 주민의 직접선거를 통해 선출되는 직선제를 폐
지하고 임명제로 개정하였다. 또한 주민이 직접선거를 통해 선출하였던 동ㆍ
리장의 직선제도 폐지하고 임명제로 개정하였다.

② 지방자치단체의 성격

1956년 2월 13일 지방자치법 제2차 개정에서 행정의 비효율과 비민주성을
초래했던 의회해산제도는 부활되었으며, 이는 지방의회의 불신임 의결권을 견
제하는 정치적 기능을 하게 되었다. 다만 무분별한 지방의회의 해산을 방지하
기 위해 불신임 의결이 있을 때에 도지사 또는 서울특별시장은 내무부 장관
의, 시ㆍ읍ㆍ면장은 도지사의 허가를 받아 15일 이내에 의회를 해산할 수 있
도록 했다.

③ 지방의회의 성격

행정의 비효율과 비민주화를 발생시켜 1956년 2월 13일 지방자치법 제2차
개정에서 폐지되었던 지방의회의 지방자치단체장에 대한 불신임 의결권은 재
적 의원 3분의 2 이상의 출석과 출석 의원 3분의 2 이상의 찬성이 있어야 하
는 제도적 보완을 하여 부활하였다.

## 2) 제2공화국

(1) 지방자치법 개정(1960년 11월 1일)

이승만 정권하에서 지방자치법의 개정은 민주주의 사회의 기본이념인 주민

의 의사에 따라 보완 및 수정하는 개정을 한 것이 아니라, 정치적 목적에 의해 네 차례나 개정되었다. 그로 인해 행정의 비효율을 야기했을 뿐 아니라, 행정의 비민주화를 야기했다.

이를 극복하려는 국민들의 염원과 노력 아래 1960년 4월 19일 혁명이 이루어졌고, 1960년 6월 15일 내각책임제로의 개헌을 통해 지방자치는 다음과 같은 새로운 모습을 갖게 된다.

하지만 제5차 지방자치법 개정을 통한 지방자치의 이상향은 1961년 5·16 군사 쿠데타를 통해 수립한 박정희 정권에 의해 모두 무산된다.

① 지방자치단체의 구성

지방자치단체장의 선출 방법을 기존의 간선제에서 직선제로 개정하였다. 이로써 서울특별시장·도지사, 시·읍·면장을 주민이 직접 구성하게 되었다. 또한 선거 시 유권자가 후보자의 이름을 한자 또는 한글로 직접 작성하는 기명제를 채택하였고, 선거권자의 연령을 기존의 만 21세부터 20세로, 피선거권자의 연령은 지방의원 및 시·읍·면장은 만 25세 이상, 서울특별시장·도지사는 만 30세 이상으로 개정했다.

② 지방의회의 성격

인구 비례에 따라 서울특별시 의원은 민의원선거구마다 3인으로, 도의원의 경우 민의원선거구마다 2인으로 개정했다.

(2) 제3회 지방선거(1960년 12월)

민주화 사회를 갈망한 전 국민의 노력으로 1960년 이승만 정부는 문을 내리고, 1960년 6월 15일 제2공화국헌법에 따라 지방자치법은 제5차 개정을 하게 되었고, 1960년 12월 12일 서울특별시와 도의회의원선거, 1960년 12월 19일 시·읍·면 의회의원선거, 1960년 12월 26일 시·읍·면장 선거, 1960년 12

월 29일 서울특별시장 및 도지사 선거가 이루어졌다.

이처럼 3대 지방선거는 자유민주주의에 대한 국민의 열망을 수용한 민주적 지방선거라고 할 수 있다. 이를 구체적으로 살펴보면 다음과 같다.

첫째, 지방행정의 자유민주주의이다. 제3회 지방선거는 정치적 목적 달성을 위한 단순한 수단과 도구가 아니라, 주민들 스스로가 지역사회의 주인이 되고, 주권을 행사할 수 있었다. 즉 지방자치단체장 및 지방의회의원 전 분야의 첫 직접선거를 통해 진정한 자유민주주의 사회를 구현할 수 있는 초석이 되었다.

둘째, 공명선거의 시작이다. 제3회 지방선거는 제5차 지방자치법 개정에서 보완된 공명선거를 위한 노력이 반영되었다. 즉 공명선거를 위해 부재자 선거제도가 도입되었으며, 선거운동 기간의 단축 및 선거운동 공영제 등 다양한 노력이 동반되었다.

그러나 민주주의 갈망에 대한 이상적인 제3회 지방선거는 다음과 같은 한계를 지니고 있다.

첫째, 공명선거를 위한 선거운동과 부재자 선거제도 및 선거공영제 등 다양한 노력에도 불구하고 지방 곳곳에서는 각종 비리·부패가 끊이질 않았으며, 무엇보다 투명한 선거를 위해 감시·감독할 기관이나 단체도 존재하지 않았다.

둘째, 민주주의적인 선거를 통해 당선된 지방자치단체장 또는 지방의원일지라도 정치적 대립으로 인해 그 임기를 마치지 못하고 중도 하차하는 경우도 적지 않았다.

하지만 무엇보다 1961년 5월 16일 군사 쿠데타를 통해 수립한 박정희 정부에 의해 지방자치는 무기한 중단에 들어가게 되고, 결국 지방자치는 암흑기에 접어든다.

### 3) 제3공화국

제3공화국은 지방자치의 암흑기라고 할 수 있다. 민주화 사회에 대한 열망으로 수립한 제2공화국은 불과 몇 개월도 되지 않아 1961년 5월 16일 군사 쿠데타로 수립한 박정희 정부에 의해 문을 내리게 된다.

① 군사혁명위원회 포고 제4호 및 제8호(1961년 5월 16일)

1961년 5월 16일 군사 쿠데타로 정권을 잡은 박정희는 군사혁명위원회 포고 제4호를 통해 지방자치법에 의해 성립된 지방의회를 강제 해산하였고, 1961년 5월 22일 군사혁명위원회 포고 제8호에 의해 서울특별시와 도는 내무부장관의, 시는 도지사의, 읍·면은 군수의 승인을 얻어 집행하도록 했다. 이는 지방자치라기보다 상급기관장의 승인에 의한 집행, 즉 강력한 중앙집권적 정부의 명령에 움직이는 지방행정만이 존재했다.

② 지방자치에 관한 임시조치법 제정(1961년 9월 1일)

박정희 정부는 지방의회의 해산에 그치지 않고, 지방자치에 관한 임시조치법을 제정하여 군자치제(郡自治制)로 개정했다. 즉 군(郡)을 자치단체로 규정하면서 읍·면 중심의 지방자치를 폐지하였다. 또한 지방자치단체장은 기존의 주민선거를 통한 직선제가 아닌 국가공무원으로 충당하는 임명제를 실시하였고, 서울특별시의회 권한은 서울특별시장이 국무총리의 승인을 받아서 집행해야 했다. 그리고 시·도지사는 내무부 장관의, 시장·군수는 도지사의 승인을 받아 의회의 권한을 집행해야 했다.

### 4) 제4공화국

제4공화국은 지방자치와 유신헌법이 주요사항이다. 1972년 12월 27일 개정된 제4공화국 헌법은 부칙 제10조에 "지방의회는 조국 통일이 이루어질 때까지 구성하지 아니 한다"고 규정하여 현실적으로 지방자치를 할 수 없도록 해 놓았을 뿐 아니라, 지방자치법 또한 아무런 효력을 지니지 못하게 된다. 나아가 자유민주주의 사회로의 발전은 말할 것도 없이 자유민주주의 자체가 소멸되어 갔다.

## 5) 제5공화국

1979년 10월 26일 박정희 대통령의 사망과 1980년대 새로운 정부 속에서 지방자치의 새싹은 트게 된다. 제3공화국과 제4공화국에서 지방자치는 완전한 소멸의 위기에까지 이르렀지만, 제5공화국 헌법은 지방자치의 시행 시기에 대해 헌법 부칙 10조에 "지방의회는 지방자치단체의 재정자립도를 감안하여 순차적으로 구성하되, 그 구성 시기는 법률로 정한다"라고 규정하여 지방자치 부활의 헌법적 근거를 마련한다.

## 6) 제6공화국(노태우 정부)

1988년 2월에 출범한 제6공화국은 1987년 10월 29일 제9차 대한민국헌법 제117조[30]와 제118조[31]에서 지방자치의 부활을 찾아볼 수 있다.

(1) 지방자치법 개정(1988년 4월 6일)
① 지방자치단체의 구성

---

30) 제117조 ① 지방자치단체는 주민의 복리에 관한 사무를 처리하고 재산을 관리하며, 법령의 범위 안에서 자치에 관한 규정을 제정할 수 있다. ② 지방자치단체의 종류는 법률로 정한다.

31) 제118조 ① 지방자치단체에 의회를 둔다. ② 지방의회의 조직 · 권한 · 의원선거와 지방자치단체의 장의 선임방법 기타 지방자치단체의 조직과 운영에 관한 사항은 법률로 정한다.

지방자치단체는 광역자치단체(특별시·직할시·도)와 기초자치단체(시·군·자치구)의 2종류로 대별했다. 또한 지방자치단체는 상호 관련된 업무의 공동처리를 위해서 행정협의회를 구성할 수 있고, 협의사항 조정 등에 관한 규정을 두었다.

② 지방자치단체의 성격

지방자치단체장의 명령이나 처분이 법령에 위반되거나 현저히 부당하여 공익을 해할 경우에는 시·도에 대해서는 주무부 장관이, 시·군·자치구에 대해서는 시·도지사가 각각 시정을 명령하고 이를 이행하지 않을 때에는 취소 및 정지할 수 있도록 했다.

지방자치단체의 사무 범위는 포괄적 수권 방식으로 하되 예시주의를 채택했고, 지방자치단체의 종류별로 사무배분 기준을 정했다. 다만 자치구 자치권의 범위는 시·군과 다르게 할 수 있도록 했다. 그리고 지방자치단체장에게 지방의회 의결사항에 대한 재의요구권과 선결처분권을 부여했다(정일섭, 2007: 49~50).

선거권자는 만 20세를 유지하였으나, 시장·군수·자치구 구청장의 피선거권은 만 30세 이상으로, 시·도지사의 피선거권을 만 35세 이상으로 하였다.

③ 지방의회의 성격

지방의회의 행정사무감사권을 삭제하고 행정사무조사권을 신설하였으며, 지방의회의원의 정수는 행정구역을 기준으로 일정한 범위 내에서 정하도록 하였다. 그리고 지방의원의 선거권은 역시 만 20세로 유지하였으나, 피선거권은 만 25세 이상으로 하였다.

(2) 제4회 지방선거(1991년 3월)

제4회 지방선거는 1961년 5월 16일부터 1991년까지 30년이란 지방자치의 암흑기를 지나 1991년 3월 26일 기초의원선거를, 1991년 6월 20일 광역의원 선거를 각각 실시하였다.

　30년 만의 부활을 맞은 제4회 지방선거는 국민들의 관심과 기대가 매우 큰 지방선거였다. 이를 구체적으로 살펴보면 다음과 같다.
　첫째, 지방행정의 주인의식 향상이다. 제4회 지방선거는 지방의회의원선거만 하여 지방자치단체장은 중앙정부의 임명제가 유지된 상황이었다. 이러한 중앙 정부의 강력한 집권 아래서 명예직제도의 지방의원들은 주인의식을 가지고 행정의 낭비·오용을 막고자 주어진 임무를 다하려고 노력하였다.
　둘째, 주민의 복리증진이다. 제4회 지방선거를 통해 선출된 지방의원들은 주민들의 민원을 파악하고 그 해결을 위해 예산의 결정 및 집행에 있어서 끊임없는 감시·감독을 통해 주민의 대표기관으로서의 역할을 충실히 하여, 궁극적으로 주민의 복리를 증진시켰다.
　하지만 지난 30년 동안의 지방선거 및 지방자치의 미실시로 인한 미흡한 점은 다음과 같이 나타났다.
　첫째, 지방의원들의 나눠 먹기식 예산분배이다. 지방의원들은 자신의 지역에 선거공약사업을 추진하기 위해서 예산에 집착하게 되고, 이는 지방의원들 간의 예산심의 과정에 있어서 서로 나눠 가지는 문제점을 지니고 있다.
　둘째, 지방의원들의 지방자치단체장과의 실질적 권한 차이이다. 지방의회의원들은 주민들이 직접 선출한 주민의 대표자이기는 하지만, 실질적인 예산의 집행 및 모든 권한은 지방자치단체장을 중심으로 집중되어 있기 때문에 행정이 주민의 의사를 대표하는 지방의회의원들 중심으로 이루어지기보다는 지방자치단체장 중심으로 이루어진다.

## 7) 문민정부(김영삼 정부)

1992년 12월에 대한민국 14대 대통령으로 당선된 김영삼은 문민정부를 수립하였다. 특히 1995년 상반기 이전에 지방자치단체장 선거를 실시하겠다는 그의 선거공약은 1995년 6월 27일에 지방자치단체장을 포함한 제4회 지방선거를 실시하였다. 이로써 지난 30년간 지방의회의원선거 및 지방자치단체장 선거가 존재하지 않았던 지방자치의 암흑기는 막을 내린다.

(1) 지방자치법 개정(1994년 3월 16일)

① 지방자치단체의 구성

1994년 3월 16일 개정한 지방자치법 제7조[32])에서처럼 시와 군을 통합한 지역이나, 인구 5만 이상의 도시 형태를 갖춘 지역이 있는 군은 도농복합형태의 시를 둘 수 있고, 이러한 시에는 읍·면·동을 둘 수 있다.

또한 기존의 읍·면·동장은 별정직의 지방공무원에서 일반직 지방공무원으로 전환하였으며, 지방자치단체 간의 분쟁을 조정하기 위해 내무부 및 시·도에 분쟁조정위원회를 설치하고, 그 구성 및 운영은 대통령령에게 위임했다.

② 지방자치단체의 성격

주무부장관 또는 시장 및 도지사는 당해 지방자치단체장이 기간 내에 이를 이행하지 아니할 때에는 당해 지방자치단체에 대집행을 하거나 행정 및 재정상 필요한 조치를 할 수 있다. 단, 이 경우 행정대집행에 관해서는 행정대집행법을 준용한다.

---

32) 지방자치법(1994년 3월 16일 개정) 제7조
　① 市는 그 大部分이 都市의 形態를 갖추고 人口 5萬 이상이 되어야 한다.
　② 第1項의 規定에 의하여 設置된 市와 郡을 統合한 地域이나, 人口 5萬 이상의 都市形態를 갖춘 地域이 있는 郡을 都農複合形態의 市로 할 수 있다.

③ 지방의회의 성격

지방자치단체장 및 그 장이 위임받아 처리하는 국가사무와 시·도의 사무에 대하여 국회와 시·도의회가 직접 감사하기로 한 사무를 제외하고는 그 감사를 각각 당해 시·도의회와 시·군 및 자치구의회가 행할 수 있다. 이 경우 국회와 시·도의회는 그 감사결과에 대하여 당해 지방의회에 필요한 자료를 요구할 수 있으며, 감사를 위하여 필요한 사항은 국정감사 및 조사에 관한 법률에 준하여 대통령령으로 정한다.

또한 지방의회의원은 명예직으로 하되, 의정자료의 수집 및 연구와 이를 위한 보조 활동에 소요되는 비용은 매월 의정활동비로 지급하도록 개정하였다.

하지만 무엇보다 1994년 3월 16일 제13차 지방자치법 개정의 주 핵심은 지방자치단체의 장은 지방자치단체의 폐치·분합 또는 주민에게 과도한 부담을 주거나 중대한 영향을 미치는 지방자치단체의 주요 결정사항 등에 대하여 주민들의 의견을 물어볼 수 있는 주민투표제도의 도입이라 할 수 있다.


(2) 제1회 동시지방선거(제5회 지방선거-1995년 6월 27일)

1995년 6월 27일에는 지방자치의 중대한 역사적 의미를 지니는 제1회 동시지방선거(제5회 지방선거)가 실시되었다. 기존의 지방선거는 지방의회의원과 지방자치단체장 선거가 각기 다른 날에 실시되었으나, 제5회 지방선거에서는 같은 날에 지방의회의원과 지방자치단체장 선거가 모두 동시에 이루어짐으로써 대한민국 지방자치의 역사상 최초라는 큰 의미를 갖고 있다. 또한 동시지방선거를 통해 선거에 사용되는 인적·물적·기술적 행정의 오용과 남용을 절감했다는 데 그 의미가 더욱 특별하다.


1995년 6월 27일 대한민국 최초의 동시지방선거는 지방자치에 있어서 중대한 역사적 의미를 갖고 있다고 앞서 논한 바 있다.

덧붙여 공직선거 및 부정선거의 방지 측면에서 제1회 지방공동선거는 다음과 같은 의미를 지니고 있다. 기존의 대통령선거법, 국회의원선거법, 지방의회의원선거법, 그리고 지방자치선거법 등 4개의 선거법을 「공직선거 및 부정선거방지법」으로 통합 및 운영하여 비리·부패가 만연한 선거의 폐단을 방지하고 공정한 선거문화를 선도하였다.

이처럼 새로운 변화와 창조를 이끌어 간 문민정부의 제1회 지방공동선거도 다음과 같은 한계점을 극복하지는 못하였다.

첫째, 중앙정부와 지방정부의 갈등 심화이다. 제1회 지방공동선거가 실시되던 시기는 여야를 불문하고 중앙정당이 지방자치 관여를 심하게 하여, 지방자치가 중앙정치에 의해 오염되었던 시기로 볼 수 있다. 또한 여당의원들이 중심 권력을 지닌 지방정부와 야당의원들이 중심 권력을 지닌 지방정부 간의 대립도 매우 심각해져서 지방정부 간 견제와 균형은 극히 약화되었고, 정치적 야합과 담합에 의한 부조리 현상이 나타났다(최봉기, 2006: 63).

둘째, 지역할거주의의 폐해이다. 제1회 지방공동선거는 민주화 사회로의 진입이라는 큰 의미를 내포하면서도 정작 선거 결과를 보게 되면, 지역별로 정당에 따라 당선자 수가 극단적으로 나타났다. 이는 지역할거주의를 벗어나지 못한 지역주민들의 민주성에서도 그 한계성을 찾아볼 수 있지만, 무엇보다 선거후보자들의 선거운동에 있어서 지역감정을 조성 및 악용한 데서 그 문제점을 찾아볼 수 있다.

그 밖에도 상대후보에 대한 비난과 모함, 흑색선전 등의 혼탁한 선거 분위기도 문민정부의 제1회 지방공동선거의 한계점이라고 할 수 있다.

## 8) 국민의 정부(김대중 정부)

기업구조조정, 금융개혁, 외환위기 탈출 등의 경제적 난국을 타개하는 한편, 민주주의와 시장경제의 병행 발전을 바탕으로 협력의 시대를 여는 데 주력한 대한민국 국민의 정부(김대중 정부)는 지방자치에 관한 주민의 직접 참여 확대를 위해 주민의 조례 제정 및 개폐 청구제와 주민감사청구제 등 다양한 제도적 노력과 기존의 미흡하고 현실에 부적합한 지방자치제도의 개선 및 보완에 힘쓴 정부이다. 이처럼 한국의 지방자치는 점차 주민의 복리증진이라는 지방자치의 기본 이념을 실현할 수 있는 자질을 높이게 된다.

(1) 제2회 동시지방선거(1998년 6월 4일)

제2회 동시지방선거는 IMF라는 국가적 위기 속에서 1995년 6월 27일 제1회 동시지방선거가 있은 후 3년 만에 실시되었다. 그 이유는 선거일이 각기 다른 대통령 임기 5년, 국회의원 임기 4년, 지방의원과 지방자치단체장 임기 4년으로 선거가 매년 거듭 실시되어 정치·경제·사회 등 국민생활과 행정의 혼란과 낭비를 막고자 하는데 있었고, 이에 1998년 6월 4일 제2회 동시지방선거가 실시된 것이다.

이처럼 국가적 위기 속에서 지방선거로 인한 지속적인 전 국민적 혼란과 행정의 낭비를 막기 위해 실시된 제2회 동시지방선거 약칭 6·4지방선거는 다음과 같은 특징을 지닌다.

첫째, 지방선거의 기능 저하이다. 제2회 동시지방선거는 무투표당선자 즉 후보자가 한 명뿐인 경우 선거구에서 모두 당선되는 현상이 나타났다. 이처럼 주민의 복리증진을 위해 봉사할 지방자치단체장 및 지방의회의원 선출에 있어서 단일 후보의 출마는 자치단체장 및 지방의원의 자질을 확인할 수 있는 지방선거의 기능은 제대로 작동하지 못했다.

둘째, 독선적 지방행정의 속출이다. 국가적으로 어려운 상황에서 지방자치에 대한 주민들의 관심은 낮아져 있었고, 이는 상대적으로 집행기관의 권한 강화를 초래했다. 그 결과 지방자치단체장과 지방의회 간의 견제와 균형은 무너지고 오히려 지방의회가 지방자치단체장에 포섭되는 등의 문제점이 속출하였다. 다시 말해 주민들의 직접적인 참여와 관심, 즉 자율적인 노력이 없는 지방선거는 지방자치단체장의 독선적인 행정처리를 심각하게 만들어 갔다.

## (2) 지방자치법 개정(1998년 8월 31일)

### ① 지방자치단체의 성격

1998년 8월 31일 지방자치법 개정에서는 지방지치단체의 20세 이상 주민은 주민 총수의 20분의 1의 범위 안에서 대통령령이 정하는 20세 이상 주민 수 이상의 연서로 당해 지방자치단체의 장에게 조례개정 및 개폐를 청구할 수 있다(지방자치법 제13조의 3).

그리고 20세 이상 지방자치단체 주민은 주민 총수의 50분의 1의 범위 안에서 조례가 정하는 주민 수 이상의 연서로 당해 지방자치단체와 그 장의 권한에 속하는 사무의 처리가 법령에 위반되거나 공익을 현저히 해한다고 인정되는 경우에는 감사를 청구할 수 있도록 했다(지방자치법 제13조의 4).

지방자치단체의 장이 궐위 또는 공소 제기된 후 구금상태에 있거나 의료법에 의한 의료기관에 60일 이상 계속하여 입원한 경우에는 부지사·부시장·부군수·부구청장이 그 권한을 대행한다(지방자치법 제102조의 2 ①).

또한 지방자치단체 상호 간 또는 지방자치단체의 장 상호 간 사무를 처리함에 있어서 의견을 달리하여 분쟁이 있을 때에는 다른 법률에 특별한 규정이 없는 한 행정자치부장관 또는 시·도지사가 당사자의 신청에 의하여 이를 해결할 수 있다. 다만, 그 분쟁이 공익을 현저히 저해하여 조속한 해결이 필요하다고 인정되는 경우에는 당사자의 신청이 없는 때에도 직권으로 이를 해결할 수 있다(지방자치법 제140조 ①).

### ② 지방의회의 성격

지방의회는 매년 2회 정례회를 개최하고(지방자치법 제38조 ①), 정례회의 집합일 기타 정례회의 운영에 관하여 필요한 사항은 대통령령이 정하는 바에 의해 당해 지방자치의회단체의 조례로 정한다(지방자치법 제38조 ②).

## 9) 참여정부(노무현 정부)

2003년 3월 1일에 창립한 참여정부는 원칙과 신뢰, 공정과 투명, 대화와 타협, 분권과 자율의 4대 국정 원리를 국가 운영의 기본 가치로 삼아 국민과 함께하는 민주주의 실현, 더불어 사는 균형발전사회 건설, 평화와 번영의 동북아시아 건설이라는 3대 국정목표를 실현하고자 했다. 이러한 참여정부는 지방분권의 원활한 추진을 위해서 중앙의 권한과 재정을 지방에 획기적으로 이양하는 정책을 추진했다. 이로 인해 지방자치에서 주민의 참여 확대가 확대되고 이는 점차 주민의 복리증진이라는 지방자치의 기본 이념을 실현하게 되었다.

### (1) 지방자치법 개정(2005년 1월 27일)

#### ① 지방자치단체의 성격
2005년 1월 27일 지방자치법 개정에서는 1998년 8월 31일 지방자치법에 신설된 조례개정 및 개폐청구권의 법률적 합법성을 위해 법령을 위반하는 사항은 조례개정 및 개폐청구권의 대상이 될 수 없도록 했다(지방자치법 제13조의 3 제1항 ①).

또한 지방자치단체 주민(시·도는 500명, 제161조의 2의 규정에 의한 50만 이상 대도시는 300명, 그 밖의 시·군 및 자치구는 200명을 초과하지 아니하는 범위 안에서 당해 지방자치단체의 조례가 정하는 20세 이상의 주민)의 연서로 시·도에 있어서는 주무부장관에게, 시·군 및 자치구에 있어서는 시·도지사에게 당해 지방자치단체와 그 장의 권한에 속하는 사무의 처리가 법령에 위반되거나 공익을 현저히 해한다고 인정되는 경우에는 감사를 청구할 수 있다(지방자치법 제13조의 4 ①).

#### ② 지방의회의 성격
지방의회는 운영의 자율성을 위해서 지방의회의 개회·휴회·폐회와 회기는 지방의회가 의결로 정하는 것으로 개정했다(지방자치법 제41조 ①).

③ 주민소송제도의 도입
2004년 1월 29일 주민투표법의 제정에 이어 2005년 1월 27일 제26차 지방자치법 개정에서는 주민소송제도가 도입되었다.

주민소송제도란 지방자치법 제13조 4 제1항의 규정에 의하여 공금의 지출에 관한 사항, 재산의 취득·관리·처분에 관한 사항, 당해 지방자치단체를 당사자로 하는 매매·임차·도급 그 밖의 계약의 체결·이행에 관한 사항 또는 지방세·사용료·수수료·과태료 등 공금의 부과·징수의 해태에 관한 사항을 감사 청구한 주민은 다음 각 호의 어느 하나에 해당하는 경우에 그 감사 청구한 사항과 관련 있는 위법한 행위나 해태사실에 대하여 당해 지방자치단체의 장을 상대방으로 소송을 제기할 수 있는 것을 말한다(지방자치법 제13조 5).

(2) 지방자치법 개정(2006년 1월 11일)

① 지방자치단체의 구성
2006년 1월 1일 지방자치법 개정에서는 제111조에 지방자치단체는 조례가 정하는 바에 의하여 자치구가 아닌 구와 읍·면·동에 그 소관행정사무를 분장하기 위하여 필요한 행정기구를 둘 수 있다고 개정하여 지방자치단체의 조직 운영 및 관리에 있어서 자율성을 확대하였다.

② 지방자치단체의 성격
2006년 1월 1일 지방자치법 개정에서는 조례의 제정 및 개폐의 요건을 완화하였다. 지방자치법 제13조의 3 제1항에 따르면 지방자치단체의 19세 이상의 주민은 시·도 및 제161조의 2의 규정에 의한 50만 이상 대도시에 있어서는

19세 이상 주민 총수의 100분의 1 이상 70분의 1 이하, 시・군 및 자치구에 있어서는 19세 이상 주민 총수의 50분의 1 이상 20분의 1 이하의 범위 안에서 당해 지방자치단체의 조례로 정하는 19세 이상의 주민 수 이상의 연서로 당해 지방지단체장의 장에게 조례의 제정이나 개정을 청구할 수 있다.

③ 제주특별자치도의 설치

2006년 1월 11일 지방자치법에서는 지방자치단체장 외에 특정한 목적을 수행하기 위하여 필요한 경우에는 별도의 특별지방자치단체를 설치할 수 있다고 개정하여 제주특별자치도를 신설하는 법적 근거를 마련했다(지방자치법 제2조 ③ 및 ④).

(3) 제4회 동시지방선거(2006년 5월 31일)

제4회 동시지방선거는 선거일정이 시작되기 전부터 지방자치와 관련된 각종 제도개편이 대대적으로 추진되고 있었다. 즉 지방자치 발전을 앞당길 수 있는 제주특별자치도제(2006년 7월부터 실시)와 경찰자치제(2007년 하반기 실시), 주민소환제도(2007년 하반기 실시) 등 각종 법률안들이 국회를 통과하거나 국회에 상정되어 있었다(최봉기, 2006: 71).

지방자치의 발전을 촉진시킨 제4회 전국동시지방선거의 특징은 다음과 같이 요약할 수 있다(최봉기, 2006: 79).

첫째, 지방의회의원들의 유급제와 기초의원후보자에 대한 정당공천제 그리고 기초의회의 비례대표제 실시이다. 이로 인해 젊은 층과 후보자들이 많이 선거에 나섰다는 점과 6가지 투표를 동시에 실시함으로써 주민들의 후보자 선택에 어려움이 많았고, 투표절차도 그 어느 때보다 복잡한 선거였다.

둘째, 대규모 여성의원의 진출이다. 지난번 제4회 동시지방선거는 유례없는 대규모의 여성들이 지방의회에 진출함으로써 자유민주주의 사회의 남녀평등 이념이 실현된 지방선거였다(표 2-21 참고).

끝으로, 지방자치단체장 중심의 지방선거이다. 지방자치의 핵심은 주민들의 의견을 지방의회가 대표하여 이를 지방자치단체의 정책에 반영하는 것이라 할 수 있음에도 불구하고, 지방선거에서는 지방의회의원의 선거보다는 지방자치단체장 선출을 중심으로 이루어지고 있어 아직은 지역주민들에 의한 지방자치의 미흡한 점을 찾아볼 수 있다.

## 10) 이명박 정부(실용정부)

선진화를 통한 세계일류국가, 곧 경제의 선진화와 삶의 질의 선진화 그리고 국제규범의 능동적 수용과 창출 등을 통하여 세계에서 인정받는 고품격 국가를 만들겠다는 실용정부는 발전과 통합이라는 시대적 요구 아래 2008년 2월 25일 출범하였다. 이러한 실용정부는 2008년 2월 29일, 그동안 국회에서 정체되었던 정부조직법 개정안 등이 통과되면서 지방자치법과 주민투표법, 지방분권특별법을 개정하였다.

이명박 정부 들어 처음으로 개정된 지방자치법의 대부분은 '행정자치부', '행정자치부장관'이 들어갔던 조문을 '행정안전부', '행정안전부장관'으로 고친 것이었다. 또한 민주주의 사회 지방자치의 실현을 위한 주민투표법 개정도 마찬가지로 행정안전부 및 행정안전부장관으로의 명칭 개정이 전부였으며, 지방분권특별법의 경우는 지방분권촉진특별법으로 명칭이 개정되었다.

이처럼 실용정부에 있어서 지방자치의 구현에 관한 노력은 그 시작 단계에 있다. 특히 지방자치의 구현에 있어서 지방자치단체들의 낮은 재정자립도와 지방자치단체와 지방의회 간의 갈등, 그리고 무엇보다 지방선거에 대한 지역주민들의 낮은 참여율은 앞으로 우리나라 지방자치 발전에 있어서 중심적으로 해결해야 할 과제이다.

이명박 정부에서 실시된 제5회 전국동시지방선거(2010년 6월 2일) 각종 통계결과(선거관리위원회 선거관리보 제66호)를 살펴보면 다음 〈표 2-23〉부터

〈표 2-29〉와 같다. 선거 결과의 특징으로는 기존 정권에서 치러진 지방선거와 마찬가지로 현 정부의 중간평가라는 의미가 부각되고 여당의 참패를 가져왔다. 기존의 선거처럼 지역정당의 문제점이 심각하였고, 정책대결보다는 이념적 갈등과 지역갈등, 계층 간의 갈등이 표출된 선거였다. 특히 단순히 천안함 사건이라는 북풍, 노무현 추모 1주년의 노풍이라는 선거이슈를 통해 치러진 선거였다. 이러한 선거 결과가 시사해 주는 점은 우리나라의 지방선거는 민주주의를 향해서는 아직 갈 길이 먼 위치에 있다는 것이다.

## 11) 박근혜 정부[33)

박근혜정부에서는 2013년 5월에 지방분권 및 지방행정체제개편에 관한 특별법을 제정하고, 주민자치회의 시범실시에 대한 근거조항을 두었다. 특별법 27조에 주민자치회를 둘 수 있다고 하면서 그 목적은 '풀뿌리자치의 활성화와 민주적 참여의식 고양'이라고 되어 있다. 제28조에서는 주민자치회의 기능으로서 지방자치단체의 사무의 일부를 위임 위탁할 수 있다고 한 것은 주민들의 자치조직이라고 보기는 어렵다.

제29조에서 주민자치회의 위원은 조례로 정하는 바에 따라서 지방자치단체의 장이 위촉한다고 함으로써, 주민자치의 기본을 벗어나고 있다. 29조 4항에서 시범적으로 설치 운영할 수 있고, 행·재정적 지원을 할 수 있다고 규정하고 있다. 이를 토대로 2013년과 2015년에 신청을 받아 수십여 곳에 시범실시를 하였고, 동별로 1억에서 수억 원의 예산지원을 하였다.

그러나 여전히 협력형은 기존의 동사무소라는 행정관리조직을 그대로 둔 상태에서 주민자치회에 자치기능을 부여한다는 것이었지만, 대표성도 없고, 자치재원도 없는 그야말로 동사무소의 위탁 혹은 위임사무를 처리하거나 법령이 위임하거나 위탁한 사항을 처리하는 주민참여조직에 불과하였다. 주민자치회

---

33) 김찬동, 한국 역대정부의 주민자치정책 고찰. 한국지방자치학회 하계국제학술대회 (2018.8.30.).

는 기존의 주민자치위원회와 차별성이 없는 주민자치센터의 프로그램 심의위원회였던 주민자치위원회의 인적자원을 승계하는 수준이었다.

## 12) 문재인정부

문재인정부에서는 2018년 6월 13일에 제7회 전국동시지방선거가 이루어졌다. 6·13 전국동시지방선거 및 국회의원 재보궐선거 결과는 자치분권과 남북통일에 대한 기대를 보여준 것이다. 더불어민주당이 PK(부산·울산·경남) 지역에서도 압도적인 승리를 거둔 것은 민생경제가 어려운 상황이지만 문재인 대통령의 높은 지지율과 최근 남북정상회담, 북미정상회담으로 냉전종식과 한반도 평화분위기라는 대전환의 기대감이 영향을 미친 것으로 분석된다. 반면 대구·경북 지역을 수성하는 데 그친 보수 계열은 자유한국당, 바른미래당으로 분열된 상태에서 참패해 정계개편 요구와 함께 새로운 보수의 가치를 세워야 하는 숙제를 안게 됐다. 70년간 이어온 낡은 이념 프레임을 깨고, 새로운 보수의 가치와 신념을 제시해야 보수당도 다시 부활할 수 있다.

이전과 전혀 다른 새로운 패러다임으로 전환되는 정치판은 북풍에 기대어 반대급부로 얻어진 국민들의 불안심리로 덕을 보던 방패가 사라졌고, 무력에 의존하는 안보강조가 남북 화해무드로 인해 약화되었다. 6.13 지방선거에서 보수정당이 몰락한 것은 이들이 "보수"하고 싶었던 것과 국민이 원했던 것이 달랐기 때문이다. 패러다임이 변한 것이다. 4차 혁명으로 불리는 현대사회의 엄청난 속도의 변화에 보수라는 그릇에 담길 내용도 달라져야 하는데 정치인들은 여전히 과거의 것에만 집착했다. 이번 지방선거결과가 시사하는 바는 시대에 민감하게 반응하고 변화하지 못하면 몰락한다는 것이다. 국민들의 바램과 민의를 무시하고 아집과 기득권 유지에서 벗어나지 못하면 국민으로부터 외면받고 무너져버릴 수 있다는 것이다.

<표 1-2-7> 제7회 전국동시지방선거 결과

| 구분 | 더불어<br>민주당 | 자유<br>한국당 | 바른<br>미래당 | 민주<br>평화당 | 정의당 | 민중당 | 무소속 |
|---|---|---|---|---|---|---|---|
| 시도지사 | 14 | 2 | 0 | 0 | 0 | 0 | 1 |
| 구시군<br>의장 | 151 | 53 | 0 | 5 | 0 | 0 | 17 |
| 시도의회<br>의원 | 605 | 113 | 1 | 1 | 1 | 0 | 16 |
| 구시군<br>의회의원 | 1400 | 876 | 19 | 46 | 17 | 11 | 172 |
| 광역비례 | 47 | 24 | 4 | 2 | 10 | 0 | 0 |
| 기초비례 | 238 | 133 | 2 | 3 | 9 | 0 | 0 |
| 국회의원 | 11 | 1 | 0 | 0 | 0 | 0 | 0 |
| 합계 | 2466<br>석 | 1202<br>석 | 26석 | 57석 | 37석 | 11석 | 206석 |

또한 문재인정부에서는 2018년 7월에 주민자치회 시범실시 및 설치 운영에 관한 조례를 개정했다. 이 조례는 특별법인 '지방분권 및 지방행정체제 개편에 관한 27조'에 따라서 풀뿌리자치의 활성화와 민주적 참여의식 고양이라는 정책목표를 인용하지만 '읍면동에 두는 주민자치회의 설치와 운영'에 관한 사항에서 '시범실시'한다고 하였다. 주민자치회의 시범실시의 수정내용은 행정안전부 자치제도과의 국가공무원이 표준조례개정(안)을 입안하였는데 이는 국가 행정의 관점에서 관리대상으로 주민자치를 인식한 것이다.

2018년의 표준조례개정에서는 주민자치위원을 추첨으로 선출하도록 하였다. 즉 주민자치회 시범실시에서 선출권을 가진 선정위원회를 폐지하고, 주민자치학교를 이수한 자 중에서 추첨하도록 했다. 그리고 "읍면동 소재의 학교, 기관, 단체, 기타 읍면동장이 인정하는 주민공동조직, 이통장연합회 등의 추천을 받아 주민자치 교육과정을 이수한 자"도 주민자치회 위원 공개추첨에 포함하게 함으로써, 여전히 읍면동장이 주민자치회에 개입할 수 있다. 현재 이 표준조례에 의하면 주민들이 주민자치회의 임원을 선발할 권리가 없다.

그러므로 진정한 의미에서의 주민자치 실현을 위해서는 아직도 해결해야 할 일이 많다. 예를 들어 주민자치회의 대표를 주민총회에서 선출하지 않고, 공개모집신청하고 주민자치교육과정을 이수한 사람이나 읍면동장이나 이통장 등의 추천을 받아서 주민자치위원이 되는 것은 문제가 있다. 그러므로 현재의 표준조례개정안은 법의 목적이나 주민자치 이념에 부적합하다.

# 제3장 지방자치단체의 기관구성과 주민


## I. 지방자치단체의 기관구성 형태

지방자치단체의 기관구성은 각 나라마다 정치·경제·사회·문화 등의 각기 다른 환경에 따라 매우 다양하게 나타나고 있다. 여기서는 선거방식에 의한 분류로 직선형, 간선형, 임명형으로, 지방자치단체의 의사결정 및 집행기능의 주체 여부에 따라 기관통합형, 기관분리형, 절충형으로 분류해 설명한다.

### 1. 선거방식에 의한 분류

지방자치단체의 기관을 구성하는 공직자들에 대한 선거방식에 의한 구분으로 직선형, 간선형, 임명형이 있다. 대부분 나라의 경우 주민의 직선에 의해 지방자치단체장과 지방의회의원을 선출한다. 우리나라 또한 1952년 4월 25일 최초의 지방의회의원선거를 시작으로 현재 직선형을 유지하고 있다.

다만 지방의회의원은 직선제로 선출하는 국가에서도 지방자치단체장은 주민의 직선으로 구성되는 경우와 의회에서 간선으로 선출되는 경우 또는 상위정부 책임자에 의해 임명되는 경우로 구분된다(강용기, 2008: 270).

예를 들어 우리나라의 경우 직선형으로 지방자치단체장 또한 1995년 6월 27일을 시작으로 직선형을 실시하고 있다. 반면 영국이나 프랑스의 경우 시장은 의회의 의장이 겸임함으로 간선형을 실시하고 있으며, 우리나라도 최초의 지방자치단체장 선거가 있기 전에는 상위정부 책임자에 의해 지방자치단체장이 임명되는 임명형을 실시하였었다.


## 2. 권력 분산 형태에 의한 분류

지방자치단체의 기관을 구성하는 형태는 각 나라의 정치·경제·사회·문화 등의 각기 다른 환경에 따라 매우 다양하게 나타난다고 앞서 논한 바 있다. 이처럼 각 지방의 역사적 전통과 문화적 특성에 따라 다양한 형태를 가지고 있는 지방자치단체 기관은 지방 의사결정 및 집행 기능의 권력 주체에 의해 다음과 같이 기관통합형, 기관분리형, 절충형으로 구분할 수 있다.

### 1) 기관통합형(機關統合形)

(1) 기관통합형의 의의

기관통합형(機關統合形)은 지방자치단체가 가지고 있는 자치권인 의결기능과 집행기능을 지방의회에서 모두 가지고 있는 형태를 말한다. 즉 지방의회에서 지방자치단체의 의결기관인 동시에 집행기관의 역할을 모두 수행하는 것이다. 이로 인해 기관통합형은 권력통합형이라고도 불리며, 대표적으로 미국의 위원회형(committee system), 영국의 의회-위원회형(council-committee system), 프랑스의 의회-의장형(council presidential system) 등이 있다. 이러한 기관통합형 지방자치단체들은 권력구조에 있어서 중앙정부의 의원내각제와 매우 유사하며, 지방의회의원들의 의장이 지방자치단체의 장을 겸임하고 있다. 다만 지방의원 의장이 지방자치단체장을 겸임하고 있더라도 이는 상징적인 존재일 뿐 실질적인 집행은 의회에서 행사된다.

따라서 지방자치를 위한 선거는 지방자치단체장 선거는 실시하지 않고 지방의회의원선거만 실시한다.

(2) 기관통합형(機關統合形)의 장단점

① 기관통합형의 장점

기관통합형의 장점은 다음과 같다.

첫째, 민주주의 사회의 구현이다. 기관통합형은 주민의 생활과 삶에 가장 밀접한 지방의 행정과 정치에 대한 권한이 주민을 대표하는 지방의회에 있기 때문에 민주주의 사회를 구현하는 데 가장 이상적이다.

둘째, 안정적인 지방자치 구현이다. 기관통합형은 지방자치단체의 의결기관과 집행기관이 하나이기 때문에 대립이나 갈등의 소지가 적어, 정책의 결정 및 집행이 원활하다. 이는 정책의 안정성을 가져올 뿐 아니라, 정책의 결정 뒤에 집행기관의 반대 또는 갈등에서 발생되는 인적·물적 자원의 낭비를 예방하여 행정의 효율성도 향상시킬 수 있다.

셋째, 주민에 의한 지방자치이다. 물론 지방자치는 주민에 의해서 운영되고 주민을 위해 운영된다. 하지만 실질적으로 지방자치는 지방자치단체를 구성하는 공직자에 의해 운영된다고 볼 수 있다. 이처럼 업무지침 또는 규정에 따라 수행하는 공직자들의 정책집행은 주민들의 의사반영이 상대적으로 낮지만, 기관통합형의 경우 정책집행을 하는 집행기관의 주민 직선에 의한 다수의 의원으로 구성되기 때문에 주민의 의사가 잘 반영되어 궁극적으로 주민에 의한 지방자치를 구현하게 한다.

② 기관통합형의 단점

기관통합형(機關統合形)은 위에서처럼 장점을 갖는 반면 다음과 같은 단점을 지니고 있다.

첫째, 지방자치단체의 통일성 및 일관성 결여이다. 지방자치단체의 정책결정 및 집행 등의 지방사무 전체에 있어서 총괄 및 조정을 수행하는 단일한 지도자의 부재로 지방자치의 통일성과 일관성이 부족하게 되어 지방행정의 비효율을 초래한다.

둘째, 권력의 남용 및 부패 증가이다. 기관통합형의 경우 정책결정권 및 집행권을 의회 또는 위원회가 모두 가지고 있기 때문에 기관분리형에서의 상호 견제와 균형은 존재하지 않아 지방자치단체의 인적·물적 자원을 낭비하게 될 뿐 아니라, 정책결정 및 집행자들의 권력남용 및 부패가 증가하게 된다.

셋째, 정치적 경향이 강한 정책결정 및 집행의 증가이다. 기관통합형의 경우 정책결정 및 집행권한을 지방의회의원 또는 위원회에서 모두 가지고 있기 때문에 정책의 결정 및 집행에 있어서 주민들의 삶과 관련한 정책이 자신들의 정치적 수단으로 사용될 수 있다.

(3) 기관통합형(機關統合形)의 유형

① 미국의 위원회(committee system)

미국의 지방자치단체들은 의회가 아닌 위원회 형태로 지방자치단체를 구성 및 운영하고 있다. 위원회형이란 주민에 의해 선출된 의원(elected commissioners)을 중심으로 공공정책을 의결하고 시행하는 지방정부를 말한다. 〈그림 1-3-1〉에서처럼 지방자치단체장은 의원 중에서 호선하고 위원회를 대외적으로 대표하는 의례적인 기능만을 수행한다.

이러한 위원회형은 1900년 텍사스 주 갤버스턴(Galveston)에서 처음 채택되었으며 기관분리형의 갈등과 책임회피 등 각종 폐해를 시정하기 위한 목적으로 시작되었다.

② 영국의 의회-위원회(council-committee system)

영국의 기관통합형 유형은 지방의회가 의결기관인 동시에 집행기관이다. 광역지방자치단체와 기초지방자치단체를 대표하는 지방자치단체장은 존재하지 않는다. 대신 행정집행을 수석행정관(Chief Executive)이 담당한다. 즉 수석행정관이 지방자치단체의 공무원을 지휘하고, 지방자치단체의 운영 관리에 대한 책임을 지며, 의장은 공식적으로 지방자치단체를 대표하지만 의전적·상징적인 역할만을 수행한다.

③ 프랑스 의회-의장형(council presidential system)

프랑스의 의회-의장형은 지역, 도, 시·읍·면의 의회는 주민 직선에 의해 선출된 의원들로 구성되고, 의원들은 의장 겸 단체장을 선출한다. 또한 프랑스의 모든 지방자치단체들은 주민의 규모, 의원의 수, 행정조직 등 주로 규모 면에서만 차이가 있을 뿐 그 기본은 모두 동일하게 지방자치단체장 겸 지방의원에 의해 운영된다.

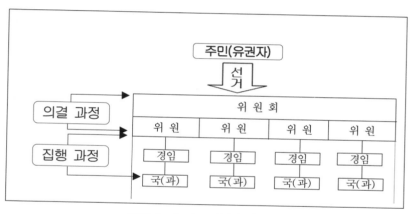

<그림 1-3-1> 미국의 위원회형

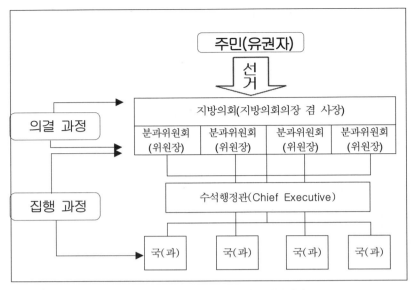

<그림 1-3-2> 영국의 의회 - 위원회형

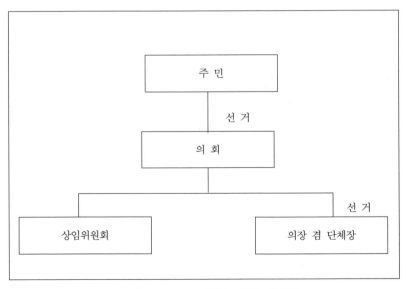

<그림 1-3-3> 프랑스 의회 - 의장형

## 2) 기관분리형(機關分離形)

### (1) 기관분리형의 의의

기관분리형(機關分離形)은 지방자치단체가 가지고 있는 자치권인 의결기능과 집행기능을 서로 다른 기관에 부여하여 기관 상호 간에 견제와 균형을 통하여 업무를 수행하도록 하는 기관구성이다. 즉 국가의 정부형태 중 대통령 중심제와 유사한 것으로 권력분립주의 원칙에 입각하여 의결기관과 집행기관을 각각 분리하여 설치하고 양 기관이 상호 견제와 균형을 하며 지방자치단체를 운영하는 유형이다.

이러한 기관분리형은 집행기관의 선임 방법에 따라 임명형과 선거형으로 나눌 수 있으며, 선거형은 주민들의 직접선거에 의한 주민직선형과 의회에 의한 간선형으로 나누어진다.

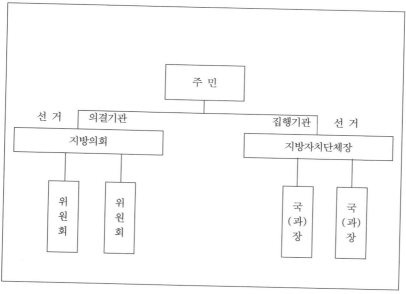

<그림 1-3-4> 기관분리형의 원리

## (2) 기관분리형(機關分離形)의 유형

### ① 집행기관 직선형(直選形)

집행기관 직선형이란 지방자치단체의 장, 즉 집행기관을 주민이 선거를 통해 직접 선출하는 유형을 말한다. 이러한 예로는 미국의 시장-의회형(약시장형, 강시장형), 강시장-수석행정관형, 수장-의회 분리형이 있으며 이를 구체적으로 설명하고자 한다.

#### 가. 미국의 시장-의회형(약시장형, 강시장형)

시장-의회형은 미국 대부분의 시가 채택하고 있으며, 주민이 직접 선출한 시장과 의결기관인 지방의회를 분립시킨 형태이다. 이때 의결기관과 집행기관의 구성 방법과 상호 관계 및 권한 등에 따라 약시장형과 강시장형으로 나뉜다.

##### 가) 약시장형(의회 우위형)

약시장-의회형(weak mayor form)은 주민을 대표하는 의회가 집행기관보다 우위라는 의회 우월주의에 입각하여 의회 우위형이라고도 불리는 유형이다. 다시 말해 집행기관인 시장보다 의결기관인 의회에 우월한 권능을 인정하는 형태로 집행권에 대한 깊은 불신을 전제로 한다. 덧붙여 약시장-의회형은 미국의 남북전쟁 이전까지 미국의 읍·면(town and villages)에서 보편적으로 채택되었고, 아직도 널리 채택되어 운영되는 한 유형이다(최봉기, 2006: 208).

이러한 약시장-의회형 지방자치단체 기관구성은 다음과 같은 특징을 지니고 있다(강용기, 2008: 112).

첫째, 시장과 의회의원을 주민이 직접 선출하되 시장이 의회 의장을 겸임한다. 즉 주민들의 직접선거로 집행기관에 주민의 의사가 많이 반영되기도 하지만, 의장을 겸임하는 시장은 정책의 집행에 있어서 정치적 주장을 반영하기도 한다.

둘째, 시장은 명목상 시를 대표하며, 의회 의결에 대해 거부권이 없다. 이는 의회가 집행기관보다 우월한 권능을 가지고 있다는 것을 증명한다.

셋째, 의회는 의결기능과 집행 기능을 가지고 있으며 주요 공무원을 임명하고 행정권에 대한 감독을 한다. 즉 의회의 강력한 권한 아래 집행 또한 이루어진다.

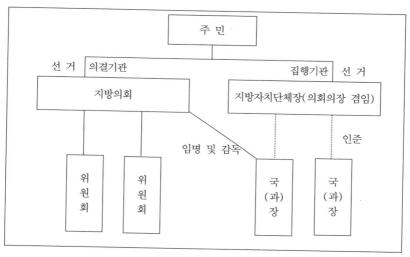

<그림 1-3-5> 약시장형(의회 우위형 – 미국)

나) 강시장형(시장 우위형)

강시장-의회형(strong mayor form)은 시장에게 공무원의 임명 및 폭넓은 전 실권을 부여하고 정책안의 발의를 할 수 있는 제도화된 기회를 부여함으로써 시장의 권한을 강화하는 유형이다(최봉기, 2006: 208). 이러한 강시장-의회형은 시장이 행정 전반에 대해 강력한 권한을 가지고 지방자치단체를 운영하기 때문에 다음과 같은 특징을 지니고 있다(강용기, 2008: 113).

첫째, 시장은 의회에 예산안 및 법률안 제출 및 거부권 행사 등 지방행정에 대한 책임과 통제권을 행사한다. 즉 약시장형에서의 의회의 의결에 대한 절대적 수용과는 다르게 집행기관으로서의 의결기관과 상호 견제와 균형이 가능하다.

둘째, 시장에게 폭넓은 인사권 및 정책발의권을 부여한다. 즉 지방자치에 있어서 시장은 리더십을 발휘하여 지방자치단체를 운영 및 관리할 수 있다. 다만, 폭넓은 인사권 및 정책발의권과 같은 시장의 권한 밖에 법안의 제정 및 예산안 의결 등은 의회에서 결정한다.

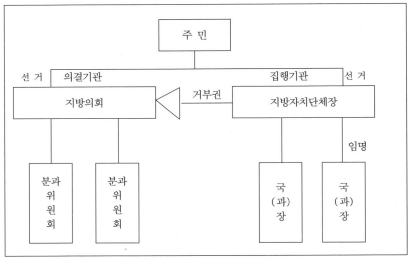

<그림 1-3-6> 강시장형(시장 우위형-미국)

나. 강시장-수석행정관형(strong mayor-chief administrative officer form)

강시장-수석행정관형34) 또는 강시장-총괄관리형(strong mayor-general manager plan)은 시장이 집행부의 장이면서 시정부의 행정을 지휘 및 감

---

34) 수석행정관의 명칭은 지역별로 상이하다. 미국의 대표적인 대도시인 Boston의 경우 Director of Administrative Services, Los Angeles는 City Administrative Officer, New York은 City Administrator로 사용한다.

독하는 수석행정관 또는 총괄관리관의 임면권을 가지고 있는 유형이다(최봉기, 2006: 208). 즉 수석행정관이 시장의 지휘 감독을 받으면서 지방사무를 처리하는 형태이다.

이러한 강시장-수석행정관형의 특징은 다음과 같다.

첫째, 시장이 정치적 기능과 행정적 기능을 모두 담당해야 하는데, 현실적으로 두 능력을 모두 갖춘 인물이 선출되기는 어렵기 때문에 전문성을 가지고 행정에 대한 수요를 충족시키기 위해 수석행정관이 도입되었다.

둘째, 수석행정관이 조직ㆍ인사ㆍ재무 등 행정 전 분야에서 시장을 보좌함으로써 시장은 원활한 정책을 가능하게 하는 시민들의 지지를 획득하는 데 전념할 수 있다.

셋째, 수석행정관은 행정의 전 분야를 총괄 및 종합하기 때문에 시장이라 하더라도 그 임명 및 해임을 하기 위해서는 주민소환투표나 의회의원 3분의 2 이상의 찬성이 있어야 한다. 수석행정관을 통하여 원활한 정책을 가능하다.

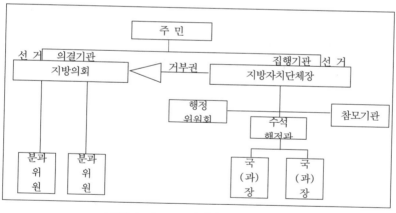

<그림 1-3-7> 강시장-수석행정관형

다. 수장-의회 분리형

수장-의회 분리형은 일본의 대표적인 기관분리형 기관구성 형태로서 일본의 도·도·부·현과 시·정·촌에서는 집행기관의 장을 주민이 직접 선출한다. 이처럼 일본의 경우 국가의 통치구조는 의원내각제로 중앙행정기관 구성 형태는 기관통합 형태이지만, 지방자치단체 기관 구성 형태는 단체장과 의회를 분리시킨 기관분리형을 채택하고 있다.

이러한 수장-의회 분리형의 특징을 살펴보면 다음과 같다.

첫째, 상호 견제와 균형이 가능하다. 지방자치단체장과 지방의회의원은 의회해산권과 불신임 의결권을 가지고 상호 견제와 균형을 통해 바람직한 지방자치를 구현하는 데 협력하게 된다.

둘째, 주민의 주체성 강화이다. 지방자치단체장과 지방의회의원을 모두 주민이 직접 선출하기 때문에 지방선거를 통해 지방행정에 대한 주민들의 의사를 반영하는 것이 용이하지만, 결국 그 책임도 주민이 가진다. 즉 지방자치에 대해서 주민들의 주체성과 책임성이 증진된다.

셋째, 다원주의의 증진이다. 지방자치단체의 사무 중 정치적 중립을 확보하고 공정한 판단을 필요로 하는 사무 처리의 경우 지방자치단체장으로부터 독립된 행정위원회(교육위원회, 선거관리위원회, 인사위원회, 공안위원회, 감사위원회, 수용위원회 등)를 설치 및 운영함으로써 지방자치의 진일보를 창출한다.

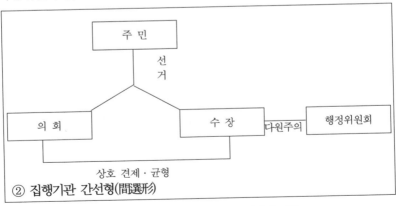

② 집행기관 간선형(間選形)

<그림 1-3-8> 수장-의회 분리형(일본)

집행기관 간선형이란 지방자치단체의 장, 즉 집행기관을 주민이 선거를 통해 선출하는 것이 아니라 지방의회에서 간접 선거하여 선출하는 형태를 말한다. 즉 지방의회의원은 국민이 직접 선출하고, 그 선출된 지방의회의원이 지방자치단체의 장을 선출하는 것이다. 따라서 의원들 가운데에서 선출되는 시 · 읍 · 면장은 지방의원의 임기 동안 지방자치단체장과 지방의회의원을 겸임한다 (최봉기, 2006: 210).

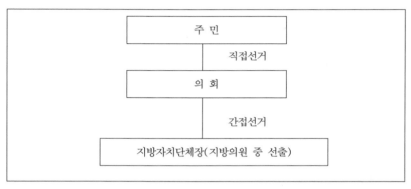

<그림 1-3-9> 집행기관 간선형

가. 프랑스의 시 · 읍 · 면장-의회형

프랑스의 시 · 읍 · 면장-의회형은 집행기관인 시 · 읍 · 면장과 의결기관인 의회를 분리시키고 있다. 하지만 시장과 보좌역(부시장)을 시 · 읍 · 면의회가 지방의회의원 중에서 선출한다. 이 선거는 시 · 읍 · 면의회의 첫 번째 회기에 실시하며, 보좌역의 수는 당해 시 · 읍 · 면의회의 정원의 30% 이내에서 그 시 · 읍 · 면의회가 자유로이 결정한다. 덧붙여 시장과 보좌역의 임기는 의원의 임기와 같이 6년이며 시 · 읍 · 면의회의 의장을 겸하게 되어 있다.

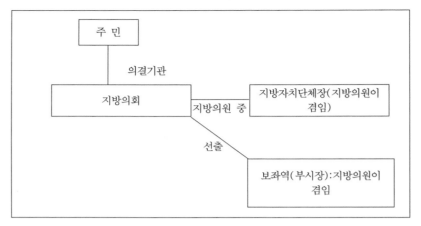

<그림 1-3-10> 프랑스의 시·읍·면장-의회형

③ 집행기관 임명형(任命形)

집행기관 임명형이란 지방자치단체 집행기관의 장을 중앙정부 혹은 상급지방자치단체에서 임명하는 기관구성 형태로 지방자치의 민주성보다 능률성을 강조하며 지방의회가 집행기관인 관리관을 임명하는 미국식 제도와 중앙정부가 집행기관을 임명하는 프랑스식 제도가 있다(최봉기, 2006: 211).

가. 지방의회 임명형: 의회-관리형(미국식 제도)

지방의회 임명형은 행정을 관리할 시정관리관(city manager)을 임명하는 유형으로, 행정에 대해 풍부한 경험과 전문적 지식을 가진 시정관리관이 행정에 대한 일체의 책임을 담당하는 유형이다. 시정관리관은 의회가 임명하며, 의회가 정해 주는 범위 내에서 구체적인 정책결정과 집행을 담당하고 그 결과에 대해 책임을 진다.

이러한 지방의회 임명형은 전문행정인을 행정에 대한 책임자로 임명하여 행정의 능률성을 향상시키고, 정치적 압력을 배제하고 소신 행정을 가능하게 하지만, 현실적으로 전문행정인의 임명은 의회가 임명하기 때문에 취약한 정치적 지지 기반으로 강력한 행정이 어려우며, 의례적인 시장과 전문행정인 간에 갈등이 발생할 우려가 있다.

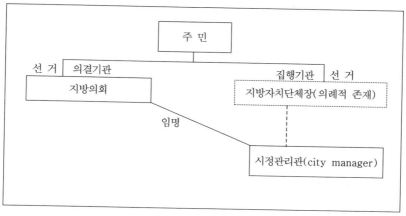

<그림 1-3-11> 지방의회 임명형

## 나. 중앙정부 임명형: 국가공무원으로 지방자치단체장 임명
(1995년 이전의 우리나라)

중앙정부 임명형은 의결기관과 집행기관을 분립시키되, 지방의회의 의원은 주민이 직접 선출하고 집행기관의 장, 즉 지방자치단체장은 중앙정부가 국가공무원으로 임명하는 형태를 말한다. 중앙정부가 지방자치단체장을 임명하기 때문에 행정의 민주성보다는 능률성을 더 중요시하며, 1995년 6월 27일 최초의 지방자치단체장 지방선거가 있기 전까지 우리나라에서도 이 유형을 채택하고 있었다.

중앙정부 임명형은 행정에 대한 전문가를 임명하기 때문에 행정의 능률성과 전문성을 향상시킬 수 있었으며, 지방자치단체장이 선거를 의식하여 선심성 정책이나 인기 위주의 행정을 수행할 우려가 적었다. 그러나 지방자치단체장이 주민의 의견보다 중앙정부의 입장을 우선시하며, 중앙정부의 편의와 입장에 따라 지방의 문제가 결정되고 처리되는 문제점을 가지고 있어 중앙정부에 의한 임명형 제도는 점차 줄어들고 있다.

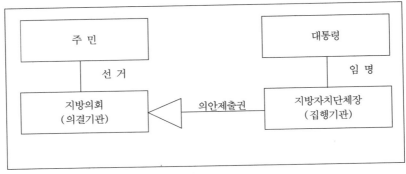

<그림 1-3-12> 지방의회 임명형

## 3) 절충형(折衷形)

절충형 기관구성 형태는 의회-집행위원회형(council executive committee)이라고도 불리며, 의결기관과 집행기관을 분립시킨다는 점에서 기관분립형의 요소를 갖고 있으나, 서로 대립시키지 않고 기관통합형의 요소도 갖추고 있어 절충형이라고 한다. 좀 더 구체적으로 절충형은 의결기관과 집행기관을 분리시키면서도 집행기관을 합의제로 운영한다는 점에서 기관분립형과 구별되며, 집행위원회가 의회를 모체로 하면서도 독립된 집행기능을 수행한다는 점에서 기관통합형과 구별된다.

이러한 절충형은 의결기관과 집행기관이 서로 대립하지 않아 원만한 협조가 가능하며, 집행기관이 합의제로 운영되므로 주민의 의견을 충실히 반영할 수 있고, 행정이 좀 더 신중하게 이루어질 수 있다. 그러나 합의제로 인해 책임의 소재가 불명확해지며, 행정의 신속성이 저해되고, 무엇보다 주민의 직선이나 의회의 간선에 의해 위원이 선출되기 때문에 행정에 대한 전문성이 부족할 수 있다.

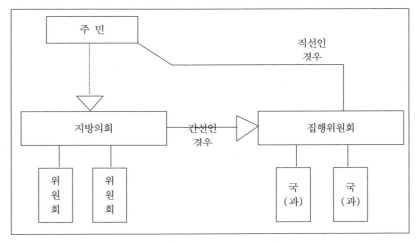

<그림 1-3-13> 절충형

## II. 지방자치단체의 주민

### 1. 주민의 의의

### 1) 주민의 개념

지방자치단체를 구성 및 운영하는 주민은 지방자치의 가장 근본적인 구성요소이다. 현 지방자치법 제12조에서는 "지방자치단체의 구역 안에 주소를 가진 자는 그 지방자치단체의 주민이 된다"고 명문 규정하고 있다. 따라서 광역자치단체인 특별시·광역시·도 및 기초지방자치단체인 시·군·자치구에 주소를 가진 자는 성별, 국적, 자연인, 법인을 불문하고 당해 지방자치단체의 주민이 된다.

덧붙여 주민은 주민(resident)과 시민(citizen)으로 구분되기도 한다. 주민은 일정한 구역에 거주하는 사람이라는 의미로 제도적·법적 관념으로 주로 사용되지만 시민은 근대 시민사회의 정치권력의 주체인 주권자 개인을 의미하는 정치적 관념으로 사용된다(강용기, 2008: 199). 하지만 지방자치의 영역에서는 주민과 시민은 동의어로 이해되며, 우리나라의 현 지방자치법과 같은 제도 및 관행에서 주민이라는 표현을 사용하고 있으므로 시민이라는 용어보다는 주민을 사용해야 할 것이다.

## 2) 주민의 지위

주민은 앞에서 정의한 것처럼 지방자치단체를 구성하는 가장 근본적인 구성요소이자 지방자치의 주체이다. 이러한 주민의 지위는 다음과 같다.

### (1) 지방자치의 주체

지방자치단체의 주민은 지방자치를 중심으로 지방자치단체의 기관구성을 할 수 있다. 특히 주민은 지방자치단체를 구성하는 의결기관과 집행기관의 대표자를 선거를 통해 선임할 수 있는 선거권과 주민들을 대표해 주민의 복리를 증진시킬 지방자치단체장 및 지방의회의원이 될 수 있는 피선거권, 지방자치단체의 중요 사항에 대해서 투표를 통해 결정할 수 있는 주민투표권 등을 가지고 있다.

### (2) 지방자치의 객체

지방자치단체의 주민은 지방자치단체의 행정 서비스를 제공받을 권리를 가지고 있다. 즉 지방자치단체의 재산 및 공공시설을 이용하거나 균등한 행정 서비스를 받을 수 있다. 다만 주민은 지방자치단체의 행정 서비스를 제공받을 권리가 있음과 동시에 지방자치단체의 자치 법규를 준수해야 하며, 지방세를 납부해야 하는 등의 의무도 지니고 있다.

## 2. 주민의 권리 및 의무

### 1) 주민의 권리

지방자치단체의 주민은 지방자치법 제13조에서 규정한 것처럼 주민은 법령으로 정하는 바에 따라 소속 지방자치단체의 재산과 공공시설을 이용할 권리와 그 지방자치단체로부터 균등하게 행정의 혜택을 받을 권리를 가짐과 동시에 국민인 주민은 법령으로 정하는 바에 따라 그 지방자치단체에서 실시하는 지방의회의원과 지방자치단체의 장의 선거에 참여할 권리를 가지고 있다. 주민의 권리란 지방자치법 제13조[35])에 의거하여 지방자치단체의 인적 구성요소이자 지역의 주권자인 주민이 당해 지방자치단체 및 그 기관에 대하여 일정한 작위,[36]) 부작위,[37]) 급부 등을 요구하거나 지방자치단체의 정치, 행정 과정에 참여할 수 있는 법적인 힘으로서의 주관적 공권을 말한다. 이는 국민의 기본권의 보장과 신장에 기여하고 나아가 지방의 정치, 행정 과정에 대한 주민의 참여를 확대하여 민주적이고 법치적인 지방자치의 구현에 이바지할 수 있는 것이라는 점에서 그 의의를 찾을 수 있다.

### (1) 참정권(參政權)

지방자치단체의 주민들은 선거권, 주민투표권, 조례제정 및 개폐청구권, 주민소송권, 주민소환권 등의 참정권을 가지고 있다.

---

35) 지방자치법 제13조(주민의 권리): ① 주민은 법령이 정하는 바에 의하여 소속 지방자치단체의 재산과 공공시설을 이용할 권리와 그 지방자치단체로부터 균등하게 행정의 혜택을 받을 권리를 가진다. ② 국민인 주민은 법령이 정하는 바에 의하여 그 지방자치단체에서 실시하는 지방의회의원 및 지방자치단체의 장의 선거에 참여할 권리를 가진다.

36) 사회적 계층을 나타내는 여러 가지 칭호.

37) 마땅히 하여야 할 일을 일부러 하지 아니함.

① 선거권

선거권은 사전적 의미로 선거에 참가하여 선거할 수 있는 권리를 말한다. 이러한 선거권을 지방자치법에서는 제13조 제2항에 "국민인 주민은 법령으로 정하는 바에 따라 그 지방자치단체에서 실시하는 지방의회의원과 지방자치단체의 장의 선거(이하 '지방선거'라 한다)에 참여할 권리를 갖는다"고 규정하고 있다. 즉 지방자치에 있어서 선거권이란 주민이 당해 지방자치단체의 의결 및 집행에 주민의 의사를 반영하여 이루어지도록 하는 가장 기본적인 권리이다.

-선거권과 피선거권의 요건-

지방자치에서 선거권이란 지방자치단체를 구성 및 운영하는 집행기관과 의결기관의 대표자들을 선출하는 권리를 말한다. 이러한 선거권은 다음과 같은 요건을 필요로 한다.

1. 선거권
지방자치단체의 지방선거는 원칙적으로 공직선거법의 규정을 따르고 있다. 우리나라의 지방선거는 공직선거법 제15조 제2항에 선거에 참여하기 위한 요인은 다음과 같다.
19세 이상으로서 제37조 제1항에 따른 선거인명부작성기준일 현재 다음 각 호의 어느 하나에 해당하는 사람은 그 구역에서 선거하는 지방자치단체의 의회의원 및 장의 선거권이 있다〈개정 2009.2.12〉.
제1호 해당 지방자치단체의 관할구역에 주민등록이 되어 있는 사람
제2호 「재외동포의 출입국과 법적 지위에 관한 법률」 제6조 제1항에 따라 해당 지방자치단체의 국내거소신고인명부(이하 이 장에서 '국내거소신고인명부'라 한다)에 올라 있는 국민
제3호 「출입국관리법」 제10조에 따른 영주의 체류자격 취득일 후 3년이 경과한 외국인으로서 같은 법 제34조에 따라 해당 지방자치단체의 외국인등록대장에 올라 있는 사람
이처럼 성별, 국적, 자연인, 법인 등의 기준이 아닌 지방자치단체의 당해 지역에 주소를 가지고 있는 사람에게는 선거권이 있다.

## 2. 피선거권

지방자치단체에서 피선거권은 선거권과 동일하게 당해 지역에 주소를 가진 사람이지만 다음과 같은 차이점이 있다.

－공직선거법 제16조 제3항－

선거일 현재 계속하여 60일 이상(공무로 외국에 파견되어 선거일 전 60일 후에 귀국한 자는 선거인명부작성기준일부터 계속하여 선거일까지) 당해 지방자치단체의 관할구역 안에 주민등록(국내거소신고인명부에 올라 있는 경우를 포함한다. 이하 이 조에서 같다)이 되어 있는 주민으로서 25세 이상의 국민은 그 지방의회의원 및 지방자치단체의 장의 피선거권이 있다. 이 경우 60일의 기간은 그 지방자치단체의 설치·폐지·분할·합병 또는 구역변경(제28조 각 호의 어느 하나에 따른 구역변경을 포함한다)에 의하여 중단되지 아니한다〈개정 2009.2.12〉.

－공직선거법 제16조 제4항－

제3항 전단의 경우에 지방자치단체의 사무소 소재지가 다른 지방자치단체의 관할구역에 있어 해당 지방자치단체의 장의 주민등록이 다른 지방자치단체의 관할구역에 있게 된 때에는 해당 지방자치단체의 관할구역에 주민등록이 되어 있는 것으로 본다〈개정 2009.2.12〉.

### ② 주민투표권

주민투표권은 지방자치단체의 중요 사항에 대해 주민으로 하여금 결정할 수 있게 하는 권리이다. 2004년 1월 주민투표법 제정을 통해 정착한 주민투표권은 대의제의 한계를 보완하여 주민들의 참여를 통한 직접민주제를 구현할 수 있게 하였다.

---

－주민투표제－

주민투표제는 지방자치단체의 주요 결정 사항을 주민들의 투표에 의해 결정하는 제도를 말한다. 이러한 주민투표제는 1994년 3월 16일에 제도를 도입했으나, 주민투표법이 제정되지 않아 사실상 주민투표제를 실시하지 못하고 있다가 2003년 12월 29일에 주민투표

---

법이 국회를 통과해 2004년 7월부터 시행되고 있다.

## 1. 주민투표권자

주민투표권은 19세 이상의 주민으로 투표인 명부 작성 기준일(주민투표 발의일) 현재 그 지방자치단체의 관할구역에 주민등록이 되어 있는 사람 또는 19세 이상의 외국인으로서 출입국관리 관계 법령의 규정에 의하여 대한민국에 계속 거주할 수 있는 자격(체류자격변경허가 또는 체류기간연장허가를 통하여 계속 거주할 수 있는 경우를 포함한다)을 갖춘 외국인으로서 지방자치단체의 조례로 정한 사람을 말한다.

## 2. 주민투표권의 대상

주민투표의 대상은 주민에게 과도한 부담을 주거나 중대한 영향을 미치는 지방자치단체의 주요 결정사항으로서 그 지방자치단체의 조례로 정하는 사항을 말한다. 다만 다음과 같은 경우에는 주민투표에 부칠 수 없다.

1) 법령에 위반되거나 재판 중인 사항

2) 국가 또는 다른 지방자치단체의 권한 또는 사무에 속하는 사항

3) 지방자치단체의 예산·회계·계약 및 재산관리에 관한 사항과 지방세·사용료·수수료·분담금 등 각종 공과금의 부과 또는 감면에 관한 사항

4) 행정기구의 설치·변경에 관한 사항과 공무원의 인사·정원 등 신분과 보수에 관한 사항

5) 다른 법률에 의하여 주민대표가 직접 의사결정주체로서 참여할 수 있는 공공시설의 설치에 관한 사항. 다만, 제9조 제5항의 규정에 의하여 지방의회가 주민투표의 실시를 청구하는 경우에는 그러하지 아니하다.

6) 동일한 사항(그 사항과 취지가 동일한 경우를 포함한다)에 대하여 주민투표가 실시된 후 2년이 경과되지 아니한 사항

## 3. 주민투표의 효력

지방자치단체의 주요 사항에 대해 주민들의 의견을 직접 반영하는 주민투표의 효력은 다음과 같다.

주민투표법 제24조 제1항 주민투표에 부쳐진 사항은 주민투표권자 총수의 3분의 1 이상의 투표와 유효투표수 과반수의 득표로 확정된다. 다만, 다음 각 호의 1에 해당하는 경우

에는 찬성과 반대 양자를 모두 수용하지 아니하거나, 양자택일의 대상이 되는 사항 모두를 선택하지 아니하기로 확정된 것으로 본다.

제1호 전체 투표수가 주민투표권자 총수의 3분의 1에 미달되는 경우

제2호 주민투표에 부쳐진 사항에 관한 유효득표수가 동수인 경우

제2항 전체 투표수가 주민투표권자 총수의 3분의 1에 미달되는 때에는 개표를 하지 아니한다.

제3항 관할선거관리위원회는 개표가 끝난 때에는 지체 없이 그 결과를 공표한 후 지방자치단체의 장에게 통지하여야 한다. 제2항의 규정에 의하여 개표를 하지 아니한 때에도 또한 같다.

제4항 지방자치단체의 장은 제3항의 규정에 의하여 주민투표결과를 통지받은 때에는 지체 없이 이를 지방의회에 보고하여야 하며, 제8조의 규정에 의한 국가정책에 관한 주민투표인 때에는 관계 중앙행정기관의 장에게 주민투표결과를 통지하여야 한다.

제5항 지방자치단체의 장 및 지방의회는 주민투표결과 확정된 내용대로 행정·재정상의 필요한 조치를 하여야 한다.

제6항 지방자치단체의 장 및 지방의회는 주민투표결과 확정된 사항에 대하여 2년 이내에는 이를 변경하거나 새로운 결정을 할 수 없다. 다만, 제1항 단서의 규정에 의하여 찬성과 반대 양자를 모두 수용하지 아니하거나 양자택일의 대상이 되는 사항 모두를 선택하지 아니하기로 확정된 때에는 그러하지 아니한다.

③ 조례제정 및 개폐청구권

조례제정 및 개폐청구권은 "지방자치단체는 주민의 복리에 관한 사무를 처리하고 재산을 관리하며, 법령의 범위 안에서 자치에 관한 규정을 제정할 수 있다"라고 규정한 헌법 제11조 제1항에서 부여한 권리이다. 이를 지방자치법 제15조 제1항에서는 지방자치단체의 19세 이상의 주민(시·도와 제175조에 따라 인구 50만 이상 대도시에서는 19세 이상 주민 총수의 100분의 1 이상 70분의 1 이하, 시·군 및 자치구에서는 19세 이상 주민 총수의 50분의 1 이상 20분의 1 이하)의 연서로 해당 지방자치단체의 장에게 조례를 제정하거나 개정하거나 폐지할 것을 청구할 수 있는 권한을 말한다.

④ 주민소송권

주민소송권은 지방자치단체의 권한확대에 따라 지방재정의 부실과 지방공무원의 도덕적 해이를 극복하여 재정의 건전성을 확보하기 위해 지방자치단체 공무원의 공금낭비 및 횡령, 뇌물수수 등의 부당이득을 반환시키고, 이들 행위로부터 지방자치단체에 발생한 손해를 배상하도록 하기 위해 인정하고 있는 주민주도의 소송을 말한다(최봉기, 2006: 503).

---

주민소송제, 시민의 자발적 참여도가 좌우

서울 도봉·금천·양천구 주민 14명이 지방의원이 부당하게 올려 받은 의정비를 지역 주민에게 되돌려주라는 주민소송을 제기했다. 2007년 말에 서울의 구의회들은 경쟁적으로 의원 수당을 총 급여 3000만 원대에서 5000만 원대로 올리면서 주민들의 비난을 받았다. 그럼에도 구의회가 소귀에 경 읽기로 받아들이자 주민들은 감사를 청구하고, 소송을 제기했다. 물가상승률, 주민 소득 수준, 의정활동 실적 등을 종합해 의정비를 정하는 지방자치법 시행령을 제대로 따르지 않았다고 판결했다. 월정 수당에 대한 설문조사 역시 보수 인상을 전제로 하거나 인상을 유도하는 식의 내용으로 편향적이었다고 판단했다. 2006년 1월 1일부터 시행된 주민소송제에서 소송을 제기한 주민이 승리한 것은 이번이 처음이다. 이 소송을 계기로 비슷한 소송이 전국적으로 제기돼 지방자치활동의 새로운 전기가 마련될 것으로 기대된다.
2009. 9. 27. 중앙데일리

---

⑤ 주민소환권

주민들이 지방자치체제의 행정처분이나 결정에 심각한 문제점이 있다고 판단할 경우, 단체장을 통제할 수 있는 권한이다. 이러한 주민소환은 일정한 절차를 거쳐 해당 지역의 단체장을 불러 문제 사안에 대한 설명을 들은 뒤 투표를 통해 단체장을 제재할 수 있다. 즉 주민참여 중 가장 적극적이고 강력한 참여 형태이다. 이처럼 가장 확실하고 직접적인 주민참여의 수단인 주민소환은 지방자치단체장들의 독단적인 행정운영과 비리 등 지방자치제도의 폐단을 막기 위한 것이 목적으로 우리나라에는 2006년 5월 24일 '주민소환에 관한 법률'이 제정 도입된 후 2007년 5월 25일부터 시행되고 있다.

### (2) 수익권(受益權)

지방자치단체의 주인으로서 주민들은 재산과 공공시설을 이용할 권리와 그 지방자치단체로부터 균등하게 행정의 혜택을 받을 권리를 가지고 있다.

#### ① 재산 및 공공시설이용권

재산 및 공공시설이용권은 주민들이 법령이 정하는 바에 의해 소속 지방자치 단체의 재산과 공공시설을 이용할 권리를 말한다. 여기서 공공시설이란 "주민 의 복리에 관한 급부행정을 수행하기 위해 설치 및 운영되는 계속적인 모든 수단"으로서 지방자치단체의 공물, 영조물, 공기업 등의 급부를 제공하는 시 설을 말한다. 예를 들어 도서관, 박물관, 병원, 하수도 등을 말한다.

#### ② 균등한 행정 서비스를 받을 권리

지방자치단체에서 주민은 지방자치단체가 제공하는 각종의 행정 서비스를 차별받지 않고 균등하게 받을 수 있는 권리를 가지고 있다. 이는 지방자치법 제13조 제1항 후단에 규정된 것으로 헌법상의 평등원칙을 구체화한 것이다. 좀 더 구체적으로 말하자면, 주민들은 지방자치단체가 제공하는 각종 서비스 를 성별, 국적, 종교 등의 차이에 불문하고 평등하게 행정 서비스를 받을 수 있는 권리를 말한다.

## 2) 주민의 의무

지방자치단체의 주민은 지방자치단체에 대하여 작위 또는 부작위, 급부, 수 인 등의 의무를 가지고 있다. 예를 들어 비용분담의무, 공공시설의 강제이용 의무, 명예직직무수락의무, 응급재해 시 명령복종의무, 각종 자치법규에 대한 준수의무 등이 있다(최봉기, 2006: 504).

### (1) 비용분담의무

지방자치법 제21조는 "주민은 법령이 정하는 바에 의하여 그 소속 지방자치단체의 비용을 분담하는 의무를 진다"고 규정하고 있다. 이처럼 지방자치제도가 실시되는 곳의 주민은 당해 지방자치단체의 존립과 유지 및 자치행정의 수행에 필요한 경비를 각자 능력에 따라 부담해야 한다. 예를 들어 각종의 지방세, 사용료, 수수료, 수익자 부담금 등이 있다.

### (2) 공공시설이용 강제의무

지방자치단체의 주민들은 각종 법령이나 자치법규에 의해 당해 지방자치단체가 설치 및 경영하는 공공시설의 이용을 강제받는 경우가 있다. 예를 들어 전염병 예방에 의한 강제이용뿐 아니라, 상하수도시설, 청소사업, 가스사업 등은 주민들에게 부여된 강제 의무이다.

### (3) 명예직무 수락의무

지방자치단체의 주민은 특별한 이유가 없는 한 당해 지방자치단체가 위촉하는 명예직 직무의 담당요청을 수락 및 수행해야 한다. 예를 들어 선거감시위원이나 공공봉사활동위원 등이 있다.

### (4) 응급재해 시 명령복종의 의무

지방자치단체의 주민은 자신이 속한 지방자치단체의 구역 안에서 불의의 재해가 발생하였거나 발생할 우려가 있을 경우, 관계법령에 따라 지방자치단체장의 명령에 복종하여 필요한 노력과 물품을 제공하여야 한다.

### (5) 자치법규 준수의무

지방자치단체의 주민은 지방자치단체의 구성원으로 자신들이 선출 및 구성한 지방자치단체의 기관이 만든 자치법규, 즉 조례와 규칙을 준수해야 할 의무가 있다.

## 3. 주민의 참여

주민참여에 대한 논의는 이미 고대 아테네의 정치사상가로부터 시작되었고 이들은 대중담화와 논의의 중요성을 강조하였다. 루소는 대중담화를 일반의지의 형성에 근본이라고 생각하며, 주민들의 담화 속에 그들의 의지와 소망이 담겨 있다고 생각하였고, 이것을 표현하는 것을 주민참여의 시작이라고 생각하였다. 주민참여는 오랫동안 순수민주주의의 근본요소로 여겨져 왔다. 지방공공단체를 구성하는 일정지역의 주민이 스스로 또는 대표자를 통해 지역 내의 공동사무를 처리하여 궁극적으로 주민의 복리를 실현하는 지방자치단체에서는 공공사무 처리를 주민들이 직접 처리할 수 있고, 주민들이 선출한 대표자를 통해 처리할 수도 있다. 즉 주민들은 직접 또는 간접적으로 자신들이 속한 지방자치단체의 의결 및 집행의 전 분야에 걸쳐 의사를 반영할 수 있다.

### 1) 주민참여의 정의

주민참여란 지방자치단체의 해당 구성원들에게 영향을 미치는 사항에 대하여 주민들이 지방자치단체의 정책결정 및 정책집행 등에 참여하는 것을 말한다. 또한 정부와 주민사회가 대화를 개방하고, 협력관계를 구축하며 정보를 공유하고, 정책·프로젝트·프로그램의 설계·집행·평가 시 상호 작용하는 과정으로, 모든 이해관계 집단의 관여와 개입을 필요로 한다.[38] 특히 오늘날

---

62) 조석주, 「지방자치단체의 주민참여수준 진단과 발전방안」(한국지방행정연구원), 2006.

은 주민이 지방자치단체의 주권자로서 자신들의 의견을 표시하고, 지방자치단체의 정책 과정에 직·간접적으로 참여하는 것이 크게 증가하고 있다. 또한 지방자치단체 기능의 확대와 더불어 주민참여도 보다 다원화되고 보다 전문화되어 가고 있다. 따라서 지방자치단체도 주민들의 협조와 지지를 동반한 정책의 결정 및 집행, 즉 민주적·효율적 행정을 구현하고자 한다.

<표 1-3-1> 주민참여의 정의

| 구분 | 개념 |
|---|---|
| 최협의 | 정책결정자의 충원 또는 정책에 다소간 영향력을 행사하기 위한 일반시민의 활동(정부에의 영향력 행사) |
| 협의 | 정부에 대한 영향력의 행사 또는 지지를 위한 시민 활동(정부에 대한 지지 활동 포함) |
| 광의 | 주민참여는 정치적 기관과 사전기관 간의 상호작용으로서 시민의 정치적 행위들이 곧 참여라고 보는 견해 |

## 2) 주민참여의 필요성

주민들의 정책결정 과정에의 참여요구를 수용하기 위한 노력은 크게 규범적 근거와 실질적 근거의 두 가지에 근거를 둔다.[39]

첫째, 규범적 근거는 정책의 정당성 차원이다. 민주사회에서 국민은 정책의 단순한 수혜자(clients)가 아니라 정책결정 과정에 적극적으로 참여하여 영향력을 기대하는 주민(citizens)이다. 또한 정책결정 과정에의 참여는 민주사회에서 주민들의 기본적인 권리이다. 정책 관련 전문가를 포함한 일부 엘리트와 내부 관련자들에 의존한 정책결정은 정책의 정당성을 크게 훼손할 우려가 있다. 과학기술정책의 정당성과 관련하여 정책결정 과정에의 주민참여를 강조하는 정치적 정당성만을 중시하려는 경향이 있으나 보다 광범위한 의미의 본질적 정당성에 관심을 둘 필요가 있다.

---

39) 김원웅, 「지방자치: 어떻게 참여할 것인가」(앎과 함), 2006.

둘째, 실질적인 근거는 정책의 효과성 차원이다. 예를 들면, 과학기술정책 전문가들이 과학과 과학정책이 사회에 미치는 결과를 평가하는 데 독점적인 전문성을 가지고 있는 것도, 특권적인 지위를 누리는 윤리적 관점을 가지고 있는 것도 아니다. 또한 이러한 관점에서 보다 중요하게 관련 과학기술정책의 전문가가 아닌 일반주민들의 참여를 통하여 실제로 보다 나은 결과를 산출해 낸다는 점이다. 즉, 주민참여를 통한 대표성의 확장이 정책결정의 정당성을 제고시킬 뿐만 아니라 보다 많은 정보를 보다 나은 방법으로 주민들에게 제공하며 실질적으로 편향적인 시각에서의 정책결정을 보완함으로써 정책의 질을 향상시킨다는 것이다. 예를 들어, 스웨덴 정부의 조사연구 계획과 조정위원회는 많은 수의 과학자가 아닌 일반주민들을 구성원으로 참여시켰으며, 그 결과 혁신적인 학문 간 조사연구 프로그램들을 증진시켰다. 또한 네덜란드의 대학들은 지역사회의 노동집단, 비영리조직 및 지방정부들이 요청한 문제들을 다루는 분권화된 네트워크 형태의 참여모델을 통해 사회적 이슈에 대한 보다 나은 부응을 할 수 있었다.

주민과의 협조를 통해 지방자치단체의 민주적이고 효율적인 행정을 창출하는 주민참여의 필요성은 다음과 같다.

(1) 복잡한 공공사무 처리

지방자치단체에서 공동의 문제가 발생할 경우 이는 해당 지역의 사회·경제·정치·문화 등 다양한 변수로 인해 문제의 성격이 매우 복잡하다. 그러므로 이를 해결하기 위해서는 해당 지역의 사회·경제·정치·문화 등에 대해서 가장 잘 이해하는 지역주민의 참여가 우선적으로 필요하다. 또한 이러한 지역주민의 참여는 지방자치단체의 구성원이자 주체인 주민의 책임의식을 증진시켜 궁극적으로 민주적이고 효율적인 행정을 가능하게 한다. 즉 주민들의 복리증진을 위해 주민참여가 필요하다.

### (2) 대의민주주의 한계 극복

지방자치단체에서 의결기관인 지방의회는 주민의 관심사보다 자신의 정치적 목표달성 또는 재선을 위한 선심정책결정 등 대의민주주의의 한계점을 지니고 있다. 간혹 지방의회가 주민의 의사를 잘 반영하는 정책을 결정한다 하더라도 이를 집행하는 집행기관이 지방의회의 통제를 제대로 받지 못하는 경우가 있어 실질적으로 주민들의 의사반영은 매우 미비하다. 이러한 문제점을 해결할 수 있는 방안으로 주민참여의 필요가 더욱 강조된다.

### (3) 대립과 갈등의 해소

지방자치단체에서 수행되는 정책의 결정 및 집행은 해당 당사자들의 이해관계에 따라 많은 대립과 갈등이 나타난다. 또한 정책의 대립 및 갈등은 때론 다수의 피해자를, 때론 소수의 피해자를 만들어 사회적 혼란을 야기하기도 한다. 이러한 문제점을 극복하고, 나아가 주민들 스스로 협력하기 위해서는 주민참여가 필요하다.

## 3) 주민참여의 기능

지방자치의 주체이자 가장 기본적인 요소인 주민들의 참여는 다음과 같이 사회적 기능, 정치적 기능, 행정적 기능을 가지고 있다(최봉기, 2006: 517~519). 주민참여는 정부와의 관계, 정부와 주민과의 관계, 정부와 사회와의 관계 등을 통하여 끊임없이 상호 작용하며 많은 기능적 요소를 가지고 있다.

### (1) 주민참여의 사회적 기능

주민들의 지방자치 참여는 일반주민들에게 지역주민으로서의 주인의식과 책임성 등을 고취시키며, 동시에 지역주민 간의 공동체정신과 협력 및 유대의식을 향상시킨다. 이는 장기적으로 지역사회로의 통합과 교육 및 훈련과정과 연결되어 지역주민의 능력발전을 초월해 전 국민의 능력발전을 기대할 수 있게 한다.

또한 주민참여는 지방자치단체의 정책결정 및 집행에 있어서 주민들의 의사를 반영시켜 지역사회의 안정을 가져온다. 즉 주민참여는 지역사회의 이해관계와 지역발전 목표를 통합시키는 실제적인 방법으로 주민들이 지방자치단체의 역할과 정책 및 계획을 이해하며, 정책결정 및 계획과정에 요구되는 충분한 정보를 주고받음으로써 상호 오해로 인한 갈등을 방지할 뿐 아니라 다양한 의견을 수렴하여 지방자치단체의 발전, 나아가 국가 전체의 발전을 기대할 수 있게 한다.

### (2) 주민참여의 정치적 기능

행정의 전문화가 촉진됨에 따라 지방자치단체 내 행정의 독선화 내지 반주민의사화 경향이 심화된다. 이를 해결하기 위해 주민의 참여가 요구되는데 이는 주민의 참여를 통해 전문적 지식과 기술을 터득할 수 있기 때문이다. 예를 들어 주민운동을 보면 주민들은 그 요구가 자기에게 절실하다는 사실만으로 때로는 행정담당자보다 더 많은 지식을 갖게 되는 경우가 많다.

또한 시민참여이론에 의하면 시민에게 그들이 직접적 혹은 간접적으로 어떤 결정에 영향을 받을 수 있다면, 그 정책과 계획에 관련되는 의사결정에 참여할 것이냐에 관한 결정은 정부와 시민대표자가 나누어 가진다. 이러한 논리로 볼 때 주민참여는 참여민주제를 향상시키는 대표적인 수단이라 할 수 있다.

### (3) 주민참여의 행정적 기능

#### ① 정보 확산기능

주민참여는 지방자치단체의 사무 처리에 있어서 주민들의 의사와 요구를 관철시킬 수 있는 기회를 갖게 할 뿐 아니라, 지방자치단체의 정책결정 및 집행

과정을 주민에게 홍보할 수 있게 하고, 이러한 정보를 접한 주민은 다양한 의견과 요구를 제시하게 된다. 예를 들어 주민참여의 방법인 공청회, 시정보고회, 대중전달매체 등을 통해 정보가 확산된다.

### ② 주민사회의 갈등 해소기능

주민참여는 주민 간의 이해관계나 이견을 조정하는 데 활발하게 이용되고 있다. 즉 주민참여를 통해 주민과 지방자치단체, 주민과 주민 등의 사이에서 발생될 수 있는 갈등과 분쟁을 해소할 뿐 아니라 상호 이해와 협력을 통한 지역발전을 기대할 수 있게 한다.

### ③ 주민과 공무원들 간의 협력기능

주민참여는 행정과 주민과의 거리감을 좁히고 나아가 공무원들은 주민들이 원하는 바가 무엇인지를 알게 되어, 지방자치단체의 목표 설정과 달성을 위한 과정에서 서로 협력하게 한다.

### ④ 행정의 효율성 증진기능

주민참여는 지방자치단체의 결정 및 집행에 주민의 의사를 반영하기 때문에 행정 서비스의 제공에 있어서 인적·물적 자원의 낭비를 막을 뿐 아니라, 주민들의 자발적인 참여와 협조를 동반한다. 즉 주민참여 행정의 효율성을 향상시킨다.

### (4) 주민참여의 역기능

### ① 대표성 또는 공정성의 문제

시민 전체의 전반적인 참여보다는 특수이익을 대변하는 소수 참여자나 특정 계층의 역할이 두드러질 수 있는데 이러한 경우 자치단체의 운영에 있어 공정성이 떨어질 수 있다.

② 정책 과정과 행정 과정상의 비효율과 혼란

전문적 지식을 소유하지 못한 시민들의 질문에 일일이 답변함으로써 사업의 지연이나 연기 등 과정상의 비용을 초래할 수 있고 비전문적 식견이 때로는 정책이나 사업 전반의 흐름을 방해할 수도 있을 것이다. 시민들 간의 이해관계가 제대로 조정되지 않는 경우 역시 적지 않은 혼란을 부를 수 있다.

③ 조작적 참여의 가능성

시민의 대중적 지위는 선거를 포함한 지방정치 전반은 물론 시민참여와 관련하여서도 중요한 의미를 지닌다. 이미 매스미디어의 강력한 영향권 아래 놓여 있는 자치단체를 더욱 무력화시키는 결과를 초래할 수도 있고 그를 통해 매스미디어의 지원을 받는 정치적 또는 상업적 이해관계가 시민참여의 메커니즘을 통해 자치단체에 침투할 수도 있다.


4. 주민참여의 단계 및 효과[40]

1) 주민참여의 단계

일반적인 정책 과정은 정책의 입안, 결정, 집행, 평가 등 4개 단계로 구분할 수 있다. 과거에는 주민참여가 주로 정책의 집행 과정에서 이루어졌지만 오늘날에는 주민의 참여범위가 날로 확대되어 전반적인 정책 과정에서 참여의 대상이 되고 있다.

정책의 입안 및 결정 과정은 목표 설정, 자료의 수집과 분석 및 예측, 대안

---

40) 조석주, 「지방자치단체의 주민참여수준 진단과 발전방안」(한국지방행정연구원), 2006.

작성과 평가, 최종계획안의 선택 등으로 구분되는데, 이 과정 중에서 특히 목표 설정과 최종대안의 선정 과정에서 주민참여가 중요한 기능을 한다. 이는 행정과 정보의 공개라는 민주적 원칙과 집행단계에서 불필요한 민원을 사전에 줄인다는 측면에서 의의가 있다.

다음으로 정책집행 과정은 정책이 확정되고 난 다음 개발·시설입지·용도지정 등 정책대안을 실천하는 단계이다. 대부분의 정책내용이 집행단계에서 실질적으로 공개되기 때문에 주민참여 형태가 과격한 집단행동 등 비제도적인 형태를 띠기 쉽다. 이 단계는 특히 주민의 실질적 생활과 관련된 이해관계가 그대로 드러나기 때문이다.

마지막으로 평가단계는 집행결과를 평가하여 환류시키는 과정으로서 계획의 전시성·일회성과 주민참여의 단기성을 방지하는 데 중요한 측면이지만 대부분의 주민참여에서 배제되고 있다. 평가 과정에서 참여가 중요한 이유는 공공계획은 일정한 집단의 이해관계를 대변하는 것이 아니라 지역 또는 도시주민 전체의 이익을 보호하고 향상시키는 데 그 기본적인 의의가 있고, 새로운 정책 또는 계획 수립에서 기초자료를 제공할 수 있기 때문이다. 어느 정도까지 주민참여가 이루어질 수 있는가와 관련하여 아른스타인은 다음과 같은 모형을 제시하고 있다.

<표 1-3-2> 주민참여의 단계

| 참여 단계 | 참여의 중심내용 | 참여의 성격 |
|---|---|---|
| 8단계 | 자주관리 | 시민 권력의 단계 |
| 7단계 | 권한위임 | |
| 6단계 | 공동의사결정 | |
| 5단계 | 회유 | 형식적·명목적 참여 단계 |
| 4단계 | 상담 | |
| 3단계 | 일방적 정보제공 | |
| 2단계 | 주민 임상치료 | 비참여 단계 |
| 1단계 | 주민조작 | |

첫째, 조작단계에서는 주민들의 정책지지를 이끌어 내기 위한 의사결정자의 책략이 이루어진다.

둘째, 치료단계에서는 명목적으로 광범위한 주민참여를 이끌어 내지만 내용적으로는 임상적 치료의 대상자로 설정한다.

셋째, 정보제공단계에서는 정보의 공유 또는 공공성이 중요하지만 이러한 쌍방향적 정보흐름보다는 일방적 정보흐름이 주류를 이루게 된다.

넷째, 상담단계는 주민의 의견과 아이디어를 수렴하는 단계이며, 참여가 이 수준에 한정되면 자칫 전시효과에 그칠 가능성이 있다.

다섯째, 회유단계에서는 자문과 정책결정 또는 계획 수립 과정에서 참여를 용인하지만 집행과 그 가능성의 판단은 여전히 행정관청의 결정에 달려 있다.

여섯째, 공동의사결정단계에서는 주민과 정책결정자들이 협상을 공유하면서 정책결정을 하며, 이때 주민들에게는 조직성, 재정능력, 기술적 전문성 등이 요구된다.

일곱째, 권한위임단계에서는 주민에게 일정한 정책대안이나 프로그램의 결정권을 이양한다.

여덟째, 자주관리단계에서는 참여의 최고단계로서 정책입안, 관리 및 책임, 협상권한이 주민에게 주어진다.

## 2) 주민 정책참여 형태변화와 효과

경제·사회적 여건과 환경의 변화에 따라서 정책 과정에의 주민의 참여도 많은 변화양상을 보이고 있다. 이러한 정부 정책의 참여형태 변화는 다음과 같이 정리될 수 있다.

첫째, 과거에는 주민참여가 주로 정책의 집행 과정에서 이루어졌는데 반해 현재는 정책의 결정 과정에서도 이루어지고 있다. 이는 참여가 활성화되었고 적극적 형태로 변화했다는 것을 의미한다.

둘째, 과거의 주민참여는 비조직적이었을 뿐만 아니라 지역적으로 이루어져 왔으나, 현재의 참여는 전국에 걸쳐 조직적으로 이루어지고 있다. 예로서 경실련, 참여연대, 환경운동연합과 같은 전국적 조직들이 생겨나고 정부의 정책 과정에 참여하고 있다.

셋째, 과거의 주민참여는 수동적 참여였다면 현재는 능동적 참여가 이루어지고 있다. 즉, 국민들이 각종 정책에 대한 이해나 관심이 높아지면서 자발적으로 참여·대처한다는 것이다. 이러한 현상은 주민의 교육수준과 경제수준이 성장하면서 나타나는 현상이다.

넷째, 현대 주민참여의 특징은 과거의 사익 추구적 성격에서 공익 추구적 성격으로 변하고 있다. 물론 님비현상과 같이 지역의 이익을 우선시하는 주민운동이 없는 것은 아니지만 정부 정책 과정에의 전체적 맥락에서 보면 사익 추구보다는 공익을 추구하는 방향에서 시민참여가 이루어지는 경우가 많아지고 있다.

다섯째, 과거의 시민참여가 투쟁이나 개인적 접촉과 같은 비제도적 형태를 띠었다면 현재는 제도적 참여가 활성화되고 있다. 조직을 통한 정책참여 과정이 개인 차원의 운동보다 더 효과적이기 때문일 것이다. 또한 조직적 참여는 보다 지속적으로 각종 정책에 관심을 기울일 수 있는 장점도 있다.

이러한 행태변화에 따라서 효과 역시 많은 변화를 한다. 정책 과정에의 참여 확대는 정책의 질 향상과 민주성과 전문성 제고에 기여할 것으로 예측할 수 있다. 그러나 모든 목표에 부합되는 최상의 주민참여방식은 존재하지 않으며 필요에 따라 적절한 방식을 선택적으로 활용하는 것이 바람직할 것이다. 아울러 정책 과정에의 주민참여가 초래할 수 있는 단점과 부작용에 대해서 주의를 기울여야 할 것이다.

<표 1-3-3> 주민참여의 행태변화

| 과거 | | 현재 |
|---|---|---|
| 정책집행 과정에 주로 참여 | → | 정책결정 과정에 주로 참여 |
| 비조직적 참여 | → | 조직적 참여 |
| 수동적 참여 | → | 능동적 참여 |
| 사익 추구적 참여 | → | 공익 추구적 참여 |
| 비제도적 참여 | → | 제도적 참여 |

## 3) 주민참여의 긍정론과 부정론

주민참여의 긍정론과 부정론을 참여의 확대를 주장하는 참여주의자들과 참여의 인위적인 확대를 반대하는 자유주의자들의 관점에 적용해서 살펴보면 논쟁은 정치 과정 속에서 무엇을 먼저 고려할 것인가 하는 우선권의 문제로 귀착된다. 즉 자유주의와 참여민주주의는 자유와 평등, 개인과 집단, 개인생활의 보호와 인간의 존엄성, 사적 재산의 보호와 집단가치 등의 문제와 직접 연결된다.

현실적으로 대의민주주의는 개인의 사적 활동을 중시하기 때문에 인위적으로 참여 폭을 확대하면 현실적으로 정책을 왜곡시키는 결과를 가져오게 된다고 주장하는 것이며, 참여민주주의자들은 대의민주제는 정책결정 과정에서 다수를 소외시키기 때문에 국가가 대중의 참여를 확대함으로써 진정한 민주주의를 실현할 수 있다는 것이다. 주민참여의 확대를 주장하는 측에서는 대의민주제하에서 구조적으로 일부계층의 의사만이 의사결정 과정에 반영될 뿐 다수의 주민들은 실질적인 참여에서 원천적으로 배제되기 때문에 실질적인 주권자로서의 권리를 찾지 못한다는 것이다.

참여민주주의자들은 이러한 대의민주제의 구조적인 문제를 주민참여의 확대로 해결하고자 한다.41) 즉 주민참여를 확대하여 주민들의 민주주의에 대한 의식수준을 향상시키고 공동사회에서 주민으로서의 역할을 증대하여 결국 자

---

41) 하태권, 「한국정부의 이해」, 2006.

신이 향유하여야 할 평등한 인간으로서의 권리를 회복할 수 있게 하여야 한다는 것이다. 이에 반하여 자유주의자들은 주민참여가 확대되면 개인의 이기심이 극단적으로 나타나 의사결정 과정에서 의견이 분할되고 사회의 방향성을 잃게 되어, 결국에는 민주주의의 목표인 화합되고 발전적인 공동사회를 유지하는 것이 불가능하게 된다고 한다. 즉 참여민주주의자들의 주장은 이념적으로나 가능한 것으로, 대의민주제가 일반대중의 뜻을 모을 수 있는 현실적인 장치인 것이며, 따라서 주민참여가 특별히 확대될 필요가 없다는 것이다.

정책결정 과정에서의 주민참여는 참여자의 대표성과, 정당성의 문제, 공익에 대한 판단의 어려움과 참여에 따른 이해집단 간 이해 조정 능력의 한계, 참여자의 자질문제와 각종 저급한 집단행동 전략, 권력 및 공식적 제도권으로의 흡수와 포섭문제, 행정의 경제성 저해와 행정책임의 회피 및 전가문제 등의 역기능을 나타낼 수 있다. 그러나 이러한 참여의 역기능적 측면에도 불구하고 주민참여의 활성화가 중요한 것은 민주사회에서 참여의 순기능적 측면이 더욱 중요하게 부각될 수 있기 때문이다.

주민참여의 순기능으로는 정치·행정제도의 대표성과 정통성 제고, 능동적 참여를 통한 사회적 안정감 제공, 주민의 정치적 효능감[42] 제고, 개인주의와 소외를 극복할 수 있는 공동체 정신과 협동의식의 고취, 행정행위의 재량권 남용 억제와 행정책임성의 제고, 정보의 공개와 공공성의 촉진, 이를 바탕으로 한 오해와 편견의 불식 및 이해관계의 조정 등이 주장되고 있다.


(1) 긍정론
주민참여는 참여를 통해 서로의 의견을 전달하는 가운데 정보를 제공받고 참여한 주민들의 기술적으로 어려운 상황들을 이해하는 과정이다. 주민들은 총체적이고 공동체 전반의 해결책을 추구하면서 주민전문가들이 된다. 관료들은

---

42) 심리학에서 나온 자기 효능감(自己效能感, self-efficacy)은 어떤 상황에서 적절한 행동을 할 수 있다는 기대와 신념이다. 캐나다의 심리학자 앨버트 밴듀라(Albert Bandura)가 제시한 개념이다.

언뜻 보기에는 대중에 익숙하지 않은 정책을 추진하는 이유들을 설명할 수 있다. 더 정교한 수준의 기술적ㆍ사회적 이해는 더 나은 정책을 만들고 더 나은 사회적 그리고 환경적 산출물을 발생시킬 수 있다. 관료들 또한 구체적인 주민집단의 입장에 대한 교육을 받음으로써 혜택을 얻는다. 그렇지 않았으면 정책 과정에 참여하지 않았을 주민들과 장기적인 접촉을 통해서 관료들은 어떤 정책들이 인기가 없고 그리고 어떻게 그러한 정책실패들을 피할 수 있는지를 배운다.

주민들의 선호에 근거를 둔 정책은 그 정책이 집행될 때 주민들이 더욱 협조적이기 때문에 더 순조롭고 비용이 적게 든다. 주민참여를 통해서 주민들은 관료들에게 자신들의 선호를 설득하고 깨닫게 할 수 있다. 정부 관료들이 대중이 어떻게 반응하는가에 대한 질문을 일상의 의사결정에 포함시킨다면 이는 행정 개선의 한 부분이다.

<표 1-3-4> 주민참여를 찬성하는 근거

| 구분 | 주민참여자의 이익 | 정부의 이익 |
|---|---|---|
| 결정 과정 | • 교육 효과(정부 관계자로부터의 정보 습득과 학습)<br>• 정부에 대한 설득과 계몽<br>• 적극적으로 활동하는 주민의 역량 증진 | • 교육 효과(주민으로부터의 정보 습득과 학습)<br>• 주민에 대한 설득, 신뢰구축, 불안 또는 적대감 경감<br>• 전략적 제휴관계 형성<br>• 결정의 정당성 확보 |
| 결과 | • 교착상태 해결, 결과 도출<br>• 정책 과정에 대한 상당한 통제 획득<br>• 보다 양질의 정책과 집행계획 | • 교착상태 해결, 결과 도출<br>• 소송비용 회피<br>• 보다 양질의 정책과 집행계획 |

<표 1-3-5> 주민참여에 긍정적인 학자들

| Barber(1984) | 오늘날 국가 활동에서 벌어지고 있는 문제를 해결하기 위하여 주민들의 직접적인 참여를 대폭 수용할 수 있는 강한 민주주의를 제시하였다. |
|---|---|
| Nelson and Wright(1995) | 사회변화를 위한 변화도구로서 참여과정을 긍정적으로 제시하였다. |
| Beieric(1999) Thomas(1995) | 주민참여는 더 나은 결정을 하게 하고, 사회전반에 효율성과를 가져온다는 점을 긍정적으로 평가하고 있다. |

(2) 부정론

비용적인 측면에서 주민참여 집단들의 결정비용은 기관 관료의 정책결정보다 더욱 비용이 많이 든다. 기술적으로 훈련받고 결정의 가능한 결과를 인식할 수 있을 정도로 충분히 정치적으로 통찰력이 있는 한 명의 관료가 주민단체가 선택한 똑같은 결정을 할 수 있다.

Ostrom(1990)에 의하면 "협의결정은 전원사회와 같이 집단이 소수이고 동질적일 때 가장 효과적이지만, 규모가 큰 지역에서는 10명 또는 20여 명의 대표자들이 여론을 바꿀 수 있다는 생각은 순진한 일이다"라고 하였는데 이는 대규모의 참여자가 참석한 결정에 찬반이 나뉠 경우 하나의 의견으로 통합하는 것은 어렵다는 것을 의미한다. 또한 주민참여는 주민참여자들이 그들의 결정이 정책으로 그대로 집행될 것이라고 기대하는 것은 헛된 기대이고 오히려 관료들이 이미 정해 놓은 결정을 정당화하기 위한 과정으로 주민참여가 이용될 수 있다는 것이다.

<표 1-3-6> 주민참여의 반대 근거

| 구분 | 주민참여자의 불이익 | 정부의 불이익 |
|------|------|------|
| 결정 과정 | • 시간 소모<br>• 결정이 무실될 경우 효과 없음 | • 시간 소모<br>• 비용<br>• 정부에 대한 적대감 고취,<br>  반발 초래 |
| 결과 | • 반대하는 이익집단에 의해 과도한 영향을 받는 경우 정책결정의 질 저하 | • 의사결정에 대한 통제력 상실<br>• 정치적으로 무시하기 곤란한 나쁜 결정을 내릴 가능성<br>• 실행계획 추진 예산 삭감 |

## 5. 한국의 주민참여

1949년 7월 4일 법률 제32호 우리나라 최초의 지방자치법[43]과 역사를 함께한 한국의 주민참여는 다음과 같이 제도화된 주민참여방식과 비제도화된 주민참여방식이 있다(최봉기, 2006: 534~539).

### 1) 제도화된 주민참여방식

#### (1) 다양한 행정위원회

오늘날 많은 나라에서 주민참여의 중요한 수단으로 활용되고 있는 지방자치단체의 행정위원회는 20세기 초에 미국에서 시정개혁운동을 통하여 정당정치로부터 독립한 도시계획위원회 등 많은 위원회가 창설된 데서 그 시작을 알수 있다. 우리나라의 행정위원회는 일정한 행정 분야에 대해 지방자치단체장으로부터 독립하여, 특정한 정파나 정당으로부터의 영향도 받지 않고, 공정하고 중립적으로 업무를 수행하거나, 합리적인 재정(裁定)이나 중재 등의 심판적 기능을 수행한다. 이러한 예로 지방자치단체에도 지방인사위원회, 지방공무원소청심사위원회, 도시계획위원회, 토지수용위원회 등의 여러 가지 행정위원회가 설치되어 있다.

요컨대 행정위원회는 지방자치단체 집행기관의 일부로서 정책결정 및 집행의 권한을 행사하는 것이므로, 주민이 그 위원회에 위원으로 참여하여 직접정책결정 및 집행하는 것은 주민참여를 실현하는 최고의 방식이다. 다만, 위원회는 보다 합리적인 정책결정 및 집행을 위해 전문적 지식과 경험을 소지하여야 하기 때문에 일반주민은 사실상 참여에 제약을 받는다.

---

43) 지방자치단체의 종류와 조직 및 운영에 관한 사항을 정하고, 국가와 지방자치단체의 기본적 관계를 정함으로써 지방자치행정의 민주성과 능률성을 도모하며 지방의 균형발전과 대한민국의 민주적 발전을 기하기 위하여 제정한 법(전문개정 1988. 4. 6, 법률 제4004호).

### (2) 공청회

공청회는 지방자치단체의 기관이 일정한 사항을 결정함에 있어서 공개적으로 의견을 듣는 형식으로 지방자치단체의 의사결정 과정에 주민을 참여시킴으로써 민주주의의 요청에 부응하는 제도이다. 우리나라 국토의 계획 및 이용에 관한 법률 제14조 제1항에는 "국토해양부장관, 시·도지사, 시장 또는 군수는 광역도시계획을 수립하거나 변경하려면 미리 공청회를 열어 주민과 관계 전문가 등으로부터 의견을 들어야 하며, 공청회에서 제시된 의견이 타당하다고 인정되면 광역도시계획에 반영하여야 한다"라고 규정하여 주민참여를 허용하고 있다.

다만, 행정절차법에 규율하고 있는 공청회는 14일 전에 개최를 공고하고, 주민이 참석하려면 사전에 자기의 소견서를 제출하여 해당 단체로부터 사전허가를 받아야만 가능하다. 그렇기 때문에 공청회 개최공고와 참가신청 사이의 14일 기간 동안 지역주민들의 의견을 집약하여 대표자로 하여금 의견을 진술하는 것은 현실적으로 거의 불가능하며, 사전허가를 통해 지방자치단체의 비위에 맞는 의견만 허락되어 진정한 주민의 의사를 반영하는 것에는 한계가 있다.

### (3) 각종 자문위원회

자문위원회란 특정 조직 또는 기관장의 자문에 응하기 위한 목적으로 설치된 합의제 조직으로서 자문위원회의 결정은 비록 대부분 법적 구속력이 없지만, 전문적인 지식과 각종의 이해관계를 정책결정에 반영할 수 있는 보편화된 주민참여수단이다. 이처럼 지방자치단체의 주요 시책에 관하여 지방자치단체장의 자문을 하는 자문위원회는 전문적인 지식 및 경험의 소지자로서가 아닌 평범한 주민의 입장에서 참여한다는 데 의미를 두고 있다.

자문위원회는 당해 지역주민 가운데 주민이 선출하거나 또는 당국이 임명하는 위원으로 구성되며, 주민의 요구와 기대 그리고 실정의 파악 및 주민의사의 시책에 반영 등의 목적을 가지고 있다. 다만, 위원들은 적극적으로 행정기관의 주요 시책 수립에 참여하기보다는 행정당국의 소집에 의해 위원회에 참여하고, 행정당국으로부터 사업계획이나 업무보고를 받고 이에 대한 협조를 요청받는 것이 보통이라는 한계가 있다.

### (4) 주민자치센터

주민자치센터란 기존의 읍·면·동이 수행하던 행정사무 중심적 기능을 주민복지문화서비스 기능으로 전환하여 그 인력과 시설을 주민에 대한 서비스 향상에 제공하는 복지문화센터를 말한다(최봉기, 2007: 536). 주민자치센터는 급변하는 국내외적 환경변화에 대응하고 현실적으로 다층화되어 있는 행정계층을 감축할 필요를 느껴, 주민생활에 꼭 필요한 민원발급, 사회복지, 민방위, 재난관리 등 민원업무는 계속 수행하되, 규제단속 및 광역적 일반 행정 성격의 업무 등은 시청 및 구청으로 이관하여 수행함으로써 남는 여유시설과 공간을 지역실정에 맞게 주민을 위한 문화, 복지 등으로 꾸며 주민자치센터로 활용하고 있다.

이러한 주민자치센터는 행정에 대한 주민참여의 기반구축을 위한 시도로, 주민들의 다양한 프로그램 참여를 통해 주민들의 의사를 지방자치단체에 반영할 수 있다는 데 의미가 있다.

## 2) 비제도화된 주민참여방식

### (1) 기관장과의 대화 또는 간담회

지방자치단체장 또는 지방의회의원과의 대화를 통한 주민참여는 지방자치단체장과 지방의회의원들이 직접 주민의 의사와 요구를 듣고 이를 행정에 반영할 수 있다는 데 그 의의가 있다. 다만, 대화의 상대방이 단순히 지방자치단체의 행정에 동조하는 일부 주민에 한정될 우려가 있다. 또한 행정기관이 정보를 공개하지 않음으로써 대화 과정에 있어서 주민들이 자신의 의견을 개진하기보다는 행정기관의 의견을 일방적으로 듣기만 할 가능성이 있으며, 자유로운 의사표현이 힘든 현실적 한계가 있다.

## (2) 설문지 조사

지방자치단체의 정책결정 및 집행에 있어서 종종 설문지 조사방법을 통하여 주민의 의사와 기대치를 파악하여 부분적으로 반영하는 경우가 있다. 이처럼 설문지 조사는 일반적인 주민들의 태도, 의견, 욕구 및 행태를 파악할 수 있다. 다만, 설문문항 및 설문결과의 대표성, 신뢰성에 문제점이 있을 수 있다. 즉 설문지 자체가 주민의 의사를 잘 표출할 수 있는가 또는 설문지 회수 후의 처리 및 분석은 제대로 되었는가라는 한계를 가지고 있다.

## (3) 집단민원

집단민원이란 본래 개인민원과 같은 주민의 청구행위가 다수인의 공동이해를 기초로 다수인이 집단행동을 하여 지방자치단체의 정책결정 및 집행에 큰 영향을 미치는 주민운동이다. 이러한 집단민원은 무엇보다 비상적인 해결책을 강구하지 않으면 안 되는 중대 사항에 대한 주민운동일지라도, 과격한 집단행동 또는 다수의 힘을 빌려 집단이기주의적인 욕구를 충족시키거나 과격행동으로 지역사회의 안정을 해치고, 사회적 비용을 증대시키는 것은 자제되어야 한다.

# 참고문헌

## 1. 국내 저서 및 논문

강용기(1998). 「현대지방자치론」, 서울: 대영문화사.

강황선(2001). "로컬 거버넌스 모델의 도입을 위한 탐색적 연구", 「서울시정의 로컬 거버넌스 도입전략」, 서울시정개발연구원 정책토론회 논문집.

거버넌스연구회(2002). 「거버넌스의 정치학」, 서울: 법문사.

권오혁(2000). 「미국의 시정부와 지방자치」, 서울: 도서출판 자샘.

길종백 정병걸(2009). "녹색성장과 환경경제의 통합: 변형과 전환 사이에서", 「정부학연구」 제15권 제2회. 45-70.

김구(2009). "녹색성장과 차세대 지역정보화의 위상", 「한국지역정보화학회 하계발표논문집」.

김병준(2002). "지방자치 시대의 중앙-지방 관계: 권한 및 사무배분 문제를 중심으로", 「사회연구」, 제3호. 광주사회조사연구소.

김선기 한표환(2003). "자치단체간 협력관계의 실태분석과 정책 방향", 「한국지방자치학회보」, 15(2). pp.107-126.

김석태(2005). "지방분권의 근거로서 보충성원리의 한국적 적용", 「지방정부연구」, 9(4). 한국지방정부학회.

김순은(2004). "지방분권정책의 집행에 영향을 미친 요인분석: 일본사례를 중심으로", 「지방정부연구」, 7(4). 한국지방정부학회.

김용철 외(2006). 「지방정부와 혁신정책」, 서울: 대영문화사.

김웅기(2001). 「미국의 지방자치」, 서울: 대영문화사.

김원웅(2006). 「지방자치: 어떻게 참여할 것인가」, 서울: 앎과 함.

김필두 금창호(1999). "지방공무원 공직분류체계의 개선방안", 「연구보고서」, 99-12. 한국지방행정연구원

박영주(2000). "뉴거버넌스와 사회계약: 시민, 정부, 시장 간 역할과 책임의 모색", 「한국행정학보」, 34(4). pp.19-39.

박용주(2002). 「지방자치론」, 서울: 형설출판사.

박우서(2001). 「지방자치와 광역행정」, 서울: 대영문화사.

배준구(1997). "프랑스 지방자치의 역사적 발전과 교훈", 「경성대학교논문집」, 18(2). pp.159-
　　　171.

백윤철 윤광재(2000). 「프랑스 지방자치학」, 서울: 형설출판사.

서필언(2005). 「영국의 행정개혁론」, 서울: 대영문화사.

소진광(2005). 「지방자치와 지역발전」, 서울: 박영사.

손재식(2001). 「현대지방행정론」, 서울: 박영사.

시도지방공무원교육원(2004). 「자치입법실무 및 지방자치관계법 해설」.

안광현(2007). 지방자치단체장의 부패인식에 관한 연구, 숭실대대학원

안성호(2001). "연방주의적 정부간 관계의 논거와 실천 방안", 「경기논단」, 봄, 25-45.

안영훈(1997). 「프랑스 행정계층간 기능배분에 관한 분석」, 한국지방행정연구원

안용식 외(2006). 「지방행정론」, 서울: 대영문화사.

오재일(2005). "참여정부의 지방분권화 정책과 지역사회의 대응", 「행정논총」, 17(1). 서울대 행
　　　정대학원

육동일(1999). "지방자치단체 개혁의 평가와 개선과제", 「공공부문개혁의 평가와 앞으로의 방향
　　　」, 제56회 국가정책과정 세미나 발표논문. 서울대 행정대학원

이가우(2004). "지방분권추진 로드맵의 개요", 「지방분권 추진전략 워크샵」, 1-9. 한국정책분
　　　석평가학회

이석희(2004). "국가균형발전을 위한 공공기관 지방이전정책 추진방향", 「한국공공관리학보」
　　　Vol.18, No.1, 2004, pp.179-209.

이승종(2005). 「지방자치론」, 서울: 박영사.

이은구 외(2003). 「로컬 거버넌스」, 서울: 박영사.

이주희(2004). "지방분권의 전략적 사고", 「지방자치연수」, 45: 12.

임승빈(2006). "자치행정구역 개편 논의와 방향성에 관한 연구", 「경기논단」, 제8권 1호, 경기개
　　　발연구원

전국시도지사협의회 지방분권특별위원회(2003). 지방자치행정분야 지방분권주요과제.

정부혁신지방분권위원회(2006). 「참여정부의 혁신과 분권」, 백서 1.

정덕주(2003). "일본 중앙정부의 지방정부에 대한 관여 관계 변화", 「한국지방자치학회보」,
　　　15(2). pp.127-144.

정일섭(2006). 「한국지방자치론」, 서울: 대영문화사.

조석주(2006). 「지방자치단체의 주민참여수준 진단과 발전방안」, 서울: 한국지방행정연구원

최근열(2006). "지방자치단체 인적자원개발의 현황과 과제", 「한국지방자치연구」, 7(3). 대한지
　　　방자치학회.

최봉기(2006). 「지방자치론」, 서울: 법문사.

최창호(2003). 「지방자치의 이해」, 서울: 삼영사.

피에르 피터스, 정용덕 역(2003). 「거버넌스, 정치 그리고 국가」, 서울: 법문사.

하정봉 소진광(2007). "중앙정부 사무의 지방이양에 대한 실태분석" 한국도시행정학회.

한영수(2005). "지방자치단체간 발전적 관계에 관한 연구", 「지방정부연구」, 9(4).

## 2. 국외 저서 및 논문

Anwar Shah & Zia Qureshi(1994). "*Intergovernmental Fiscal Relations in Indonesia*",
　　　Issues and Reform Options. World Bank Discussion Paper.

Ashford, D. E(1982). *British Dogmatism and French Pragmatism*, Central-local
　　　policymaking in welfare state: George Allen & Unwin, Ltd.

Brudney, J. L. & Selden S. C.(1995). The Adoption of Innovation by Smaller Local
　　　Governments: the Case of computer Technology. *American Review of
　　　Public Administration*, 25(1).

Byrne, Tony(1985). *Local Government in Britain*, Middlesex: England: Penguin Books.
　　　Charles R. Adrian(1998). "*Forms of City Government in American
　　　History*": in the Municipal YearBook.

David Osborne & Ted Gaebler(1993). "*Reinventing Government*", New York: Plume.

Gregory, William(1992). "*Local Government for Profit*", Local Government Studies.
　　　Vol.18. No.3(Autumn).

Johnson, H.(2000). Biting the Bullet: Civil Society, Social Learning and the
　　　transformation of Local Governance. *World Development*, 28/11.

Jones, G. & Stewart, J.(1983). *The Case for Local Government*, London: George
　　　Allen & Unwin.

Kingdom, John(1991). *Local Government and Politics in Britain*, New York: Philip
　　　Allan.

Lundahl, L.(2002). Sweden: Decentralization, Deregulation, Quasi-Markets and then

What, *Journal of Educational Policy*, 17(6).

Naisbitt John(1984). *Megatrend*, New York: A Warner Communication Company.

Newman, J. et al.(2001). Transforming Local Government: Innovation and Moderniza
tion, *Public Money & Management*, April—June.

Osborne D. & Gaebler T.(1992). *Government*: How the Entrepreneurial Spirit is Trans
forming the Public Sector, Reading, Mass.: Addison—Wesley.

Paddison, R.(1999). Decoding Decentralization: The Marketing of Urban Power? *Urba
n Studies*, 36(1).

Remy Prud'homme(1994). *"On Dangers of Decentralization"*, Policy Research Working
Paper: World Bank.

Ryan, J. J.(2004). Decentralization and Democratic Instability, *Public Administration
Review*, 64(1).

Schneider, A.(2003). Decentralization: Conceptualization and Measurement, *Studies in
Comparative International Development*, 38(3).

Strumpf, K. S.(2002). "Does Government Decentralization Increase Policy
Innovation?", *Journal of Public Economic Theory*, 4(2).

Travers, T.(2002). Decentralization London—style: *The GLA and London Governance*,
*Regional Studies*, 36(7).

# 2부

## 지역 거버넌스와 주민자치
### - 김필두 -

# 제1장 지역 거버넌스

## Ⅰ. 지역 거버넌스 연구의 필요성

『강한 시민사회 강한 민주주의』의 저자인 미국의 사회학자 벤자민 바버는 '시장들이 세상을 통치한다면(If Mayors Ruled the World)'이라는 최근의 저서를 통하여 '무능한 국가' 대신 '유능한 도시'를 중심으로 세계를 재편하자는 주장을 펼쳤다(벤자민 R. 바버 지음/조은경 최은정 옮김, 2014). 지방분권은 세계적인 대세이다. 한국의 문재인 정부도 자치분권을 최우선 국정목표로 제시하고 연방국가에 버금가는 강력한 분권형 국가를 만들겠다고 공언하고 있다. 교통통신의 발달로 세계는 거의 하나의 생활권을 형성하고 있다. 서울에서 1만0km 이상 떨어져 있고 비행기로 13시간 이상 가야하는 미국의 뉴욕에서 벌어지고 있는 정치, 경제, 사회 관련 소식을 의거의 실시간으로 서울의 안방에 앉아서 들을 수 있게 되었다. 항공모함급 국가는 빠르게 변화하는 시대 상황에 신속하게 대응하기가 어렵고 송형 쾌속정인 도시가 쉽게 대응하고 쉽게 적응할 수 있게 된다. 예를 들면, 미국은 보편적인 환경 기준치를 준수하는 데 헌신적이지 않으나 로스앤젤레스는 자체 정책을 실시하여 불과 5년 만에 거대한 항만에서 탄소 배출 에너지 사용량을 최대 40%나 감축했다(벤자민 R. 바버 지음/조은경 최은정 옮김, 2014). 따라서 국가의 역할은 희미해지고 도시의 역할은 강력해 지게 된다. 이러한 도시에 힘을 실어 주는 것이 분권이다.

도시내에는 다양한 신분과 직업군이 존재하고, 다양한 연령층의 혼재되어 있다. 따라서 도시는 다양성 그 자체이다. 지방자치의 실시와 함께 다원화되고 분권화된 지역사회에서는 어느 한 주체가 일방적으로 정책이나 사업을 추진해 나가기 어려우며, 따라서 정책이나 사업을 둘러싼 다양한 행위자들을 참여시켜 이해관계를 조정하고 상호 협력적으로 문제를 해결해 나가야 한다. 지역의 정치나 정책과정에서 발생하는 이러한 문제의 해결과 관련하여 1990년대 이후 지역 거버넌스(local governance)에 대한 논의가 활발하게 진행되고 있다. 지역 거버넌스는 지역의 주요 문제를 지역사회의 다양한 행위자들과 이해관계자들이 참여하고 협력하여 해결해 나가는 기제라고 할 수 있다. 한국에서도 지방자치의 실시 이후 지역 거버넌스는 지방자치와 지역정치를 설명하는 중요한 분석 개념의 하나로 등장하고 있다.

특히, 자치분권화의 확대, 시민사회의 성장, 대의민주주의를 보완하는 직접 민주주의와 참여 민주주의의 확대, 숙의민주주의의 실현을 통한 과정의 민주주의 활성화 등을 강조하는 문재인 정부에서 공공과 민간간의 협력적 거버넌스의 역할을 중요하게 된다.

이러한 환경변화에 따른 현실적인 문제인식 하에 지역 거버넌스에 대한 이론적 논의를 통하여 지역 거버넌스의 개념을 명확히 하고, 경험적이고 실증적인 거버넌스 연구를 통하여 바람직한 지역 거버넌스의 모형을 제시하고자 하는 것은 한국의 지방자치와 주민자치의 발전을 위하여 매우 중요한 과제가 되고 있다. 이를 위하여 여기에서는 먼저 협력적 지역 거버넌스의 개념과 등장배경, 협력적 지역 거버넌스의 유형, 협력적 지역 거버넌스의 행위자 및 주요 요인에 대하여 살펴보기로 하겠다. 그리고 이러한 이론적 논의를 바탕으로 지방정부와 주민, 지방정부와 NGO 등과의 협력적 거버넌스에 대한 접근논리를 제시하고, 이들 협력적 거버넌스를 통하여 주민자치를 활성화할 수 있는 기본적인 논리를 제시하겠다.

## II. 지역 거버넌스의 개념과 등장배경

### 1. 지역 거버넌스의 개념

거버넌스(governance)는 거번먼트(government)를 어원으로 하고 있는데, 거번먼트는 '다스린다(政)'라는 의미를 가지고 있다. 이러한 거번먼트는 공권력을 가지고 국가 혹은 지방을 관리하고 운영하는 '정부'라는 의미로 널리 쓰이고 있다. 거버넌스는 거번먼트보다 더 넓은 의미의 다양한 다스림을 가리킬 때 쓰인다. 그래서 국가가 아닌 기업(business corporation)이 다스려지는 방식을 corporate governance라 하며 우리말로는 '기업의 지배구조'라고 번역한다. 또한, 정부가 일방적으로 통치하지 않고 시민사회의 여러 세력과 협동하고 합의해서 국가 혹은 지방자치단체를 다스리는 정치행태를 거버넌스라 칭하면서 대개는 '협치(協治)'라고 번역하지만, 최근에는 함께 다스린다는 의미로 '공치(共治)'라고 해석하는 학자나 연구자도 있다. 뉴거버넌스(new governanace)란 정부가 재화를 공급하고 서비스를 제공하는 등 행정업무를 수행하면서 시장이나 시민사회 등과 유기적인 네트워크를 형성해 상호 협력적으로 신뢰에 기반을 둔 활동을 추구하는 것을 의미한다.

최근 들어 기존의 '정부(Government)' 중심의 기능과 역할의 한계를 보완하는 차원에서 '거버넌스(Governance)'에 대한 관심과 논의가 활발하게 진행되고 있다. 특히 우리나라는 97년 말 외환위기에 따른 IMF 관리체제를 통해 국가주도 성장전략의 한계를 경험하면서 새로운 통치 이념과 전략이 절실했던 상황에서 '거버넌스'는 이론적으로나 실천적으로 새로운 통찰력을 제공해 줄 것으로 많은 기대를 모으고 있다.

Governance는 연구자 혹은 정책결정자의 관심분야에 따라 '국정관리', '네트워크 통치', '공치(共治)', '협치(協治)', 또는 '관치(管治)' 등으로 다양하게 불리고 있으나, 최근에는 거버넌스라는 개념을 한가지 용어로 표현하기가 어렵기 때문에 일반적으로 원어 그대로 '거버넌스'라고 부르는 경향이 있다. 그러나, 거버넌스가 보편적인 개념어로 사용되기에는 너무나 다양한 해석과 의미가 부여되고 있다는 현실은 '거버넌스'와 관련한 개념 정의와 이론화 과정 속에 다양한 가치체계와 학문영역들이 들어와 있고, 거버넌스 개념 자체가 정치 · 경제 · 사회적 환경의 변화에 따라서 시대적으로 점차적으로 변화해 왔다는 사실과도 무관하지 않다.

거버넌스는 1970년대까지 국가 중심주의 입장에서의 정부(government)와 동일한 의미로 이해되었으며, 경제사회적 발전을 위한 공공서비스의 배분과 관련하여 작동하는 공식적이고 제도적인 체계 및 과정들과 관련된 것이었다 (Stoker, 1998a). 하지만 70년대 말부터 국가 중심의 관리체계 위상과 역할의 한계에 대한 논의가 활발해짐에 따라 거버넌스 개념은 중앙정부 중심의 통치양식에서 분리·분화되면서 정부의 역할을 보완 또는 대체하는 개념으로 자리잡게 되었다.

거버넌스에 대한 논의는 1980년대 중반부터 국제기구들을 중심으로 본격적으로 논의되기 시작했다. World Bank, IMF, UNDP, OECD 등을 중심으로 한 국제기구들은 1980년대부터 제3세계 국가들의 발전을 관리하기 위한 사회통합체계 구축과 이를 위한 국가의 관리능력을 강화하는 방안으로서 거버넌스에 상당한 관심을 가지기 시작했다.

세계은행의 경우 거버넌스를 "국가의 경제, 사회적 자원을 개발하고 관리함에 있어서 권력을 행사하는 양식"이라고 정의하고 있으며(World Bank, 1994), UNDP의 경우는 "모든 수준에서의 정부 업무를 관리하는데 있어서 정치적, 경제적, 행정적 권위를 행사하는 것"으로 정의하고 있다(UNDP, 1996; 1997). 한편 OECD에서는 거버넌스의 민주주의적 측면을 강조하면서, 자원의 투자가 개발 목표를 달성하는 데 기여할 수 있도록 지속가능한 경제, 사회개발을 위한 민주적 가치와 절차 및 책임성 있는 체계의 구축에 관심을 모으고 있다.

각각의 단체나 주체들이 제시하는 거버넌스 개념 규정에 대한 차이점을 살펴보면, 세계은행의 경우는 보다 나은 통치능력을 가진 정부형태에 관심을 가지면서 효과적인 거버넌스(effective governance) 유형을 추구했다면, UNDP의 경우는 정부와 민간, 자발적 연합체들 간의 상호작용을 강조하는 조정적 거버넌스(governance as coordination) 유형을 추구하였다. OECD의 경우는 정부의 정당성과 책임성, 그리고 인권과 같은 보편적 이슈를 다루기 위한 포괄적 참여 또는 권한강화에 관심을 가지고 있는 점을 알 수 있다.

이처럼 이들 각각이 거버넌스를 바라보는 데 있어 입장의 차이는 있지만 그럼에도 공통점은 제3세계 국가들의 경제개발의 효율성에 대한 관심에서 비롯되었으며, 사적 투자를 촉진하는 정책환경을 조성하고, 보다 개방적이고 투명하며 책임성 있고 반응적인 정부의 새로운 관리패턴(new management pattern)에 관심을 가지고 있었다는 점이다. 따라서 이들이 제기하는 '좋은 거버넌스'(good governance)는 정치·행정적 책임성과 정당성을 가진 정부능력의 강화에 초점을 맞춘 것이다(UNDP, 1997a).

기존의 정부 중심의 위계적 조직구조 또는 조정양식의 문제점과 한계가 드러나면서 주목받게 된 거버넌스는 1990년대에 들어 시민사회의 영역으로 그 적용범위를 확장시켜 나가기 시작했다. 의사결정과정에 대한 시민사회의 참여와 합의형성을 포함하는 거버넌스의 민주주의적 특성이 강조된 것은 이때부터이다. 시민사회와 지역사회 단체들이 적극적인 거버넌스의 주체로 참여하여 '정부주도'와 '시장주도'의 틀을 뛰어넘는 새로운 통치 및 관리체계를 구성하는 방안으로 주목받게 되었다.

2000년대에 들어서면서 거버넌스 기존의 통치 또는 관리체제로는 해결이 어려운 새로운 문제들에 대한 대안적인 해결 기제로 학자들과 정책결정에 관여하는 참여자들 사이에서 주목을 받기 시작했다. 특히 2002년 WSSD 회의에서도 확인되듯 다양한 주체들의 적극적인 참여와 협력을 통해 전 지구적인 차원으로 확대되고 있는 환경문제를 해결하기 위한 적극적인 문제해결 수단으로서 거버넌스에 대한 관심이 커지고 있다.

<표 2-1-1> 거버넌스의 개념정의 정리

| 국내외 학자 | 로컬거버넌스 개념 |
|---|---|
| World Bank (1992, 1997) | 국정운영과 국가발전을 위해 한 국가의 경제·사회적 자원들을 관리하는 권력행사의 방식 |
| Kooimin & viet(1993) | 거버넌스는 복합조직(heteroarchy) 또는 네트워크로 공식적 권위 없이도 다양한 행위자들이 자율적으로 호혜적인 상호의존성에 기반하여 협력하도록 하는 제도 및 조종형태 |
| Wamsley & Dudley(1995) | 신공공관리에 반대하여 거버넌스는 경영(management)으로 축소시킬 수 없는 개념이며, 경제적 합리성보다는 구성적 합리성에 기초해야 함 |
| Rhodes (1997) | 거버넌스는 최소국가론의 논리를 반영하는 정부개입의 축소, 민간부분의 관리개념을 공공부문에 적용, 공공부분에 이윤개념을 내재화, 시장의 경쟁원리를 구현하는 새로운 공공관리를 통해 효율적인 정부를 구현, 민주주의를 지향하는 사회적 사이버네틱스 체계, 공공, 민간 및 자원봉사조직간의 자기조직화 네트워크 등을 포함 |
| Ressell (1997) | 하나의 사회나 조직이 스스로 조정 또는 키를 잡아가는 과정 |
| Stoker (1999) | ·거버넌스 개념은 정부의 변화된 의미로 정부중심의 공적 조직과 사적조직의 경계가 무너지면서 나타나는 상호협력적인 조정양식 ·상호의존성, 자원의 교환, 게임의 규칙과 국가로부터 상당한 자율성을 특징으로 하는 자기조직적인 조정양식 |
| Jessop (1992, 2000) | 국가와 시장기제와는 분명히 대별되는 시민사회 영역내에 존재하는 자발적이고, 자율적이며 자기조직적인 조정양식 |
| | 국가와 시장, 시민사회가 과거와는 다른 새로운 형태의 상호작용과 협력 체제를 구성하면서 등장한 조정양식 |
| Pierre & Peters (2000) | 정책결정에 있어 정부주도의 통제와 관리에서 벗어나 다양한 이해관계자가 주체적인 참여자로 협의와 합의과정을 통하여 정책을 결정하고 집행해 나가는 사회적 통치시스템 |
| Pierre | ·정책과정에서 과거처럼 관료들에 의한 일방적·수직적 의사결정 |

| | |
|---|---|
| (2001) | 이 아닌 제도화된 정책커뮤니티 내의 이해관계자들(국가기관, 지방자치단체, 시민단체, 일반시민, 직능단체 등 )을 정책과정에 실질적으로 참여시켜서 문제를 해결하고 책임지게 하는 공공의사결정의 한 형태<br>·공공의사결정이 다양한 수준(국가, 광역, 지역)에 있는 정택네트워크 내의 여러 행위주체들 간의 상호관계 속에서 일어난다는 점을 강조 |
| Hooghes & Marks(2001) | 의사결정영역이 핵심적인 대의기고나의 범주를 넘어 민간부문으로 확산되는 한편, 공식적 권한이 국가로부터 초국가적인 기관에서부터 국가하위단위 정부로 분산이 심화되면서 나타난 새로운 형태의 통치체계 |
| Rosenau (2001) | 수요를 창출하고 목표를 설정하며 정책을 추진하기 위해 공식, 비공식적 조정기제를 활용하는 공공 혹은 민간 집합체 |
| OECD | 지속가능한 경제·사회개발을 위한 민주적 가치와 절차, 책임성 있는 체계구축에 관심, 정부의 정당성과 책임성, 인권 등과 보편 이슈를 다루기 위한 포괄적 참여 또는 권한 부여에 관심 |
| Ross(2001) | 공공기관들 간의 관계뿐 아니라 공공기관과 시민사회 사이에 상이한 관계를 발달시키는 지방수준의 새로운 의사결정방식 |
| 박재욱(2000) | 단순한 시민참여개념보다 적극적인 개념으로서 행정기관과 기업 및 시민집단간의 관계에 근거하여 공사간의 구분없이 협력과 참여하는 파트너십을 통하여 도시의 공공문제를 해결해가는 방식 |
| 이병수·김일태 (2001) | 지역적 차원에서 공사협력체계와 네트워크를 통한 공동의 문제 해결방식 또는 조정양식 |
| 염원일·설성현 (2003) | 현재 자신들이 속한 지역사회에서 그 구성원들이 지역문제를 해결하거나 지역정책을 결정하는데 수직적 관계가 아닌 수평적 관계에서 함께 참여하고, 함께 만들고, 함께 해결하며, 책임을 함께 지는 공동의사결정방식 |
| 소순창 (2004) | 지방정부가 갖는 공공의 문제를 해결하기 위한 사회적 조정장치의 한 유형, 즉 지방정부, 시민단체와 민간기업, 그리고 이익단체, 전문가집단, 일반시민대표 등을 포괄하는 참여자들의 동반자관계에 의하여 공사간의 구분없이 협력과 참여라는 파트너십과 네트워크의 한 유형 |
| 오재일 (2004) | 정부, 기업, 그리고 NGO간의 관계성에 중점을 두는 사회 주요 액터 간의 협력과 참여라는 동반자관계를 통하여 지역사회의 공공 |

| | 문제를 해결해나가는 방식 |
|---|---|
| 최영출(2004) | 지방정부수준에서 정부커뮤니티내의 이해관계자들을 정책과정에 참여시켜서 문제를 해결하고 책임을 지게 하는 공공의사결정의 한 형태 |

자료 : 차미숙 외, 2003

지역 거버넌스는 '지방정부 및 지역의 다양한 민간 영역행위자가 함께 참여하여 지역의 공적 문제를 해결해가는 방식'이라고 할 수 있다.) 이러한 지역 거버넌스와 대비되는 다른 거버넌스는 전 지구적 거버넌스(global governance), 국제지역 거버넌스(regional governance), 국가 거버넌스(national governance) 등이다.

우리나라에서 지역문제 해결을 위한 거버넌스적 접근방법을 활용한 정책연구와 정책과정에의 적용 등이 본격적으로 시작된 것은 1990년대 후반부터 라고 생각된다. 이 시기에 민주화 운동이 본격적으로 추진되고, 그 영향으로 지방자치가 부활되면서 지역차원에서 다양한 공동체와 시민사회단체가 결성되고, 그러한 지역공동체와 시민사회단체를 중심으로 한 주민참여가 활성화되기 시작하였다. 그 대표적인 사례가 지방의제 21인데, 1990년대 중반부터는 지방의제21 추진기구들이 전국의 광역 및 기초자치단체별로 조직됨으로써 우리나라의 대표적인 지역 거버넌스 체제가 확립되게 되었다.

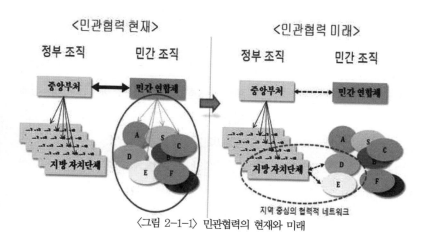

〈그림 2-1-1〉 민관협력의 현재와 미래

지방정부는 주민 직접적인 접촉의 가능성이 높고, 지방정부에서 제공하고 있는 공공서비스가 지역주민의 생활과 직접적으로 연관성을 가지고 있으며, 주민이 직접 체감할 수 있는 것이기 때문에 민과 관의 접촉 빈도가 많아서 중앙정부에 비하여 민과 관간의 협력이 원활하다고 볼 수 있다.

지역 거버넌스는 크게 정부부문, 시민사회부문, 민간부문 등 크게 3가지로 구분할 수 있다. 여기에서 최근에 가장 주목을 받고 있는 부문이 시민사회부문인데 여기에는 민간단체, NGO, 시민봉사단체, 주민자치조직, 국민운동단체 등이 모두 포함될 수 있다.


## 2. 거버넌스의 등장배경

거버넌스의 등장 배경에 대해서는 현실에 대한 인식 방법과 수준에 따라 설명 방식이 다양하다. 하지만 거버넌스 등장의 일차적 요인은 기존의 중앙집권적 국가 체제의 통치 능력 약화와 새로운 문제해결 과제의 등장에 있다고 볼 수 있다.

기존의 중앙집권적 국가 중심의 통치체제는 정치와 행정을 분리하고 위계적인 관리체제 구축과 기능적 전문화를 통해 효율적인 운영과 관리를 추구해 왔었다. 하지만 이러한 중앙집권적 국가의 통치와 관리체계가 유지되어 왔던 이면에는 당시 시민들의 정부에 대한 요구 내용과 수준이 비교적 미약하였고, 관리환경의 복잡성이나 변화속도 또한 단순하고 느렸으며, 동시에 당시 경제적 안정으로 축적한 물질적 부를 기반으로 하여 복지서비스를 비롯한 정부활동 능력이 높았다는 점에 기인한 바 크다.

그러나 현실적 조건은 급변하였다. 사회의 복잡성으로 인한 혼돈과, 역동성으로 인한 방향감각을 상실, 그리고 다양성 증대로 인한 분쟁과 갈등의 가능성이 상존해 있는 상황에서, 기존의 중앙집권적 국가중심적 통치 또는 관리체제로서는 해결이 힘든 새로운 유형의 문제들이 등장함에 따라 새로운 조정(coordination)과 조종(steering), 조절(regulation)을 위한 조직과 제도의 필요성이 요구되었다.

하지만 중앙집권적 국가의 권력은 상향적(upward), 하향적(downward), 수평적(outward)이동을 통해 분화되면서 지방 중심의 자치분권화 경향을 보이게 되었으며(Jessop, 1997; 1999), 경제체제는 산업사회에서 탈산업사회로, 축적체제와 조절양식은 포디즘에서 탈포디즘으로, 문화·생활양식은 근대적인 것에서 탈근대적인 것으로 변화됨에 따라 기존의 권위적이고 중앙집권적인 국가중심의 통치와 관리체제는 더 이상 효력을 발휘할 수 없게 되었다(Midttun, 1999). 특히, 교통과 통신의 발달로 인한 경제의 세계화 흐름 속에서 국가는 자국의 영토 내에서 국민의 경제활동을 통제하기가 불가능해 졌을 뿐만 아니라 완전고용과 종신고용에 대한 약속도 지키지 못하게 되었다. 이처럼 변화된 조건 속에서 국가의 독접적이고 배타적인 개입을 위한 노력은 더 이상 효율성과 효과성을 낳지 못했으며, 민주주의적 책임성과 투명성 또한 약화되었다.

결국 거버넌스에 대한 관심과 논의는 정치·경제·사회의 조건이 변화된 상황에서 국민의 통치욕구(governing needs)의 수준은 점점 높아지고 있는 반면, 기존 국가중심의 통치능력(governing capacity)은 약화되고 있는 상황에서 이 양자 간의 긴장을 해소하기 위한 현실적인 필요에 의해서 등장한 것이 거버넌스라고 볼 수 있다(Kooiman, 1993). 즉 변화된 상황 속에서 국제기구, 지역·공동채·도시, 그리고 시민사회의 다양한 행위자들과의 연계와 협력을 통한 문제해결 노력이 강조되면서 거버넌스에 대한 관심이 이론적으로나 실천적으로 높아지게 되었던 것이다.

## 3. 주민자치와 거버넌스

흔히 한국에서 거버넌스는 '민과 관이 서로 협력하여 함께 일하는 것'이라고 정의를 내리고, 제3공화국 당시에 자주 사용되었던 "군관민이 합심하여" 혹은 "관민이 합동으로"등과 같은 용어와 마찬가지로 민과 관이 협력하는 체제(public-private partnership)를 거버넌스라고 규정하려는 경향이 있다. 과거 새마을운동을 추진할 당시에 지붕개량, 마을길 포장 등과 같은 지역의 문제점이나 숙원사업을 수행하는 과정에서 공공부문과 민간부문이 상호 협력하였던 사례들이 국민들의 기억 속에 남아 있어서 거버넌스라는 용어의 개념 규정에 영향을 미치는 것이 아닐까 생각된다.

관이 주도한 새마을운동의 전성기를 지난 80년대 중반 이후, 한국에서는 민간부문의 자율성이 확대되면서부터 군관민에서 군이 빠지고 민이 앞장서는 민관협력체제에 대한 관심이 학자(연구자)와 공공정책 관계자들 사이에서 점차적으로 확산되기 시작하였다. 특히 90년대에 들어서면서 세계화와 지방화의 물결이 한국에도 상륙하게 되면서 1960년 이후 일시적으로 중단되었던 지방자치제도가 부활되었다. 본격적인 지방자치시대에 들어서면서 지역의 경쟁력이 곧 국가의 경쟁력이 되었다. 지역의 경쟁력 강화가 곧 국가의 경쟁력을 강화하는 지름길이 되어서 지역의 경쟁력 강화가 지방자치의 핵심적인 과제로 등장하게 되었다. 관의 힘만으로 지역의 경쟁력를 강화시키려는 노력에는 한계가 있다는 것을 '정부실패'를 통하여 확인한 정책연구자와 지방정부는 민간의 활력을 적극적으로 활용할 수 있는 민관협력체제의 구축에 많은 관심을 보여 왔다.

보통 거버넌스를 '공통의 문제를 해결하기 위한 사회적 조정 방법'이라고 광의적으로 정의하며, 정부가 주도적인 역할을 하는 '구거버넌스(old governance)'와 정부와 시장과 시민사회간의 파트너십 및 네트워크가 주도적 역할을 하는 '새로운 거버넌스(new governance)'로 구분한다.

새로운 거버넌스는 소수에 의한 결정이나 보이지 않는 손에 의한 결정보다 주체들 간의 대화, 협상, 조정, 공개, 공유, 소통, 교환, 협력, 동의 등을 통한 결정과 집행에 더 큰 가치를 둔다. 정책의 집행과 관리에 중점을 두는 전통적인 행정 패러다임이나 신자유주의에 입각한 시장의 자유와 시장의 확대를 강조하면서 작고 효율적인 정부를 표방하는 신공공관리론(New Public Management)의 행정 패러다임과는 달리 새로운 거버넌스는 공공부문과 민간부문이 서로 네트워크를 형성하고 파트너십을 발휘하여 공통의 사회문제를 해결하는 새로운 패러다임이라 볼 수 있다.

이러한 새로운 거버넌스 행정은 정부 우위의 불평등한 관계가 아닌 정부와 시장 및 시민사회의 상호 관계성을 바탕으로 한 수평적인 관계를 강조한다. 상호간 자발적인 협조를 통해 능률적이고 민주적인 정부를 운영하고자 하는 것이다. 이는 행정학 분야에 새롭게 등장한 신공공서비스론(New Public Service:NPS)의 접근방법으로 21세기의 수평적 행정 패러다임이며 시민, 공동체, 서비스를 강조하는 지방분권 시대에 필요한 새로운 기본 틀이라 할 수 있다.

지금까지 민관협력체제는 주로 단일 정책과제나 프로젝트를 중심으로 구체적이고 가시적인 성과를 달성한다는 목표를 수립하고 있었기 때문에, 상대가 가지고 있는 자원들을 효과적으로 동원하거나 활용하기 위한 도구적이고 전략적인 동기가 협력체제 운영과정에서 강하게 작용해 왔다. 또한 기존의 일반적인 민관협력체제에서 협력의 파트너로서 '공공부문(Public)'은 공무원을 중심으로 한 '관(官)'이 차지하고, '민간부문(Private)'은 사기업들을 중심으로 한 '시장'이 차지하게 되었다. 따라서 시민사회 영역이 민관협력체제의 파트너로 참여할 여지가 마련되지 못하였다. 그런 점에서 최근 논의되고 있는 새로운 거버넌스 체제(new governance)는 90년대 들어 양적, 질적으로 폭발적인 성장을 하게 된 시민사회를 중심으로 한 다양한 민간영역의 다양한 행위주체들이 협력의 중요한 파트너로 민관협력체제에 새롭게 참여하게 되었다는 점에서 기존의 관과 시장(사기업) 중심의 민관협력체제와는 특징을 달리한다고 할 수 있다. 새로운 시민사회 중심의 거버넌스 체제는 기존에 정부 중심의 공식적 제도 영역에 제한되어 있던 '공공영역'을 시민사회로 확장시켜 내고, 시민사회 내에서 새로운 '공공영역'을 창출해 냄으로써, 정부와 기업, 시민사회의 다양한 주체들이 공동으로 참여하여 지역사회의 당면한 공동 과제를 함께 해결해 나가는 협력체제를 지향하고 있다.

따라서 우리 현실에서 논의되고 적용해야 할 거버넌스는 결국 국가 총량적인 경제성장을 목표로 한 개발국가체제에서 형성되어 왔던 정책과 제도 그리고 국민 일반의 가치체계와 생활양식 자체의 질적 전환을 요구하는 것으로, '공익적 가치'에 대한 사회적 합의를 토대로 한 새로운 제도를 함께 만들어 나가야 하는 창조적 노력을 의미하는 것이라 할 수 있다.

특히, 문재인 정부는 강력한 자치분권국가를 천명하였고, 국민이 주인이 되기 위한 직접민주주의와 참여민주주의의 실현, 공론의 장을 통한 숙의민주주와 과정의 민주주의를 실천한다는 정책목표를 제시하였다. 이러한 정책목표를 실현하기 위하여 읍면동 단위에서 대표적인 주민협의체로 주민자치회를 상정하였다. 이 주민자치회를 중심으로 지역사회내의 다양한 단체가 함께 참여하는 민간자원 간 협력 네트워크가 형성되고, 이 협력네트워크를 중심으로 민관협력 체제를 구축할 수 있다.


## III. 지역 거버넌스의 구성요소와 유형

### 1. 지역 거버넌스의 요소

앞에서 논의한 바대로 거버넌스에 대한 개념 정의는 정치·경제·사회적인 환경의 변화와 시대 상황의 변화에 따라서 다양하게 변화되어 왔다. 최근에는 지방자치시대를 맞이하여 지방정부–시장–시민사회가 함께 참여하는, 특히, 지역사회에 뿌리를 내리고 있는 시민단체, NGO, 주민단체 등이 주도하는 지역 거버넌스가 대세를 이루고 있다. 이상의 관점에서 지역 거버넌스를 구성하고 있는 공통의 요소들을 찾아보자면, 크게 참여 행위자들(actors)과 협력 조직 (organization) 및 제도(institution), 참여자들의 상호작용을 통한 운영 과정 (process), 그리고 지역 거버넌스 체제를 둘러싸고 있는 메타적인 차원의 맥락(context) 등으로 나누어 생각할 수 있다(정규호·남원석, 2000).

첫째, 지역사회의 협력적 거버넌스를 구성하는 행위자들은 공공, 시장, 시민 사회 등 지역사회의 각 부문을 균형 있게 대표하는 사람들로 구성되어야 한다. 지역 거버넌스에 참여하는 행위 주체자들은 각자가 공익적 가치를 보호하고 향상시킬 수 있는 자주성과 자율성, 자발성과 책임성 등의 자격 요건을 갖추는 것이 필요하다. 이처럼 지역사회 각 부문의 다양한 이해관계를 대변하는 참여자들이 협력적 거버넌스 체계 속에서 서로 소통하고 상호 학습하는 과정을 통해 공통의 과제를 발견하고 숙의과정을 통하여 여론을 형성하면서 함께 문제를 해결해 나갈 수 있는 역량을 갖추어야 할 것이다.

둘째, 지역사회의 협력적 거버넌스 체제를 통해 여론을 효과적으로 수렴하고 정책화시켜서 사업을 효율적으로 집행할 수 있도록 하기 위해서는 조직과 제도 측면에서 물리적, 재정적 안정성과 독립성을 갖추는 것이 필요하다. 공식적이고 가시적인 제도영역과 비공식적이고 비가시적인 비제도 영역들 간의 긴밀한 상호교류를 촉진시킬 수 있도록 소통을 통한 학습과정을 제도화할 필요가 있다. 또한, 다양한 참여자들의 가치, 제도들 간의 긴장과 갈등을 최소화하면서 공통의 목표를 향해 지역 거버넌스 체제가 보다 효과적으로 작동하도록 하기 위해서는 지역 거버넌스 체제를 보다 민주적이고 성찰적인 방식으로 운영할 수 있도록 지역 거버넌스의 과정을 보다 정교하게 설계해야 할 것이다.

셋째, 메타 차원에서 지역 거버넌스를 둘러싸고 있는 다양한 정치·경제사회적 조건들을 안정화시키기 위해서는 다양한 목표와 기대, 습관을 가진 행위자

와 제도들에게 경쟁과 갈등보다는 상호 교류와 협력을 촉진하는 방향으로 인
식론적 기반을 만들어 나가면서 동시에 공익적 가치를 보장하는 방향으로 사
회체제 자체를 변형시키는 노력을 병행할 필요가 있다. 이상을 정리하면 다
음의 표와 같다.

| 체계 | 메타<br>거버넌스<br>(맥락) | 인식론적 전환에 기반한 비전 제시<br>· 공사 / 정부시민사회 / 지구지방<br>/ 자율성책임성간 이분법 극복 | 인식론적 기반 | 공적<br>영역 |
| | | 제도적 질서와 균형 유지<br>· 제도 설계, 제도 간 연계 및 조정<br>여건 조성 | 체제기능 | |
| 생활<br>세계 | 거버넌스<br>(조직,<br>제도) | 공식적 제도화 영역<br>· 반응성, 책임성, 효율성의 원칙<br>· 제도화 및 권력행사과정 | 정책 형성양식 | |
| | | 비공식적 제도화 영역<br>· 자발적 참여, 협력의 원칙<br>· 영향력 행사 및 합의도출과정 | 여론 형성양식 | |
| | 거버넌스<br>구성원<br>(행위자) | 공동의 이슈화, 공론화 | 여론 형성 | 사적<br>영역 |
| | | 소통을 통한 경험과 이해관계 공유 | 의견 공유 | |
| | | 성찰적 개인 | 능동적 시민 | |

〈표 2-1-2〉 지역 거버넌스의 구성 체계          자료 : 정규호·남원석, 2000

지역사회의 협력적 거버넌스는 구조와 과정으로 구분할 수 있다(Pierre and
Peters, 2000).

첫째, 구조로서의 거버넌스이다. 정부 외의 다양한 행위자가 의사결정에 참

여하고 관료제적 통치방식에서 벗어나 보다 수평적인 네트워크 조직을 통한 문제해결을 시도하는 거버넌스는 구조적 차원에서 볼 때 어떠한 행위자들이 어떤 제도와 체제적 조건 속에서 참여하고 무슨 역할을 수행하는가와 밀접한 관련이 있다. 따라서 여기서는 권력관계와 가치관계가 중요하다. 거버넌스 구조에는 계서제(hierarchies), 시장(markets), 연계망(networks), 공동체(communities) 등 다양한 유형들이 있는데, 각각 일정한 시간적·공간적 상황에 따라 특정 유형들이 효과적인 문제해결기구로 작동하는 것이 일반적이다.

둘째, 과정으로서의 거버넌스이다. 과정적 차원에서 볼 때 거버넌스는 주어진 과제를 어떠한 절차와 단계를 통해 효율적이고 효과적으로 해결하느냐와 관련된다. 효과적으로 문제를 해결하기 위하여 다양한 행위자간의 활발한 의사소통과 토론을 통한 상호조정을 중시한다. 따라서 명령, 통제, 제재와 같은 방식보다는 합의, 조정, 협력을 통한 문제해결 방식을 선호한다. 과정적 측면에서 거버넌스는 조종(steering)과 조정(coordinating) 현상으로 이해된다. 따라서 다양한 주체들 간의 협력적 의사결정과 문제해결을 위한 조종기제가 핵심이라 할 수 있다.

## 2. 협력적 거버넌스의 유형

적용영역을 기준으로 하여 거버넌스를 유형화해 보면, 세계화와 국제화의 영향으로 기존의 중앙집권적 국가체제를 뛰어넘는 초국가적 이슈나 문제를 효과적으로 다루기 위해 등장한 '지구적 거버넌스(global governance)'와 지방화와 자치분권의 강화에 따라서 지방의 중요성이 부각되고 지역단위에서 문제해결을 위한 정치·경제사회적 관리체제로서의 '지역적 거버넌스(local governance)'를 들 수 있다.

첫째, 지구적 거버넌스는 국경을 초월한 이슈들을 단일주권에 기반한 통치권위 없이 통치(governing)하는 것으로, 환경이나 인권, 여성과 같은 초국가적

이슈에 대한 공동대응을 목적으로 국가 간 협력기구에서 출발하여 국가 이외의 다양한 사회적 행위자들의 참여수준과 폭을 넓히고 있다.

둘째, 지역적 거버넌스는 지방자치와 자치분권의 흐름이 본격화 된 1980년대 이후에 본격적으로 논의가 되기 시작하였다. 서구의 경우 복지국가의 해체와 함께 중앙정부에 의존한 지방정부(도시)들의 서비스 공급기능이 위축되면서 지방정부 스스로 공공서비스 공급의 조건을 창출해야 하는 상황이 되었다. 여기에다 지역주민들의 서비스 공급의 양과 질에 대한 요구수준이 높아지고 지방 스스로 해결해야 할 정책적 과제들이 출현하였다. 이러한 상황에서 지방정부는 지역을 활성화하고 지역 주민들의 삶의 질을 고양시키기 위해 기존의 공급자(provider) 중심에서 조력자(enabler)로 역할 변화를 요구받게 되었으며, 이 과정에서 지역 차원에서의 거버넌스가 등장하였다. 초기에는 지역 거버넌스가 지역사회의 행위자들이 참여·협력하여 지방 경제를 활성화하는 목적으로 주로 출현하였으나 최근에는 정치·경제·사회·문화·환경적 문제들에 공동대응하기 위한 대안적 협력체로서 활발히 논의되고 있다.

지구적 거버넌스와 지역적 거버넌스 모두 논의의 차원은 서로 다르나 그럼에도 공통점은 상호작용적 의사결정을 통한 집합적 행동의 문제를 해결하기 위해 지방과 지역, 국가, 국제적 수준의 각 차원에 기반한 다양한 행위자들이 협력하는 것이 바람직하다는 것이다. 다만 누가 주도적으로 이끌어 가는가는 다른 차원의 문제이다.

이러한 주도적 행위자의 특성을 기준으로 거버넌스의 유형을 구분해 보면, 국가와 시장, 시민사회를 구성하는 주체들의 논리와 영향력 정도에 따라 거버넌스는 시장주도형, 정부주도형, 시민사회 주도형 등으로 구분해 볼 수 있다 (정규호·문순홍, 2000).

## 1) 시장주도형 거버넌스

일반적으로 신자유주의적 논리에 기반한 시장주도적 거버넌스는 전통적 정부보다 수평적, 협력적, 참여적 관계 속에서 다양한 이해관계자들과의 상호작용을 강조하고 있다는 점에서 우수한 것으로 평가받고 있다. 이들은 관료주의적 정부가 시민(고객)의 요구에 대한 반응성이 떨어지고 비효율적이며 무책임한 측면을 가지고 있다고 비판하고 있다. 따라서 시장주도적 거버넌스는 작고 효율적인 정부구조를 지향하면서 거대정부의 비효율성 문제를 해결하기 위해 민영화(privatization)를 주장한다. 이런 민영화의 배경은 정부기능을 사적부문으로 이전시켜 서비스 범주와 질을 높이는 반면, 정부의 비용을 감소시켜 경제적 효율성을 극대화하는데 있다(Gilmour and Jensen, 1998). 따라서 이들의 민영화 논리는 정부의 규모를 감축시키고 정부의 영향력을 감소시키는 효과를 얻을 수 있다.

경제적 자유주의자들을 중심으로 탈규제와 민영화를 추진하는 시장주도형 거버넌스는 국가가 사회에 제공하는 공공복지서비스의 규모와 시장에 대한 공적 규제를 줄이는데 초점을 맞추고 있다. 따라서 시장주도형 거버넌스의 등장은 축적과 정치 동원화 논리를 위한 새로운 만남의 근거를 제공함으로써 시장을 비자본주의적 원칙들로 대체하기보다는 자본주의적 경쟁들을 확대, 강화시킴으로써 시장의 논리에 포섭될 수밖에 없다는 우려가 높다(Jessop, 1997). 시장주도형 거버넌스는 국가가 담당해 왔던 공적 활동과 이와 관련한 권한의 상당부분을 비민주적이고 무책임한 주체들로 넘겨주어 공공영역의 축소 또는 쇠퇴가능성이 매우 높다는 것이다. 이러한 상황에서 당면하게 되는 문제는 민주주의적 책임성 결여와 시민사회에 기반한 사회적 거버넌스(social governance)의 쇠퇴라는 것이다.

경제적 자유주의자들은 이점을 간과하고 있으며, 극빈자들에 대한 국가의 최소안전망 역할마저 위협하고 있다. 따라서 시장이 주도하는 거버넌스의 한계를 극복하기 위해서는 수동적이고 반응적인 '고객'으로서의 시민 역할에서 벗어나 자신의 삶에 대한 실질적 '주인'으로서의 시민으로 역할을 새롭게 정립하는 노력이 필요하다.

## 2) 정부주도형 거버넌스

정부주도형 거버넌스는 기업가적 정부(entrepreneurial government)가 주도하는 거버넌스를 말한다. 이러한 정부주도형 거버넌스는 기존의 위계적이고 권위적인 통치방식의 문제점을 해결하기 위해 다양한 이해관계자들을 의사결정과정에 폭넓게 참여시켜 보다 효율적이고 효과적인 관리체계를 구성하려는 정부의 적극적인 노력의 일환으로 등장하였다.

이러한 새로운 공공관리(NPM: new public management)로서의 거버넌스는 기업이 가지고 있는 높은 창의력과 경쟁력 그리고 변화와 요구에 대한 신속한 반응성과 적응력을 정부운영의 논리로 활용하여 정부의 관리체계를 개선하고자 하는데 목적을 두고 있다(Kooiman and Van Vliet, 1993). 따라서 이들은 공공에 대한 불신과 재정압박의 문제를 완화하기 위해 결과에 대한 관리와 화폐가치를 중심으로 선출직 정치가 보다 전문가적 관료에 의한 자원관리에 의존함으로써 '조종(steering)'을 거버넌스와 동일한 용어로 사용하고 있다(Rhodes, 1996).

정부주도형 거버넌스는 시장주도적 거버넌스와 운영논리 측면에서 유사하지만 문제의 원인을 정부규모의 크고 작음이 아니라 잘못된 통치형태에 두고 있다. 따라서 정부규모의 축소나 민영화를 최선의 해결책이라고 보지는 않으며, 새로운 형태로 변모한 정부가 문제해결의 중심 역할을 해야 한다고 보는 점이 특징이라 할 수 있다. 시장논리를 사회전체를 지도하는 원칙으로 삼아 탈규제, 민영화, 위탁관리 등을 통해 기존의 공적 영역을 축소시키려는 시장주도형 거버넌스와는 달리, 정부주도형 거버넌스는 기업을 중심으로 개발된 다양

한 관리기법들을 공공부문에 도입하여 적용시켜서 공공 조직의 유연화를 도모
하는 동시에 정부가 담당해오던 공적 역할과 권한 중 부담스러운 영역들을 시
민사회로 이전시키려는 특성을 가지고 있다(DiGaetano and Lawless, 1999;
Pierre, 1999).

  하지만 정부주도형 거버넌스가 '정치 없는 기술관료적 거버넌스'로 변화될
가능성에 대해서는 경계할 필요가 있다(Kazancigil, 1998). 시민사회의 참여
에 대한 기회구조는 열려있으나, 다양한 사회적 요구와 민주주의적 측면들이
관리의 대상으로 취급됨으로써 대의적 민주주의의 정당성과 사회적 응집력을
보장해 주지 못하는 문제점이 발생할 가능성이 높다는 것이다. 따라서 진정한
통치역량은 통치 주체에 대한 정당성과 참여자들간의 신뢰 수준과 밀접한 관
련이 있는 만큼 시민사회 영역의 발전에 기반을 둔 새로운 정부활동의 방향과
역할을 찾아야 할 것이다.

## 3) 시민사회 주도형 거버넌스

  현실적인 지역사회에 있어서 지배적인 유형에 해당되었던 시장주도형 거버
넌스과 정부주도형 거버넌스는 주로 거버넌스의 기능적이고 관리적인 측면을
강조하고 있기 때문에 복잡한 사회현상과 다양한 이해관계들에 대한 효과적이
고 효율적인 관리기제로서 주목을 받고 있다. 따라서 이들이 즐겨 사용하고
있는 '파트너십(partnership)'도 내용측면에서는 투자재원을 확보하고 효율적
으로 활용하는 방안을 추구하는 재정적, 경제적 동기와 정부기능을 효율적 으
로 재정립하고 재배분하기 위한 관리적, 전략적 동기가 내재되어 있으며, 모
두 약한 시민사회를 전제로 하고 있는 것이 특징이라 할 수 있다.

  따라서 지역 거버넌스의 활성화를 위해서는 시민사회의 보다 적극적인 참여
가 필요하다. 그러나 지역 거버넌스를 통한 보다 포괄적인 참여는 효과적인
의사결정에 필요한 정보교환을 촉진하고 의사결정에 정당성을 부여하며 실행

수단의 효과성을 높여줄 것으로 기대되고 있다. 하지만 현실의 불평등한 권력관계가 존재하고 있는 상황에서 지역 거버넌스에서 강조하는 다양한 행위자들 간의 참여와 협력보다는 새로운 갈등과 문제를 발생시킬 수 있다. 시민사회영역에서 시민의 자발성을 바탕으로 자주적인 자기 조직을 갖춘 지역 거버넌스의 방향과 전략을 모색함에 있어 이러한 측면을 소홀해서는 안 될 것이다.

예를 들어 거버넌스를 통해 시민사회를 구성하는 결사체들(CSOs: civil society organizations)의 참여기회가 확대되고 정부기구와의 협력조건이 제도적으로 마련된다고 하더라도 현실적으로는 기업을 중심으로 한 특정 이익집단의 강한 목소리가 시민사회 내에서 진행되는 포럼과 회의에 반영될 가능성이 크다는 점을 고려해야 할 것이다.

거버넌스는 공식적인 권위체계 없이도 시민들이 집합적 행동에서 언제, 어디서, 어떻게 참여해야 하는 지에 대해 알 수 있도록 함으로써 자신을 힘을 키워나갈 수 있는 기회를 제공한다는 점에서 분명 새로운 기회다(Rosenau, 1992). 관리의 대상이나 고객이 아닌 실질적 주인의 자세로 자발성에 기초한 능동적인 시민들이 중심이 되어 시민사회 내에서 대화하고 소통하는 거버넌스(communicative governance)체계를 구축하는 노력은 필요하다.

하지만 시민들이 가지고 있는 다양한 이해관계를 효율적으로 조정하고 바람직한 합의에 도달하기 위한 공론의 장이 필요하고 의사결정과정에서 소통하고 대화하면서 합의에 도달할 수 있는 숙의민주주의와 과정의 민주주의를 실현할 수 있는 제도적인 장치의 모색이 필요할 것이다.

## 4) 주민자치형 지역 거버넌스

바람직한 지역 거버넌스는 결국 사회적 공익성을 핵심 가치기준으로 하여 보다 활성화된 시민사회와 새로운 기능과 역할을 부여받은 정부가 유기적으로 결합됨으로써 당면한 지역사회의 과제를 보다 효과적이고 민주적으로 해결할 수 있는 것을 말한다.

시민사회의 활성화는 단순히 시민사회의 영향력과 권력자원의 정도가 높다는 차원을 넘어 성찰성과 공익적 가치에 대한 자기 결정성과 자기 책임성을 동반하는 것을 의미한다. 활성화된 시민사회를 중심으로 다양한 사회적 거버넌스를 형성하고 새로운 공적 영역을 창출하고 확장시켜 나가면서 토론과 숙의과정을 통하여 다양한 이해관계와 선호도를 재조정함으로써 참여자들 스스로가 공익적 가치에 대한 이해와 합의를 이룰 수 있도록 해야 할 것이다. '공익(public interest)'에 기반을 둔 높은 시민적 책임성(civic responsibility)을 토대로 한 강한 시민사회의 활동은 읍면동 지역의 대표적인 주민협의체인 주민자치회의 역할과 기능의 강화를 통한 직접 민주주의, 참여민주주의, 숙의 민주주의, 과정의 민주주의 등의 실현과 연결되어야 할 것이다.

## 3. 지역 거버넌스의 주체(주요 행위자)

지역 거버넌스는 정부의 직접적인 개입을 가능한 한 축소하고 지역사회를 구성하고 있는 다양한 조직, 집단이나 공동체들 간의 참여와 의사소통을 중시하는 분권화되고 다중심화 된 구조로 이해하는 입장, 공공관리와 정책 및 정치행정체제의 차원을 포괄하는 대안적 국정관리유형으로 이해하는 입장, 그리고 정책결정과 서비스전달체계에서 공공부문, 시장부문, 시민사회부문 등의 네트워크로 이해하는 입장 등 다양한 시각에서 접근할 수 있다. 거버넌스를 어떤 관점에서 접근하더라도 지역 거버넌스는 지역사회의 문제를 지역 공동체 구성원들과 이해관계자들이 지속적인 상호작용을 통하여 협력적으로 해결해 나가는 문제해결기제라는 데에는 대다수가 동의하고 있다.

따라서 지역 거버넌스는 지역정부의 각 수준 내에서 또는 수준 간에서 형성되는 지역정부, 시장, 시민사회, 주민공동체, 상위정부 등을 포함한 다양한 행위자 간의 지속적인 상호작용을 통하여 협력적으로 문제를 해결해 나가는 문제해결기제라고 할 수 있다. 지역 거버넌스의 구조는 지역수준에서의 자원배분, 정책결정, 그리고 서비스 전달 등에 대한 자율성 및 재량권을 가지는 것이며, 이러한 자율성과 재량권의 정도에 따라 시장, 지역주민, 시민사회단체, 민간, 지역정부, 그리고 상위정부와의 거버넌스 관계도 다양하게 형성된다. 따라서 지역 거버넌스에는 다양한 행위자들이 관련되어 있으며, 이러한 관점에서 지역 거버넌스의 주요 행위자를 도식화하면 〈그림 2-1-2〉와 같다.

〈그림 2-1-2〉 지역 거버넌스의 주체

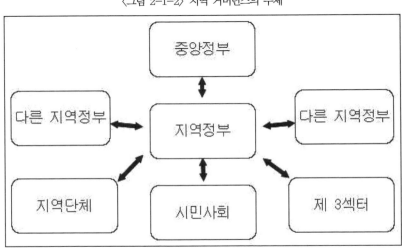

자료: The World Bank, 2007, 수정·보완

이와 같이 지역정부의 정책 또는 공공시책사업은 다양한 이해당사자와의 상호작용 속에서 결정되고 추진된다. 그리고 지역정책이나 공공시책사업의 추진과정에서 다양한 유형의 지역 거버넌스가 형성되며, 또한 지역 거버넌스를 협력적이고 성공적으로 운영하는데 영향을 미치는 요인 역시 다양하게 제시되고 있다. 협력적 지역 거버넌스에 영향을 미치는 주요 요인으로는 환경과 관련된 조건, 지역 거버넌스의 구성과 관련된 요인, 지역 거버넌스의 운영규칙과 운영규칙에 관련된 요인 등으로 구분할 수 있다.

첫째, 환경적 조건과 관련된 요인으로는 자원, 행위자의 특성, 행위자간 관계, 사회적 자본 등과 같은 것을 들 수 있다.

둘째, 지역 거버넌스의 구성과 관련된 요인으로는 정보 및 전략의 공유방식, 행위자들의 역할 및 책임의 설정, 의사결정방식, 권한위임방식 등을 들 수 있다.

셋째, 지역거버넌스 내에서 일어나고 있는 행위자들 간의 상호작용을 조정하고 관리하는 내부의 운영규칙 및 운영절차와 관련된 요인이 있다.

넷째, 내부 운영과 관련된 요인은 지역 거버넌스의 유형이나 지역 거버넌스의 주체, 그리고 지역 거버넌스의 운영 유형에 따라서 상이하게 나타난다.

## 4. 지역 거버넌스 관련 제도 분석

지역 거버넌스를 '지역사회 안에서 민과 관이 서로 협력하여 함께 일하는 것'이라고 단순하게 정의를 내리게 된다면, '민관파트너십'(PPP; Public-Private Partnership)이나 '제3섹터'(the third sector)처럼 이미 다양한 영역에서 민관협력을 통한 활동의 경험이 축적되어 있으며, 관련 제도들이 이미 마련되어 있는 경우가 많기 때문에 지역 거버넌스를 특별한 새로운 현상이라고 주장할 만한 근거가 없다.

역사적으로 살펴보면, 미국이나 유럽 등 외국에서는 70년대 말부터, 우리나라는 90년대 이후에 들어 정부가 주도적으로 담당해 오던 공공영역들에 대한 민간의 참여가 활발히 진행되어 왔다. 우리나라는 90년대 들어 정부의 규제완화조치와 함께 지방자치제도가 부활하고, 92년 이후 '공기업법 개정', 94년 '민자유치촉진법(사회간접자본시설에 대한 민자유치촉진법)', '지역균형개발법' 등의 신설 등을 통해 도시관리 분야에서 민관협력에 대한 관심이 크게 높아져 왔다. 취약한 지방재정구조하에서 지역경제를 활성화하고 공공서비스의 양과 질을 확대시켜야 하는 지방정부로서는 민관협력방식을 지역활성화를 위한 현실적인 대안으로 주목하게 된 것이다.

이러한 상황에서 민과 관이 각각 보유하고 있는 자원들을 효율적으로 동원하고 활용하기 위한 다양한 방식들이 나타났다. 공공과 민간부문의 각 주체들이 각자 보유하고 있는 자원들을 협력 또는 계약방식을 통해서 교환하는 다양한 유형들이 나타났으며, 이것을 사업시행 주체의 특성에 따라 다시 '민자유치', '민간위탁', '민간시행'으로 구분할 수 있다.

민관협력 당사자의 관계적 특성에 따라 '제3섹터(the third sector)', '공동생산(coproduction)'등의 유형이 있는데, 우리나라에서 보편적으로 적용되고 있는 제3섹터는 지방정부와 민간기업이 공동출자하여 별도의 공급주체를 설립하고 공익성과 수익성을 조화시키면서 공공서비스를 공급하거나 도시 및 지역개발을 수행하는 방식을 말한다. 한편, 공동생산 유형은 공공부문과 자발적 부문이 협력하여 공동으로 공공서비스를 생산하고 공급하는 활동을 의미한다. 따라서 주민생활과 관련된 공공서비스를 공급하여 수익성을 추구하려는 민간 부문의 참여가 핵심적인 유인동기로 작용하고 있는 제3섹터와는 달리, 공동생산은 주민생활과 관련된 공공서비스 영역에서 시민의 자발적 참여를 통해 지역사회의 포괄적인 발전을 목적으로 하고 있는 것이 특징이다.

'지역 거버넌스'는 이상에서 제시한 것처럼 행정서비스 사각지대 해소 등 행정의 필요에 의해서 단순히 민간자원을 행정 영역에 끌어들이기 위한 제도적 수단의 차원을 넘어서는 것이다. 지역 거버넌스에서는 파트너십 당사자로 참여하는 민간 주체가 지역사회 내의 '민간기업' 뿐만 아니라 '시민사회' 전반의 포괄적이고 능동적인 참여를 토대로 하고 있으며, 지역 거버넌스 참여동기 역시 참여주체들에 대한 물질적 보상 차원을 넘어 지역사회 공동의 문제를 해결하기 위한 공익적 자세에 기반을 두고 있다는 특성을 가지고 있다.

우리나라 현실에서 공익적 가치의 실현을 목적으로 행정을 포함한 다양한 이해당사자들이 함께 참여하고 협력하는 지역 거버넌스 체제의 도입 및 적용은 기존의 정책관행과 실천양식에 비추어 매우 새롭고 어려운 실험이라고 생각할 수 있다. 현재, 지역 거버넌스와 관련한 법률과 제도들은 제대로 마련되어 있지 않으며, 그 결과 최근 몇 년 사이 각 자치단체별로 활발하게 나타나고 있는 다양한 지역 거버넌스 실험들이 제도적 기반의 미비로 활력을 얻지 못하는 문제가 발생하고 있는 것이다.

강력한 성장이데올로기를 바탕으로 한 개발주의 정책이 과거로부터 관행적으로 지배하고 있는 지역현실에서 살펴보면, 지역 거버넌스와 관련한 제도적 기반들은 매우 취약할 수밖에 없다. 지역사회의 지속가능한 발전을 목표로 지방정부와 시민사회단체, 민간기업, 전문가 등이 함께 참여하여 공동으로 정책을 개발하고 시행하는 차원의 거버넌스 활동과 관련한 법과 제도들은 현실적 요구수준에 비해 매우 빈약한 것이 현실이라 할 수 있다.

지역단위의 협력적 거버넌스 논의는 기존의 지역행정시스템, 즉 지역정부(local government)와 지역 거버넌스(local governance)의 구별에서 시작할 수 있다. 예를 들어, John(2001)은 지역 거버넌스의 필요성으로 경제의 세계화, 정책과정에 민간부문의 참여요구 증가, 공공정책의 지역화, 새로운 정책과제의 도전, 정치참여에 있어서의 변혁, 그리고 탈관료국가 지향 등 5가지를 제시하고 있다. 이러한 요구를 반영하는 이상적인 거버넌스유형(an ideal type of governance)은 지역정부 시스템의 일부 수정이나 조절이 아닌 완전한 지역 거버넌스 시스템으로의 전환을 의미한다. 다만, 지역 거너번스의 등장이 지역정부의 다양한 제도나 기관을 대체하는 것을 의미하는 것은 아니며, 지역정부의 제도적 틀(예를 들어, 재정수입 관련 법령과 근원, 경쟁관계에 있는 정당 및 고위 공무원의 권한 등)은 여전히 중요한 위치를 차지한다. 결론적으로 지역 거버넌스의 실질적 활용은 변화하는 환경 속에서 다양하게 존재하는 전통적 지역사회의 다양한 조직과 기관들, 주민공동체와 NGO 들의 행동양식을 어떻게 변화시킬 것인가에 대한 방향을 제시하는 것이다. 이러한 지방행정시스템의 변화, 전통적 지역정부와 지역 거버넌스의 차이는 〈표 2-1-3〉과 같이 요약할 수 있다(John, 2001).

〈표 2-1-3〉 지역행정시스템의 대비: 지방정부와 지역거버넌스

| | 정부<br>(Local Government) | 지역 거버넌스<br>(Local Governance) |
|---|---|---|
| 관련 기관의 수 | 소수 | 다수 |
| (행정)조직구조 | 계층적; 통합적<br>Hierarchical/Consolidated | 탈중심적; 분절적<br>Decentered/Fragmented |
| 수평적 네트워크 | 폐쇄적 | 포괄적 |
| 민주적 연계성 | 대의 | 대의 + 새로운 실험 |
| 정책 | 일상화됨 | 혁신적 학습 |
| 중앙정부 | 직접 통제 | 분권화 + 적은 개입 |
| 리더십 | 합의적/고객지향<br>Collegial/clientelist | 시장적/카리스마<br>Mayoral/charismatic |

자료: John, Peter, 2001.

이러한 관점에서 지역 거버넌스를 구조적인 측면에서 보면 지방정부의 각 수준 내에서 또는 수준간에서 형성되는 지방정부, 중앙정부, 기업, 시민사회 등을 포함한 다양한 조직 간의 네트워크 구조라고 할 수 있다. 또한 지역 거버넌스를 과정적인 측면에서 보면 지역사회가 의사결정권한을 공유하며, 시민사회의 자치권 확대와 시민참여를 통하여 지방정부의 공공재를 생산하고 공급하는 방식이라고 할 수 있다. 결국 협력적 지역 거버넌스는 지역사회의 문제를 지역공동체 구성원들이 지속적인 상호작용을 통하여 상호 협력적으로 해결해 나가는 것을 의미한다.


## IV. 지방정부와 지역주민 간 협력적 거버넌스

### 1. 지방정부와 지역주민 간 협력적 거버넌스의 형성요인

거버넌스 이론에 대한 깊은 이해를 위해서는 거버넌스가 어떻게 형성되었

는지에 대한 논의가 필요하다. 왜냐하면 거버넌스 이론가들이 주장하듯이, 20세기 이후의 환경변화는 거버넌스 패러다임이 발생하는 직접적인 동기가 되기 때문이다. 다양한 요인과 시대적 변화가 거버넌스의 발달을 촉진하였는데, 여기에서는 거버넌스의 형성 배경에 관한 국내외 학자들의 연구를 비교, 분석해 본다.

Pierre와 Peters는 거버넌스의 등장요인으로 ⅰ) 정책의 영향을 받는 민간부문이 공공정책에 관여하려는 욕구의 증대, ⅱ) 정책의 성공적 집행을 위해 정책과정에 영향을 주는 개인 및 집단의 제도화된 참여의 증대를 들고 있다. Salet, Thornley, Kreukels(2003)는 유럽의 대도시 거버넌스에 관한 비교연구를 통해, 과거 유럽의 복지국가 모형에서는 중앙정부가 국가경제를 보호하고 공공재 공급을 책임져 왔으나 1980년대 이후 경제의 세계화와 시장의 자유화 및 중앙정부와 지방정부간 관계의 다양화로 인해 제도적인 변화가 발생하였다고 주장한다. Kooiman(1993)은 이미 그의 1993년 저서에서 사회적 복잡성의 증가, 사회변화의 속도 가속화, 다양성의 증가로 인해 정부와 사회와의 관계에서 새로운 상호작용의 패턴이 야기된다고 주장하였다. Kooima(1993)은 이미 그의 1993년 저서에서 사회적 복잡성의 증가, 사회변화의 속도 가속화, 다양성의 증가로 인해 정부와 사회와의 관계에서 새로운 상호작용의 패턴이 야기된다고 주장하였다. Kooiman(2000)은 이후에도 국민국가 중심의 통치체제 약화와 국가운영방식의 변화를 거버넌스의 형성요인으로 제시하였다. 왜냐하면 세계화, 정보화, 분권화로 인해 국민국가는 그 세력이 약화되었기 때문이다. 또한 시민, 기업 등의 민간부문과 지방정부의 자각과 성장으로 인해 공동체 관리 있어 다양한 행위자들의 참여와 책임이 증가하였기 때문이다.

김정렬(2001)은 ⅰ) 서구국가들의 재정위기, ⅱ) 자유시장주의에 대한 이념적 수렴, ⅲ) 세계화와 지방화로 인한 국가의 통제력 및 주권 약화, ⅳ) 국가의 정책실패, ⅴ) 조직화된 다양한 행위자들의 출현 및 정책결정의 분절화와 전문화, ⅵ) 사회적 변화와 복잡성 증가, ⅶ) 전통적 책임성의 변화 등 일곱

가지를 거버넌스의 촉진요인으로 지적하였다. 조성한(2005)은 거버넌스의 발달배경으로 다음의 요인들을 지적하고 있다. ⅰ) 정부실패의 발견, ⅱ) 관리기법의 변환, ⅲ) 신자유주의의 대두, ⅳ) 세계화와 다원화 등을 거버넌스 형성배경으로 들고 있다.

우리나라에서 거버넌스의 형성 배경과 요인에 관한 국내외 학자들의 다양한 견해를 정리하면 다음과 같이 요약될 수 있다.

첫째, 정부의 역할과 위상 축소가 거버넌스의 형성배경과 요인이 된다. 거버넌스의 대두 이전에는 국민국가중심의 통치, 전통적인 팽창주의 관리기법, 복지국가, 시장실패 등으로 인해 거대한 중앙정부 위주의 계층제적 통치체제가 주류를 이루고 있다. 그러나 정부의 강력한 권한은 세계화, 정보화, 분권화에 따른 국민국가 중심의 통치체제 약화, 자유시장주의에 대한 이념적 수렴, 사회변화의 속도와 복잡성 증가, 초국가조직의 대두, 정부실패에 대한 비판 등으로 인해 약화된다.

둘째, 정부 이외 행위자들의 권한 및 참여 증대가 거버넌스의 형성배경과 요인이 된다. 거버넌스 발달의 또 다른 중요한 요인으로는 중앙정부 이외의 다양한 참여자들의 참여 증가를 들 수 있다. 시민사회가 성숙함에 따라 시민과 NGO의 정부정책에 대한 관심이 고조되었고, 이에 따라 공동체 관리에 있어서 이들의 책임이 증가하였다. 또한 정부의 재정적 위기 및 정부실패로 인해 민간기업들의 공공정책 부문에 대한 재정적, 관리기법적 영향력이 증대하였다. 그 외에도 지역화와 분권화로 인해 전통적인 중앙정부와 지방정부의 관계가 재구조화되어 지방정부의 권한이 확대된 점도 거버넌스 대두의 주요한 요인 중 하나라 할 수 있다.

셋째, 새로운 공공관리의 필요성가 거버넌스의 형성배경과 요인이 된다. 전통적인 국가와 정부의 기능이 EU, 세계은행 등 초국가 수준으로, 지역 및 지방수준으로, 시미사회단체, NGO, 기업 등으로 이전되면서 정부의 역할과 위상이 축소되고, 정부 이외 행위자들의 권한이 증대되었다(Pierre & Peters,

2000). rm 결과 중앙정부가 여전히 강력한 권한을 가지고 있지만, 이제 정책의 장은 '다양한 참여자들이 여러 수준에서 펼치는 게임'으로 변화하였다 (Hooghe & Marks, 2001). 따라서 과거와 같은 일방적 통제나 계층제의 방식이 아닌 다양한 참여자들 간의 여러 수준의 게임에 적합한 새로운 차원의 공공관리의 필요성이 대두된 것이다.

## 2. 협력을 위한 네트워크와 파트너십

거버넌스의 구성 체계는 구조 및 역할을 중심으로 한 '파트너십' 차원과 과정 및 방법을 중심으로 한 '네트워크' 차원으로 구분해 볼 수 있다. 먼저, 파트너십 차원에서 거버넌스는 정부중심의 공적조직과 사적조직간의 경계가 무너지면서 나타난 새로운 형태의 상호협력적인 조정양식을 의미하는 것으로, 주로 국가와 비국가 행위자들 간의 조직적, 제도적 배열의 특성과 협의 과정을 통한 협력의 공식적인 규칙을 강조하는 특성을 가지고 있다(Stoker, 1998 Pierre and Stoker, 2000 Sabel, 2001).

따라서 거버넌스에서 파트너십은 정부는 물론 시장 주도적인 지역사회 재편의 움직임에 대해 경계를 하면서, 동시에 문제 해결의 차원에서 지방정부와 기업과 같은 새로운 파트너들과 긴밀한 소통과 협력관계를 이루기 위한 제도 설계를 의미한다. 이를 위한 구체적인 방안으로 실질적인 권한과 책임을 지방적 단위로 이양하고 이에 적합한 사회, 제도적 기반을 마련하는 것을 들 수 있으며(Blair, 2000), 우리 현실에서는 중앙정부 중심에서 지방정부 중심으로 그리고 관료 및 전문가 중심에서 일반 시민과 지역주민 중심으로 분권을 확장, 심화시키는 것이 요구되는 과제라 할 수 있다.

한편, 네트워크 차원에서 거버넌스는 시민사회의 사회, 정치적 행위자를 포함한 역동적인 의사결정 과정을 의미하는 것으로(Pierre and Peters, 2000),

공식적 권위 없이도 구성원들의 자발적 참여와 합의에 기반을 두고 공동의 문제를 해결하기 위한 협력적 행동(joint action)을 이끌어 내는 새로운 운영원리로서 의미를 가진다(Kooiman and Vliet, 1993: 64). 이는 자기 결정과 책임의 원리에 기반을 두어 지역 자발적인 자원 동원과 집합적 참여 능력을 높이기 위한 노력을 의미하는 것으로(Krishna, 2003: 363), 사적 이해관계에 기반을 둔 개별적 참여를 넘어 공론화 과정을 통한 집합적 참여를 위한 풀뿌리 주체들의 권능강화(empowerment) 노력이 요구된다.

결국, 거버넌스가 효과적으로 작동하기 위해서는 파트너십 차원과 네트워크 차원이 유기적으로 결합됨으로써 공식적이고 제도적인 기반조성과 함께 비공식적인 사회적 조절기제가 상호 보완적으로 작동될 필요가 있다. 즉 지역사회 주민들의 자발적 참여와 합의에 기반을 둔 자치 양식으로서 네트워크 활성화와 함께 지방 차원에서 시민사회와 행정 간의 관계 재설정과 제도적 변화를 통해 효과적인 파트너십 체제를 구축하는 노력이 동시적으로 이루어질 필요가 있다.

파트너십은 네트워크라는 기제를 통해 발현된다고 할 수 있다. 일반적으로 네트워크란 일단의 사람, 사물 또는 사건들 간에 연계가 이루어지는 특정한 관계유형을 말하는데(Noke & Kuklinski, 1982: 13-16), 공공부문에서 네트워크는 상호의존 구조로 이해될 수 있으며 교환 및 상호협력, 공통의 이해, 공유된 신념과 전문적 시각을 통한 유대 등의 공식적, 비공식적인 모든 연계를 포함한다.

Lipnack(1995)이 제시한 네트워크의 세 가지 기본원리는 다음과 같다. 첫째는 공동목적(unifying purpose)으로, 공통된 견해, 가치, 바람직한 결과를 달성하려는 공동의 목표는 네트워크에 수용되어 업무과정에서 유지·보존된다. 둘째는 독립적인 구성원(independent members)으로, 구성원의 독립성은 네트워크 독립성을 위한 필요조건이다. 네트워크의 각 구성원들은 가입하는 것이 자유로워야 하고, 자신의 능력 발휘를 위해 독립적이어야 한다. 네트워크

조직들도 마찬가지로 독립성이 유지되어 최선의 방법으로 업무를 수행할 수 있어야 한다. 셋째는 다수의 지도자(multiple leaders)로서, 네트워크에서는 절대적 권한을 가진 지도자보다 역량 있는 소수의 지도자들을 필요로 한다. 아래의 표는 네트워크의 특성과 분석변수들이다.

공공부문과 민간부문의 파트너십 개념정의는 매우 다양하다. 일반적으로 공·사 파트너십(public-private partnership)은 공공부문과 민간부문의 개인이나 단체가 상호이익을 위하여 협조하는 것을 의미하며, 순공공재와 순사유재를 제외한 중간재적인 성격을 지닌 사업 중 특성상 민영화시키기 어려운 공공부문의 영역에 민간부문의 영역을 확장시켜 공공부문의 지출을 최소화하는 한편, 민간부문의 재원을 유치하기 위한 공·사 협력방식으로 정의할 수 있다(강병수 외, 1996).

〈표 2-1-4〉 네트워크의 특성과 분석변수

| 특성 | Mitchell | Israel & Rounds | Surra | Wellman & Wortley |
|---|---|---|---|---|
| 구조적 특성 | 연계방향성, 접근성(거리), 상호접촉성, 네트워크 확장정도 | 규모, 밀도 | 관계 내용 다양성, 빈도, 지속성 강도, 대칭성 | 관계의 강도, 접근성, 개인의 행태에 영향을 주는 구조, Kinship, 구성원이 소유하고 있는 위치적 자원, 위치적 요소와 관계적 요소를 결합한 구성원간 유사점·차이점 |
| 상호작용적 (관계적) 특성 | 관계내용, 상호호혜적 연계 정도, 지속성, 책임의 강도, 구성원간 신뢰, 접촉빈도 | 상호호혜정도, 지속성, 상호작용의 빈도, 분산 | | |

자료: 김희연·한인숙, 2002.

공공부문과 민간부문과의 관계에서 계약, 면허, 보조금, 또는 다른 서비스 공급체계와 달리 파트너십은 파트너들에 의해 규정된 주요한 지역사회의 욕구를 충족시키기 위하여 파트너들이 공동의 책임과 위험을 공유하는 것을 특징으로 한다. 위험의 공유란 파트너들이 모두 자원을 손해볼 수 있다는 의미이다. 이는 양 당사자들이 혼자서는 하기 꺼리는 사업을 공동으로 수행하는 것을 말한다. 공동책임이란 사업에 공동으로 참여하여 집단의 대표들이 공동으로 결정하는 것을 의미한다.

아래의 표는 파트너십을 설명하기 위한 변수들이다.

<표 2-1-5> Glennerster의 공공과 민간부문의 역할분담모형

| 분 | | 서비스 전달(제공) | | | |
|---|---|---|---|---|---|
| | | 공 공 | | 민 간 | |
| 재원 | 공공 | I<br>완전공공재원<br>공공서비스 | III<br>부분공공/부분<br>민간 재원에<br>의한 공공서비스 | IV<br>부분공공/부분<br>민간 재원에<br>의한 민간서비스 | V<br>완전공공재원<br>민간서비스 |
| | 민간 | II<br>완전민간재원 | | | VI<br>완전민간재원<br>민간서비스 |

자료: Glennerster, 1985.

여기에서의 파트너십은 행정기관(시군구, 읍면동)과 주민자치조직(주민자치위원회)의 협력관계로 보고, 네트워크는 주민자치 주관부서인 자치행정과를 중심으로 한 행정기관 내부 부서간의 협력 관계와 주민자치위원회를 중심으로 한 주민조직 간의 협력관계로 나누어 사례를 분석하기로 하겠다.


## 3. 지방정부와 주민자치회간 협력적 파트너십 형성방안

### 1) 시·군·구의 역할제고방안

첫째, 지역의제의 설정단계에서 시군구의 역할을 제고하는 방안이다

주민자치사업의 효율적 추진을 위한 법·제도의 정비가 필요하다. 주민자치공동체인 주민자치위원회가 적극적으로 활동할 수 있는 기반을 마련하기 위하여

주민자치사업의 효율적인 추진을 뒷받침할 수 있는 조례를 제정하여야 한다. 마을기업과 관련된 조례의 예로는 "마을만들기지원조례", "마을기업지원조례", "주민자치사업지원조례" 등을 들 수 있다. 그 동안 법적인 근거 없이 수행하여 공직선거법의 제약을 받아 온 많은 주민자치사업이 법적 근거를 가지고 체계적으로 사업을 추진할 수 있게 된다. 또한 주민자치사업에 대한 재정지원도 법령에 근거하기 때문에 보다 원활하게 추진될 수 있다.

주민자치사업의 효율적 추진을 위한 비전과 목표의 수립이다. 효율적인 주민자치사업의 추진을 지원하기 위하여 시군구는 주민자치사업 추진의 비전과 목표를 설정하여야 한다. 주민자치사업의 비전과 목표는 그 지역의 특성을 살린 차별화된 것이어야 한다. 그러기 위해서는 지역사회의 자원과 역량(social capital)을 조사하고, 주민들과 전문가의 의견을 수렴하여 기초자료로 삼고, 단체장의 의지와 정책방향을 고려하여 결정하여야 한다. 주민자치사업의 비전과 목표를 효율적으로 달성하기 위한 중·장기계획을 수립하여야 한다. 3~5년의 중·장기계획도 필요하지만, 1년 단위의 연간계획을 수립하는 것도 중요하다.

주민자치위원회와의 정기적인 의사소통이 필요하다. 시군구는 읍면동에 중앙정부의 지침이나 자체 평가지침 등을 일방적으로 시달하기만 하지 상호간의 의사소통의 기회를 갖지 못하고 있다. 특히, 시군구와 주민자치위원회간의 의사소통의 기회는 거의 없다고 보아도 무방할 것이다. 따라서 시군구청장과 주민자치위원장들 간의 의사소통을 위한 정기회의를 개최하고, 실무적인 차원에서의 주민자치사업 지원을 위한 주민자치관련 부서의 과장들과 주민자치위원장들 간의 의사소통을 위한 정기회의의 개최가 필요하다.

둘째, 지역정책형성 단계에서 시군구의 역할을 제고하는 방안이다.

주민자치사업을 지원할 수 있는 "주민자치사업지원센터"나 "마을기업지원센터" 등을 설치·운영하여야 한다. "주민자치사업지원센터"에서는 주민자치사업의 효율적인 추진을 위한 지역사회의 다양한 시민단체, NGO, 자생단체 등이 상호 협력할 수 있도록 역할 등을 조정할 수 있다. 또한 "주민자치사업지원센터"를 통하여 주민자치사업지원을 위한 재정지원도 효율적으로 이루어 질 수 있으며, 마을만들기 표준매뉴얼 등 마을사업 추진에 필요한 다양한 자료와 정보를 생산하거나 수집하여 읍면동과 주민자치위원회에 제공하는 것이 가능하게 된다.

주민자치위원의 자질향상과 역량강화를 위한 상설교육기관의 설치와 운영이 필요하다. 현재와 같은 1회성이나 단발성 세미나 혹은 야유회나 관광 등을 겸한 워크샵 등을 지양하고, 3/6개월 등의 단위로 한 중·장기적이고 체계적인 프로그램에 의한 주민자치위원 역량강화교육과정의 설치와 운영이 필요하다.

셋째, 지역정책집행 단계에서 시군구의 역할을 제고하는 방안이다.

주민자치사업의 홍보이다. 주민자치위원회가 주관하는 주민자치사업에 일반 주민이나 지역내 시민단체 등이 참여 할 수 있도록 시군구 차원에서의 적극적인 홍보가 필요하다.

주민자치사업 관련 전문가의 확보와 지원이다. 주민자치사업에는 많은 전문 인력의 도움이 필요하다. 이러한 전문 인력은 읍면동 차원에서 보다 시군구 차원에서 확보하기가 쉽다. 시군구 차원에서 확보한 전문가와 자원봉사자를 읍면동에 분산 배치하면 읍면동의 인력 확보문제를 쉽게 해결할 수 있을 것이다.

넷째, 지역정책평가단계에서 시군구의 역할을 제고하는 방안이다.

주민자치사업에 대한 정기적인 평가대회의 개최가 필요하다. 각 읍면동 주민자치위원회에서 수행하는 각종 주민자치사업의 실적을 매년 하반기에 평가하여 우수한 주민자치위원회에 재정적인 인센티브를 제공하여 주민자치위원의 사기를 높이는 것이 필요하다. 또한 우수한 주민자치사업을 지원한 읍면동 공무원에 대해서도 적절한 인사고가 점수 등 인센티브를 부여하는 조치가 필요하다.

주민자치사업 사례집의 발간이다. 주민자치사업의 평가결과를 바탕으로 우수한 사업인 경우는 본받을 점, 미흡한 사업의 경우는 개선방안 등을 제시하는 사례집을 매년 발간하는 것이 필요하다.

## 2) 읍면동의 역할제고방안

첫째, 지역의제의 설정단계에서 읍면동의 역할을 제고하는 방안이다.

읍면동 주민자치 담당 공무원의 안정적 근무 기반 구축이 필요하다. 읍면동 주민자치담당 공무원의 전문성 제고를 위하여 너무 잦은 인사이동은 자제하는 것이 바람직하다. 적어도 2년을 기본으로 하여 주민자치담당업무에 종사하도록 하여야 하며, 본인이 희망하는 경우에는 그 기간을 2-3회 연장해 주는 것이 바람직할 것이다.

읍면동 주민자치담당 공무원에 대한 적절한 보상이 필요하다. 주민자치담당은 민간인인 주민자치위원들을 상대하여야 한다. 이들 주민자치위원들은 대부분 직장을 가지고 있기 때문에 야간에 주로 회의를 하거나 모임을 가진다. 또한 마을만들기 등 현장에 출장을 나가야 하는 경우가 많다. 따라서 시간외 근무수당 외에 현지출장업무 등에 따른 특별수당을 지급하는 등 금전적인 보상이 필요하다. 또한 승진 등에 있어서 불이익을 받지 않도록 해야 하며, 가능하다면 승진에 있어서 가산점을 부여하거나 2년 근무 종료 후 본인이 희망하는 부서에 배치받을 수 있도록 하는 방안도 바람직할 것이다.

주민자치담당공무원의 전문성 향상과 역량강화를 지원하여야 한다. 주민자치와 관련된 전문적인 지식의 습득과 역량 강화를 위하여 전문연수과정에서 교육을 받을 수 있도록 배려해 주어야 한다. 또한, 주민자치 관련 정보와 자료를 습득하고 실무능력을 배양하기 위하여 선진 외국이나 우수사례지역의 벤치마킹을 위한 출장을 실시하여야 한다.

정기적인 소통의 기회를 마련하여야 한다. 단체장과 읍면동 주민자치 담당 공무원과의 소통의 장을 2-3개월에 한번씩 정기적으로 마련하여 현장의 소리를 직접 단체장에게 전달하고 주민이나 주민자치위원회의 필요한 요구사항을 건의하기도 하며, 단체장의 의지나 정책방향을 확인하는 것이 바람직할 것이다.

둘째, 지역정책형성 단계에서 읍면동의 역할을 제고하는 방안이다.

행정업무처리에 대한 지원이다. 지금까지 마을기업 사업계획의 수립과 사업 계획서의 작성, 제안서류의 제출 등은 읍면동 주민자치담당 공무원의 주도로 이루어 졌다. 주민자치위원회의 실무 능력 향상을 위하여 앞으로는 주민자치위원회에서 주도하도록 담당 공무원은 필요한 서식이나 정보, 자료 등의 제시에 머물러야 할 것이다.

효율적인 주민자치활동을 위한 연간 계획 수립의 지원이다. 읍면동의 주민자치관련 공무원은 주민자치위원회가 자체적으로 1년간 주민자치활동을 추진하는 계획을 수립할 수 있도록 관련 자료와 정보를 제공하는 지원자의 역할만 수행하여야 할 것이다.

셋째, 지역정책집행 단계에서 읍면동의 역할을 제고하는 방안이다.

공공기관 및 민간 기업 등과의 연계이다. 각급 학교, 관내 공공시설, 민간기업 등의 시설을 활용하면 주민자치사업의 비용 등을 절약할 있다. 권위 있는 공공기관 차원에서 관내 공공기관과 민간기업을 주민자치위원회와 연계시켜 주면 주민자치위원회가 직접적으로 요청하는 것 보다. 쉽게 필요한 지원을 받을 수 있을 것이다.

읍면동 청사의 공간 제공이다. 마을기업 제품의 전시와 판매, 홍보 등을 위하여 주민들이 자주 출입하는 민원실이나 기타 여유 공간을 제공하는 것이 필요하다.

마을기업 활동 등 주민자치활동의 홍보이다. 읍면동의 홈페이지에 마을기업 제품 등을 소개하여 제품의 판매와 홍보를 지원한다.

넷째, 지역정책평가단계에서 읍면동의 역할을 제고하는 방안이다.

마을 강좌, 동아리 등의 정기적인 경연대회 개최가 필요하다. 주민자치센터의 각종 프로그램과 동아리 등을 대상으로 매년 하반기에 경연대회를 개최하고 우수한 동아리를 시상하여 주민의 관심과 참여를 높이는 것이 필요하다.

### 3) 주민자치위원회의 역할제고방안

첫째, 지역의제설정 단계에서 주민자치위원회의 역할을 제고하는 방안이다. 적절한 보상이 필요하다. 주민자치위원들이 적극적으로 활동하기 위한 동기를 부여하기 위해서는 적절한 보상이 필요하다. 보상은 유상, 무상, 도덕 등 3가지로 나눌 수 있다. 유상 보상은 수당 등 금전적인 보상을 포함하여 선물이나 기념품 등을 제공하는 것이다. 무상 보상은 주민자치위원 개인의 품위와 자존심을 높여 주는 것으로 읍면동장이 아닌 시군구청장이 위촉해 준다든지, 마을 행사 등에 귀빈으로 대우해 준다든지 하는 것이다. 도덕적 보상은 마을의 어른으로서, 마을의 유지로서 당연히 해야 할 의무이고 봉사라는 것을 강조하는 것이다.

주민자치위원의 전문성 향상과 역량강화를 지원하여야 한다. 주민자치와 관련된 전문적인 지식의 습득과 역량 강화를 위하여 마을만들기 컨설팅과정에서 교육을 받을 수 있도록 배려해 주어야 한다. 또한 주민자치 관련 정보와 자료를 습득하고 실무능력을 배양하기 위하여 선진 외국이나 우수사례지역의 벤치마킹을 위한 출장을 실시하여야 한다.

정기적인 소통의 기회를 마련하여야 한다. 단체장과 주민자치위원과의 소통의 장을 3-3개월에 한번씩 정기적으로 마련하여 현장의 소리를 직접 단체장에게 전달하고 주민이나 주민자치위원회의 필요한 요구사항을 건의하고, 단체장의 의지나 정책방향을 확인하는 것이 바람직할 것이다.

둘째, 지역정책형성 단계에서 주민자치위원회의 역할을 제고하는 방안이다. 주민자치위원회의 행정실무능력의 제고이다. 지금까지는 마을기업의 제안서와 사업계획서의 작성과 제출 과정에서 주민자치위원회는 보조적인 역할만 수행하였다. 대부분의 주민자치위원들은 전업주부나 소규모 영세 자영업자들이므로 행정서류의 작성 등을 할 수 있는 능력이 없기 때문이다. 앞으로는 주민자치위원의 행정실무능력을 높이기 위하여 담당 공무원이 대신 처리해 주던

행정실무관련 업무를 주민자치위원회에서 직접 처리하여야 한다. 그러기 위해서는 주민자치위원회 산하에 마을기업실무기획단을 구성하여 관련 행정실무를 직접 처리할 수 있도록 하여야 한다.

주민자치사업 매뉴얼을 작성이 필요하다. 매뉴얼은 1년 단위로 작성하되 월간, 주간을 단위로 주민자치위원이 해야 할 일을 표준적으로 제시하면 주민자치위원이 자신이 해야 할 일을 사전에 알고 그 매뉴얼에 맞게 활동하는 것이 가능하다. 또한 매뉴얼에는 기본적인 회의진행방법, 공문 등 행정서류 작성방법, 컴퓨터 등의 활용방법, 인사말 등에 대한 내용도 포함되어야 한다. 매뉴얼 작성은 기본적으로 주민자치위원회에서 주관하고 필요한 경우, 시군구나 읍면동에 자료나 정보의 제공을 요청할 수 있다.

셋째, 지역정책집행 단계에서 주민자치위원회의 역할을 제고하는 방안이다.

주민자치위원회에서 마을기업지원단을 구성하는 것이 필요하다. 마을기업지원단은 주민자치위원과 지역주민들로 구성하고 마을기업을 직·간접적으로 지원하는 역할을 수행하여야 한다. 주민자치위원 일부가 직접 마을기업의 임원으로 참여하는 것도 필요하다.

마을기업 제품에 대한 적극적인 마케팅이 필요하다. 벼룩시장과 바자회를 개최하여 지역 주민들에게 마을기업 제품을 이용하도록 유도하고, 주민자치위원회 위원으로 재직하고 있는 직능단체 임원, 민간단체, 자생단체 임원 들을 통하여 각 단체들이 행사를 개최할 때, 마을기업 제품을 이용하도록 적극 권유하여야 한다.

마을소식지를 발간하는 것이 필요하다. 마을기업의 추진과정, 추진내용, 향후 추진 계획 등을 뉴스레터 형식을 빌린 마을소식지를 통하여 일반 주민에게 알려서 주민의 관심과 참여를 유도하는 한편, 주민자치위원회의 책임감을 높일 수 있다.

넷째, 지역정책평가 단계에서 주민자치위원회의 역할을 제고하는 방안이다.

주민자치사업에 대한 정기 주민보고의 개최가 필요하다. 주민자치위원회가 1

년 동안 추진한 각종 주민자치활동성과를 매년 하반기에 주민총회를 소집하여 주민들에게 보고하는 한편 내년도 사업 계획도 함께 보고하는 행사를 개최하는 것이 바람직하다. 주민보고대회는 주민자치위원회의 자긍심을 높이는 동시에 책임감을 높이는데 효과가 있을 것이다. 주민보고대회를 마을축제로 개최하여 주민들의 화합과 교류의 장으로써 주민자치사업에 대한 주민의 관심과 참여를 높이는 것이 필요하다.

주민자치사업 결과보고서의 발간이다. 주민자치위원회가 1년 동안 수행한 각종 주민자치사업을 자체평가하고 우수한 점, 미흡한 점, 개선해야 될 점 등을 제시하는 주민자치사업 결과보고서를 매년 발간하는 것이 필요하다. 이를 통하여 주민자치사업과 주민자치위원회 활동에 대한 마을주민의 관심과 참여를 높일 수 있다.


## 4. 지방정부와 주민자치회간 협력적 네트워크 구축방안

### 1) 시군구의 역할제고방안

첫째, 정책의제설정 단계에서 시군구의 역할을 제고하는 방안이다.

현재 주민자치를 주관하는 부서는 주민자치과 혹은 자치행정과이다. 마을사업과 관련된 문화관광, 사회복지, 경관, 고용 등의 업무를 처리하는 부서는 각각 별개의 부서로 흩어져 있어서 주민자치센터와 주민자치위원회의 활동을 적극적으로 지원하기가 어렵다.

마을사업이나 주민자치사업을 효율적으로 지원할 수 있도록 시군구 부단체장 직속으로 T/F 조직인 "주민자치사업지원단"을 설치·운영하는 것이 필요하다. "주민자치사업지원단"은 주민자치의 주관부서인 자치행정과(주민자치과)를 주축으로 해서 주민자치사업과 관련된 사회복지, 문화관광, 도시경관, 고용,

평생교육 등의 부서 실무 책임 계장들로 구성한다.

의제설정 단계에서 시군구의 각 부서에 흩어져 있는 주민자치위원회의 주민
자치사업을 지원하는 중앙정부의 시책사업의 수행과 관련하여 필요한 정보와
자료를 이 "주민자치사업지원단"에서 종합하여 주민자치 주관부서를 통하여
읍면동과 주민자치위원회에 전달한다. 이를 통하여 주민자치 관련 사업을 지
원하는 국가의 각종 시책사업들이 중복되지 않고 읍면동을 경유하여 주민자치
위원회를 통하여 지역 내의 각종 주민단체, 시민단체 등에 공정하게 배분될
수 있을 것이다.

"주민자치사업지원단"은 부단체장 주재 하에 매월 정기적으로 회의를 개최하
여 주민자치 활성화와 효율적인 주민자치사업 지원방안을 논의한다.

둘째, 정책형성 단계에서 시군구의 역할을 제고하는 방안이다.

정책형성단계에서 "주민자치사업지원단"은 주민자치사업계획을 수립할 때 필
요한 정보와 자료를 제공하여야 한다. 사회복지, 보건위생, 도로교통, 청소환
경, 지역경제 등의 부서에서는 주민들이 잘 알지 못하는 법규 문제, 행정적인
규제사항 등에 대한 정보나 자료 등을 주민자치 주관 부서를 통하여 주민자치
위원회에 전달하여야 한다. 서울시 m구 s동의 경우, 보건위생에 관한 법 규
정과 규제사항을 제대로 파악하지 못하고 사업을 계획하고 추진하는 바람에
출발단계에서 사업을 멈추어야 하는 불상사가 있었다. 따라서 마을기업의 업
종이 결정되면, "주민자치사업지원단"에서는 그 사업과 관련된 법률적인 문제,
행정적인 문제 등을 검토하여 필요한 대안이나 정보를 제공해 주어야 한다.

주민자치사업에서 가장 중요한 요소는 사업예산의 확보이다. "주민자치사업
지원단"에서는 선정된 주민자치사업과 관련된 각 부서의 예산을 한 곳으로 모
아서 중복되지 않도록 적절하게 배분하는 것이 필요하다.

셋째, 정책집행 단계에서 시군구의 역할을 제고하는 방안이다.

정책집행단계에서 시군구가 해야 할 가장 중요한 역할은 주민자치사업의 홍
보이다. "주민자치사업지원단"에서는 시군구 내 각 부서별로 역할을 분담하여

주민자치사업을 홍보할 수 있는 방안 마련하여야 한다.

또한, 주민자치사업 관련 전문가의 확보를 지원하기 위하여 각 부서가 가지고 있는 각 분야별 전문 인력 풀을 제공하여 주민자치위원회에 제공하는 것이 필요하다.

넷째, 정책평가 단계에서 시군구의 역할을 제고하는 방안이다.

"주민자치사업지원단"에서는 주민자치사업에 대한 자체평가를 실시하여 바람직한 점(우수한 점), 미흡한 점(문제점) 등을 지적하고 이를 개선할 수 있는 방안 등을 각 읍면동 주민자치위원회에 제공하는 것이 필요하다.

## 2) 읍면동의 역할제고방안

첫째, 정책의제설정 단계에서 읍면동의 역할을 제고하는 방안이다.

정책의제를 설정하는 단계에서 읍면동은 동의 특징과 실태 등에 관한 정보를 정확하게 주민자치위원회에 전달해 주어서 주민자치위원회에서 지역의 특성을 살린 주민자치사업을 추진하도록 하여야 한다. 우수한 마을기업의 사례를 보면, 지역의 특성과 지역의 자원을 최대한으로 활용한 사업 분야를 선정하는 것이 첫 번째 성공 조건이 되었다. 그러기 위해서는 읍면동의 유래나 역사, 특산물, 인구특성, 자연자원, 인적자원 등에 관한 정보와 자료를 수집하여 주민자치위원회에 제공하는 것이 필요하다.

이러한 정보와 자료들의 수집은 주민자치담담 공무원 한사람의 힘만으로는 불가능하다. 따라서 민원담당 공무원을 제외하고 청소, 취로, 교통, 도로, 치수방재, 특화사업, 환경순찰, 주민자치·자치회관업무, 문화체육, 반상회, 통·반관리, 대외협력 등 주민자치 관련 업무를 담당하고 있는 공무원들의 협조가 필요하다. 읍면동에서 수행하는 대부분이 주민들을 직접 상대하는 대민서비스이기 때문에 주민자치와도 업무의 속성상 밀접한 관련이 있다. 따라서 이들 공무원들이 상호 협력하면 주민의 입장에서 좀 더 나은 서비스를 제공받을 수 있다. 효율적인 정보·자료의 수집과 정리를 위해서는 읍면동장이 주도하는 "주민자치지원단"을 T/F 조직으로 만들어서 운영하는 것이 필요하다.

둘째, 정책형성단계에서 읍면동의 역할을 제고하는 방안이다.

실현가능한 주민자치사업계획의 수립을 지원하기 위하여 읍면동의 "주민자치지원단"에서는 경제적인 지원을 받을 수 있는 관내 기업에 관한 정보, 참여인력 확보를 위한 저소득층 현황 자료, 자원봉사자 확보를 위한 학교 등에 관한 정보 등을 주민자치위원회에 제공하는 것이 필요하다.

셋째, 정책집행단계에서 읍면동의 역할을 제고하는 방안이다.

정책의 집행단계에서 읍면동은 주민자치위원회가 지역 내 가용자원을 최대한으로 확보하고 활용할 수 있도록 지원하여야 한다. "주민자치지원단"에서는 각자 자신의 업무 영역과 관련된 공공기관 및 민간 기업 등의 협조를 얻어서 사업에 필요한 공공기관과 민간기업 등의 시설을 활용할 수 있도록 하는 것이 필요하다. 마을기업 제품의 전시와 판매, 홍보 등을 위하여 "주민자치지원단"에서는 각자 자신의 업무 영역과 관련된 공공기관 및 민간기업 등의 협조를 요청할 수 있을 것이다.

넷째, 정책평가단계에서 읍면동의 역할을 제고하는 방안이다.

읍면동 단위에서도 시군구와 마찬가지로 "주민자치지원단"에서는 자신이 속한 읍면동의 주민자치사업에 대한 자체평가를 실시하여 바람직한 점(우수한점), 미흡한 점(문제점) 등을 지적하고 이를 개선할 수 있는 방안 등을 주민자치위원회에 제공하는 것이 필요하다.

## 3) 주민자치위원회의 역할제고방안

첫째, 정책의제설정 단계에서 주민자치위원회의 역할을 제고하는 방안이다.

현재 읍면동 단위에서는 아파트입주자대표회의, 아파트부녀회, 새마을부녀회, 리개발위원회 등 주민자치센터와 유사한 활동을 하는 다수의 단체들이 있지만, 제각기 독자적으로 활동하여 활동의 중복과 자원의 낭비를 가져오고 있다. 현재 새마을부녀회, 바르게살기운동 등 단체의 대표들이 주민자치위원으로 참여하고 있지만, 각 단체들의 활동이 직접적으로 주민자치센터의 활동과는 연계되어 있지 않다. 따라서 주민자치센터가 이들을 연계하는 구심점 역할을 수행하는 것이 필요하다. 일본의 경우, "중간지원조직"이라고 하여 행정기관과 지역의 시민단체 등 자생조직을 연계하는 기능을 하는 조직이 존재한다. 이 조직에서는 지방자치단체가 지원하는 사업이 같은 지역 내에서 중복되지 않도록 조정하거나 지방자치단체에서 원하는 단체를 지방자치단체에 추천하기도 한다. 주민자치센터는 지역사회내의 다양한 크고 작은 주민조직들과 상호 협력적 네트워크를 구축하여 지방자치단체가 필요로 하는 기능이나 전문 인력 등을 보유하고 있는 조직이나 단체를 중복되지 않게 지방자치단체에 추천하거나 지역 내 주민조직들이 필요로 하는 정보 등을 공유하고 필요한 경우 사업을 공동으로 추진하는 시스템을 구축하는 중심 축 역할을 수행하여야 한다.

마을기업 등 주민자치사업을 성공적으로 추진하기 위해서는 주민자치위원회가 주축이 되고 지역 내 다양한 조직들이 참여하는 "마을기업추진단"을 조직하여 운영하는 것이 필요하다. "마을기업추진단"에서는 의제설정을 위한 주민 의견조사 등을 실시하여 주민의 관심과 적극적인 참여를 유도할 수 있다.

둘째, 정책형성단계에서 에서 주민자치위원회의 역할을 제고하는 방안이다. 주민자치사업의 성공적인 추진을 위해서는 실현가능한 계획을 수립하는 것이 첫 번째 목표이다. 그러기 위해서는 지역 내의 물적 자원과 인적 자원의 정확한 파악이 필요하다. 이러한 인적 자원과 물적 자원의 효율적인 확보를 위해서는 지역 내 학교, 종교단체, 주민단체, NGO 등의 도움이 필요하다. 각각의 단체들이 보유하고 있는 전문 인력이나 자원봉사가 가능한 인력들을 사전에 확보하면 주민자치사업의 성공 가능성이 그 만큼 높아진다. 또한, 부족한 사업 예산을 확보하기 위해서도 이들 단체 소속의 기업인, 직장인 등의 도움이 반드시 필요하다.

모든 사업을 주민자치위원회가 단독으로 수행하기에는 전문성이나 행정실무 능력의 측면에서 곤란한 문제가 발생할 수 있다. 이런 경우, "마을기업지원 단"(마을기업추진단은 정책형성단계에서는 마을기업지원단으로 전환됨)에서의 협의를 거쳐서 전문성을 가진 단체에 관련 사업을 위탁하거나 기술적인 조언 을 받는 방안을 모색할 수 있다.

  셋째, 정책집행단계에서 주민자치위원회의 역할을 제고하는 방안이다.

  집행단계에서 "마을기업지원단"은 참여가 가능한 인력 자원을 제공하기도 하 고 활동 재원 조달을 위한 공동 사업을 추진할 수도 있다. 예를 들면 마을 축 제를 개최하는 경우, 아파트 부녀회에서는 음식코너를 담당하고, 학부모회에 서는 학생 백일장을 준비하고, 배드민턴 동우회에서는 체육행사를 주관하는 등 각각 단체나 조직의 특성에 맞는 역할을 부여하게 되면 행사가 보다 풍부 해 지고 많은 주민의 참여가 가능해 지며 성공할 가능성이 높아 질 것이다. 마을기업지원단은 주민자치위원과 지역주민들로 구성하고 마을기업을 직·간 접적으로 지원하는 역할을 수행하여야 한다.

  마을기업 제품에 대한 적극적인 마케팅을 위하여 "마을기업지원단"이 주관하 는 벼룩시장과 바자회를 개최하여 지역 주민들에게 마을기업 제품을 이용하도 록 유도하고, "마을기업지원단" 소속원들이 재직하고 있는 직능단체, 민간단 체, 자생단체, 민간기업, NGO 등 각 단체들이 행사를 개최할 때, 마을기업 제품을 이용하도록 적극 권유하여야 한다.

  마을소식지를 발간하는 것이 필요하다. 마을기업의 추진과정, 추진내용, 향 후 추진 계획 등을 뉴스레터 형식을 빌린 마을소식지를 통하여 일반 주민에게 알려서 주민의 관심과 참여를 유도하는 한편, 주민자치위원회의 책임감을 높 일 수 있다.

  넷째, 정책평가단계에서 주민자치위원회의 역할을 제고하는 방안이다.

  "마을기업지원단"에서는 마을기업 활동에 대한 지원 결과와 성과 등을 자체 평가하여 향후 마을기업 활동의 지원을 위한 "마을기업지원단" 소속 단체들의 역할분담과 지원방법 등에 대한 개선방안을 마련하여 "마을기업지원단" 소속 단체나 소속 주민, 주민자치위원회 등에 제공한다.


## V. 지방정부와 NGO 간 협력적 거버넌스

### 1. 지방정부와 NGO 간의 관계

오늘날 비영리·공익활동분야는 이미 행정의 전유물이 아니기 때문에 NGO도 이 분야에 독자적인 서비스 영역을 확보하고 서비스를 제공하는 등 사회적으로 중요한 역할을 수행하고 있다. 그런 점에서 지방자치단체와 NGO가 상호 존중하고 대등한 입장에서 협력·협조하여 풍요로운 사회의 실현에 기여할 수 있어야 한다.

따라서 협력관계라는 것은 비영리·공익활동분야에 있어서 공통의 과제영역에 관하여 행정과 NGO가 목적의식을 공유하고 상호 대등한 입장에서 상대방의 특성을 인식·존중하여 협력·협조해 나가는 관계를 말한다.

행정내부에서의 독단적인 결정으로 정책을 만들고 이를 집행하는 단계에서 반대운동에 직면하게 되어 사업이 지연되고 불필요한 에너지를 소모하게 된다. 따라서 정책을 수립하고 결정하는 단계에서 시민과 행정이 서로 협력하고 철저한 논의과정을 거쳐서 정책을 결정하는 것이 향후 사업을 추진할 때에도 시민의 자립이나 지방자치단체와 시민간의 신뢰관계의 지속이라는 측면에서도 바람직하다. 이것은 처음에 고생할 것이냐, 나중에 고생할 것이냐의 차이지만, 시민의 입장에서 보면 계획단계에서 에너지를 집중시키는 것이 보다 바람직하다.

지방자치단체와 NGO는 별개의 독립된 활동주체이기 때문에 조직측면에서는 양자가 대등한 관계에 있다. 그러나 실제 활동면에 있어서는 양자의 활동영역과 역할분담에 있어서 문제가 발생할 수도 있다(自治省非營利活動硏究會, 1997).

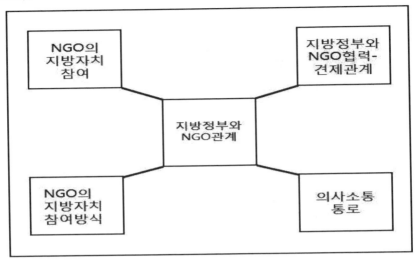

〈그림 2-1-3〉 지방정부와 지역NGO의 관계 분석 범주

## 1) 지방정부와 NGO의 활동영역

지방정부와 NGO는 모두 비영리이고 공익을 목적으로 활동한다는 공통점을 가지고 있다. 그러나 지방자치단체의 활동은 기본적으로 지방자치법에 규정되어 있는 사무에 한정되어 있지만, NGO의 활동은 법률상의 제약을 받지 않고 지방정부의 사무 이외에 비영리적인 공익사업도 그 대상으로 삼을 수 있다. 여기에 대하여 기업은 이익획득을 기본 목적으로 삼고 있지만 일부 비영리·공익활동을 수행하기도 한다.

지금까지 비영리·공익활동의 주된 담당자는 지방정부였으나 행정만이 비영리·공익활동을 담당하는 시대는 끝나고 지방정부의 활동영역에 NGO나 기업이 참여하기 시작하는 시대가 되었다. 지방정부의 활동에는 지방정부만이 제공할 수 있는 것(권력적 서비스)과 지방정부가 아니라도 제공할 수 있는 것이 있는데, 전자에 속하는 서비스의 일부를 외부의 위탁하는 형태로 NGO가 담당하기 시작하면서 후자에 속하는 서비스에 대해서도 NGO가 적극적으로 참여하기 시작하였다(조석주, 2011).

## 2) 지방정부와 지역NGO의 역할분담

지역NGO는 지방정부의 활동에 대하여 정당성을 부여하기도 하고, 지방정부와 협력하여 공공서비스를 제공하기도 하며, 지방정부의 활동에 대하여 감시하고 비판하는 견제의 기능을 수행한다. 지역NGO와 지방정부간의 관계 유형에서도 나타나지만, 지방정부가 지역NGO를 수용하는지의 여부와 지역NGO에 대한 통제, 그리고 지역 NGO의 지방정부에 대한 태도를 기준으로 할 때 양자 간에는 크게 보완·협력적 기능과 비판·감시적 기능으로 대별해볼 수 있을 것이다. 지역 NGO의 활동은 환경보호와 전통문화보호에서 공무원과 정치인들의 비리와 무능 등의 감시자로서의 역할까지 다양하다. 이러한 다양한 활동 속에서 지역NGO와 지방공공기관은 협력자이기만 한 것도 아니고, 갈등의 당사자이기만 한 것도 아니다. 갈등과 협력의 양면성 속에서 비판적 협력관계 (critical partnership)를 유지하고 있다고 볼 수 있다. 지방자치단체와 지역사회 NGO간에는 기본적으로 갈등과 협력의 관계를 가지고 있다(박상필, 1999). 이 갈등과 협력의 양극단의 연속선상에는 여러 가지 다양한 형태로 지방정부와 지역사회 NGO간의 관계를 유형화할 수 있지만, 여기서는 지역사회 발전을 위하여 지방정부와 지역 NGO가 역할을 분담하여야 한다는 측면에서 지역 NGO가 수행하여야 할 역할을 개략적으로 다음과 같이 정리하였다.

첫째, 지방정부의 정책형성과정에서 지역 NGO는 지역정책과 관련된 아이디어의 제언자로서의 역할을 담당한다. 정책의제설정단계에서 지역 NGO는 지역주민의 요구사항을 관철시키기 위해 지역여론을 형성을 하거나 지역정책과 관련이 있는 아이디어나 대안을 제시하는 것이다.

둘째, 지방정부에서 제공하는 주민생활지원서비스의 전달자로서의 역할이다. 지역NGO 활동을 통하여 주민생활지원서비스의 생산(production)과 제공(provision), 분배(delivery) 등에 주민들이 직접적으로 참여함으로써 주민생활지원서비스 공급의 효과성을 높일 수 있다. 대부분의 주민생활지원서비스는 소비자인 지역 주민과 주민생활지원서비스 전달자(공공부문, 시장, 시민사회 등)의 결합된 노력으로 제공되는 것이 일반적이며, 이 과정에서 지역주민들의 자발적인 노력이 어떠하냐에 따라서 주민생활지원서비스의 질과 수준이 결정된다.

셋째, 지방정부 관료들의 행태를 변화시키는 역할이다. 지방정부 관료제의 무능과 병리적 현상을 지역주민 위주로 쇄신시키는 역할을 지역 NGO가 담당할 수 있다.

넷째, 지방정부의 경우 재정자립도가 낮아 중앙정부의 지원에 의존하는 형편인데, 중앙정부의 재정지원이 한계에 달하고 지방재정력이 취약한 상태에서 지역 NGO와 같은 비정부 부문 혹은 시민사회부문이 주민생활지원서비스 중 공공부분의 사각지대를 분담함으로써 지역사회발전과 지역주민의 생활수준 향상에 기여할 수 있다.

다섯째, 지역NGO가 자체 전문성과 조직력을 활용함으로써 특별한 프로젝트나 조사 등에 참여하는 등 일정부분 주민생활지원서비스과 관련된 역할을 분담함으로써 공공부문의 시간을 자유롭게 하여 공공부문이 전문성과 창의성을 요하는 지역사회발전을 위한 기획과 정책대안 모색 등의 업무에 집중하거나 보다 더 긴급한 주민생활지원서비스 관련 업무에 열중할 수 있게 할 수 있다(서순복, 2011).

〈표 2-1-6〉 Glennerster의 공공과 민간부문의 역할분담모형

| 연구자명 | 지방정부와 NGO의 관계 유형 | 기준 |
|---|---|---|
| Korten | 2차대전후 재난구호와 복지활동, 6-70년 | 정부의 NGO에 대한 |

| (1987) | 대 소규모 공동체개발운동, 80년대 정책개입 | 통제 정도 |
|---|---|---|
| Esman & Uphoff (1984) | 완전 자율, 낮은 연계, 중간정도의 연계, 높은 연계, 지시 관계 | |
| Gidron, Kramer, Salamon (1992) | 정부우위형, 중첩모형, 협동모형, NGO 주도 모형 | 재정과 서비스 공급 |
| Coston (1998) | 제도적 다원주의 거부형(억압·적대관계· 경쟁), 제도적다원주의 수용형(계약·제3섹 타·협력·보충·공조) | 제도적 다원주의 수 용여부, 관계의 공식화 정도, 양자간 권한관계 의 대칭·비대칭성 |
| Saidel (2001) | 정부기관 재원중심형, 정부기관에 대한 NGO 의존형, NGO 재원중심형, NGO 에 대한 정부기관 의존형 | 재원의 중요성, 대안의 유용성, 공급압력 능력 |
| 김준기 (1999) | 정부주도형, 이원형, 합동형, 제3섹타 주도형 | 재정과 서비스 공급 주체 |
| 김준기 (2000) | 상호의존적인 관계, NGO 주도의 일방적 관계, 정부 주도의 일방적 관계, 상호독립 적인 관계 | 정부에 대한 NGO의 자원의존도와 NGO 에 대한 정부의 의존 도 |
| 신광영 (1999) | 포섭적, 갈등적, 협조적, 지배적 관계 | 정부의 NGO 수용 여부, NGO의 정부 에 대한 태도 |
| 신희권 (1999) | 통합된 의존, 분리된 의존, 통합된 자율, 분리된자율 | 자율성(자금조달과 통제) 측면과 근접성 (의사소통과 접촉) |
| 松下啓一 (1999) | 정책영역이 독립무관계한 경우, 정책영역이 동일한 경우(협력·협조·경쟁·경합·대체· 하청관계형) | 정책영역별 분류 |
| 임승빈 (2000) | 정부주도형, 반관반민형, 참여경쟁형, NGO 주도형 | 재정, 서비스공급, 정책 영역 |
| 정정화 | 포섭형, 대립형, 종속형, 상호의존형 | NGO에 대한 정부의 |

| (2003) | | 태도, NGO의 전략 |
|---|---|---|
| 정정화<br>(2006) | 대립형, NGO주도형, 정부우위형, 상호의<br>존형 | NGO에 대한 정부의<br>태도(거부와 수용),<br>NGO의 전략(경쟁과<br>협력) |
| 김종성·<br>김연수<br>(2003) | 적대적 관계, 독립적 관계, 지배적 관계,<br>협력적 관계 | NGO에 대한 정부지<br>원, 정책과정에 제도<br>적으로 참여하는 정도 |
| 윤광재<br>(2007) | 상호보완협력관계, 정부주도 NGO보조관<br>계, NGO주도-정부보조관계, 갈등대립관계 | |

자료 : 서순복, 2011

## 3) 지역 NGO의 주민생활지원서비스 공급에의 참여 근거

지방정부와 지역NGO가 협력하여 주민생활지원서비스를 공급할 때, 지방정
부와 지역 NGO의 역할인식에 대한 다양한 논의가 있다. 이 논의는 왜 지역
NGO가 주민생활지원서비스의 공급을 책임져야 하는가에 관한 이론적인 근거
를 둘러싸고 발생되는 논의이다.

첫째, 정부조직 이외의 민간시민단체와 제3섹터의 실패이다. L. M.
Salamon(1992)은 지역NGO등 제3자 정부에게 정부의 기능을 위임(혹은 합
동으로 수행)하는 방식으로 미국형 복지국가의 체제가 구축되었다고 평가하였
다. Salamon은 그 근거로 자원봉사(비영리)섹터의 실패(불비)를 들고 있다.
지금까지 공공서비스론에서는 "시장의 실패"로 정보가 공공서비스의 공급을
담당하여야 한다는 논리가 지배하였으나, 현재는 계약의 실패나 정부의 실패
를 보완하기 위하여 지역NGO가 지역사회 공공서비스의 공급을 책임져야 한
다는 논리가 지배적이다. 그러나 미국의 건국역사를 보아도 본래 지역사회 공
공서비스의 공급주체는 지역NGO였는데, 자금부족, 서비스 편중 등으로 어려
움을 겪게 되자 지방자치단체에서 지역NGO를 대신하여 지역사회 공공서비스

를 공급하기 시작하였기 때문에 다시 지역NGO가 지역사회 공공서비스의 공급주체로서 지방정부와 협력관계를 적극적으로 모색하는 것은 당연하다는 것이다.

둘째, 지역주민과 지방정부를 연결하는 중개조직으로서의 지역NGO의 역할이다. B.Guy Peters는 지역NGO가 지역주민과 지방정부의 중간에 서서 지방정부의 손이 미치지 않는 공공서비스 제공의 사각지대를 담당하고 있다고 설명하였다. 따라서 지방정부가 주민생활에 지나치게 간섭하는 것을 방지하는 완충작용도 포함되어 있다(B.Guy Peters, 1998).

셋째, 지역사회의 수호신으로서의 지역 NGO의 역할이다. 지역NGO는 지역주민들의 협력적인 활동을 대표하는 동시에 지방정부로부터 독립되고 지역주민의 광범위한 참여를 얻어 낼 수 있어서 지역사회의 다양한 욕구를 책임질 수 있으며 필요한 주민생활서비스를 공급할 수 있기 때문에 지역사회의 수호신이라고 불리워진다(久住 剛, 2000). 이러한 지역NGO의 기능은 지역사회에 정치적인 안정성을 가져다준다는 평가를 받고 있다. 왜냐하면, 정치적인 관점에서 지방정부의 단일한 채널만 가지고는 다양화, 복잡화된 주민의 욕구에 적절하게 대응할 수 없기 때문에 지방정부로부터 독립되고 자율성을 가진 지역NGO의 존재가 불가피하다는 것이다. 즉, 지역사회 공공서비스의 공급은 그 효율면에서 뿐만 아니라 정치적인 관점에서도 지방정부와 지역사회를 대표하는 지역NGO가 공동으로 담당해야 한다는 것이다.


## 2. 지방정부와 NGO간 협력적 거버넌스 형성의 요인

지방정부와 지역NGO 간의 협력관계가 성립되려면 다음과 같은 형성요인이 필요하다(B.Guy Peters, 1998).

첫째, 2개 이상의 섹터(시민사회 등)가 참여하여야 한다. 지방정부의 사업에 지방정부와 적어도 1개 이상의 민간단체가 참여하여하여야 한다. 지방정부와 지역NGO는 각각 서로 다른 가치기준과 행동규범을 가지고 있다는 점을 유념하여 협력관계를 형성하여야 할 것이다.

둘째, 각각의 참여부문은 각자 행동의 자유와 주체성을 가져야 한다. 지방정부와 지역NGO는 서로 독립적으로 존재하기 때문에 상대방의 독립성을 존중해 주고 대등한 입장에 있다는 것을 재확인하는 것이 필요하다. 각각의 참여부문이 주체성을 가진다는 것은 각각의 부문이 독립된 의사결정을 하는 자율성을 확보하고 있다는 것을 의미한다. 동시에 사업을 공동으로 수행할 때에도 각각의 주체성을 기반으로 해서 상호협의를 통하여 상대방을 납득시킨 후에 행동으로 옮겨가야 할 것이다.

셋째, 계속적 또는 공동으로 활동하여야 한다. 공동의 활동이라는 것은 일회성의 "거래관계"가 아니고 계속해서 "공공관계"를 형성하고 활동을 계속해 나가는 것을 말한다. 지방정부와 지역NGO가 항상 협력하여 활동하는 것은 아니다. 지역NGO의 의지로 독립적으로 활동하는 경우도 있고(경쟁·경합), 지방정부의 대체·하청자로 활동하는 경우도 있다. 따라서 협력관계가 형성되기 위해서는 상호간 협력·협조하여 활동하는 것이 필요하다.

넷째, 각 각의 집단은 어느 정도의 자원을 공동활동에 제공하여야 한다. 각각의 집단은 자금, 물자. 정보 등의 자원을 가지고 있어야 하며, 이를 공동활동을 위하여 제공하여야 한다.

다섯째, 책임을 공유(공동책임)하여야 한다. 각각의 참여집단은 활동결과에 대한 책임을 공유한다. 이것은 한편이 다른 한편에 대하여 지시 혹은 명령을 내리는 일방적인 관계가 아니고 쌍방이 공동행동의 책임을 지는 것을 말한다.

여섯째, 비영리·공익활동분야에 속하는 활동영역을 가져야 한다. 지역NGO의 활동목적이 개인의 영리나 개인의 정치적 야망의 달성을 위한 것이 아니고 지역사회의 발전과 주민복리증진을 위한 비영리적인 것이어야 하고 공익을 목적으로 하는 활동 분야를 가져야 한다.

일곱째, 공통된 과제영역을 가져야 한다. 똑같은 비영리·공익활동분야라고 하더라도 지방정부의 독자영역이나 지역NGO의 독자영역이라면 협력관계가 성립될 수 없다. 다만, 과거에는 지방정부의 정책대상이라고 할 수 없었던 분야도 정책판단에 따라서 지방정부의 정책이 될 수 있기 때문에 공통과제가 무엇인가는 그다지 엄격하게 구분할 필요는 없다. 지역NGO가 독자적인 영역을 구축하고 활동하는 경우에는 협력관계가 성립되지 않지만 지역NGO가 사회적인 활동을 활발하게 전개하는 것이 사회전체의 이익을 가져온다는 의미에서 느슨한 협력관계를 구축할 수도 있다.

여덟째, 목적의식을 공유하여야 한다. 목적의식의 공유는 협력관계를 구축하는데 가장 중요한 요건이 된다. 지금까지 지방정부와 지역NGO는 서로 협력하여 목표를 달성했던 경험이 적기 때문에 목표의식을 공유한다는 것 자체가 어려울 것이다. 따라서 이것이 협력관계의 형성에 전제조건이 된다면, 시간이 걸리더라도 목표에 대한 합의에 도달할 수 있도록 함께 노력하여야 할 것이다. 특히 지역NGO는 조직의 존립목적이나 목표를 명확하게 하여야 하며 동시에 조직의 운영 측면에 있어서의 자립성을 높여야 할 것이다.

아홉째, 상대방의 특성을 인식하고 존중하여야 한다. 구체적으로는 지방정부와 지역NGO는 사고방식, 경험, 행동원리 등이 차이가 나기 때문에 양자의 공통점이나 차이점을 확인하고 서로가 양보할 수 있는 부분과 양보할 수 없는 부분을 인식하는 것이 필요하다.


## 3. 지방정부 정책과정에의 지역NGO 참여

### 1) 정책과정에서 지역NGO의 기능과 역할

지방정부와 지역NGO 관계가 파트너십으로까지 발전될 수 있는 배경은 지역

NGO에 대한 지방정부의 새로운 인식의 변화와 지역NGO의 역할에 대한 지방정부의 공식적인 인정에서 찾을 수 있다. EU (2000)는 지역NGO의 주요 기능으로서 서비스전달 혹은 공급, 권익주창, 자조집단 혹은 상조모임, 자원 및 조정 등의 네 가지를 제시하고 있으며, World Bank(2000)은 지역NGO의 주요 기능으로서 대표, 전문자문, 역량강화, 서비스전달, 사교적 기능 등의 다섯 가지를 제시하고 있다.

특히 복지국가 위기론 이후에 정부관료제에 의한 전국적인 복지제공은 비효율적인 것으로 인식되어 왔다. 따라서 각종 지역NGO는 지방정부와의 직접·간접적인 계약에 의하여 또는 독자적인 인력과 재정을 가지고 정부가 제공할 수 없거나 무시하는 사화경제적 서비스를 제공하는 복지기능을 수행한다. 대변기능이란 지역NGO의 활동은 사회적 약자의 권익을 대변하는 기능과 밀접하게 관련되어 있다. 사회적 약자의 권한은 지방정부가 각종 복지정책을 통하여 해결하고 있으나, 한국에서는 지역복지서비스의 상당부분을 시장과 가족에게 맡기고 있을 뿐만 아니라, 신자유주의 이념의 전파에 따라 공공부문의 역할이 제한되어 있다.

따라서 소수자나 약자의 권익을 위한 지역NGO는 지방정부의 정책을 변화시키기 위하여 로비하거나 입법활동을 하게 된다. 또한 현대사회는 분화되고 전문화되면서 개인의 욕구도 다양하고 집단 간의 갈등도 빈번하다. 지역NGO는 공익을 추구한다는 대의명분을 가지고 있고 의사소통, 협력, 신뢰와 같은 지역사회자본이 풍부하기 때문에 집단 간의 갈등조정자로서 역할을 할 수 있다. 마지막으로 지역NGO의 활동은 바로 시민으로 하여금 리더십을 학습하고, 공동체의식을 배양하며, 참여민주주의를 교육하는 실천 현장으로서의 교육기능도 수행한다. 특히 민주시민교육은 개인의 자율에 근거하여 현장에서 직접 실천하는 과정에서 효과적으로 이루어질 수 있다.

이상의 논의들을 종합하면 지역NGO의 주요 기능은 서비스전달과 효율성 제고, 권익주창과 지방정부의 책무성 및 투명성 제고, 입법자문과 정책도입의 제안기능 등으로 정리할 수 있다. 먼저 주민생활지원서비스 전달과 효율성 제고 기능은 지역NGO는 공공재화와 서비스 공급에서 지방정부역할을 지원하는 효율적인 파트너가 되며 또 지방정부와 시장이 역할을 하기 어려운 상황에서 자율적인 역할을 수행한다는 것이다. 특히 소규모 작은 지역NGO지만 지역사회에 기반을 두고 지역주민의 문제와 욕구를 잘 파악해서 어떻게 문제해결을 하는 것이 바람직하며 효율적인가를 잘 알고 있는 지역NGO들은 거대하지만 비효율적인 지방정부기관들의 역할을 대신하거나 보충해준다. 또한 주민생활지원서비스 공급 대리점 역할을 하면서 지방정부정책의 비효율성, 역기능 등의 문제를 수정보완 보충하는 역할을 수행한다. 즉, 지방정부가 직접 하는 것보다 지역NGO가 정책집행의 책임을 맡는 경우 상당한 비용이 절감되며 효과도 높아진다는 많은 보고들이 있다(Clayton et al., 2000).

권익주창과 지방정부의 책무성 및 투명성 제고기능과 관련하여 지역NGO의 첫 번째 기능은 권익주창의 역할로 꼽힌다(O'Connell, 1996), CIVICUS(1999)에 의하면 지방정부의 권력행사를 모니터링하며 정책결정과정에 시민참여를 확대시키면서 권력과 목소리를 갖고 있지 않은 시민들을 위한 권익주창자 역할이 지역NGO의 일차적 역할이라고 한다. 두 번째의 지역NGO 역할은 지방정부의 책무성(accountability) 및 투명성(transparency) 제고에 기여하는 것이라고 볼 수 있다. 정보의 공개와 정책결정 및 집행과정의 투명성 유지가 책무성의 전제조건이 되는데, 지역NGO는 이러한 과정에 시민들의 관심을 모으고, 이들의 참여를 확대시켜 정부의 투명성과 책무성을 확보하려고 노력한다.

그리고 입법자문과 정책도입의 제안기능과 관련하여 지역NGO는 정책 아젠다 각각에 대한 전문지식을 제공해주며 특정문제에 대한 이해부터 조사, 연구 및 대안개발 전반에 실질적인 입법자문을 제공해 준다. 많은 지방정부들에서 지역NGO는 입법청원 형식으로 전문화된 정책의 입법화를 제안하는 역할을 수행하며, 입법을 위한 토론화 청문회 등 공식화된 정책개발 및 토의과정에서 중요한 참여자 역할을 수행한다. 그리고 이 과정에서 소수 소외층과 불이익

계층을 대변하거나 대표해서 이들의 이해가 정책에 반영되도록 하는 사회정의를 구현한다. 또한 지역NGO는 창의적인 정책의 도입을 제안하는 역할을 수행한다. 소비자, 의료, 환경, 노동, 여성, 사회복지 등 무수하게 전문화된 영역에서 지방정부는 새로운 창의적인 정책개발의 역량을 발휘할 수 없는 한계에 이르렀다. 예를 들어 인권에 관한 기존의 조례 집행에 대한 압력의 행사뿐만 아니라, 새로운 인권과 정의관련 조례의 제정도 지역NGO의 주요활동이 된다는 것이다.

## 2) 지방정부 정책과정에의 지역NGO 참여

정책과정에서 지역NGO는 어떤 역할을 수행하는가? 보다 세부적으로 지방정부의 정책과정인 의제설정, 정책형성, 정책자문, 정책집행, 정책평가에서 지역NGO는 어떤 역할을 수행하는가? 전통적인 지방정부 정책과정에서 지역NGO의 존재는 다른 이익집단과 유사한 영향력 혹은 역할로 국한되는 경향이 있었지만, 최근 국내외에서 지역NGO의 지방정부 정책과정 참여와 영향력 행사가 급증함으로써 OECD(2000)의 보고서들은 지방정부 정책과정에서 지역NGO의 존재를 주목할 만한 실력행사자로 간주한다.

지방정부 정책과정의 산출물로서 산업정책, 노동정책, 환경정책, 보건복지정책 등 여러 가지 분야별 정책이 환경으로부터 지역정책의제화 되어 지역정책결정으로 완성된다. 이러한 결과로서 여러 가지 정책들이 집행되고 정책평가가 이루어지는 제 과정속에 참여하는 정책행위자들, 여기서 지방정부의 각각 담당 실무 부서별 지역NGO들의 상호작용과정을 분석한다면 지방정부와 지역NGO관계 및 지역정책과정에 있어서의 지역NGO 역할을 설명하고 예측할 수 있다. 그러므로 지방정부의 여러 가지 분야별 정책들이 의제화 되고 결정되어 집행되고 평가되는 정책과정은 지방정부와 지역NGO관계 및 지역정책과정의 지역NGO 역할을 분석할 수 있는 분석영역이라고 할 수 있다(배응환, 2000).

이에 따라 지역NGO가 지역정책과정에서 수행하는 역할 및 정책참여 사례에 초점을 맞추는 연구도 나타나고 있다. 이 경향의 연구는 특정 정책문제를 매개로 하여 지역NGO의 참여가 갖는 일반적인 의의를 거시적 차원에서 규명하거나, 이러한 참여가 정책적 합리성을 높인다고 지적한다. 지역NGO의 정책참여 사례에 초점을 두는 연구는 지역NGO의 참여가 정책과정을 어떻게 변화시키고 있는지, 지역NGO의 정책참여가 실제 정책의 효과성을 높이기 위해서 필요한 전략은 무엇인지를 규명하는데 연구를 집중하고 있다(김준기·김정부, 2001).

그런데 아직까지 우리나라 지방정부의 지역NGO 활동은 정책집행과정에 집중하는 경향이 있다고 한다. 실제 임승빈(2001)은 환경NGO의 정책참여과정을 연구하였는데, 그에 의하면 지역NGO는 정책결정과정에 참여하는데 이것은 주로 정부의 각종 위원회에 참가하는 것이라고 한다. 그러나 그 참여방식이 의견개진에 그치고 있고, 위원들의 역할 자체가 심의자문역할에 그치고 있는 한계점이 있다고 한다. 그리고 정책집행과정에서의 참여는 주로 민간위탁을 통해 이루어지며, 지방정부 수준의 정책과정에서는 정책입안단계에서도 참여하고 있다고 한다.

(1) 지방의제설정단계에서의 참여

지방의제설정은 선출직 공무원 및 임명직 관료에 의해 주도되는 과정으로 Dunn(1994)은 이들 공직자들이 공익문제를 공공의제로 설정한다고 설명함으로써 제도권 밖에 위치한 지역NGO의 의제설정 역할을 중시하지 않았다. 그러나 Berry(1999)의 분석에 의하면 미국 의회 청문회에서 NGO들이 노조와 기업단체보다 의제설정에 더 큰 영향력을 미치고 있다고 한다. Berry는 그 증거로 언론에 보도되는 공공의제 설정 혹은 여론형성 과정에서 NGO가 기업단체, 노조 등에 비해 압도적인 영향력을 행사한다는 자료를 제시한다.

임승빈(1999b)은 NGO의 역할을 크게 정책과정에서의 파트너역할, 정책제언자 역할, 국제사회의 일원으로서 국제적인 협조적 역할 등의 세 가지를 제시하고 있다. 그러나 본 연구의 관심은 정책과정에서의 파트너역할, 정책제언자 역할 등에 관심을 가지고 있으므로 여기서는 이들만을 고찰한다. 정책과정에서의 정책제언자(Advocacy) 역할이란 정책의제설정과정에서 NGO가 시민들의 요구사항을 관철시키기 위해 여론형성을 하거나 정책대안을 제시하는 역할을 의미한다.

일반적으로 지역의제설정에서 지역NGO의 역할이란 공익문제의 고발, 여론형성 및 주도의 역할, 정치인 및 관료에 대한 공공의제 제시 등으로 나타난다.

(2) 지역정책형성단계에서의 참여

선출직 및 임명직 공무원들이 문제해결을 위한 대안을 형성하는데 주도적인 역할을 하며 NGO 및 이익집단 등은 보충적인 역할을 한다는 것이 종래의 통설이었다. 그러나 Berry(1999)의 연구는 정책형성에서 지역NGO의 역할이 급증하는 추세라고 지적한다. Berry는 미국에서 지역NGO가 기업, 이익집단, 노조보다 더 막강한 의제설정자이자 정책형성자의 역할을 하고 있다고 주장한다. 또한 Berry(1999)는 정책형성에서 NGO의 역할로 이해관계자로서의 시민의 이해표출과 집약, 문제해결을 위한 합리적인 대안의 제시, 이익집단이나 이해집단들 사이의 대립과 갈등을 조정하는 대안 제시 등을 들고 있다.

(3) 지역정책결정단계에서의 참여

지역정책결정은 정책대안이 입법부의 다수결, 행정기관 책임자들의 합의 혹은 법원의 결정에 의해 채택되는 과정이다. 따라서 지역NGO의 영향력은 직접적이기보다는 간접적이고, 제도권에 대한 접근이 공개적이라기보다는 폐쇄적이라고 볼 수 있다. 그럼에도 불구하고 지역NGO는 지역의 공공정책을 결정하는 단계에서 지역정책결정에 필요한 전문지식과 정보를 제공하는 정책자문역할, 지역사회의 특성 지역주민의 욕구나 희망사항 등의 전달자 역할, 지역의 정책과 관련된 이해당사자간의 갈등이나 분쟁을 중재하는 역할 등을 수행한다.

첫째, 지역정책의 자문 역할이다. 지역사회 현장에서 활동하는 지역NGO는 단체장이나 지방의회 등 지방정부의 정책결정권자에게 특정한 전문분야와 관련된 학술논문, 연구보고서, 국내외 동향, 국내외 우수사례 등과 같은 자료와 전문적인 지식을 제공하는 역할을 수행할 수 있다. 이 때, 지역NGO는 지방정부의 정책자문위원회 등에 참여하여 직접적으로 정책결정에 참여하는 경우도 있지만, 토론회, 연찬회, 학술대회 등을 통하여 간접적으로 지방정부의 정책결정에 영향을 미치기도 한다. 또한, 지역NGO의 자체적인 연구기관을 통하거나 지역NGO내부의 전문직에 종사하는 자원봉사자를 통하여 특정 정책이슈에 대한 전문적인 정보를 제공하는 역할을 수행할 수 있다. 조직화된 지역NGO는 내부의 정치적 자원을 동원하여 지방정부의 정책결정자가 자신들이 추구하는 가치가 투영된 정책을 결정하도록 정치적 압력을 가할 수도 있다.

둘째, 지역사회의 의견을 전달하는 전달자 역할이다. 지역NGO는 지역주민들과 직접 접촉하는 지역사회의 활동현장에서 수집한 지역주민의 의견이나 요구사항, 지역사회의 문제점 해결에 필요한 사항이나 지역의 숙원사업 등을 정리하여 지방정부의 정책결정권자들에게 제도적인 경로와 절차를 거쳐서 직접 전달할 수 있다. 또한, 주민의견조사, 토론회, 공청회, 집담회 등을 개최하여 간접적으로 지방정부의 정책결정에 영향력을 행사할 수 있다.

셋째, 중재자의 역할이다. 지역NGO는 지방정부를 대신하여 각종 지역정책의 결정단계에서 공무원, 공공기관, 기업, 주민 등 관련된 이해당사자 사이에서 발생할 수 있는 다양한 갈등이나 분쟁을 사전에 예방하거나 사후에 해소하는 중재자의 역할을 수행할 수 있다. 지역NGO는 객관적인 제3자의 입장에서 전문적인 중재를 할 수 있기 때문에 당사자가 직접 만나서 협상하는 것 보다 효과적일 수 있다.

### (4) 지역정책집행단계에서의 참여

지역정책집행은 일반적으로 재원과 인력을 동원하는 행정기관의 독점적인 과정으로 이해하여 왔다. 그러나 최근의 민간화(privatization), 외부용역(contracting-out), 제3자적 정부 등의 강력한 추세는 정책집행이 지방정부에 의해 독점되기보다 영리기업과 지역NGO 등 비영리기관들과 공유하는 방향으로 발전되고 있다는 것을 알 수 있다. 임승빈(1999b)에 의하면 지역정책집행과정에서 지방정부와 지역NGO간의 가장 대표적인 결합방식은 민간위탁이라고 한다. 민간위탁의 상황은 중앙정부적인 차원에서는 권한의 위탁이 주로 실시되고 있으나, 지방정부의 정책집행부문에서는 사회복지관, 체육시설의 관리 등 정책집행부문에서 점차적으로 YMCA 등의 NGO가 공공시설의 위탁수행자로서 역할을 수행하고 있다. 또한 하수종말처리장 등 환경시설에서는 민간회사가 위탁수행자로서 정책집행과정에서 역할을 수행하고 있으므로 정책집행과정에서는 국가-시장-NGO간가 공동생산방식이 늘어나고 있는 추세이다. 그러므로 정책집행에서 NGO의 주요 역할은 정부기관이 공급하기 어려운 서비스의 공급, 정부기관보다 효과적인 서비스를 제공하는 영역에서의 활동, 정부기관보다 효율적인 서비스를 제공하는 영역 등으로 구분할 수 있다.

그리고 정책집행과정에서 많은 참여가 이루어지는 이유는 정책집행에 NGO의 참여가 다수의 장점을 지니고 있기 때문이다. 임승빈(1999a)은 정책을 집행하는데 있어서 NGO 활용의 이점을 다음과 같이 들고 있다. 첫째, NGO의 활용은 인력과 예산의 부족을 충당할 수 있는 능동적인 인력활용의 대안으로서의 기능을 수행한다는 것이다. 둘째, 관료제가 갖는 문제로서 획일적인 행정, 개별성이나 창조적 행동의 억제, 형식주의 등 관료주의적인 행정조직이나 공무원의 행태를 보다 시민위주로 쇄신할 수 있는 개혁의 계기로서 NGO활동을 활용할 수 있다는 것이다. 셋째, 정부의 서비스전달에 NGO를 도입하는 것은 서비스활동의 성과를 높일 수 있는 좋은 제도적 장치라는 것이다. 넷째, NGO의 기술이나 전문성을 활용하여 특별한 프로젝트나 조사, 일상 업무 등을 수행함으로써 공무원들이 시간적 여유를 가질 수 있고, 이에 따라 공무원들이 그들의 전문적인 업무에 열중하게 할 수 있는 계기가 될 수 있다는 것이다.

이러한 이점으로 인하여 지금까지의 연구경향은 정책의제과정, 정책형성과정, 정책결정과정, 정책집행과정, 정책평가과정 등의 정책과정 가운데 특히 정책집행과정에 한정된 분야에서의 분석을 시도하는 연구들이 대부분을 차지하고 있다. 이러한 이유는 공공영역에서 NGO의 역할이 비대해져가고 있다는 점은 주지의 사실이나 활동영역이라는 관점에서 보면 정책집행적인 부문에서 NGO활동이 많았다는 것을 반증하는 것이라고 할 수 있다. 그러나 정책집행과정에서도 NGO의 역량을 활용하는데 저해요인이 있다. 임승빈(1999a)에 의하면 정책집행과정에 있어서 NGO 활동의 활성화를 저해하는 요인으로서 정부의 NGO 지원조직의 다원화, NGO에 대한 재정지원의 투명성·형평성 결여, 자원봉사활성의 인센티브로서 사회보상제도의 미비, NGO 자체의 관리 및 운영상의 문제 등을 지적하고 있다.

(5) 지역정책평가단계에서의 참여

지역정책평가는 법적 요구사항에 대한 충족, 정책목표달성 여부에 대한 판단을 하는 과정으로 NGO와 직접적으로 관련되지 않은 과정으로 볼 수 있다. 그렇지만 무수한 정책사례에서 NGO들의 정부정책 비판, 감시, 모니터링 역할이 크게 늘면서 NGO가 사회의 주요한 정책평가자로서의 위상을 갖추고 있다고 보는 것이 일반적이다. 정책평가 과정에 대한 외부평가자로서의 NGO의 역할은 정책에 대한 정부의 책무성 추궁, 정책의 유지 혹은 폐지의 요구, 정책의 수정,혹은 보완의 압력, 정책의 축소 혹은 확대의 요구 등으로 제시된다.

임승빈(1999b: 12-13)에 의하면 정책집행이후의 단계에서도 NGO의 역할이 최근 두드러진다고 한다. 이 단계에서 NGO는 집행된 정책의 오류를 수정하고 변경시키려 하며, 수행중인 정책에 대한 지속적인 감시자로서의 역할을 담당하고, 자신들의 견해가 효과적으로 정책에 재투입되도록 시민들을 교육시킨다고 한다.

## VI. 지방정부와 지역NGO간 협력적 거버넌스 활성화 사례

### 1. 일본의 지속가능한 마을 만들기 활동

#### 1) 마찌즈꾸리 개념

1980년대에 들어서면서 일본은 지역(주민)공동체(community)가 자발적으로 도시(지역)를 가꾸어 간다는 의미의 마찌즈꾸리(まちづくり) 운동이 전국 시정촌(市町村)에서 행해지면서 지역활성화를 위한 노력들이 다양하게 나타났다. 마찌즈꾸리(まちづくり)의 개념은 대략 3가지 정도의 의미(keyword)를 내포하고 있는데, 첫째는「거주자·시가지」, 둘째는「주민주체참가」, 셋째는「재생활성화」등이다. 현재 사용하고 있는「都市づくり」,「町づくり」,「村づくり」,「島おこし」등의 용어를 보면 첫째의 의미(keyword)에 해당하는 場所는 각각 다르지만 둘째의「주민주체참가」, 셋째의「재생활성화」는 공통적인 점을 알 수 있다. 특히 셋째의「재생활성화」는 지역의 경제적 측면(상업, 비즈니스 등)과 사회문화적 측면(주민일체성·커뮤니케이션), 그리고 물리적인 측면(쾌적성·정체성·예술성 등)을 동시에 내포하고 있고 이것이 상호 유기적인 관계를 형성하고 있음을 알 수 있다.

따라서 まちづくり는 지방자치·주민자치의 본래의 취지(기본이념)를 토대로 지역의 주권자인 주민(住民)이 도시를 계획하는 권리를 확립하기 위해(목적) 스스로 거주하는 시가지에 있어서(장소) 생활공간과 커뮤니티의 재생활성화를 통해서(내용) 협동하여 전개하는 사회활동이고 자기개혁활동(기능)이라고 할 수 있다.

## 2) 마찌즈꾸리 운동의 특성

마찌즈꾸리가 최종적으로 지향하는 목표는 결국 행복한 삶, 쾌적한 생활을 보장하는 지속가능한 사회 만들기이다. 이것을 충족시키기 위해서는 정신적인 면, 경제적인 면, 물리적인 면이 모두 충족되어야 가능한 일이다.

60-70년대 일본의 주민운동은 징겨 주민들의 생활을 파괴한 기업이나 이런 문제에 책임있게 대처하지 못하는 지방정부에 대하여 지역주민들이 저항한다는 의미가 담겨 있었다. 이러한 지역주민들의 저항운동이 발전하여 자신들이 살고 있는 지역사회의 문제는 지역 주민들의 힘으로 스스로 책임지고 해결하고자 하는 의식의 변화를 가져왔으며, 이러한 주민의식변화가 마을만들기 활동을 통하여 나타나고 있다. 마을 만들기의 동기도 여러 가지 인데, 고베지역과 같은 경우처럼 공단반대운동의 경험을 토대로 마을 만들기를 해 가는 경우가 있는가 하면, 세타가야구처럼 중산층 이상의 주민들이 자아 실현을 위해서 마을 만들기를 하는 경우도 있다.

마을 만들기는 주민과 행정, 전문가 등이 일체가 되어 파트너십과 자원봉사(volunteer) 정신을 가지고 지역주민과 함께 지역을 보다 살기 좋고 지속가능하게 만들어 가고자 하는 노력의 표현이라 할 수 있다(유상오, 2000). 따라서 지역사회의 다양한 구성원들이 유기적인 관계형성을 통해 지역사회의 특성을 살리면서 지속가능한 방향으로 공통의 문제를 해결해 나가고자 하는 마을 만들기 운동은 민관협력의 대표적인 지역거버넌스의 중요한 모델이 되고 있다.

<표 2-1-7> 지역거버넌스에 있어서 각 주체별 역할

| 구분 | 이념 | 제도 | 기술 |
|------|------|------|------|
| 중앙정부 | 개발과 보전의 공생<br>환경친화적 사회실현 | 법률, 세제지원<br>국제적연대 | 개별지원사업<br>생태사회모델개발 |
| 지자체 | 자연친화적 지역계획<br>생태마을만들기 추진 | 조례제정<br>주민지원사업 | 생태주민사업실시<br>조인트섹터방안연구 |
| 전문가 | 생태사회이념구축<br>학제적 생태연구 | 학회구성<br>사례연구 | 생태사업기술지원<br>파트너십형성 |
| 민간 | 바람직한 사회상요구<br>생태공동체비전 제시 | 행정지원사항실천<br>자발적 참여방안제시 | 생태공동체실천<br>지역단위 커뮤니티운동전개 |
| 시민단체 | 정부, 전문가, 시민연결<br>사회변화상 제시 | 단체연대<br>시민참여조직 | 민간운동지원<br>홍보, 교육 등 개별사업전개 |
| 기업 | 환경친화 이미지소개<br>생태환경방안제시 | 기업연대통한 제품제작<br>기업이익의 사회환원 | 농촌과 연계한 기업상품생산<br>리필제품의 생산 |

자료: 유상오, 2000.

예를 들어, 교토시의 경우 재단법인 교토시경관마찌즈꾸리센타를 1997년 10월 1일 설립하였는데, 여기에는 행정, 기업, 주민, NPO, 전문가 등이 공동 참여하고 있으며, 기본재산이 6천만엔으로 전액 교토시가 출연하였다. 주요 사업내용으로는 경관 및 마찌즈꾸리에 관한 사업들을 계발하고 정보를 제공하며, 상담, 학습, 연수 및 교류촉진 등의 활동을 지원하고 있다.

「(주)마치즈쿠리 미타카」와 「미타카 네트워크 대학」은 협력적 지역거버넌스 체제를 구축하여 마을만들기 사업을 추진한 일본의 대표적인 사례이다. 1960년대의 빠른 경제성장과 함께 미타카시의 인구는 1960년의 9만 명에서 1970년 15만 명으로 증가했습니다. 당시의 많은 새로운 거주자들은 지역사회와 지역주민에 대해 무관심하였기 때문에 주민을 기반으로 하는 전통적이고 긴밀한 공동체의 형성이 미흡하였지만, 1970년 미타카시는 재정계획에 「커뮤니티 센터 계획」을 통합시켜 일본에서 선도적으로 지역공동체 이념을 개척해 왔다.

미타카시에서 지역공동체 활동은 매우 활발하다. 이 활동은 7개의 자치적인 「주민협의회」가 그 핵심을 이루고 있고, 미타카시에 거주하고 있는 사람이면 누구나 참가할 수 있다. 「주민협의회」는 지역정보와 문화, 스포츠, 복지, 환경 그리고 재해방지 프로그램 등의 다양한 지역공동체 활동을 제공하는 커뮤니티센터를 설치 · 운영하고 있다.

커뮤니티센터 내에는 회의실 및 각종 문화 · 스포츠 시설 등이 설치되어 있으며, 미타카시의 모든 거주자들은 「주민협의회」가 미타카시와의 대등한 계약을 통하여 자치적으로 운영되고 있는 다양한 유형의 문화, 레크레이션, 교양, 평생학습, 체육, 복지, 교류, 숙의의 장 등을 이용할 수 있다.

미타카시는 1960년 시행 초기부터 미타카시의 지역공동체 활성화 계획 입안 단계에서부터의 시민들의 참여를 적극적으로 장려해 왔다. 그 결과, 다양한 접근법을 채택하여 주민생활지원서비스에 주민들의 참여를 활성화하는 다양한 시책들을 적극적으로 추진할 수 있었다. 1989년 미타마시는 공원과 학교의 재정비를 위한 민관 합동워크숍 등과 같은 독창적이고 다양한 방법으로 적극적인 시민참여를 유도하였다. 1999년부터 시작된 미타카시 기본방침의 기본구상과 제3세대 기본구상에도 시민들이 직접 시정에 참여하여 시민의 의사가 시의 지역발전정책에 반영될 수 있도록 하기 위하여 지역정책의 입안-결정-집행-환류 등 모든 단계에 시민참여를 제도화하였다.

지금까지 「시민참여」라는 말은 일반적으로 지방정부가 입안하고 결정한 시책사업에 대하여 지역주민의 대표자 혹은 전문가들이 수정·보완 의견 혹은 자문의견을 제시하거나 지역시책의 집행과정에서 일반 시민들이 자원봉사자 등의 자격으로 참여한다 라는 뜻으로 쓰여 왔다. 「민관협력」이라는 말은 지역주민, 지역공동체, 지역NGO 등과 지방정부가 서로의 자치적인 결정권한을 존중함으로써 상호 대등한 지위와 입장에서 지역문제 등의 해결을 위한 책임과 권한을 분담한다는 것을 의미한다.

향후, 민과 관이 상호 협력하여 지역사회발전을 도모하기 위해서는 지역문제 해결이나 지역발전을 위한 의제의 발굴, 지역시책사업의 결정, 집행, 사후 평가 및 환류 등 지역발전계획의 모든 과정에서 「시민참여」와 「민관협력」이 주체적인 개념으로 자리잡게 될 것이다. 2006년 4월에 미타카시에서 제정되고 실시한 「자치기본조례」는 어떤 다른 법규보다 「시민참여」와 「민관협력」을 우선시하는 최고의 지역거버넌스 확립을 위한 규범이다. 미타카시 자치기본조례의 전문에는 「미타카시는 시민참여와 민관협력을 기반으로 시민들을 위한 행정을 제공하기 위해 조직되었다」라고 명시되어 있다. 이와 같은 규정에 따라서 미타카시는 「시민참여」와 「민관협력」을 통한 지역사회의 발전을 촉진시키기 위하여 미타카시 소속 공무원들로 하여금 「민관협력 추진 핸드북」을 항상 휴대하고 참고하도록 지침을 내리고 있다.

지역사회에서의 시민활동이 활발해지면서 NPO, 시민자원봉사단체 등과 같은 주민자치조직들이 지역사회의 발전을 위해서 핵심적인 역할을 지속적으로 담당하고 수행할 수 있게 되었다. 최근에는 그러한 주민자치조직들에 대한 지방정부의 지원시스템을 개발하고 지역 NPO단체들과 같은 주민자치활동을 수행하고 있는 관련된 조직의 네트워크를 육성하는 것이 새로운 이슈가 되고 있다. 미타카시는 이에 부응하여 「협동의 마치즈쿠리」를 활성화하기 위한 장소로서 「시민협동센터」를 설립했다. 「시민협동센터」는 시민사회와 지방정부가 새로운 형태의 협력적 지역거버넌스 체제를 형성하는 것을 목적으로 하는 것이다. 이 센터에서는 기존 지방정부의 주도하에서 이루어진 대부분의 공공서비스시책을 시민들과 NPO, 주민자치조직 등이 새롭게 중심이 되어 시와 공동으로 추진하게 되었다.

「(주)마치즈쿠리 미타카」는 미타카시 지역발전의 민간 파트너로서 1999년 설립되었다. 이 조직은 신속함과 융통성이라는 사적 영역의 장점을 지방정부가 추진하는 주민생활지원과 공공서비스 영역에 도입하여 지역발전과 관련된 다양한 사업들을 추진하고 있다. 「(주)마치즈쿠리 미타카」는 미타카시 지역사회에 축적되어 있는 역사, 문화, 지리적 가치 등을 기본 자산으로 적극 활용하고, 시민, 대학, 지방정부 신하 각 공공기관 등이 상호 파트너십을 형성하여 협력적 지역거버넌스 체제를 구축함으로써 성공적으로 작동하게 된 것이다.

「미타카 네트워크 대학」은 교육을 전문으로 하는 일반적인 교육기관이 아니고 대학을 포함한 14개의 교육기관을 중심으로 지역내 민간기업, 시민단체와 NGO, 자원봉사단체, 공공부문의 조직 등이 함께 참여하여 2005년도에 설립된 협력적 지역네트워크이다. 「미타카 네트워크 대학」에서는 지역사회의 발전을 위한 새로운 정책 아이디어를 연구·개발하고, 시민들의 자치역량과 사업 추진역량을 함양시키기 위한 수준 높은 교육과 연구를 수행한다. 또한, 미타카시의 특성을 살리고 지역주민이 참여할 수 있는 새로운 비즈니스 모델을 개발하고 미타카 시민-민간기업-미타카 공공부문이 함께 참여하여 지역사회 발전과 주민의 일자리 창출 등을 동시에 달성하기 위한 다양한 사업을 추진하고 있다.


## 2. 그라운드워크(Ground Work) 운동

### 1) 그라운드워크 개념

1981년 영국 Merseyside주에서 처음 설립된 Groundwork는 공공, 민간 그리고 자체적인 위원회를 갖는 자발적 부문들 사이의 환경개선활동 협력체다. 특히 주목할 점은 그라운드워크에 참여하는 행정과 기업, 시민 3자간의 협력을 촉진하는 역할을 담당하는 것이 트러스트(trust)라 불리는 전문조직으로, 현재 영국연방에는 50여개의 트러스트가 있으며, 700명의 실무자가 연간 4만명에 이르는 자원봉사자의 협력을 받아 다양한 활동들을 전개하고 있다.

그라운드워크 트러스트들은 시민이나 기업의 기부, 자원봉사활동, 행정의 지원을 받아 매년 높은 실업과 범죄율, 취약한 공공 위생, 노후화되는 주택과 공공장소, 황폐한 땅과 분쟁 사건들로 피폐된 지역에서 수천개의 사업을 진행해 오고 있으며, 2002년의 경우 약 4,800개의 사업을 지원하고, 모든 연령대 지원자들이 자신들의 지역을 발전시키기 위해 봉사한 시간은 340,000 일 이상이며, 2,500개의 일자리와 50,000 주(week)의 직업 훈련을 제공하였고, 730ha의 토지 개간과 7,000개의 분쟁사업에서 활동했다.

종합적으로 그라운드워크의 목적은 "환경 활동의 연대를 통한 지속가능한 공동체의 조성(to build sustainable communities through joint environmental action)"에 있으며, 다음 세 가지분야에 활동의 초점을 맞추고 있다.

첫째, 사람을 위한 활동(for people): 새로운 기술을 배우고 지역 활동을 하고 싶어 하는 사람들을 위한 기회의 창출

둘째, 장소를 위한 활동(for places): 더 좋은, 더 안전한 그리고 더 건강한 지역 창출

셋째, 번영을 위한 활동(for prosperity): 기업체와 개개인의 잠재력을 성취하도록 돕는 활동

현재 일본에서도 이 그라운드워크 제도를 도입하고 있는데, 국가가 지원금을 지원해 가면서 그라운드워크의 활성화를 유도하고 있다. 일본에서 그라운드워크가 처음 소개된 것은 1991년 사단법인 환경정보과학센터에서 제1회 그라운드워크 日英교류를 실시하면서부터이다. 이때 일본 사회에 상당한 반향을 일으키면서 다음 해에 사단법인 환경정보과학센터 내에 일본그라운드워크 추진위원회를 설치하였으며, 이후 영국의 그라운드워크 사업단의 조언을 받아 미시마 지역에서 일본 최초로 해당 사업이 실시되었다.

## 2) 그라운드워크 미시마

시즈오카현 미시마시는 1950년대 후반부터 후지산을 발원지로 한 깨끗한 물이 마을에 흘러넘쳐 아름다운 친수공간과 자연환경을 자랑했으나, 상류지역의 개발과 방치된 산림의 증가로 후지산의 용수가 줄어들고 이로 인해 용수연못이나 용수하천이 고갈되면서 풍부했던 자연환경도 소멸의 위기에 처하게 되었다. 이러한 상황에서 개별적으로 활동해 오던 지역의 8개 시민단체들이 모여 친수 자연환경의 재생과 개선을 목적으로 1992년 9월 시민, 지방정부, 민간기업 등이 참여하는 협력적 내트워크를 기반으로 하여 '그라운드워크 미시마 실행위원회'를 결성하였다.

시민과 지방정부, 기업 등의 3자가 결합된 새로운 협력적 네트워크체계를 추진하기 위하여 다양한 시민단체의 책임자로 이사회를 구성하고 각 협의회의 결정을 실행하는 조직체제가 형성되었다. 실무적인 사업집행을 위하여 각 단체로부터 4-5명의 실무자가 참여하여 프로젝트회의를 진행하였다. 이러한 협력 과정에서 상호간에 신뢰관계가 생겨나 마을 만들기 활동도 활성화되었다.

시가지에 인접한 휴경지 약 1,000㎡를 농가로부터 빌려 시의 보조금을 받아 800명 이상의 시민이 참가한 정비사업으로 '꽃과 반딧불이의 마을 만들기'를 추진하였다. 시민들이 자발적으로 삽을 들고 땀을 흘리면서 공원을 만들고 수로 주변을 정비하는 활동을 통해 주민들의 휴식공간을 만드는 등 다양한 사업들이 이루어 졌으며, 이 과정에서 자신들이 만든 것에 대한 애착심이 생기면서 자율적인 관리도 가능하게 되었다.

또한 시민들로부터 거두어들인 기금과 기업 찬조금 및 기부금, 행정의 보조금 등이 이러한 활동을 위한 재정 수입이 되었다. 1999년 특정비영리활동법인이 된 그라운드워크 미시마에는 시민, 행정, 기업 3자의 협력을 촉진하는 전문성을 가진 중간지원조직인 NPO조직으로 발전하였다(http://www.gwmishima.jp/modules/information).

환경악화가 진행되는 '물의 도시 미시마'의 수변, 자연환경을 시민, 기업, 행정의 파트너십의 기초하여 재생, 부활시키는 것을 목적으로 설정하고 있는 그 라운드워크 미시마는 다음과 같은 키워드를 제시하고 있다.

·풍요로운 환경만들기를 주제로 한 주민행동을!

·시민과 기업, 행정의 파트너십으로 원만하게 추진!

·환경을 창조하는 구체적 활동을! 가능한 것부터 착실하게!

## 3. LCSD의 선도적인 실험과 경험 : 서울시 녹색서울시민위원회

한국도 국민소득의 증대에 따라 삶의 질에 대한 국민들의 관심이 높아지고, 자생적으로 지역주민운동 단체들이 생겨나기 시작하였으며, 지방자치제도의 실시로 시민과 행정간의 새로운 협력관계가 요구되면서 '마을 만들기'에 대한 관심이 매우 높아졌으며, 민과 관이 협력하여 다양한 실험들을 하고 있다. 그 대표적인 예가 서울시 녹색서울시민위원회이다(서울특별시 녹색서울시민위원회, 2005).

시정부와 시민, NGO, 환경 전문가, 기업 등 다양한 주체들이 함께 참여하는 '녹색서울시민위원회'는 인구 1천만의 거대도시 서울특별시의 지속가능한 발전을 위하여 다양한 활동들을 전개하고 있다. 녹색서울시민위원회는 서울시의 지속가능한 미래상을 담은 '서울의제21'을 작성하고 실천하는 데 주도적인 역할을 했을 뿐만 아니라 서울시의 25개 기초자치단체의 지방의제21 작성 및 실천활동도 지원하는 노력을 아끼지 않고 있다. 그 결과 25개의 자치구 가운데 24곳이 자치구 단위 지방의제21을 작성하여 다양한 실천 활동들을 하고 있으며, 나머지 1곳(강남구)도 지방의제21 추진협의회를 구성하여 지방의제21을 수립하기 위한 준비를 하고 있다.

1995년 11월 22일 출범한 녹색서울시민위원회는 서울시가 환경적으로 모범적이고 지속가능한 도시로 변모될 수 있도록 시민과 서울시, 기업 등이 협력하여 다양한 환경 개선 프로그램들을 발굴·실천해 오고 있다. 녹색서울시민위원회는, 한국 지방정부 가운데 최초로 지방지속가능발전위원회(LCSD)의 기능을 공식적으로 부여받아 시정부의 주요 정책을 지속가능성 차원에서 평가자문하고 대안을 제시하는 활동들을 해 오고 있다.

녹색서울시민위원회가 서울시의 지방의제21을 보다 효과적으로 추진하기 위한 대표적인 활동으로는 '서울의제21 시민실천단'을 육성하고 지원하는 것을 들 수 있다. 시민실천단은 서울의제21 및 자치구의제21의 실천이 지역 단위에서 활발한 지역 시민운동으로 정착될 수 있도록 지역의 환경지킴이를 육성하고, 이들이 지역 주민들의 생활 속에서 의제를 실천할 수 있도록 하는 데 목적을 두고 구성되었다. 현재 약 4,000여명의 시민실천단이 실천 사업에 적극적으로 참여하고 있다.

시민실천단을 중심으로 이뤄진 사업 가운데 '작은 산 살리기 사업'은 각 자치구 단위에서 자발적으로 구성된 '산사랑회'와 공동으로 펼친 사업으로서 작은 산의 생태계 복원에 크게 이바지했다. 이 사업은 지역 주민들의 일상적 생활환경에 위치하고 있는 작은 산들이 주민들의 휴식 공간, 맑은 공기 제공 등이라는 기능 면에서 도시 외곽의 큰 산림보다 큰 의미를 가지고 있으나 현재 불필요한 등산로 개설, 불법 체육시설 난립 등으로 도시녹지로서의 기능을 제대로 수행하지 못하고 있다는 점에 주목하여 작은 산의 생태계를 복원하는데 주력하고 있는 주민자치적 실천 활동이다. 산사랑회는 각 자치구별로 20-30명 정도의 회원을 확보하고 있는데, 시민실천단원, 대상 산의 인근주민(산의 실태를 잘 아는 사람), 인근학교 교사, 구의원, 자연보호전문가, 공무원(환경 및 공원분야) 등으로 구성되어 있다.

2001년 3월부터 12월까지 23개 자치구(2개 자치구는 산이 없음) 시민실천단과 산사랑회 회원 등 500여명은 1억원의 예산을 들여 10개 산을 대상으로 등산로 축소, 이용이 적은 샛길과 등산로의 폐쇄, 시범 식재 등 등산로 정비활동, 등산로 주변의 나무들에 이름표 달아주기, 생태적으로 우수한 지역에 새집을 달아주기, 곤충과 새들의 보금자리로 활용하기 위한 고사목(수액공급대) 놔주기, 생태역사지도 작성 등의 활동을 자치적으로 전개하였다.

이러한 활동을 통해 작은 산들의 등산로가 생태적으로 조성되었고, 샛길, 공지 등에 4,800그루의 수목이 식재 되었으며, 273개의 새집을 달아주었고, 15그루의 고사목이 활용되었으며, 군부대 경계용 담장 기둥 48개가 철거되었다. 뿐만 아니라 기타 쓰레기 수거 및 각종 캠페인 활동도 전개되었다. 또한 산사랑회는 각종 캠페인 활동과 주민 인식도 조사 등을 통해 작은 산이 갖는 의미를 지역 주민들에게 홍보하였으며, 지역 산의 생태 현황 조사를 통해 생태계 보호 전략을 마련할 수 있는 기초 자료를 제공하는 등 많은 성과를 보였다. 서울시와 녹색서울시민위원회는 향후 대상 산을 2001년 10개 산에서 2002년 20개 산으로 확대하여 사업을 지속하기로 하였고, 사업 예산도 1억원에서 2억원으로 증액하기로 하였다.

시민실천단이 벌인 또 다른 사업으로는 물 절약 사업을 들 수 있다. 이 사업은 2007년까지 서울 시민 1인당 물 소비량을 15% 절감하겠다는 목표를 두고, '물 절약으로 서울댐 만들기'라는 캐치프레이즈를 내건 시민운동이다.

현재 서울시는 정수장 10개소, 취수장 6개소에서 1인 1일 412 리터의 물을 급수하고 있으며 1인 1일 물 소비량이 295 리터에 달해 OECD 주요 국가의 물 소비량보다 훨씬 높은 소비량을 보이고 있다. 1993년 UN에서 한국을 물 부족국가로 분류함에 따라 서울에서도 2000년부터 수요관리 측면을 강조한 다양한 시책들이 추진해왔고, 특히 서울시 물 소비량의 주요 소비처별 평균 소비량을 볼 때, 가정용 197리터, 영업용 58리터, 업무용 22리터, 대중목욕탕 10리터, 기타 8리터 수준으로 나타나 시민들의 적극적인 물 절약 노력이 절실한 것으로 판단되었다.

서울시와 녹색서울시민위원회는 물을 효과적으로 절약하기 위해 낡은 수도관 교체, 수도 요금 현실화 등 물 낭비 요인을 없애고 주민들의 물 절약 의식을 생활화 할 수 있는 실천 프로그램을 개발·적용하여 실제 각 가정에서 물 절약 경제 효과를 직접 체험 할 수 있도록 하는 시민 참여가 중요함을 인식하게 되었다. 이에 따라 2개 NGO와 각 자치구 시민실천단원 5,000여명이 참여하여 물 절약 실태를 조사하고, 물 절약 시민운동을 전개하였다. 특히 각 자치구 시민실천단은 물 절약 서약운동, 물 절약 저축통장 개설, 절수기기 설치 활동 등을 펼쳤다.

절약 실태 조사는 NGO들의 시정 참여 공모 사업에 의해 진행되었는데, 2001년 11월 참여 희망 가구를 모집하여 1,000여 가구에 절수기를 설치하고, 2001년 12월부터 2002년 2월까지 약 3개월 동안 절수기 설치 전후 효과 측정을 위해 자원 봉사자들이 매일 검침을 실시하였다. 또한 월 평균 절수량의 수도 요금 환산과 전년도 대비 절수량을 확인하기 위해 서울시 남부수도사업소의 협조를 받아 수도 요금 변동 추이를 분석하였다. 이밖에 시민실천단은 가정방문, 캠페인 등을 통해 시민들의 물 절약 실천 서약을 받고, 물 절약 저축통장을 배부하였으며 서울시가 절수기기를 설치해주었다.

이러한 사업을 통해 물 절약에 대한 시민 공감대 형성과 물 절약 실천 저변 확산, 새로운 물 절약 프로그램 개발을 통한 민-관 협력 체제 구축, 절수기기 설치를 통한 직접적인 효과 검증으로 물 절약 시민 참여 극대화 등의 성과를 거두게 되었다. 특히 절수기기 설치는 약 20%의 절수 효과를 보였고, 월 평균 4,917톤, 3,980,580원의 절감 효과를 보여 시민들의 직접적인 참여와 구체적인 성과를 얻는 모범적인 사업이었던 것으로 나타났다(서울특별시 녹색서울시민위원회, 2005).

## 4. 지역주민의 힘으로 일구어 낸 희망 : 경남 김해시의 대포천 살리기

### 1) 배경

경남 김해시 상동면에 소재한 대포천은 400만 부산시민의 상수원인 낙동강 물금취수장의 약 300m 상류에 위치하고 있는 지방2급 하천이다. 대포천 상류지역에는 10개 마을 1,500여 가구 4,300여명이 살고 있었고 소돼지사육 축산농가, 공장, 음식점 등 많은 오염원이 들어서 있었다. 이러한 상황에서 대포천은 지역개발과 더불어 오염되기 시작해 1997년에는 3급수 이하의 하천으로 전락했다(김해시, 2002).

이러한 대포천이 지역 주민들이 자율적인 노력과 중앙과 지방정부의 지원으로 수질개선 노력을 기울인 끝에 현재 1급수 수준으로 획기적으로 개선되는 결과를 얻어낸 협력적 지역 거버넌스의 성공적인 사례가 되고 있다.

### 2) 추진과정

90년대 들어 낙동강 페놀오염 사건이 발생하면서 부신 시민들을 비롯한 환경단체들의 낙동강 수질에 대한 관심과 걱정이 높아지자 정부는 1992년 부산시 물금취수장 상류에 위치한 대포천 유역을 청정지역으로 고시하였다. 하지만 수질은 크게 개선되지 않았고 결국 1997년 낙동강 물금취수장의 상수원보호를 위하여 대포천 일대를 상수원보호구역으로 지정할 계획을 발표하게 된다.

상수원보호구역으로 지정될 경우 해당 지역주민들의 토지이용을 비롯한 각종 개발행위는 제한될 것이 필연적이었던 만큼 당시 대포천 유역 주민들은 이러한 정부의 계획에 대해 '상수원특별법반대추진위원회'를 결성하고 적극적인 반대운동을 전개하기 시작하였다. 하지만 대안 없는 반대운동만으로는 한계가 있음을 인식한 투쟁위원회는 명칭을 '수질개선대책위원회'로 변경하고 우선

대포천을 살리고 행정당국에 상수원보호구역 지정을 유예해 줄 것을 요구하는 것으로 활동 방향을 수립한 후 수질개선을 위한 대책을 마련하면서 주민대표 150명을 상수원보호구역으로 지정되어 있는 지역으로 견학을 하도록 하는 등 지역주민들의 참여를 높이는 노력들을 전개하게 된다.

지역주민들과 지역내 기업들로부터 모금한 돈으로 수질대책 기금을 마련하여 유급감시원 2명을 대포천에 배치하는 한편, 수계별 하천감시단 3개반(18명)을 구성하여 축산폐수와 공장폐수의 무단방류감시에 들어갔다. 1997년 8월경에는 무단방류하는 공장을 일주일간 새벽순찰을 통해 적발하여 고발조치하고 업체로 하여금 하천바닥을 씻어내게 하기도 하였다. 또한 농민후계자들이 중심이 되어 친목회를 구성하여 매월 월례회를 개최하고 축산시설의 하천배출을 억제하고 부득이한 폐수는 수거차량을 빌려 위탁처리하도록 하였다. 가정에서도 세제 덜쓰기운동, 손빨래하기운동, 물 덜쓰기운동에 적극 동참했고 하수가 흘러드는 어귀마다 미나리를 심었다.

주민들은 관계기업별로 담당구역을 배정하여 매주 한차례씩 범 면민 하천정화활동도 벌였고 김해시에서는 음식물쓰레기가 하천으로 흘러들지 않도록 각 가정과 식당에 간이침전조를 설치해 주었다.

상수원보호구역 지정을 철회를 위해 지역주민들이 자율적으로 앞장서서 수질을 개선하고자 했던 노력은 성과를 거두어 1998년 2월 이후 BOD 기준 1급수 하천으로 개선되었고 이 노력은 정부와 부산시를 설득시켜 상수원보호구역 지정을 철회하는 결과를 거두도록 하였다.

이러한 성과는 2002년 4월 국내 최초로 수질개선 및 유지에 관한 자발적 협약(voluntary agreement)을 체결하도록 하였다. 주민대표, 자치단체 및 정부 간에 자발적 협약을 체결함으로써 대포천 수질관리를 위한 환경거버넌스 체제를 공식화하게 된 것이다.

협약 내용에는 대포천 유역에 주민을 대표하는 '상동면수질개선대책위원회'를 두되, 사회단체대표, 이장단, 부녀회장단, 새마을지도자, 기업체대표 등으로 구성하며, 상동면 주민들은 위원회를 중심으로 자율적으로 대포천 수질을 연평균 1급수로 유지관리하여 낙동강 본류의 수질개선에 이바지할 것을 담고 있다.

지역사회의 다양한 주체들이 참여하는 '상동면수질개선대책위원회'는 협약에서 제시하는 기준 수질을 유지하기 위하여 물 아껴쓰기의 생활화는 물론, 합성세제 사용의 억제와 축산분뇨 처리 및 요식업소 및 사업장 등의 오수 처리를 위한 시설설치 및 가동을 의무화하며, 2010년까지 상동면 전역을 비료, 농약사용을 최소한으로 줄이는 친환경농업지역으로 만드는 장기 계획도 담겨 있다.

## 3) 효과

대포천 살리기 운동은 1997년말 당시 4~5급수로 오염되었던 하천을 1년 6개월이라는 짧은 기간 동안에 1급수의 생태하천으로 회복시킨 놀라운 성과를 거두었다. 특히 이 운동이 정부주도가 아니라 해당지역주민들 스스로의 노력으로 일궈 낸 결과라는 점에 주목할 필요가 있다. 대포천 일대는 500여개의 영세 기업들이 입주해 있고 축산농가를 비롯한 비점오염원의 하천유입 정도가 매우 높았으며, 행락객들의 발길이 잦은 유원지도 위치해 있어 지리적 특성상 수질개선에 매우 열악한 조건을 가지고 있었다. 하지만 지역주민들 스스로 대책위를 만들어 직접 수질개선 노력에 앞장서고 지역주민들 전체의 참여를 위한 다양한 홍보 및 실천활동들을 전개해 왔으며, 이 과정에서 환경오염에 무관심하던 주민들의 관심과 참여를 이끌어 냈던 점은 중요한 성과라 할 수 있다. 이처럼 주민 자발적인 노력만으로 1급수로 수질을 향상시킨 결과는 수질개선대책으로 하수처리시설에 주로 의존하고 있는 다른 자치단체들에게 많은 점을 시사해 주고 있다.

특히 주목할 점은 김해시수질개선대책협의회와 상동면수질개선대책위원회 회장, 김해시장, 경상남도지사, 환경부장관이 참여하여 국내 최초로 수질개선 및 유지에 관한 자발적 협약을 체결하였는데, 협약 내용에는 김해시 대포천 주민들의 실천활동에 상응하여 낙동강특별법에 따른 주민지원사업 등 지원방안을 강구해 나가고, 나아가 대포천 수질이 낙동강수계물관리및주민지원등에 관한법률의 규정을 충족시킬 경우에는 상수원보호구역 지정과 오염총량관리제 시행을 유예하는 내용을 담고 있어, 향후 지역주민들이 주체가 된 자율적인 수질개선 노력이 전국적으로 확산되도록 하는 계기를 제공하였다.

## 5. KCOC(국제개발협력민간협의회)의 글로벌시민교육

KCOC(국제개발협력민간협의회)는 해외원조사업이 효과적으로 수행되도록 회원단체 간의 정보공유와 협력관계 구축을 위해 노력하고, 실무자와 역량강화에 힘쓰며, 해외원조사업에 대한 국민의 참여를 촉진시킴으로써 국제협력사업의 발전에 기여하는 것을 목적으로 설립된 NGO이다.

세계적으로 국제협력은 1950년대 개발도상국의 경제개발 지원을 위해 시작되어 1961년 경제협력개발기구(OECD)가구성되면서 구체화되었다. 세계의 빈곤문제를 해결하고 모두 함께 잘 사는 지구촌을 만들기 위해서 개발도상국에 대한 지원은 불가피한 것으로 나타났다.

한국은 1996년 12월 OECD(경제협력개발기구), 2010년 OECD DAC(개발원조위원회) 선진국의 대열에 들어섰으나 OECD권고 기준인 GNI 대비 공적개발기금(ODA)비율 0.7%에 크게 못미치는 상황이다. 민간원조단체를 통한 해외원조는 개발도상국의 사회저변층(grassroots)에 대한직접적인 원조가 가능하므로 정부차원 원조의 한계성을 보완할 수 있고 지역사회의 주민들을 대상으로 인간의 기본생활욕구 분야에 실질적인 혜택을 제공할 수 있다는 점에서 그 원조가 확대되고 있는 것이 국제적인 추세이다.

KCOC(한국해외원조단체협의회)는 개발협력 시민사회의 글로벌시민교육을 활성화하여 성숙한 세계시민을 양성하기 위한 기반을 마련하고, 이를 통해 국제개발협력에 대한 국민들의 인식을 제고하고자 국제개발협력교육을 실시한다. 2000년대 한국 시민사회의 글로벌시민교육 활동이 시작되면서 교육 컨텐츠와 강사 양성 프로그램을 공동 개발할 필요성이 대두되었다. KCOC는 회원단체들의 요청에 의해 2009년부터 개발교육의 기반을 구축하는 활동을 시작한다. 다음 표는 교육기반구축을 위해 진행된 프로그램이다(신재은, 2017).

〈표 2-1-8〉 KCOC 개발교육의 교육기반구축 활동

**〈표 2〉 KCOC 개발교육의 교육기반구축 활동**

| 사업명 | 내용 | 대상 |
|---|---|---|
| 커리큘럼/컨텐츠 개발 | 학생용 워크북 및 교사용 교안 개발 | 초중고 학생 및 교사 |
| | 국제개발협력 개론서 개발 | 대학생 이상 성인 |
| 강사양성훈련 (기초) | 개발교육 전문강사 양성을 위한 훈련(2009~2015) (개발 이슈강의 및 교수법 제공) | 개발 NGO 실무자, 일반 관심자 |
| 강사양성훈련 (기본) | 개발교육의 실제 수업을 위한 교육 tool 습득, 실습 훈련 | 해외봉사단권 귀국단원, 개발NGO실무자 |
| 교원직무연수 | 공교육 내 개발교육 시행을 위한 연수 (이슈강의 및 자료 활용법 제공) | 초중고 교원 |

출처: 신재은 (2014)

첫째, 개발교육 커리큘럼과 교육용 자료는 다양성, 빈곤, 환경 등 국제개발협력 이슈에 대한 관련 지식을 얻고 실천해 보는 참여형 학습형태로, 초중고등학생 대상 학교수업시간에 맞춰 진행될 수 있도록 개발되었다. 본 활동에는 NGO뿐만 아니라 교사 그룹이 연구진, 집필진, 자문그룹 등으로 참여하여 상호간의 협력을 통하여 진행되었다. 이를 통해 다음과 같이 총 4종 8권의 개발교육 교재가 마련되었다.

〈표 2-1-9〉 KCOC 개발교육 발간자료

**〈표 3〉 KCOC 개발교육 발간 자료**

| 교재 | 세부내용 |
|---|---|
| | · 시기 : 2010, 2016(개정판)<br>· 대상 : 대학생 이상<br>· 내용 : 국제개발 개념 및 이슈 |
| | · 시기 : 2009<br>· 대상 : NGO 및 교사<br>· 내용 : 세계화, 상호연계성, 다양한문화, 이슈 등 총 42차시 |
| | · 시기 : 2012<br>· 대상 : 초등학생용, 중·고등학생용 (총 2종)<br>· 내용 : 다양성, 상호연계성, 인권, 빈곤, 환경, 평화 각 5차시 총 10차시 |
| | · 시기 : 2013<br>· 대상 : 초등학생, 중학생, 고등학생 (총 3종)<br>· 내용 : 다양성, 상호연계성, 인권, 빈곤, 환경 각 4차시 총 12차시 |

출처: 신재은 (2014)

둘째, 강사양성과정은 기초와 기본으로 나누어 진행하였다. 기초과정은 일반시민들이나 NGO 실무자를 대상으로 개발교육에 대한 전반적인 이해를 증진하기 위한 목적으로 진행되었다. 기본과정은 귀국 해외봉사단원과 NGO실무자가 개발교육강사로 활동하면서 실제로 적용할 수 있는 방법론의 실습을 중심으로 개발되었다. 교육내용은 국제개발협력에 대한 기본 지식, 국제개발협력 이슈에 대한 교육 방법론, 프레젠테이션 스킬 등과 같은 교수법 등을 포함하고 있다. 2009년부터 총 27회 687명이 강사양성 과정에 참여하였고, 지역적으로는 서울, 경기, 평택, 대전, 익산, 부산 등 6개 지역에서, 경우에 따라 KCOC회원단체들과 협력하여 진행하였다.

셋째, 교사들을 위한 자율연수 및 직무연수과정도 마련하였다. 교원연수의 경우는 위의 강사 양성과정과 비슷한 형태로 운영되고 있다. 강사양성 과정의 내용 중 교수법을 제외하고 국제개발협력 기본 지식 및 국제개발협력 이슈에 대한 교육방법론을 중심으로 진행하고 있다. 2015년부터는 서울시교육청과 협력하여 과정을 운영하고 있다. 교원연수의 경우 2010년부터 총8회, 271명이 수료하였다.

KCOC는 2009년부터 3년간 개발하고 양성한 강사 및 교육 커리큘럼/교보재를 바탕으로 초중고등학교에 강사를 파견하면서 개발교육 확산 활동으로 그 활동영역을 넓히게 되었다. 그 내용은 다음 표와 같다.

〈표 2-1-10〉 KCOC 개발교육 활성화를 위한 활동

**〈표 4〉 KCOC 개발교육 활성화를 위한 활동**

| 사업명 | 내용 | 대상 |
|---|---|---|
| 초중고 수업지원 (강사파견) | 공교육에 강사파견을 통해 개발교육 수업을 지원(동아리, 창의적 체험학습 시간 등 활용) | 수도권 초중고교 |
| 콘텐츠 개발 | 개발교육 어플리케이션 개발 개발교육 강사를 위한 동영상 강의 제작 | 일반 대중 및 강사 |
| 아이디어 공모전 | 세계시민교육의 내용 및 접근방법에 대한 아이디어 공모전 실시 | 일반 대중 |

출처: 신재은 (2014)

KCOC는 NGO의 글로벌시민교육을 위한 공통의 인력양성, 콘텐츠 개발, 관련정보공유, 네트워크 구축, 시민사회-정부-학교의 중계 역할, 국제사회와의 협력 등 플랫폼의 역할을 통해 NGO의 글로벌시민교육 활성화를 위해 노력하고 있다. KCOC가 개발교육의 플랫폼으로서 개발교육의 기반을 구축하고, 인식을 확산하기 위한 여러 가지 노력을 진행할 수 있었던 주요 이유 중 하나는 한국국제협력단(Korea International Cooperation Agency, 이하 KOICA)와의 협력이 있었기 때문이다. KOICA는 개발교육 기반 구축 지원(2009-2011), 교재연구 및 개발 지원(2013), 해외봉사단 개발교육 전문강사 양성지원

(2014-현재) 등 관련활동을 지원하면서 한국NGO의 개발교육이 안정화되고 확대될 수 있도록 파트너십을 지속하고 있다. 해외 사례에서도 정부와 시민사회의 협력은 글로벌시민교육의 활성화에 큰 영향을 미쳤다. 는 선례를 볼 때 한국의 글로벌시민교육 활성화를 위한 제도를 마련할 시 정부-시민사회 파트너십은 필수적인 요소로 볼 필요가 있다(이태주, 2009; 박수연, 2014).

## 6. 나눔교육을 통한 SDG 12 달성에 기여: 아름다운 가게 나눔교육

아름다운가게는 대한민국에서 처음으로 시도된 재활용품 사용 시민운동의 발상지라는 점에 의의가 있다. 헌 물건을 팔아 생긴 수익을 제3세계의 빈곤 구제와 사회 지원에 사용하는 영국의 옥스팜(Oxfam)이 아름다운가게의 결정적인 선구모델이 되었다. 옥스팜 매장은 유럽 전역에 820여 개의 매장을 갖고 있으며 막대한 규모의 수익금을 극빈자와 장애인, 이민노동자를 위해 출자한다. 2003년 1월 5일 두 달 만에 1억 원에 달하는 매출을 기록하였으며 매출의 10%를 나눠주기로 했던 처음의 목표를 달성했다. 12월 26일 6명과 한 단체를 선정해 첫 수혜자를 찾게 됐다.이후, 물품의 재사용을 통해 사람과 사람을 연결한다는 기치를 내걸었던 옥스팜(Oxfam)을 모델로 하여 '아름다운가게'로 이름을 정하였다. 2002년 10월 17일 재단법인 아름다운재단 산하에서 독립적으로 운영되는 비영리 단체가 되었고, 2008년 6월 9일 행정안전부 소관 비영리 법인인 '재단법인 아름다운가게'로 독립하였다. 아름다운가게는 그 시초부터 헌옷과 책, 가방, 신발, 주방, 가전, 장식 등 중고 물품을 기증 받아서 가게에 유통하도록 했다. 가게에서는 자원봉사자와 구매자 모두를 천사로 칭하고 있으며 이를 토대로 스스로가 자발적인 참여를 통해 지역사회에 보탬이 되고 나아가 더 큰 구심점이 되도록 유도하고 있다. 이러한 활동은 옥스팜의 핵심 가치인 '물품의 재사용을 통한 사람과 사람의 연결' 을 실현하는 것이며 아름다운가게는 이러한 연결을 그물과 그물을 연결하는 그물코에서 따와 그물코정신으로 칭한다. 아름다운가게의 되살림 정신과 그물코 정신은 환경운동과 공익을 실행하는 것으로 이웃에 대해 우리가 스스로 자선을 베풀 수 있다는 개념에서 출발한다. 다만 대형 가구와 대형 가전 등 외관에 손상을 입기 쉽거나 창고 보관에 어려움이 있는 경우에는 기증품에서 제외한다. 기증받은 헌 물건을 되파는 일 외에 다른 사업으로는 기업이나 정부기관과 함께 아름다운토요일, 나눔교육, 움직이는 가게, 등 재사용과 나눔 문화를 확산하기 위한 운동을 벌이고 있다. 또 매월 한 번씩 서울시와 함께 아름다운나눔장터를 마련하고, 자선과 공익을 실천하기 위한 수익배분과 공정무역 그리고 그린 디자인 '에코파티메아리'등도 진행한다(위키백과사전, https://ko.wikipedia.org/wiki).

아름다운 가게의 나눔교육은 진정한 나눔의 목적과 방법을 함께 찾아 생활속에서 나눔, 순환, 공존의 가치를 직접 경험을 해보면서 쉽게 이해할 수 있도록 구성한 교육과정이다. 나눔교육은 소비의 의미와 중요성을 깨닫고 윤리적으로 소비하는 방법을 이해하고 실천하는 내용에서부터 시작된다. 이를 바탕으로 나눔(sharing)에 대한 다양한 주제(나눔, 재사용, 빈곤, 공정무역, 자원활동 등)를 직접 경험해보면서 나눔을 습관화할 수 있도록 프로그램이 구성되어 있다. 이에 동 프로그램의 기본 내용인 착한 소비와 나눔에 대한 교육은 유아와 초등학생을 대상으로, 공정무역이나 나눔바자회 등 확장된 내용의 교육과 활동은 중학생과 고등학생을 대상으로 진행된다(신재은, 2017).

〈표 2-1-11〉 아름다운가게 대상별 나눔교육 프로그램

| 대상 | 과정 | 내용 |
|---|---|---|
| 유아 | 기본 | • 나눔의 의미를 이해하고, 나눔을 재미있게 실천하는 교육 프로그램 |
| | 심 | • 나눔을 구체적으로 이해하기 위해 착한 소비를 배우고 |

| | 화 | 직접 실천하는 교육 프로그램 |
|---|---|---|
| 초등학생 | 기본 | • 나눔 : 나눔과 공존의 가치를 다양한 활동을 통해 쉽게 이해하고 직접 경험 |
| | 심화 | • 착한소비 : 소비의 중요성을 깨닫고 윤리적으로 소비하는 방법에 대해 이해 |
| 중·고등학생 | 기본 | • 공동체 : 아름다운가게가 지향하는 그물코와 되살림의 가치를 통해 더불어살아감의 의미를 토의<br>• 나눔 : 나눔과 공존의 의미를 알고 다양한 활동과 접목해 일상에서 나눔을 실천<br>• 윤리적소비 : 소비와 구매의 중요성을 깨닫고 윤리적으로 소비하는 방법에 대해 이해<br>• 공정무역 : 무역을 통해 일어나는 불공정 거래의 원인을 살펴보고 그 해결방법을 역할극 활동을 통해 이해 |
| | 심화 | • 되살림 : 헌 물건을 재활용/재사용 하는 되살림 체험 실습<br>• 캠페인 활동 : 교육 주제 중 택일하여 캠페인을 진행<br>• 나눔바자회/일일가게 : 학교 내외 진행할 수 있는 바자회를 기획하여 준비 및 실행 소감 나눔 및 마무리 |

자료: 아름다운가게 나눔교육 홈페이지 (http://edu.beautifulstore.org) (접속일: 2017.09.15.).

나눔교육을 수료한 이후에도 기증활동, 장터활동, 동아리활동 등을 연계하여 학습한 것을 실천할 수 있는 프로그램으로 확대하고 있다. 다음은 아름다운가게에서 운영하는 중·고등학생용 동아리 프로그램의 내용(예)이다.

〈표 2-1-12〉 아름다운가게 나눔교육 동아리 프로그램(예)

| 회기 | 내용 |
|---|---|
| 1회기 | • 공동체와 나눔: 아름다운 가게가 지향하는 그물코와 되살림의 가치를 통해 더불어 살아감의 의미를 이야기해본다. 나눔과 공존의 의미를 |

| | 알고 다양한 활동과 접목해 일상에서 나눔을 실천 |
|---|---|
| 2회기 | • 지속가능한 소비 : 소비와 구매의 중요성을 깨닫고 미래세대를 충족시킬 수 있으면서 오늘날의 필요도 충족시킬 수 있는 소비의 방법에 대해 이해 |
| 3회기 | • 공정무역 : 무역을 통해 일어나는 불공정 거래의 원인을 살펴보고 그 해결방법을 역할극 활동을 통해 알아봄. |
| 4회기 | • UN지속가능발전목표와 세계시민 : 2030년까지 이행을 목표로 UN에서 제시한 지속가능 발전목표(SDGs)에 대해 이해하고 세계시민으로서 지켜나가야 할 공동목표를 토론활동을 통해 인식 |
| 5회기 | • 되살림 활동 : 헌물건을 재활용/재사용하는 되살림 체험 실습 활동 |
| 6회기 | • 캠페인 활동 : 교육주제중 택일하여 캠페인을 진행하는 활동 |
| 7회기 | • 바자회/일일가게 : 학교 내외 진행할 수 있는 바자회를 기획하여 준비 및 실행하는 활동 |
| 8회기 | • 소감나눔 및 마무리 : 1년간의 활동을 마무리하고 우리 안의 변화에 대해 이야기함. |

자료 : 아름다운가게 홈페이지 (http://edu.beautifulstore.org) (접속일: 2017.09.15.).

덕성여고는 1년간 동아리활동을 하면서 나눔과 제3세계, 공정무역, 재사용에 대해서 배운 뒤 거리캠페인을 기획하고 실행하는 시간을 가졌다. 학생들은 교육을 통해 습득한 내용을 바탕으로 시민들에게 나눔과 재사용의 의미를 직접 설명해 보는 시간을 가지기도 하였다. 이러한 경험을 통해 학생들은 나눔교육을 자기 학습 차원에서 벗어나 공동체 차원의 운동으로 확장 하고자 하는 시도를 해보는 것이다.

아름다운 가게의 나눔교육은 SDG 4.7인 글로벌시민교육 목표 중 지속가능한 생활방식에 대한 교육과 연관성이 있으면서 동시에 교육의 지향점이 SDG 12인 지속가능한 소비와 생산양식 보장과도 관련되어 있다. 하지만 아직까지 지속가능한 소비가 무엇인지에 대한 개념이나 실천방안이 명확하게 정립된 것은 아니다. 그런 점에서 아름다운가게의 나눔교육은 지속가능한 소비에 대해 개념을 재정의 하고 실천방안을 마련해보는 프로그램이라는 점에서 좋은 사례를 제공한다(신재은, 2017).


## 7. 부산 YWCA의 산청군 차황면 생태마을 조성 사례

공동체는 보통 같은 관심사를 가진 집단을 말한다. 인간의 공동체에서는 믿음, 자원, 기호, 필요, 위험 등의 여러 요소들을 공유하며, 참여자의 동질성과 결속성에 영향을 주고 받는다. 공동체를 뜻하는 커뮤니티(community)는 라틴어로 같음을 뜻하는 communitas에서 왔으며, 이 말은 또한 communis, 즉 같이, 모두에게 공유되는 에서 나온 뜻이다. Communis라는 말은 라틴어 접두사 con-(함께)와 munis(서로 봉사한다는 뜻과 관계있다)의 합성어이다.

한국에 있어서의 지역공동체운동은 90년대 이후 지방자치가 본격적으로 추진되면서 주민들과 지역의 리더를 맡고 있는 사람, 시민활동가 등이 중심이 되어 50년대의 한국전쟁, 60년대와 70년대의 산업화와 도시화 등의 과정에서 붕괴된 공동체를 되살리고 지역사회를 활성화시키기 위한 자발적인 노력에서 출발되었다. 주민공동체란 주민들이 모여 자신들이 속해있는 '지역사회'의 관한 일을 주민들 스스로 해결하고 결정하는 것을 말한다.

한국의 큰 경제성장에도 불구하고 사회양극화와 주민간의 갈등, 지역 내 문제(생활안전, 고령화-복지, 일자리 창출, 실업, 다문화 가정 등)로 인해 지역공동체의 중요성이 관심을 받기 시작했다. 또한 시민사회로의 성장과 거버넌스 시대에 지역의 특성을 살리기 위해 민`관 협력적 추진을 통해 공동체 구현에 힘쓰기 시작했다. 이에 따라서 지방정부와 주민들, NGO와 지역사회봉사단체, 주민자치조직 등이 상호 협력하여 지역마다의 특색을 살린 사업을 만들고 추진하여 '같이 잘 먹고 잘 살 수 있는 지역사회' 를 만들어 가려는 다양한 시도를 하고 있다.

## 1) 부산YWCA의 지역공동체 운동의 출발점

부산YWCA가 지역공동체운동을 시작하게 된 계기는 지역과 환경의 공존을 위한 운동의 전략으로 생활협동운동을 채택하여, 1987년부터 유기농가와 직접 교류를 하면서 비롯되었다. 당시 부산YWCA는 농산물에 실명을 표기하는 조건으로 YWCA의 이름으로 농산물을 팔아주었다. 이것을 계기로 부산 YWCA는 3년간의 농산물 직접 판매를 진행하면서 경남지역의 생산지 현황을 파악하게 되었고, 지도자와 회원들을 위한 교육은 친환경과 먹거리를 주제로, 회원행사는 산지 견학의 프로그램을 중심으로 진행하였다.

다양한 생산지와 연대를 맺게 됨에도 불구하고 농민들이 YWCA에 대한 거부감이 그다지 크지 않았던 것은 오랜 기간 지역시민단체로 활동해온 부산 YWCA가 가진 공신력과 조직력 때문이었다.

한편, 산지의 견학은 부산YWCA 지도자들에게 농촌공동체의 현실을 직면하게 하였다. 회원들은 생산지 방문을 통해 열악한 농촌의 현실을 절감하였고, 부산YWCA는 농촌공동체를 지원하고 이들이 자립적으로 힘을 갖도록 돕는 일이 도시의 소비자들을 살리는 길과도 연결된다는 확신을 갖게 되었다. 이와 같이 농촌 공동체에 대한 관심이 확대되면서 부산YWCA의 생협은 도농교류 및 지역공동체 활성화를 지향하는 운동으로 본격적인 활동을 시작하게 되었다 (유성희, 2008).

## 2) 교육을 통한 지역 리더십 육성과 자립기반 형성

지역주민 리더십을 형성하는 것은 지역공동체운동의 성패를 가름하는 요소이다. 부산YWCA가 생산자들의 교육에 관심을 가지게 된 것은 생산자들과의 만남이 지속되면서 농민들이 전문적으로 공부하지 않는 한 유기농의 확산이 어렵다는 판단을 하게 되었기 때문이다. 실제 생협운동 초기에 부산YWCA는 농민들과의 관계에서 많은 어려움을 겪기도 했다. 농민들이 수확한 농산물을 직접 판매하는 일이 쉬운 일은 아니었고, 질이 떨어지는 농산물로 인해 피해도 많이 입었다. 농민들에게 피해를 주지 않겠다는 원칙을 고수하면서 농민들과의 관계를 지속했으나, 개별 농가를 하나하나 관리하는 일은 부산YWCA로서 감당하기 어려운 일이었다. 이러한 문제를 해결하기 위해 부산YWCA는 유기농을 하거나 관심이 있는 경남지역의 농민들을 대상으로 대대적인 농민교육을 실시하였으며, 이를 통하여 유기농을 확산시키고, 지역 리더를 발굴·육성하고자 하였다.

한편, 1990년부터 시작된 부산YWCA 유기농산물 직거래 코너는 도시인들에게 경남지역의 유기농산물을 소개하고 판매하는 사업이었다. 이 사업이 알려진 후 같은 해 경남 산청 농협으로부터 산청의 쌀 판매 요청을 받게 된 부산YWCA는 생산지를 견학하게 되었다. 이 때 만난 사람이 현재 차황면 메뚜기 쌀 작목반을 이끌고 있는 김경규씨로 당시 39세로 울산에서 직장생활을 하다가 29세에 귀농을 한 차황면 주민이었다. 김경규씨는 부산YWCA 하선규 사무총장으로부터 유기농 교육의 제안을 받고 부산YWCA가 주관한 교육에 참가한 후 유기농으로 전환을 시작하였다. 부산YWCA도 산청을 지원하는 일에 모든 노력을 기울이기 시작했다. 이를 위해 김경규씨와 약속한 3년 동안 김씨의 집 앞 콩잎까지 부산YWCA에서 판매하였다.

부산YWCA는 생산자에 대한 교육과 함께 지역공동체와 만나는 프로그램을 시행하여 도시 소비자 교육을 겸한 산지 견학과 어린이 캠프를 개최하였다. 이 중 어린이 캠프는 특별한 의미를 갖는데, 캠프 도중에 메뚜기를 발견한 부산YWCA는 유기농으로 전환한 땅이 살아나는 것을 확인하게 된 것이다. 이에 1994년부터 메뚜기 잡기 대회를 대외적인 행사로 펼쳤으며, 메뚜기를 잡는 아이들의 모습이 전국적으로 방영되어 큰 반향을 불러일으켰다.

또한 부산YWCA는 유기농 재배 농민을 보호하기 위해 농산물 인증제를 농림부에 제안하여 1993년에 농산물 품질인증제가 실시되기 시작했다. 또한 정부차원의 유기농 지원부서의 필요성을 제기, 유기농협회와 함께 농림부에 유기농 담당 부서의 설치를 지속적으로 요구하였으며, 그 결과 1991년 농림부에 '유기농업발전기획단'이 설치되었고, 1994년에 농림부에 '환경농업과'가 설치되었다.

한편, 부산YWCA는 산청뿐만 아니라 다양한 생산자 그룹과 개별적인 직거래를 하면서 필요이상의 물류비가 발생하여 가격경쟁력을 상실하는 난관에 부딪히게 되었다. 이를 해결하기 위해 산청은 농산물의 유통과 판매를 할 수 있는 자립적인 구조를 모색하였다. 메뚜기를 상징으로 잡아 산청의 쌀 브랜드 이름을 '메뚜기 쌀'로 명명하고, 도시의 소비자들이 구매하기 쉬운 형태의 소포장 형식도 개발했다. 메뚜기 쌀의 인지도가 높아지면서 유기농이유식 회사의 계약재배도 이루어지게 되어 친환경 농업의 자립적 기반이 마련되기 시작했다.

이와 함께 부산YWCA는 부산YWCA가 운영하는 어린이집의 모든 식자재를 친환경으로 바꾸었다. 물론 모든 식자재를 친환경으로 바꿈으로 인해 추가 비용이 발생하였지만, 학부모들에게 식단과 친환경 자재의 내용, 식자재의 양 등을 설명하자 학부모들의 반응은 긍정적이었다. 이후 부산YWCA는 안전한 학교급식을 위한 부산시민연대 활동을 시작, 학교의 급식재료를 지역 내에서 생산되는 친환경 먹을거리로 제공하는 운동을 펼치게 되었다(유성희, 2008).

### 3) 주민 자치적 조직체 구성

마을 주민들은 부산YWCA가 주관한 농민교육에 참가한 직후 김경규씨 주도로 메뚜기쌀 작목반이라는 마을 단위 생산자조직을 구성하였다. 이는 생산과 유통, 판매뿐만 아니라 지역주민들의 다양한 요구를 반영하고, 외부의 상황변화에 대응할 수 있는 생산자 조직의 필요성이 절실히 요구되었기 때문이다. 메뚜기 쌀 작목반은 2007년 현재 차황면의 19개 마을 중 18개 마을이 참여하고 있다(유성희, 2008).


## 8. 감천문화마을

### 1) 사업의 추진 배경

감천문화마을은 1950년대 6.25 피난민의 힘겨운 삶의 터전으로 시작되어 현재에 이르기까지 민족현대사의 한 단면과 흔적인 부산의 역사를 그대로 간직하고 있는 마을이다. 한국 전쟁당시 부산으로 피난 온 피난민들과 태극도의 성지와 함께 신도들이 이곳에 정착하여, 맨 땅에 주민 스스로 집을 짓고 정착하여, 소규모의 마을이 형성되었으며, 피란민들이 몰려들면서 인간이 거주하지 않았던 산비탈에 마을이 형성되었다. 오랜 기간동안 가까운 구평동 산업단지의 조선소와 공장의 노동인구 대부분을 공급했지만, 마을이 생성된 배경의 태생적 한계와 구평 산업단지의 몰락, 주거지 낙후 등으로 많은 사람이 다대포, 하단동, 괴정동 등 신흥 주거지구로 인구가 많이 빠져나갔다. 대략 1970년대 초반을 기점으로 인구가 감소하기 시작했으며, 1995년 기준으로 21,231명이 살고 있었지만 2016년 기준으로는 8,077명에 불과해 21년 동안 무려 -62%의 감소율을 보였다. 그나마 남아있는 인구의 많은 수가 독거노인을 비롯한 노년층으로, 65세 이상 인구가 27%를 차지해 초고령사회에 진입하였다. 현재 남아있는 인구의 평균 연령은 이미 50대 중반에 진입했으며, 상당수가 노인의 부양가족들 또는 저소득층이다. 인구가 너무 가파르게 줄어든 탓에 2007년 즈음 텅 빈 마을을 살려보기 위해 재개발이 논의되었고 실제 추진까지 되었으나, 그 당시 불었던 뉴타운사업에 대한 반발 여론과 함께 원주민들의 반대에 부딪혀 결국 흐지부지 되었고, 이후 여러 입소문을 타고 감천2동이 관광지로 알려지기 시작하자 감천문화마을 프로젝트 사업을 진행하게 되었다.

산자락을 따라 질서정연하게 늘어선 계단식 집단 주거형태와 모든 길이 통하는 미로미로(美路米路) 골목길의 경관은 감천만의 독특함을 보여준다. 감천의 이런 특색과 역사적 가치를 살리기 위해 지역 예술인들과 마을 주민들이 모여 시작한 『마을미술 프로젝트』는 감천문화마을 만들기 사업의 디딤돌이 되었으며 이 사업을 시작으로 각종 공모사업을 유치하여 2015년에는 140만 여명이 방문하는 명소가 되었다. 또한 '주민이 살기 좋은 마을', '방문객에 친절한 마을', '주민 스스로 지속하는 마을'이라는 3가지 목표를 가지고 한국의 대표 브랜드로 거듭나기 위한 공동체의 노력을 계속할 예정이다.

## 2) 사업의 주요 내용

감천문화마을은 「도시재생 활성화 및 지원에 관한 특별법」, 「부산광역시 도시재생 활성화 및 지원에 관한 조례」, 「부산광역시 사하구 감천마을조성 및 마을공동체 지원에 관한 조례」 등을 근거로 하여 추진된 마을재생사업이다. 감천문화마을 지역재생사업은 2009년 문화체육관광부 제1회 마을 미술프로젝트 공모사업에 "꿈꾸는 부산의 마추픽추"프로젝트가 선정되면서 감천문화마을에 예술작품 10여점이 설치되었다. 이러한 공모사업의 추진 과정을 지켜보던 마을주민이 이러한 사업을 계기로 하여 마을이 발전할 수 있다는 가능성을 확인하고 적극적으로 참여하게 되었다.

2010년 민선5기 단체장의 공약사업으로 감천문화마을 프로젝트는 본격적으로 시작되었으며, 2011년 전담조직(창조도시기획단)을 설치하여 환경개선사업 등 개별사업을 계속적으로 추진하면서 2013년 감천문화마을 조성 마스터 플랜을 수립하였다. 감천문화마을 사업의 주요 내용은 다음과 같다(행정안전부, 2017).

(1) 문화예술을 가미한 환경 개선

마을미술 프로젝트, 미로 미로 골목길 프로젝트 등 다양한 문화예술 공모사업을 유치하여 마을을 문화적 공간으로 탈바꿈시키고, 빈집을 리모델링하여 주민커뮤니티와 예술창작을 위한 공간으로 변화시켰다. 노후 골목길과 옹벽, 나대지 등을 예술작품으로 장식하는 등 마을 곳곳에 예술조형작품을 설치하여 문화적 공간성을 가미한 주민들의 생활환경을 개선하는 사업을 적극적으로 추진하였다.

(2) 관광객을 유치하여 주민공동체의 수익사업을 활성화하기 위한 다양한 관광콘텐츠 개발

마을의 활력을 되살리고, 주민공동체 수익사업을 위하여 많은 관광객을 유치할 수 있는 관관콘텐츠의 개발에 노력하였다.

마을투어코스 개발, 관광전망대 설치, 다양한 문화예술 공연, 마을축제 개최 등을 통하여 관광객들에게 다양한 볼거리와 즐길 거리를 제공하였다. 이를 위하여 기념품과 스토리텔링 책자 등을 제작하는 등 다양한 관광상품(총 37종)을 개발하고, 감천문화마을 고유 BI와 관광상품 BI 등을 제작하기도 하였다.

(3) 주민 일자리 창출 공간의 조성과 운영

주민공동체에서 마을주민들을 고용하여 카페, 밥집, 기념품 가게, 게스트하우스 등 다양한 주민 수익사업장(10개소)을 조성하여 자치적으로 운영하고 있다.

또한, 행정자치부 공목사업으로 '감내 마을공방'을 만들어서 지역특산품(감천문화마을 황토가마 소금)을 주민들이 직접 생산하여 판매하고 있다.

마을 공동작업장(감내골 행복발전소)을 개설하고, 입주업체를 모집하여 주민 일자리(자동차 배선조립, 옷감 실밥 제거 등)의 창출에 기여하고 있다.

(4) 주민공동체의 조직과 주민역량의 강화

비영리 사단법인이며 사회적 기업인 감천문화마을 주민협의회를 조직하여 감천문화마을 재생사업의 역할을 분담하는 동시에 마을주민의 일자리 창출을

위한 사업장을 운영하고 있다.

(사)감천문화마을 주민협의회가 주관하여 연 60여명의 수료생을 배출하고 있는 마을대학, 주민아카데미, 주민강사(10명) 양성, 주민마을문화해설사(13명) 양성 등 다양한 주민역량을 강화하기 위한 프로그램을 운영하고 있다.

이러한 프로그램의 개설과 운영을 통하여 양성된 주민강사, 주민마을문화해설사 등이 방문객을 대상으로 감천문화마을 체험 프로그램(도자기, 목공예, 풍선아트 등)을 운영하고, 마을의 역사와 문화의 명소 등을 안내하는 가이드 역할을 수행하고 있다.

(5) 재래시장 활성화와 지역상권의 회복을 위한 사업 추진

창업스쿨, 상인대학, 재래시장과 지역상권을 연계한 마을투어코스 개발 등 감천문화마을의 지역경제 활성화를 위하여 노력하고 있다.

## 3) 성과

(1) 주민이 참여하는 일자리 280여개 창출

마을 청소, 공공시설물 관리, 마을가꾸기 사업 등 공공분야에서 71명을 고용하고 있다. 주민공동체에서 운영하는 감내맛집, 감내카페, 미니숍, 고래사어묵, 게스트하우수, 감내마을공방 등 마을기업 10개소를 운영하여 26명의 주민을 고용하고 있다(2016년 매출 총액 15억원, 4대보험 가입 및 퇴직급여 지급).

〈표 2-1-13〉 감천문화마을 일자리 창출 내용

| 총계 | 직접 일자리 | | | 간접 일자리 |
|---|---|---|---|---|
| | 공공분야 고용 | 주민공동체 고용 | 마을공동 작업장 | 개인점포 |
| 282명 | 71명 | 26명 | 67명 | 118명 |

자료 : 행정안전부, 2017

(2) 열악한 생활환경 개선

정화조가 없어서 악취가 진동하던 감천문화마을에 공동정화조를 설치하여 악취를 제거하고 깨끗한 생활환경을 조성하였다.

감천문화마을은 경사가 급한 비탈길이 많고 노령인구가 많아서 안전사고의 위험이 높았는데, 마을의 경사로와 골목길에 안전 난간을 설치하였으며, 안전사고의 위험이 높은 노후 옹벽과 골목길도 정비하였다.

매년 60여 세대 주민들의 노후 주택을 수리하고, 공가와 폐가 등을 정비하여 주민들의 정주환경을 개선하였다.

범죄예방디자인(셉티드), 방법용 CC-TV 설치 등을 통하여 안전한 마을을 조성하고 화장실과 샤워 공간이 없던 소형 주택에 거주하는 주민을 위한 공동화장실과 공동 목욕탕 등을 건립하여 주민들이 위생적이고 건강한 생활을 할 수 있도록 하였다.

(3) 낙후된 달동네에서 지역 관광 명소로 탈바꿈

2011년에는 연간 방문객수가 25,000명 수준이었던 감천문화마을이 불과 6년 후인 2016년에는 2011년의 74배인 185만 명의 방문객들이 감천문화마을을 찾았다.

〈표 2-1-14〉 감천문화마을 방문객수의 변화 추이

| 연도 | 2011 | 2012 | 2013 | 2014 | 2015 | 2016 |
|---|---|---|---|---|---|---|
| 방문객 수(명) | 25,000 | 98,000 | 300,000 | 800,000 | 1,400,000 | 1,850,000 |

자료 : 행정안전부, 2017

(4) 재래시장 및 지역상권 회복을 통한 지역경제활성화

빈 점포가 즐비했던 감천문화마을 내 재래시장이 현재는 빈 점포를 찾아 볼

수 없이 다양한 가계가 입주하여 지역사회의 활력을 되찾았고, 감천문화마을 내 20여개에 불과하던 상점이 80여개소로 증가하여 감천문화마을 상권이 회복되었다. 이상과 같이 늘어난 상점과 가게로 인하여 새로운 주민들의 일자리가 창출되었다.

(5) 자립형 지역공동체의 기반 조성

주민공동체 수익사업을 통하여 소득과 일자리가 창출되어 지역공동체의 경제적 자립을 위한 환경이 마련되었다. 주민공동체 사업장에 감천문화마을 주민들을 채용하여 고용복지를 실현하면서 감천문화마을 주민들의 공동작업을 통하여 자연스럽게 지역공동체성을 회복하고 감천문화마을에 대한 주민들의 자부심과 애향심을 높일 수 있게 되었다.

# 제2장 협력적 네트워크와 주민자치회

## Ⅰ. 협력적 네트워크의 개념과 구성 요소

### 1. 협력적 네트워크의 개념

사회과학에서 네트워크 개념이 도입된 것은 1970년대 이후 조직 간 관계에 대한 연구에서 중요한 분석 방법으로서 활용되면서부터라고 할 수 있다.

Jones, Hesterly & Borgatt(1997)는 불확실하고 복잡한 환경 속에서 사회 문제를 해결하기 위하여 네트워크개념이 사용하고 있다. 이러한 네트워크의 개념들을 학자들이나 연구자들은 매우 다양하게 정의하고 있다. 이들 개념들을 정리해 보면, 교환 또는 관계에서 상호작용의 패턴과 독립된 단위들 사이의 자원흐름이라는 두 가지 하위요소로 구분할 수 있다.

〈표 2-2-1〉 네트워크에 대한 상이한 용어와 정의

| 자 | 용 어 | 네트워크의 정의 |
|---|---|---|
| Alter & Hage 1993 | 조직간 네트워크 | 법적으로 분리된 단위들의 비계층제적 집합인 제한된 또는 제한되지 않은 조직군집 |
| Dubini & Aldrich, 1991 | 네트워크 | 개인들, 집단들 그리고 조직들 사이의 정형화된 관계 |
| Garlach & Linclin, 1992 | 동맹자본주의 | 넓은 시장스펙트럼을 초월하는 전략적이고 장기적인 관계 |
| Granovetter,1994, 1995 | 기업집단들 | 중간결합수준에 의해서 공식적 또는 비공식적 방법으로 함께 |

| | | 기업집합 |
|---|---|---|
| Kreiner & Scvhultz, 1993 | 네트워크 | 비공식적 조직간 공개된 모임 |
| Larson,1992 | 네트워크조직 형태 | 의무, 기대, 명성, 그리고 상호 이해의 혼합에 의존하여 상호의 존성을 창조하는 장기적이거나 간헐적 교환 |
| Liebeskind, Oliver, Zucker & Brewer, 1996 | 사회네트워크 | 가치 있는 행동을 위한 공유규 범의 지원하에 교환을 하는 개 인들의 집합 |
| Miles & Snow, 1986, 1992 | 네트워크조직 | 시장매카니즘에 의해서 조정되 는 기업들이나 전문화된 단위들 의 군집 |
| Powell, 1990 | 조직의 네트 워크형태 | 교환, 상호의존적인 자원흐름 그리고 상호간의 소통연결의 잠 재적 또는 수평적 패턴 |

자료 : Jones, Hesterly & Borgatt, 1997

Baker(1992)는 네트워크조직의 개념을 상황적응이론과 전략적 선택이론 등을 활용하여 설명하였다. 상황적응이론은 환경변화에 적합한 조직설계를 강조하고 있고, 전략적 선택이론은 변화하는 과업들과 환경에 적합한 조직재설계를 주장한다. 네트워크조직은 조직관성을 회피하면서 융통성과 적응성을 요구하는 과업들과 환경을 다루기 위하여 설계되고 있다. 모든 문제들을 다루기 위한 고정된 관계집합인 관료제와 달리 네트워크조직은 개별적인 단일프로젝트 또는 개별문제를 다루기 위하여 통합적인 내외적 연계의 집합으로 구성된다. 더욱이 그것은 문제들, 행위자들 그리고 자원들의 상호작용에 의하여 만들어진다. 네트워크조직은 새로운 과업들, 개별문제들 그리고 변화하는 환경에 적응하기 위하여 반복적으로 재설계될 수 있다. 따라서 네트워크조직은 특정한 새로운 조직유형이다.(Baker, 1992; Powell, 1990).

Powell(1990)은 경제조직의 세 가지 유형인 시장, 계층제 그리고 네트워크를 비교하면서, 네트워크조직은 시장과 계층제 간의 혼합조직이 아니라 새로운 조직유형으로 보고, 그것의 특성 또는 구성요소를 제시하고 있다. 네트워크조직을 새로운 조직유형으로 보는 이유는 많은 학자들이 시장과 계층제의 연속체 사이에서 다양한 중간조직 또는 혼합조직을 말하고 있지만, "이것은 너무나 정적이고 기계적이어서 복잡한 교환현실과 거버넌스기제로서 상호성이나 공개성의 역할을 보지 못할 수 있고 명확히 구별되는 유형으로서의 다양한 조직설계유형을 놓칠 수 있다고 주장하였다. 그리고 그는 네트워크조직의 특성으로 계층제나 시장에 대비하여 다양한 행위자들, 상호이익, 관계적, 상호의존적, 상호보완적 관점, 상호성의 규범, 높은 상호작용 등을 들고 있다. 기본가정은 어떤 행위자라도 다른 행위자에 의해서 통제되는 자원들에 의존한다는 점과 이들 관련행위자들은 자원들을 공동으로 이용하는 것에 의해서 이득을 얻을 수 있다는 점이다. 따라서 네트워크조직은 일반적인 상호작용의 패턴 속에서 무한정하고 연속적인 관계를 지속할 수 있다. 그러나 네트워크조직의 연속성을 유지하기 위해서는 변화하는 환경 속에서 적응과 성장을 위한 상당한 노력이 필요하다는 것이다.

〈표 2-2-2〉 경제조직의 세 가지 조직유형 비교

| 성 | 시 장 | 계층제 | 네트워크 |
|---|---|---|---|
| 규범적 토대 | 계약 - 소유권 | 고용관계 | 보충적 강점 |
| 의사소통수단 | 가격 | 루틴(routines) | 관계적 |
| 갈등해결방법 | 흥정-법적 강제에 호소 | 행정조치-감독 | 상호성규범-명성관심 |
| 신축성정도 | 고 | 저 | 중 |
| 행위자들간의 헌신 정도 | 저 | 높은 중간 | 높은 중간 |
| 분위기 | 정확성 또는 의심 | 공식적, 관료적 | 개방지향적, 상호이익 |
| 행위자의 선호와선택 | 독립적 | 종속적 | 상호의존적 |
| 형태혼합 | 거래계약 | 비공식조직 시장적 특징: 이익중심 | 다양한 행위자들 공식규칙 |

자료 : Powell, 1990

이상에서 다양한 학자들이 제시하는 내용들을 종합해 보면, 네트워크조직의 개념은 환경변화에 적응하기 위한 새로운 조직설계유형으로 네트워크개념과 조직간 관계론에 뿌리를 두고 있다고 볼 수 있다.


## 2. 협력적 네트워크의 구성요소

네트워크란 행위자들을 연결하는 관계를 말한다. 행위자들이란 사람, 대상 또는 사업(일), 조직 또는 시스템 등을 말하고, 관계란 행위자들간의 상호작용을 말한다. 네트워크조직에서 행위자들 사이의 관계를 네트워크구조라고 한다 (Knoke & Kukliniski, 1982; 배응환, 2001). 조직간 관계란 특정조직과 직·간접적으로 연관을 맺고 있는 다른 조직과의 관계를 말하는 것으로 이해당사자간 관계, 조직집합, 조직네트워크 등이다(Vun de ven, Emmett & Koening 1975). Kennis & Schneider(1992)는 네트워크를 행위자들간의 연결과 경계라고 표현하고 있다. 네트워크에는 공공부문과 민간부문의 행위자들이 포함되고, 네트워크내 행위자들간의 연결, 의사전달과 정보공유, 전문성 확보, 신뢰성 확보, 다른 네트워크와의 교류 등을 위한 통로로서의 기능을 수행한다. 하나의 네트워크 경계는 공공기관들에 의해 결정되는 것이 아니라 기능적 적합성과 구조적인 틀 안에서 이루어지는 상호작용의 과정 속에서 결정된다. 그러므로 네트워크개념은 미시수준에서 개인들 사이의 관계, 중간수준에서 조직과 조직간의 관계, 거시수준에서 국가 혹은 지방자치단체와 시민사회 혹은 지역사회간의 관계 속에서 이루어진다. 따라서 네트워크는 각각의 관계 차원에 따라서 다르게 구성되고 다르게 분석될 수 있다. 네트워크조직의 구성요소들은 행위자들의 구성, 공동목적, 행위자들의 역량, 상호작용 등이다.
첫째, 행위자의 구성이란 네트워크조직에 어떠한 행위자들이 참여하여 상호 연결되어 있는가를 말한다. 여기서 행위자들이란 단일한 방법으로 그의 이해나 목표를 추구할 수 있는 사회적 실체를 의미하는데 네트워크조직에 참여하는 행위자들은 자율성을 가진 독립적인 실체라는 것이다. 그리고 행위자들의 상호연결이란 일정한 과업환경에 관련을 갖고 있는 행위자들이 공동의 목표를 달성하기 위하여 분화를 하면서 통합하고 있는 것을 말한다. 네트워크조직설계의 중요한 특징은 명확한 경계를 가지고 존재하는 독립적인 조직들이 공식적 경계를 넘어 공통된 목표를 달성하기 위하여 하나의 공동체로 통합을 한다는 것이다. 조직설계의 두 가지 중요한 원칙은 차별화(differentiation)와 통합(intergation)이다. 차별화는 지위, 기능, 부문, 작업팀 등으로 조직을 공식적으로 분리하는 것을 말한다. 그것은 계층제 수준에서 수직적 차별화와 기능적 영역과 같은 수평적 차별화 그리고 사업의 특성을 반영한 다양한 입지와 같은 공간적 차별화를 포함한다. 통합은 차별화된 조직단위들이 한 단계 더 높은 수준에서 모든 조직단위들에게 공통된 목표나 과업을 달성하기 위하여 각각의 조직 사이의 역할의 분담을 포함한 보다 넓은 의미에서 독립적인 개별 조직간의 수평적인 상호작용의 정도를 의미한다. 네트워크조직에서의 통합은 수직적 그리고 공간적 차별화 뿐 아니라 수평적 차별화도 포함한다. 대부분의 조직통합의 개념은 수평적 조직단위들 사이의 기능조정과 상호작용을 의미하고 있으나, 계층제적 수준의 수직적 경계와 다양한 지리적 입지라는 공간적 경계를 초월하는 상호작용도 통합의 개념 안에 포함되는 것으로 볼 수 있다 (Baker 1992). 이것은 네트워크조직이 통합적 시스템 속에서 함께 일하기 위하여 필수적인 요소이기 때문이다.

둘째, 공동 목적이란 행위자들은 각자 자신이 가지는 선호나 이해를 가지고 있지만 자신들이 속해 있는 공동체가 가지고 있는 공동의 목표를 달성하기 위하여 노력하여야 한다는 것을 의미한다. 이것은 네트워크조직을 구성하는 행위자들이 자신들이 소속되어 있는 지역사회의 당면과제나 문제들을 해결하는 데 참여하려는 동기인 정책이해관계를 가지고 있음을 의미한다. 행위자들은 조직차원의 이해관계나 구성원 개개인들 차원의 이해관계에 민감하게 반응을 보이면서 정책결과가 자신들에게 이익이 되거나 또는 손실의 최소화가 되도록 정책과정에 참여하고 영향력을 행사하려고 하는 것이다. 예를 들면, 최근 전교조나 민주노총, 화물연대, 한국경총, 중소기업중앙회 등 다양한 이익집단들이 구성원과 집단의 이익을 추구하기 위하여 자신들의 이해에 관련되는 정책의 결정과 집행과정에 적극적으로 참여하여 자신들에게 유리하도록 영향력을 발휘하려는 현상들을 자주 볼 수 있다. 한편 행위자들은 사적 이익만이 아니라 공익을 추구하는 존재이기도 하다. 예를 들면, 국가나 지방자치단체 등과 같은 정부조직 외에 시민단체, NGO, 자원봉사단체, 주민자치조직 등과 같은 민간조직들도 지구온난화나 대기환경오염을 방지하기 위한 신재생에너지의 개발과 활용, 수자원이나 자연자원 등과 같은 공유재를 보존하고 합리적으로 이용하는 방법의 모색 등과 같은 공공의 이익을 위하여 적극적으로 참여하고 해결방안을 모색하기 위하여 때로는 공공기관의 정책 파트너로서 함께 활동하고, 때로는 독자적으로 활동하기도 한다.

셋째, 행위자들의 역량이란 행위자들이 사회적 가치를 배분하는데 사용할 수 있는 영향력을 의미한다. 이러한 역량은 자신들의 이해를 반영시키거나 공동의 이해를 수렴시키는데 중요한 토대가 된다. 네트워크조직에서 행위자들은 공동 목적을 달성하기 위하여 그들이 가지고 있는 자원들을 효율적으로 동원하고 이용할 수 있는 역량을 갖추고 있어야 한다. 왜냐하면 네트워크조직은 공공과 민간이 가지고 있는 자원을 지역사회의 당면과제나 문제의 해결을 위한 공동체의 활동에 사용하기 때문이다. 공동체 활동에서 행위자들의 역량은 공동체가 동원하고 확보할 수 있는 인적·물적 자원들과 이들 자원들을 사용할 수 있는 자유재량권을 의미한다. 네트워크조직이 공동의 목적을 달성하기 위한 활동을 성공적으로 수행하기 위해서는 행위자들이 자신들의 역량을 발휘할 수 있는 충분한 자원을 확보하고 활용할 수 있어야 한다. 일반적으로 학자들은 지역사회의 반전에 필요한 자원으로 토지, 노동, 돈 등을 들고 있다. 그러나 Rhodes(1988:90-91)는 정부간 관계분석에서 공공부문조직의 요구에 사용할 수 있는 자원들로 권위, 돈, 정당성, 정보, 조직 등을 들고 있다. 한편 Leach & Smith(2011)와 Montgomery & Inkles(2000)는 지역사회 협력적 네트워크 구축에 필요한 중요한 자원으로 사회자본을 들고 있다.

넷째, 상호작용이란 네트워크개념의 본질적 특성에서 연유하는 것으로 행위자들은 상호이해와 권력자원을 토대로 공통의 목적을 달성하기 위하여 대화하고 소통하는 것을 의미다. 네트워크조직에서 행위자들 간의 상호교류는 행위자들 간의 상호작용을 설명하는 개념으로 통제의 교류 즉 영향력 교류를 말한다. 행위자들 간에 교류가 이루어지는 것을 설명하는 이론으로 자원의존이론이 있다. 이 이론에 의하면 조직들은 집합적 생활을 유지하는데 필요한 모든 투입물 즉 권위, 돈, 신용, 인사, 정보, 사회자본 등을 스스로 자급자족할 수 없다는 전제하에서 조직들은 필요한 자원을 획득하기 위하여 상호작용을 한다는 것이다. 조직들이 다른 조직들과 상호작용에 종사하는 현상은 네트워크조직에서도 예외는 아니다. 네트워크조직은 국가와 지방자치단체 등과 같은 공공부문들과 다양한 민간부문들로 구성될 수 있기 때문에 조직간 상호작용이 중요하다. 네트워크조직은 독립적으로 존재하고 활동하는 다양한 자율적 조직들로 구성되어 있다. 이 네트워크조직의 참여자들이 지역사회의 당면한 과제나 문제점을 효율적으로 해결하기 위하여 공동으로 활동하기 위해서는 권위나 법에 의지하기보다는 각각의 참여자들의 존재와 가치를 인정하고 상호 대등한 입장에서 의사결정과정에 참여하여 자신들의 의견과 주장을 내세울 수 있는 사회적 조정과 다수에 의한 수평적인 통제가 보다 효과적이라고 할 수 있다. 따라서 네트워크조직의 상호작용은 그것의 활동전략을 어떻게 할 것인가와 밀접히 연결된다. 네트워크 조직의 활동전략을 분석하는데 정책네트워크이론에 속하는 파트너십개념을 분석에 사용할 수 있다. 왜냐하면 파트너십은 거버넌스의 협력적 네트워크와 같은 전략(Kjin & Teisman, 2000)또는 협력적 거버넌스의 도구(Pierre, 1998; Peters, 1998)가 되기 때문이다. 공사파트너십은 대부분의 유럽국가에서 중요한 개념으로 성장하고 있다. 이러한 성장은 복잡하고 동적인 환경을 통치하는 새로운 방법을 발견하려는 정부의 시도와 관련되어 있기 때문에 도시관리와 같은 공공정책의 분석을 위한 중요한 개념으로 등장하고 있다. 여러 학자들도 파트너십에 대하여 다양한 정의를 내리고 있다. 예를 들면, Teisman & Kjin(2002)은 공사부문의 개인이나 단체가 상호 이익을 위하여 협조하는 것으로 파트너십에 대한 정의를 대신하고 있다(강병수 외 1996). 이상의 두 가지 측면을 조합하여 정의를 하면 공사파트너십이란 네트워크조직의 구성원들이 자신들의 활동 영역에 해당되는 지역사회의 당면한 과제나 문제점의 해결이라는 공통된 목표를 달성하기 위하여 국가나 지방자치단체와 같은 공공조직과 협력하는 시스템을 말한다. 이러한 공사파트너십의 특성은 첫째, 공사행위자들이 공통된 정책목표와 정책의 최종 산출물에 대하여 합의한다. 둘째, 공사행위자들은 그들의 이해에 기여하는 공동산출을 하기 위하여 공동의 의사결정–정책집행–평가 및 환류 등 모든 정책과정에 상호 대등한 입장에서 참여한다. 셋째, 주요 정책목표는 시너지를 통한 풍부한 성과물의 산출이다. 넷째, 몰입과 공동산출을 위하여 상호연결된 열망과 상호작용규칙, 투명성과 신뢰 등을 중요시한다. 다섯째, 관리원칙은 공동목표, 공동재무, 공공목적 실현 등을 위한 과정관리이다(Kjin & Tiesman, 2000). 공사파트너십은 공사파트너들이 공동의사결정을 하기 위한 배열을 가지고 있다. 네트워크는 정책과정의 공개나 참여자들의 수평적인 협동이라는 측면에서만 보게 되면 부정확하고 비효율적일 수 있다. 네트워크에서 행위자들 간의 상호작용은 조화뿐 아니라 갈등을 불러 일으킬 수도 있다. 개별행위자들은 상이하고 때로는 상호 갈등적인 요소를 지닌 열망 또는 이해를 가지고 있으며, 그들의 개별적인 이해를 달성할 수 있는 나름대로의 방법을 가지고 있을 수도 있지만, 지역공동체의 공통된 목표달성에 도움이 되는 의미 있는 성과(산출물)을 얻기 위하여 서로서로 일정 부분 자신들의 개별적인 열망과 이익을 포기하고 상호협력 할 필요가 있다. 파트너십에서 시너지 효과를 달성하기 위해서는 파트너들이 새로운 해결을 위한 탐색에서 그들의 개별적인 이해와 목표를 공개하고 토론과정을 거쳐서 공동의 목표를 도출해 나갈 수 있는 진정한 상호 작용이 요구된다. 협동은 양보와 기득권의 포기에서 출발한 상호이해나 상대방을 배려한 행동으로부터 나타난다(Powell, 1990). 따라서 파트너들은 함께 목표를 설정하고 공동으로 산출물(성과물)을 생산하여야 한다. 이들 목표의 설정과 성과물의 산출과 관련되는 위험, 비용, 수입 등을 참여하는 모든 파트너들에게 공평하게 분배해야 하는 것이다. 과제나 사업을 수행하는 과정에서 파트너들이 그들 자신의 이해를 고수하게 하고 다른 행위자들에 의해 이용될 수 있는 두려움 때문에 새로운 해결책의 탐색을 거절하는 상황을 초래할 수 있다. 그러므로 성공적인 해결책의 탐색을 위해서는 행위자들 간에 개방적인 마음자세, 과정의 투명성, 상호간의 신뢰관계 구축 등이 요구된다. 파트너십에서 과제나 사업의 추진절차와 과정을 행위자들에게 투명하게 공대하는 것은 매우 중요하다. 이러한 과정의 투명성은 참여자들 간의 상호신뢰적인 측면에서 매우 필요하다. 상호 신뢰관계는 주로 규칙에 토대를 둔 것이다. 규칙이나 규범은 일이 진행되어 가는 과정이나 절차에 대하여 구성원이나 참여자들의 합의로 결정된 것으로 참여자 모두는 이 규칙이나 규범을 준수하여야 한다. 따라서 규칙이나 규범은 향후 과업의 추진 방향 등에 대한 예측을 가능하게 하고, 이것이 조직에 대한 참여자들의 신뢰의 원천이 된다. 따라서 신뢰를 유지하기 위한 기제와 이들 기제를 지원하는 규칙들은 발달되어야 하는 것이다. 결국 사회자본으로서의 상호성이나 개방성 그리고 신뢰는 네트워크조직이 협동적 또는 조정적 활동을 하는데 중요한 정치적 자원이 된다. 따라서 공사파트너십이 원활히 작동되도록 하기 위한 관리전략이 요구된다. Kjin & Teisman(2000)은 공사파트너십의 효율적인 관리를 위한 전략으로 과정관리와 네트워크 재구성을 제시하고 있다. 첫째로, 과정관리(Process management)란 행위자 사이의 상호작용과정을 활성화시키는 것으로 행위자들의 적극적인 참여, 상호 연결된 공동의 목표에 대한 인지, 조직적 상호작용, 창조적 조직배열 등이다. 둘째로 네트워크재구성(network reconstitution)이란 파트너십이 발달할 수 있는 네트워크구조를 만드는 것으로 새로운 행위자의 추가 또는 기존행위자의 수단분포의 변화, 새로운 신념과 사고, 행동 규칙의 변화 등을 의미한다.

## 3. 협력적 네트워크의 이론 : 자원의존이론

### 1) 자원의존이론의 개념

주민자치회와 지역사회단체 간의 협력은 자원의존이론(Resource Dependence Theory)으로 설명할 수 있다. 어떤 조직도 자체적으로 필요한 모든 자원[44]을 스스로 자급자족할 수 없으므로, 필요한 자원과 서비스를 끊임없이 거래하고 협력해야 하는 상황에 놓이기 때문이다(Behn, 2010). 자원의존이론은 조직간 의존관계에 관심을 가지고, 조직간 관계를 자원의 관점으로 보았다(Pfeffer & Salancik, 2003). 자원의존이론에서는 모든 조직이 각각 자원을 보유하고 이 자원을 통하여 자율성을 확대하는 성향을 보이는데(박상희 외, 2012), 조직은 생존에 필요한 외부자원을 획득하고 내부역량을 안정적으로 확보하려고 한다(Pfeffer & Salancik, 2003; 오단이, 2013). 자원이 부족한 조직은 필요한 자원을 획득하기 위해 그 자원을 확보한 다른 개체나 조직들과 의존관계를 형성한다(이광훈 외, 2014). 자원의존이론에서는 조직이 다른 조직에 대한 의존을 최소한으로 줄이고 다른 조직의 스스로에 대한 의존을 최대화하여, 적극적으로 환경을 창조할 수 있다고 본다(박상희 외, 2012).

---

44) 이 때 자원은 매우 광범위한 개념으로, 물질적인 것뿐만 아니라 정보, 인맥, 정당성 등과 같은 보이지 않는 것도 포괄한다(박상희 외, 2012: 46).

## 2) 자원의존이론에 근거한 협력

자원의존이론에 근거한 협력은 조직의 가치를 극대화하고 시너지를 창출하는데 초점을 맞추는데(Zajac & Olsen, 1993), 한 조직이 다른 조직을 보완할 수 있는 자원을 보유할 때 조직간의 결합가치가 높아진다(Borys & Jemison, 1989). 조직은 외부 환경의 불안정한 변화 속에서 자원을 안정적으로 확보하고 결합가치를 극대화하기 위해 협력, 연합, 합병 등을 하게 된다(Drees & Heugens, 2013). 조직간 협력과정은 조직간 자원공유의 관점으로 이해할 수 있고, 조직 간의 목표는 충돌하는 것이 아니라 연계되며, 조직간의 관계는 신뢰를 바탕으로 형성된다(Chen, 2010). 이 때, 공공부문에서의 협력은 공조직의 특성상 조직의 생존을 위한 협력이라기보다는 상생을 위한 협력이라고 볼 수 있다.

Ansell et al(2008)에 따르면, 협력을 위해서는 공공문제 해결과 관련된 상호작용이 필요하고, 내부 및 외부 구성원의 직접적인 참여를 통한 공식적인 집합 행동이 필요하다(Ansell et al, 2008). Vigoda(2002)는 협력의 성공을 위한 정부와 행정의 역할은, 시민사회의 실질적인 권한과 파트너십을 강화하고 참여를 실천할 수 있도록 지원하는 조언자 역할이라고 보고, 참여에 대한 지속적인 평가가 필요하다고 보았다(Vigoda, 2002).

Teisman et al(2002)은 조직 간의 상호의존성이 필요하고, 목표달성을 위한 상대 조직의 자원에 대한 필요성이 높을수록 협력이 강해진다고 보았다(Teisman et al, 2002). Goldsmith et al(2009)은 협력의 성공을 위해서는 관련 조직들이 네트워크를 형성하고, 상대 조직을 존중하는 관계의 기술이 필요하며, 갈등과 의견대립을 관리하는 갈등관리 역량이 필요하다고 보았다(Goldsmith et al, 2009). 협력네트워크의 가장 큰 장점은 자신이 가지지 못한 자원을 상대방이 가지고 있을 경우에 서로 자원을 교환할 수 있다는 것이다(Agranoff et al, 2003).

### 3) 자원의존이론의 구성요소

자원의존이론에서는 제도적 관점(institutional approach), 조직적 관점(organizational approach), 환경적 관점(environmental approach)을 포괄한다(Pfeffer & Salancik, 2003; 정규진 외, 2013; 송낙길, 2014; 이광훈 외, 2014). 조직이 가진 내부 역량, 외부 자원, 법적·제도적으로 지원되는 자원에 따라 조직의 지속가능성이 결정될 수 있는 것이다. 즉, 조직이 외부자원을 획득하고 내부역량을 확보하며, 외부환경과 상호작용하면서 존속한다고 보고 있다. 주민자치회와 지역사회단체 간의 협력을 증진시키기 위해서는 자원의존이론에서 논의하듯이 외부로부터의 적극적인 자원 지원을 유도하여야 한다(Pfeffer & Salancik, 2003). 불확실한 환경 속에서 주민자치회가 소유한 자원만으로는 환경변화에 적극적으로 대응할 수 없기 때문이다.

첫째, 제도 요인을 보면, 조직은 생존을 위해 자원과 정당성을 필요로 하므로, 제도적 환경 내에서 다른 조직의 규범과 요구사항을 따르게 된다(Pfeffer & Salancik, 2003). 조직간 협력을 달성하기 위해서는 조직 내부의 의사소통 및 전달체계가 확립되어 제도화되어야 하는데, 의사전달체계가 수평적으로 제도화되어 있는 조직은 타 조직과 협력이 증가할 가능성이 높다(Krause & Ellarm, 1997).

둘째, 내부 역량을 보면, 조직은 외부환경으로부터 획득한 자원을 내부역량으로 대체하려고 하고(이광훈 외, 2014), 조직간 협력이 형성되기 위해서는 조직 내부에 협력 인프라 구축이 우선시되어야 한다. 협력 인프라는 조직이 타 조직과의 협업을 성공적으로 달성하기 위하여 갖추어야 할 요건이라고 할 수 있다. 자원의존이론에서 조직 내 협력 인프라는 외부환경 자원과 상호의존적이다(김정인 외, 2014).

셋째, 외부 환경을 보면, 외부환경으로부터의 자원 지원이 있어야 조직이 생존할 수 있고, 조직은 환경에 대해 능동적인 대응전략을 마련함으로써 자율성을 확보할 수 있다(이광훈 외, 2014). 조직은 환경과 단절되어 스스로 자생할 수 없고, 환경의 적극적인 지원을 필요로 하며, 이러한 자원 지원이 존재할 때 조직은 환경변화에 보다 적극적으로 대응하고 생존할 수 있다(김정인 외, 2014). 조직간에는 신뢰를 바탕으로 관계가 형성되고, 신뢰가 협력의 중요한 구성요소가 된다(Sundaramurthy et al, 2003).

## II. 네트워크 조직의 유형

일반적으로 조직 연구와 관련해 네트워크 개념은 네트워크 분석(network analysis)의 측면에서 집단이나 사회 조직에 대한 연구와 조직 내의 개인을 대상으로 하는 연구로 분류할 수 있다(Marsden 1990). 여기에서는 조직연구에서 사용되고 있는 네트워크 개념에 초점을 맞추어 네트워크 거버넌스에 대한 부분을 포함하여 네트워크의 유형을 아래와 같은 세 가지의 유형으로 분류하였다.

첫째, 조직 간 관계유형으로서 네트워크이다. 여기에 대한 연구는 1960년대와 1970년대에 새롭게 등장한 조직 간 관계 이론(inter - organization theory)에서부터 출발하였다. 이러한 연구는 조직들 간의 관계 및 상호 의존성과 이러한 관계 속에서 개별조직이 취하는 전략에 초점을 맞추고 있으며 조직 간의 관계를 파악하는 수단으로서 네트워크를 활용하는 것이다. 개별 조직은 네트워크의 한 참여자로서 다른 조직과의 자원 교환의 과정을 통해 그 조직을 지속시켜 나갈 수 있다. 또한 자원 교환의 과정 속에서 조직들 간의 관계 양상이 결정되고 이들 간의 관계는 지속적인 협력과 전략적인 행동을 통해 네트워크 내에서 역동적으로 변화해나가는 과정을 겪게 된다.(Kjin, 1997). 조직 간 관계유형으로서 조직 네트워크의 가장 핵심적인 내용은 바로 자원의존이론(resource dependency theory)이다.

자원의존이론의 논의에서 개별 조직은 다수의 다른 조직들의 집합으로 이루어진 환경에 둘러싸여 있다고 가정한다. 이러한 환경은 자본이나 인력, 지식 등의 개별 조직이 요구하는 다양한 자원들을 통제하게 되며, 개별 조직은 이들과의 관계를 통해 자원을 획득하게 된다. 개별 조직이 다른 조직과의 상호의존 관계 속에서 자원을 획득하는 과정은 개별 조직을 둘러싼 네트워크의 형성으로 해석될 수 있으며, 이런 측면에서 조직간 관계이론, 자원의존이론, 조직 네트워크 등과의 연관성을 파악할 수 있다. 자원의존이론을 활용한 실증적 연구에서는 조직들 간의 자원교환을 통한 상호작용 관계를 상호작용의 빈도 (frequency), 강도(intersity), 중심성(centrality) 등의 개념을 이용하여 도식화 하는 분석을 시도하였다.(Mitchell, 1969; Aldrich and Whetten, 1981).

둘째, 조직 내 구성원들 간의 관계유형을 탐색하고자 하는 사회적 네트워크 (social network)를 살펴볼 수 있다. 사회적 네트워크 연구는 분석의 단위로서 조직 내의 구성원인 개인에 초점을 맞추고 있다. Liebeskind et al(1996)의 연구에서 사회적 네트워크는 "신뢰할만한 행동규범에 따라 유지되는 개인들 간 교환관계의 집합체"로서 인식된다는 점에서 조직을 분석 단위로 상정하고 있는 조직 간 관계 이론에서의 네트워크 개념과는 차이점을 보이고 있다. 사회적 네트워크의 연구는 조직 내 네트워크 분석을 통해 조직 구성원들 간의 상호관계, 특히 권력관계 측면을 연구하는 경향이 강하다(shaw, 1964; brass, 1984,Brass & Burkhard, 1990). 이러한 연구에서는 사회적 네트워크의 중심성(centrality) 개념과 권력(power)의 연관성을 강조하고 있으며, 네트워크의 정도(degree)와 긴밀성(closeness), 중간성(betweenness) 등의 하위 개념을 통해 네트워크의 중심성을 측정하고 있다(Freeman, 1979; Brass & Burkhardt, 1990). 사회적 네트워크 연구는 또한 조직 내 개인 간에 교환되는 자원의 종류에 따라 네트워크의 유형을 분류하고 있다. 따라서 Tichy, Tushman, & Formbrun(1979)의 연구에서는 재화나 서비스의 교환, 정보의 교환, 호감의 교환 등에 따른 세 가지 유형의 사회적 네트워크를 제시하고 있다.

셋째, 거버넌스 유형으로서의 네트워크 거버넌스이다. 앞선 두 가지 유형이 주로 연결망 분석이라고 규정하고 있는 구체적인 네트워크는 상대적으로 추상적인 차원의 논의를 진행하며 효과적인 조직운영의 원리를 네트워크의 개념을 통해 발견하고자 하는 규범적 성격의 연구 경향을 보이고 있다. 네트워크 거버넌스는 현대 사회에서 폭발적으로 증대되고 있는 다수의 행위자가 연계된 정책문제에 대한 조정의 문제를 해결하기 위한 사회적 기제로서 그 긍정적인 측면을 주목할 필요가 있다.

네트워크 거버넌스의 등장은 앞서 언급한 바와 같이 보다 효과적인 조직 운영의 관점에서 대두되었다고 할 수 있으며, 이러한 이유에서 네트워크 거버넌스의 활용과 그에 따른 효과성의 문제가 중요한 이슈로 대두되고 있다. 이와 관련한 연구 경향은 크게 두 가지로 나누어 살펴볼 수 있다. 첫째는 네트워크 거버넌스의 활용이 조직 효과성의 증대와 실질적인 관련이 있느냐에 대한 것이며, 둘째는 네트워크 거버넌스의 채택 이후 효과적인 네트워크 관리를 하기 위한 관리자의 전략적 행위는 무엇인가에 대한 것이다. 전자의 연구 경향에서는 기존의 관료제와 같은 계층적 거버넌스나 시장적 거버넌스와의 비교를 통해서 네트워크 거버넌스의 효과성을 살펴보고자 하는 노력들이 주를 이루고 있다. 그러나 이러한 거버넌스 방식의 차이에 따른 효과성을 실증적으로 분석하고자 하는 연구는 그 수가 미미하다. Considine & Lewis(2003)의 연구에서는 실제 관료들의 행동 양태를 거버넌스 유형에 따라 분류하여 어떠한 형태의 거버넌스 방식이 더 많은 영향을 미치고 있는지 비교 연구하는 것이다. 후자의 연구 경향과 관련해서는 주로 네트워크 관리자들의 전략적 행태와 관련한 연구들이 활발히 논의되고 있다. 네트워크 관리자들이 네트워크의 설립 운영과 관련해 나타내는 행동 유형에 대하여 McGuire(2002)는 활성화(activation), 구성(framing), 동원과 합성 등의 네 가지로 나누어 설명하고 있다.

# III. 협력적 네트워크 구축과 주민자치회

 본 연구에서 제기하고 분석하고 있는 거버넌스에 대한 논의는 지역사회의 새로운 정치적·사회적·문화적 환경변화에 적절하게 대응하고 지역사회의 발전과 주민의 복리증진이라는 과제를 수행하기 위한 주체가 되는 지역공동체의 효율적인 운영방식을 모색하기 위해서 시작하였다. 이러한 점을 고려해 볼 때, 네트워크 거버넌스의 효과성에 대한 분석과 효과적인 네트워크 관리는 지역공동체의 주축이 되는 주민자치회의 입장에서는 매우 중요한 의미를 지닌다.

 Provan & Milward(2001)는 네트워크를 둘러싸고 있는 다중적 고객집단 그룹에 대한 문제와 함께 세 가지 수준을 네트워크의 효과성을 평가하기 위한 차원으로 분류하였다. 그 세 가지 수준은 각각 지역공동체, 네트워크, 개별 참여 집단 등이다. 첫째, 지역공동체 수준에서의 네트워크 효과성은 네트워크를 통해 서비스 전달이 이루어지게 되는 해당 지역공동체가 실제로 적정한 서비스의 혜택을 받고 있는지, 그리고 서비스의 전달이 효과적으로 이루어지고 있는지에 대한 기준을 통하여 판단될 수 있는 부분이다. 둘째, 네트워크 수준에서의 효과성은 네트워크라는 조직유형이 구성되고 계속적으로 유지되어 나갈 수 있는 구조적인 차원에서의 효과성 문제이다. Provan & Milward는 네트워크의 지역공동체에 대한 외부적 효과성이 아무리 크더라도 네트워크의 구성과 유지의 비용이 너무 커서 개별 구성원들이 네트워크에 잔류할 수 없다면 네트워크의 효과성이 낮은 것으로 판단하였다. 셋째, 개별 참여 집단의 문제이다. 비록 네트워크가 공동의 협력을 통한 특정한 목적의 달성을 위하여 구축되었지만, 네트워크에 참여하고 있는 개별 조직들은 참여를 통해 발생하는 사적 이익의 정도가 중요한 참여 동기로 작용하게 된다. 그런 의미에서 네트워크에 참여하는 개별 집단의 성과수준이 네트워크 전체의 성과 수준을 나타내는 것이라고도 볼 수 있다.

 네트워크의 효과성은 단순히 네트워크를 도입하였다고 해서 달성되는 것은 아니며, 네트워크가 원활히 구성되고 운영될 수 있도록 관리할 수 있는 능력이 갖추어져야 네트워크의 효과성을 달성할 수 있다.

O'Toole & Meier(2001)는 네트워크 관리 수준과 관련하여 텍사스 주의 공립학교들을 대상으로 한 실증연구를 통하여 학교가 갖고 있는 자원들, 예를 들면, 교사의 경력 수준, 학생 수, 학교시설, 학부모 조직, 학교지원조직 등을 효율적으로 활용하는 능력은 네트워크 관리 수준이 높은 학교일수록 더욱 높다는 것이다. 그리고 그들은 반대로 학교의 제약요인에 대해서는 학교운영의 효과성에 미치는 영향을 축소시킬 수 있는 완충의 기능을 네트워크가 가능하게 하는 것으로 분석하고 있다. O'Toole & Meier와 달리 Kickert & Koppenjan(1997)은 네트워크 거버넌스에 대한 입장에서 네트워크 관리의 중요성을 지적하고 있다는 점에서 그 차이를 확인할 수 있다. 이들은 협력적 거버넌스, 협상적 정부 등과 같은 표현을 통하여 최근의 사회현상이 과거의 계층제에 따른 정부의 역할보다는 협동과 공동 협력을 강조하는 경향으로 전환되고 있음을 지적하고 있다. 그러나, 이런 협력적 공동 활동의 실현을 저해하는 요인들이 심각하게 제기되었다. Olson(1965)이나 Hardin(1977) 등은 무임승차자의 문제, 공유지의 비극 등의 논의에서 그 근거를 찾고 있다. 따라서 네트워크 거버넌스를 도입한다고 해서 모든 문제가 해결되는 것이 아니며 앞서 지적한 공동 활동의 제약요인들에 대한 관리라는 측면에서 네트워크 관리에 대한 인식을 강조하고 있다. 나아가 Kickert & Koppenjan은 구체적인 네트워크 관리 전략에 대해 언급하고 있는데, 이들은 게임관리라는 표현을 사용하면서 다수의 구성원이 포함되는 네트워크 내의 상호작용을 효과적으로 관리할 수 있는 몇 가지 전략적 활동을 제안한다.

이상의 논의를 바탕으로 해서 지역공동체의 주축이 되어 지역공동체를 관리라는 역할을 수행하는 주민자치회는 지역공동체에 참여하고 있는 개별조직들의 네트워크를 효율적으로 조직화하고 관리하여야 한다.

이를 위하여 주민자치회는 지역공동체에 참여하고 있는 개별조직들이 실제로 적정한 서비스의 혜택을 받고 있는지와 개별조직들에게 서비스가 효율적으로 전달되고 있는지에 대한 기준을 설정하고 지역공동체에 참여하고 있는 모든 개별 조직에게 공정하게 적용하여야 한다. 지역공동체 구축을 위한 네트워크의 구성과 유지에 필요한 비용이 개별 단체들이 감당할 수 있는 능력의 범위안에서 책정되어야 한다. 또한, 네트워크에 참여하는 개별 집단의 성과수준이 네트워크 전체의 성과 수준을 나타내는 척도가 된다. 이러한 의미에서 네트워크에 참여하고 있는 개별 조직들에게 일방적인 희생과 봉사만을 강요할 것이 아니라 참여를 통하여 개별조직들에게도 사적 이익이 발생할 수 있도록 배려하여야 한다. 네트워크를 효율적으로 관리하기 위하여 네트워크를 구성하고 있는 참여조직이나 구성원들의 역량을 함양하기 위한 교육과정과 프로그램을 마련해야 한다. 또한, 무임승차자의 문제, 공유지의 비극 등과 같이 협력적 공동 활동의 실현을 저해하는 요인들을 파악하여 적절한 해결방안을 제시하여야 한다.

## 1. 필요성

우리나라 주민자치를 위한 행정구역의 범위가 넓고 도시화의 진전 등으로 주민의 익명성이 커지면서 지역공동체 의식이 희박해지고 개인주의 성향이 증가되고 있다. 지역에 대한 주민의 관심과 참여가 저하되고 있기 때문에, 민선지방자치가 부활된 1995년 이후 학계와 시민단체를 중심으로 읍면동 주민자치 강화의 필요성이 꾸준히 제기되었다. 지역 내의 주민, 자생단체 등이 서로 연계하여 협력관계를 구축해 나가는 것이 주민 중심의 근린자치를 실현하는 수단이라고 판단하기 때문이다.[45] 많은 학자들이 주민자치회 개선방안을 제시하고 있는데, 이러한 개선방안대로 하면 주민자치회가 발전하고 지방자치가

---

45) 역량강화를 위해서는 서로 간 협력이 필요하다(박기묵, 2014: 171).

발전할 것인가라는 질문을 던질 수 있다.

아직도 우리나라 지방자치에 대해서는 정부의 적극적인 지원이 필요하다 및 필요없다로 의견이 갈리고 있다. 즉, 단체자치 전통의 우리나라에서 지방자치가 성공하기 위해서는 정부의 지원을 통해 자치역량을 제고하고 자치할 수 있는 제도가 필요하다는 입장이 있는 반면(윤은식 외, 2011: 130; 김필두, 2014 : 37; 최근열, 2014: 234)46), 행정자치부가 주도하여 학회에 의뢰하여 주민자치회 모형을 개발했다는 것만 보아도 주민자치회가 주민자치, 지방자치가 아니라는 비판이 있다(김찬동, 2014: 63; 홍윤숙 외, 2014: 6). 즉, 주민자치회가 제 역할을 하지 못한다는 비판, 주민의 자치의식과 역량이 부족하다는 비판, 행정자치부가 주민자치회 시범실시에 과도하게 관여하고 있다는 비판 등이 계속되고 있는 시점이다. 특히, 주민자치회에 대한 비판들은 주민자치회가 지역사회에 녹아들지 못하고 지역사회와 협력하지 못하고 있다는 공통점을 가진다. 즉, 주민자치회가 주민자치, 지방자치의 중심이 되고 있지 못하고, 기존의 지역사회단체들과 차별화되지 못하고 있으며, 여전히 관 주도적인 자치가 진행 중이고, 앞으로도 달라질 것이 없다는 비판 등이다.

이렇게 볼 때, 주민자치회는 한계가 많은 제도라고 볼 수 있지만, 지방자치 업무를 주관하는 행정자치부에서는 주민자치회 시범실시를 통해 전면 도입을 계획하고 있는 상황이다. 이에 연구자들은, 도입이 예정되어 있는 주민자치회를 어떻게 활용하여 지방자치에 이바지하고 지역 내 협력을 이끌어갈 것인지에 대해 관심을 가지게 되었다. 단체자치 전통의 우리나라에서 주민자치를 활성화하기 위해서는 중앙정부가 일정 부분 지원하는 것이 필요하다고 판단했기 때문이다.

지역사회에는 여러 지역사회단체들이 존재하는데,47) 이러한 지역사회단체들

---

46) "서양과 우리는 다르다. 우리는 긴 독재의 역사를 가졌기 때문에 주민자치라는 개념이 없다. 정부주도라도 주민자치를 할 수 있는 것이 다행이다. 정부주도라도 잘 되기만 하면, 민 혼자 10년을 해야 하는 일을 3년 만에 할 수도 있다"(2014년 1월 행정자치부 사무관 인터뷰).

47) 기존의 주민자치센터가 지역사회단체와 연계시스템이 결여되어, 제각기 독자적으로 활

과 주민자치회가 협력하는 것이 필요하고, 주민자치회가 지역사회단체들과 함께 지역문제를 고민하고 해결하는 것이 필요한 시점이다.[48] 기존의 관 주도적인 자치로는 그동안 달라진 것도 없고, 앞으로 크게 달라질 것도 없기 때문에 주민자치회와 지역사회단체가 밀접하여 협력하여 새로운 돌파구를 마련하는 것이 필요하다고 보여지기 때문이다.[49]

주민자치회에 대한 관심과 우려가 증가하고 있는 현 시점에서, 주민자치회의 무엇을 강화하여야, 주민자치회가 무엇을 하면, 지역사회와 협력할 수 있을 것인가 라는 질문으로 본 연구를 시작하였다. 현재 주민자치회 시범실시 지역에서 주민자치회 위원으로 활동하고 있는 시민들이 주민자치회에 대하여, 또한 주민자치회와 지역사회와의 협력에 대하여 어떻게 인식하고 있는지를 조사하여, '주민자치회가 지역사회단체와 협력하기 위해서는 무엇이 필요한지'를 제시하는 것이 본 연구의 목적이다. 즉, 주민자치회와 지역사회가 원활하게 협력하기 위해서는 지역에서 실제로 활동하고 있는 주민자치회 위원의 인식과 참여가 필요하다고 판단하여, 주민자치회 위원을 대상으로 설문조사를 실시하였다. 본 연구는 관련 선행연구 검토를 통해 설문문항을 도출한 후 주민자치회 위원의 인식을 조사하였고, 이를 기반으로 주민자치회가 지역사회와 협력할 수 있는 방안을 도출하였다.

---

동하여 활동의 중복과 자원의 낭비를 가져오고 있다(최근열, 2014).

48) "주민자치회 혼자서 모든 것을 할 수는 없다. 가급적 많은 조직과 함께 가고 싶다. 우리 지역에 있는 이장단협의회, 새마을지도자협의회, 농촌지도자회 등과 평소에도 긴밀하게 협조하고 있는데, 서로 도와야 시너지 효과가 난다"(2014년 1월 경기 소재 주민자치회 분과장 인터뷰).

49) 지역의 모든 사업을 주민자치회가 단독으로 수행하기에는 전문성, 행정실무능력 등의 측면에서 곤란하기 때문에 지역사회단체와 협력하는 것이 필요하다(김필두, 2014).

## 2. 지역주민과 주민공동체

### 1) 지역주민

주민은 '지방자치단체의 구역 내에 주소를 가진 자'(지방자치법 제12조)를 말한다. 이때, 인종·국적·성별·연령 및 능력의 여하를 불문하며 자연인 뿐만 아니라 법인도 주민에 포함된다. 일반적으로 시민 개념이 보다 광의적으로 사용되고 주민은 한정된 공간 속에서 사용된다(서순복, 2002). 주민은 공민과도 구별된다. 참정권을 갖는 공민은 법인·외국인이 제외된다.

그 지역 내에 주소를 가지고 있는 이상 본인의 의사에 상관없이, 어떠한 행정행위나 등록과 같은 공증행위를 요함이 없이 법률상 주민의 자격을 가지는 것이 원칙이다. 주민의 요건인 주소는 1인당 1개소임을 원칙으로 한다. 다만 그것은 자연인에 있어서는 생활의 근거가 되는 곳을 의미하고, 법인에 있어서는 그 주된 사무소의 소재지 또는 본점의 소재지를 의미한다.

주민은 단순한 지방자치단체의 구성원에 그치지 않고 지방자치단체의 주체가 되기도 한다. 주민의 지위는 지방자치단체의 주체적 지위와 지방자치단체의 구성원으로서의 지위로 대별할 수 있다. 주체적 지위에 있는 주민은 주민 전체로서 지방자치단체의 통치권의 주체가 된다. 주민은 자치단체의 기관을 구성하여 현실적으로 선거권·피선거권, 청원권, 소청권 등 이른바 참정권을 행사하는 것이다. 구성원적 지위에 있는 주민은 개개인으로서 지방자치단체의 구성원이 된다. 구성원적 지위에는 첫째, 주민이 지방자치단체의 활동으로부터 혜택을 받는 것으로 지방자치단체의 재산 및 공공시설을 이용하고, 각종 서비스의 제공을 향수하는 수익자로서의 지위, 둘째, 지방자치단체의 구성원으로서 일정한 의무를 부담하는 의무부담자로서의 지위, 셋째, 지방자치단체의 구성원으로서 그 통치권의 대상이 되기 때문에 지방자치단체의 권능에 복종하는 피통치자로서의 지위 등이 있다.

주민은 여러 가지 권리·의무를 가진다. 첫째, 주민은 지방자치단체의 주체 또는 구성원으로서 선거권·피선거권·공무담임권, 주민투표권·조례제정청구권·청원권·소청권·주민감사청구권·행정참여권, 공공시설 이용권, 행정서비스 향수권, 납세자 불복권 및 배상·보상청구권 등을 가진다. 선거권·피선거권·공무담임권·주민투표권·주민청구권·청원권 등은 참정권에 해당하고, 공공시설 이용권과 행정서비스 향수권은 수익권에 해당하며, 납세자 불복권 및 배상·보상청구권 등은 쟁송권에 해당한다.

둘째, 주민은 비용분담과 법규준수의 의무 및 선거·투표의 의무 등을 가진다. 주민은 법률이 정하는 바에 따라 그 소속 지방자치단체의 존립과 자치사무의 수행에 필요한 비용을 자신의 수익 또는 능력에 따라 부담하여야 한다. 비용분담의 형태는 지방세·사용료·수수료·분담금 등이다. 주민은 법령이나 조례·규칙이 정하는 바에 따라서 작위의무(예: 신고이행)·부작위의무(예: 진입금지) 또는 수인의무(예: 장부검사를 받음)를 진다. 그 분야는 사회안전의 유지에서부터 주민복지의 향상에 이르기까지 공공생활의 거의 모든 분야에 걸친다. 법규준수의무의 불이행에 대하여 행정상의 벌칙이 적용된다.

## 2) 주민공동체

지역민주주의를 실현하고 지역주민의 적극적인 참여를 통한 지역공동체를 구축하기 위해서는 지역중심의 주민공동체 조직이 필요하다. 그 이유는 주민 조직을 통해서만이 지역의 문화·복지시설과 프로그램을 주민 스스로가 운영하는 것이 가능하기 때문이다.

주민공동체는 상호 동일한 정체성, 이념, 혹은 목적을 가지고 있는 집단이라고 할 수 있다. 오늘날 우리 사회가 안고 있는 각종 사회문제들의 발생 원인을 합리적인 사회제도의 미비에서 찾을 수 있지만 사회 전반에 걸친 지나친 개인주의의 팽배에서도 그 원인을 찾게 된다. 따라서 현재 직면하고 있는 사회문제 해결을 위해서는 제도의 개선 노력에 더하여 사회구성원의 공동체 의식 함양을 위한 노력이 중요함을 강조하게 된다. 고대 그리스인에게 있어서 시민성이란 공동체의 이익에 반하는 개인의 권리와 자유를 의미하는 것은 아니었으며 오히려 공동체의 유지 발전을 위한 의사결정과정에서의 의무와 참여 기회에 관한 것이었다(Greenberg, 1983).

주민공동체란 지역을 기본적인 단위로 하여 지역주민들이 공동의 이해관계를 가지고 함께 살아가는 일종의 근린 집단적 성격을 가진 것이라고 할 수 있다. 첫째는 '지역성'이라는 측면에서 사람들이 공동생활을 영위하고 있는 지역이라는 카테고리를 상정하고 그 안에서의 생활체계를 주민공동체의 구성 요소로 삼았다. 두 번째는 '공동성'이라는 측면에서 사람들이 더불어 생활해 나가는 것을 주민공동체의 구성요소로 보았다(Hallman, 1987). 그러나 1910년대부터 지역성과 공동성을 바탕으로 한 지역공동체가 붕괴됨에 따라서 MacIver는 공동성 대신에 커뮤니티 의식이라는 개념을 사용하였다. 주민공동체에는 지역공동체의 토대가 되는 지역성과 커뮤니티 의식이 있어야 한다고 주장하고 있는데, 여기서 지역성이라는 것은 가)사회적 유사성, 나)공통된 사회적 표현, 다)공통된 전통, 라)공통된 습관, 마)공속감 등을 말하는 것이다. 커뮤니티 의식은 가)우리의식(we-feeling), 나)역할의식(role-feeling), 다)의존의식(depended-feeling) 등을 의미한다.

McMillan & Chavis(1986)는 전체적인 커뮤니티 의식의 특성에 초점을 두고 이론을 전개하였는데, 커뮤니티 의식의 구성요소로 구성원 감정(membership), 상호영향의식(influence), 욕구의 통합과 충족(integration and fulfillment of needs), 정서적 연계(emotional connection)의 4가지를 제안하였다(McMillan & Chavis, 1986). 구성원 감정(membership)은 소속해 있다는 느낌이나 개별적인 것을 공유하고 있는 감정을 말한다. 상호영향의식은 구성원이 집단에 중요하다는 느낌과 집단이 구성원에게 중요하다는 느낌을 포함한다. 욕구의 통합과 충족은 구성원들의 욕구가 그 집단의 구성원 자격을 가지게 됨에 따라 받게 되는 자원을 통하여 충족되는 감정이라고 하였다. 정서적 연계(emotional connection)는 구성원들이 역사와 장소, 시간 및 경험을 공유하고 있고 또 공유하게 될 것이라는 믿음 또는 헌신이라고 하였다 (김경준, 1998; 장준호·이인혁, 2001).


## 3. 주민공동체로서의 주민자치센터

읍면동 단위에서의 주민조직들은 특정한 부류의 사람들이 만나서 만든 폐쇄적인 조직이 대부분이고, 지역사회 전체의 이익 보다는 특정집단의 이익을 위하여 활동하는 사례들이 많다. 이들 중 행정지원단체를 제외하고는 대체적으로 시군구나 읍면동과 상시적인 협력관계를 유지하지 않는 독자적인 활동을 전개하고 있다. 본 보고서에서는 전국적으로 통일된 조직을 갖추고 있으며, 행정과 밀접한 협력 관계를 구성하고 있어서 상호 비교와 분석이 가능한 주민자치센터를 주민조직으로 보고 연구를 진행시키겠다.

<표 2-2-3> 읍면동 주민조직 실태

| 분 | 단체명 |
|---|---|
| 지역사회단체 | 청년회, 4-H, 노인회, 지역발전추진회, 아파트입주대표자협의회 등 |
| 지역봉사단체 | 로타리클럽, 라이온스클럽, JC, 적십자봉사회, YMCA, YWCA, 환경보존회, 자율방범대, 의용소방대, 사랑의 나눔회, 도덕회복운동위원회, 청소년선도위원회, 녹색어머니회, 사회복지협의회 등 |
| 학교관련단체 | 동창회, 어머니회, 육성회, 장학회, 학교운영위원회 등 |
| 직능인단체 | 의사회, 약사회, 변호사회, 요식업협회, 이용사협회, 공인중개사협회, 상가번영회 등 |
| 행정지원단체 | 새마을협의회, 새마을부녀회, 읍면동정자문위원회, 방범위원회, 바르게 살기위원회, 자유총연맹, 방위협의회, 통·리장협의회, 읍면동개발위원회, 읍면동 체육회, 청소년지도자협의회 등 |
| 동호인단체 | 친목회, 조기축구회, 테니스클럽, 배드민턴동호회, 어머니합창단, 서도회, 청소년동아리 등 |

# 참고문헌

김경준(1998). 「지역사회 주민의 공동체 의식에 관한 연구」. 서울대학교 교육학과 박사학위 논문

김해시(2002.9), "대포천 살리기 추진상황."

김희연·한인숙(2002). "네트워크이론에서 본 지역사회복지", 「한국지방자치학회보」, 14(1): 99–122.

김정안·오영균(2014). 산업인력양성에 관한 부처 간 협업 인식: 자원의존모형을 중심으로. [한국행정논집], 26(3): 553–573.

문순홍·정규호(2000). 거버넌스와 젠더: 젠더친화적 거버넌스의 조건에 대한 탐구. 한국정치학회 주최 Post-IMF Governance 하계학술회의 자료집 발표문

박상필(1999). 시민단체와 정부의 관계 유형과 지원체계. 「한국행정학보」, 33(1)

박상희·김병섭(2012). 공공기관 임원의 인사에 관한 연구: 자원의존이론의 관점에서. [한국행정연구], 21(1): 39–72

배웅환(2000). 행정학과 정치학에서 정부와 이익집단관계의 연구성향분석 : 한국행정학보와 한국정치학회보의 비교. 한국행정학보 Vol.34, No.4, 서울: 한국행정학회.

배웅환(2005). 로컬거버넌스 : 갈등에서 협력으로, 지방행정연구 제19권 제2호, 한국지방행정연구원

송낙길(2014). 지방문화원 지속가능성에 대한 연구: 자원의존이론을 중심으로. [국정관리연구], 9(2): 225–252.

서순복(2002). "지방자치시대 주민참여의 실태 평가와 대안 모색". 「한국사회와 행정연구」, 13(1): 231–253.

서순복(2011). 지방자치단체와 시민사회단체 간 관계에 관한 탐색적 연구. 서울행정학회 학술대회 발표논문집

서울특별시 녹색서울시민위원회(2005). (시민과 함께하는)푸른 서울 만들기 : 서울행동 21

유상오(2000). "한일간의 지역활성화사업에 관한 비교연구", 제1회 한일지역사회개발 지도자 교류대회 준비 워크샵 발표자료, 새마을운동중앙회.

임승빈(1999). 행정-NGO간의 네트워크 구축에 관한 연구. 한국행정연구원, 98-11.

임승빈(1999b). 「政府와 自願奉仕團體의 바람직한 關係 定立方案에 관한 연구」, 한국행정연구원 99-08.

오단이(2013). 자원의존이론과 신제도주의 관점에서 바라본 한국 사회적기업의 형성 및 성장에

관한 사례연구. [사회복지정책], 40(3): 269-297.

이광훈·김권식·박순애(2014). 정부싱크탱크의 정책기여도에 영향을 미치는 요인 탐색: 자원의존 이론의 관점. [행정논총], 52(2): 91-117.

장준호·이인혁(2001). "주민자치활동과 커뮤니티 의식 수준 간의 관련성 연구". 「한국도시지리 학회지」, 4(2): 15-26.

정규진·서인석·장희선(2013). 사회적 기업의 지속가능성에 대한 탐색적 연구: 자원의존이론의 관 점을 중심으로. [한국정책학회보], 22(1): 171-202.

차미숙·박형서·정윤회외(2003). 「지역발전을 위한 거버넌스 체제 구축 및 운용방안 연구」, 국토 연구원

행정안전부(2017). 지역공동체 활성화 우수사례집


Agranoff, Robert & Michael McGuire(2003). Collaborative Public Management: New Strategies for Local Governments. Washington D. C.: Georgetown Unive rsity Press.

Ansell Chris & Alison, Gash(2008). Collaborative Governance in Theory and Practice. Journal of Public Administration Research and Theory. 18(4): 543-571.

Berry, J.(1999). The Rise of Citizen Groups. In Skocpol, T, and Fiorina, M, eds.,Civic Engagement in American Democracy, Washington, D.C.: Brookings Institution Press,pp.367-393.

B. Guy Peters(1998). "With a Little Help From Our Friends' : Public-Private Partnerships as institutions and Instruments" in Partnerships in Urban Governance, New York: St. Martin's Press, pp.52-70.

Behn, R. D. (2010). Collaborating for Performance: Or Can There Exist Such a Thing as CollaborationStat? International Public Management Journal. 13(4): 429-470.

Borys, B. & D. B. Jemison(1989). Hybrid Arrangement as Strategic Alliances: Theoretical Issues in Organizational Combinations. Academy of Manage ment Review. 14(2): 234-249.

Chen, B. (2010). Antecedents or Processes? Determinants of Perceived Effectiveness of Interorganizational Collaborations for Public Service Delivery. Intern ational Public Management Journal. 13(4): 381-407.

Drees, Johannes. M. & Heugens, Pursey P. M. A. R. (2013). Synthesizing and Extending Resource Dependence Theory: A Meta-Analysis. Journal of Management. 39(6): 1,666-1,698.

Greenberg, E. S. (1983). The American Political System. Boston: Little Brown&Co.

Glennerster H. (1985). Paying for welfare. Basil Blackwell.

Goldsmith, Stephen & Kettl, Donald F. (2009). Unlocking the Power of Networks: Keys to High-Performance Government. Washington D. C.:Brookings Institution Press.

Hallman, Howard W. (1987). Neighborhoods. London: Sage.

John, Peter (2001). Local Governance in Western Europe. London: Sage Publications. Krause, D. R. & Ellarm, L. M. (1997). Critical Elements of Suppl ier Development. European Journal of Purchasing and Supply Man agement. 3(1): 21-31.

O'Connell, B.(1999). Civil Society: The Underpinnings of American Democracy.Unive rsity Press of New England.

Peters. B. G. and J. Pierre. (1998). "Governing without Government: Rethinking Pub lic Administration". Journal of Public Administration and Theory. 8: 223-242.

Powell, W.(1990), Neither Market nor Hierarchy: Network forms of Organization.

Pfeffer, Jeffrey & Salancik, Gerald. (2003). The External Control of Organizations: A Resource Dependence Perspective(2nd ed.). Stanford, CA: Stanford University Press.

Sundaramurthy, C. & Lewis, M. (2003). Control and Collaboration: Paradoxes of Governance. Academy of Management Review. 28(3): 397-415.

The World Bank (2007). Local Government Discretion and Accountability: A Local Governance Framework. Report No. 40153.

Teisman, Geert R. & Eric-Hans K. (2002). Partnership Arrangements: Governmental Rhetoric of Governance Scheme? Public Administration Review. 62(2): 197-205.

Vigoda, Eran(2002). Public Administration: An Interdisciplinary Critical Analysis.

Marcel Dekker.

World Bank(2000). NGO/Civil Society. (www.worldbank.org).

Zajac, E. J. & Olsen, C. P. (1993). From Transaction Cost to Transactional Value Analysis: Implications for the Study of Interorganizational Strategies. Journal of Management Studies, 30(1): 131-145.

久住 剛(2000). "創造的なNPO-自治体政府間パートナーミップ形成へ向けて", 「都市問題」

自治省非營利活動研究會(1997),　地域づくりのための民間非營利活動に對する地方公共團體のかかわりの在り方に關する研究會報告書

http://www.gwmishima.jp/modules/information/index.php?cid=48

# 3부

# 시작하며

## 1. 생각 하나

여러분은 어떤 세상에서 살고 싶은가?

여러분은 실존하는 주체로서 대한민국이나 지역 사회에서 어떤 삶을 살아가고 싶은가?

여러분은 대한민국 국민, 사회의 시민, 지역(지방)의 주민으로서 어떤 존재가 되고 싶은가?

여러분은 살아가고 있는 지역에서 어떤 꿈을 꾸고 있는가? 아니면 꿈조차 꿀 생각도 안 하거나, 혹은 못하고 있는가?

여러분은 후배들에게 어떤 세상과 자원들을 물려주고 싶은가?

여러분은 위의 희망사항을 이루기 위해 어떤 사상이 필요하다고 생각하는가?

여러분은 오늘날 처해 있는 현실을 정당하게 변화시키기 위한 행동의 원리, 즉 자신의 살아가고 있는 지역을 살기 좋은 곳으로 만들고 삶을 향상시키기 위한 실천적 규준(規準)으로서의 사상이 있다면 무엇인가?

여러분은 주민으로서 현재 자신의 삶을 변화시키는 원동력으로 '주민의 자치'를 생각해 본적이 있는가?

## 2. 생각 둘

　미국 롤린스 대학 명예교수이자 사회학자인 에드워드 로이스(Edward Royc e)는 저서 『가난이 조정당하고 있다』를 통해 "가난은 자본의 문제이기 이전에 권력의 문제며, 자본만큼이나 불평등하게 분배된 권력을 바로잡지 않고서는 우리 사회에서 부의 불평등을 몰아내는 일은 불가능하다"고 말하며, 특별한 사례 몇몇을 제외하면, 가난이 사라지지 않는 핵심 원인은 점점 더 왜곡돼가는 불평등한 권력에 있다고 주장한다. 또 가난하다는 이유로 최소한의 생활과 미래를 꿈꾸는 일이 불가능해지는 현실을 타파해야 한다고 강변한다. 그래서 부의 불평등을 조율하기 위해서는 합법적 국가의 권력을 소수가 아닌, 국민 다수가 원하는 권력으로 새로이 재편해야 한다고 역설한다. 즉 부의 재분배가 아니라 권력의 재분배를 강조한다. 그리고 에드워드 로이스 교수는 시민들의 네트워크는 거대한 권력에 비하면 왜소해보일지라도 일종의 정치권력의 기반이 될 수 있다며, 새로운 권력 재편에 있어 평범한 보통 시민 한 명 한 명의 정치력을 기대했다.

　그동안 '일반주민'50)은 투명한 존재였다. 즉 일반주민은 그 존재 자체로서의 '불투명한 사물'51)이 아니라, 무엇을 위한 수단, 즉 투명한 도구였다. 일반주민은 정치적으론 투표 수단, 행정적으론 동원 대상, 그리고 일반주민의 삶은 국가의 도구이자 수단, 그리고 정치의 장식에 불과했다. 또 시민사회의 정치질서와 사회질서는 제도정치에 의해 관리·통제됐고, 일반주민의 생활은 제도정치에서 배제된 채 주(主)가 아닌 종(從)이었다. 일반주민은 지방자치의 주체자이자 주권자이지만 그저 거주민으로서, 또 시민52)으로서의 일반주민은 국

---

50) 저자는 거주민으로서의 주민과 혼란을 최소화하기 위해 '지배자에 대한 피지배자' '의사결정 테이블에 앉지 못하는 자'로서의 주민을 '일반주민'으로 표기한다.

51) 김호경 박사는 저서 『예수가 상상한 그리스도』(2007)에서 "사물과 도구의 관계를 통해서 대면관계 문제를 풀어낸 사르트르와 하이데거에 의하면, 사물은 도구와 대립되는 존재양식이며, 사물은 불투명하고, 도구는 투명하다"고 했다. 즉 어디서나 자신의 존재를 시위하며 관심을 재촉하는 것이 바로 이 불투명성이라는 것이다.

가의 주권자이지만 그저 정책의 수단으로서 투명한 존재였다. 그러나 아이러니하게도 도구성을 실현해 내지 못하는 일반주민은 도구성의 실패(즉 각성)로 인해 비로소 사물화되고, 자신의 존재를 타인(정확히 말해 의사결정권자들)에게 각인시킨다.

이 불투명성이야말로 실존재로서 살아있고 살아간다는 증거며, 사물의 새로운 의미로 접근하는 첫 관문이다. 예전의 정치인이나 공무원에게 주민은 그저 자신들의 목적을 성취하기 위한 도구였을 뿐이다. 그러나 이젠 시대가 달라졌다. '일반주민'은 어떤 목적을 위한 도구가 아니라 주체이자 주권 자체, 즉 투명성을 넘어 정치권력이나 행정권력, 자본권력에 불편한 불투명한 존재가 된 것이다. 그러나 오늘날 대부분의 일반주민은 이런 사실을 각성(覺醒)하지 못했거나, 아니면 각성했다해도 자신의 이성에 따라 행동하고 타인과 연대해 결정한 의사(요구)를 정책과 법제도에 반영할 수 있는 시스템이 없어 아예 포기한 상태일 수도 있다.

다시 말해 일반주민이 투명한 도구에서 자신이 살아가는 곳에서 주체이자 주권자가 되기 위해서는 에드워드 로이스 교수가 말한 '국민 다수가 원하는 권력으로 새로이 재편(권력 재분배)'하기 위한 원동력이 필요하다. 저자는 그 '원동력'으로서 '주민의 자치(=주민자치)=주민의 자기통제'를 원리(原理 : 행위의 규범)로, 주민자치 원리를 실천하는 단체(지역 공동체 · 결사체의 네트워크 플랫폼(network platform))로서 '주민자치주체기구(=주민집단의 자기통제기구)'를 구축해야 된다고 주장하고 싶은 것이다.

저자가 말하는 주민자치는 단순히 '참여'의 원리라기보다 이를 뛰어넘는 의사결정의 원리다. 의사결정은 정치적 원리고, 의사결정은 권력을 뜻한다. 여기서 말하는 '주민자치 원리에 의한 권력'은 정권이나 이념의 권력이 아닌, 시

---

52) 저자는 여기서 '시민'을 바바라 크룩생크(1959~. 미국 정치학자 매사추세츠 대학, 엠허스트 정치학과 조교수)가 저서 『The Will to Empower』(시민을 발명해야 한다 : 2014)에서 정의한 '시민이란 자기 자신을 통제하고, 자신의 이해관심에 따라 행동하고, 타인과 연대할 수 있는 사람'을 말한다. 그리고 저자의 "시민은 타고나지 않고 만들어진다"는 주장에 동의한다.

민사회(혹은 지역 사회)에의 새로운 '주민권력'이다. 이 주민권력이 대한민국에서 생성되기 위해서는 새로운 공공적 영역, 즉 '공공의 장'과 '담론의 장'이 요구된다. 당연히 이 공공·담론의 장에서는 권력정치와 이념정치가 아닌, 담론정치와 생활정치가 활발하게 제시, 생성, 산출돼야만 한다. 그런 면에서 정부가 추진하는 읍·면·동 단위에서의 '일반 주민총회 설치·운영 목적과 역할' 등을 어떻게 할 것인가는 매우 중요하다.

## 3. 생각 셋

일반주민은 분연히 자치를 위해 일어나야 하고 공공을 실천해야 한다. 지금 우리 사회는 전문가들이 지적하듯이 개인은 파편화되고, 가족은 해체되며, 마을 공동체는 붕괴되고, 지역은 파산지경이다. 게다가 인구 감소로 인한 '지방소멸'의 위기도 현실이 됐다. 또 지역 간, 세대 간, 계층 간의 갈등위기도 만연해 있다. 따라서 일반주민, 지역 공동체와 결사체들은 이런 국가적, 사회적, 지역적 위기상황에서 제 역할을 다하려면, 현실에 놓인 걸림돌들을 딛고 뛰어넘어 자율성을 마련하고, 자립의 길을 모색해 관용과 책임에 입각한 소통과 연대의 길을 마련해야 한다.

하지만, 우리나라는 각자 이익을 달리하는 지역 사회 결사체와 공동체들의 네트워킹(혹은 연대, 혹은 협치)과 이를 통한 공공적 장을 구축할 역량과 체화된 경험은 미미하다. 특히 읍·면·동 주민자치(위원)회, 시·군·구 주민자치협의회, 시·도 주민자치연합회는 무한경쟁 사회에서 주변부로 밀려나 자립적으로 살아갈 수 없는 일반주민이 다시 일어나 자치적인 삶을 살아갈 수 있도록 하고, 능력이 있음에도 한정된 자리 때문에 쉬고 있는 일반주민의 잠재적인 능력들이 살아가고 있는 지역(지방)에서 마음껏 발휘될 수 있도록 하는 구심체가 돼야 한다. 고로 자칭이든 타칭이든 주민자치 원리를 실천하고 있는 주민자치주체기구는 누군가 혹은 어딘가의 다스림에서 일반주민 스스로 주인이 돼 자발적, 자주적, 자율적, 자립적, 연대적으로 자신과 지역 사회를 다스릴 수 있도록 하는 마중물과 틀거리가 됐으면 한다.

하지만, 열악한 재정과 법제도적으로 인정받지 못하고 있는 민(民)조직의 힘만으로는 국가기본운영체제를 엘리트 중심에서 일반주민 중심으로 개혁하거나, 시민사회 영역을 구축할 수 없는 것이 현실이다. 따라서 기존의 국가 중심과 엘리트권력 중심의 체제나 법제도 틀 안에서 일반주민(시민)들이 국가정책과 지방자치단체정책에 의해 살아가던 '하향식' 삶을 일반주민 스스로 개혁해야 한다. 또 주민의 뜻에 의해 지방자치단체나 국가가 정책을 펼치도록 하려면, 주민자치 원리를 실현하고자 지역 사회에서 활동하고 있는 주민들은 인식을 바꿔야 한다. 즉 주민자치 원리를 실천하는 주민자치조직이 주민자치(위원)회만이 아니라는 것을 인식하고, 다른 결사체나 공동체, 그리고 여타 주민조직들과 연대해야 한다. 또 지역 사회(읍·면·동) 내 결사체나 공동체, 그리고 주민조직들도 주민자치회와 함께 시민사회 영역, 특히 '공공의 장' 구축에 적극 나서야 한다. 그리고 주민자치회가 지역 사회의 주민자치주체기구가 되려면, 스스로 제 역할을 다해야 하고 법제도도 마련돼야 한다.

우리나라 시민(국민)들은 이런 역량을 충분히 갖추고 있다. 2016년 10월 29일부터 2017년 4월 29일까지 6개월에 걸쳐 진행된 박근혜 대통령 탄핵 촛불집회에서 보듯, 자신과 의사를 같이하는 다른 시민들과 연대해 국가정책(입법, 사법, 행정) 결정에 영향력을 발휘했다. 그 영향력은 대의의 전당에서 시민들의 뜻을 받들어 정치를 펼쳐야 할 중앙정치도 여야 없이 시민들이 만든 광장에 편승할 정도였다. 이 때 만큼은 국민(시민)을 대신해 나라의 일을 맡길 국회의원과 대통령을 왜 뽑아야 하는지 굉장히 답답했다.

그래도 그들은 우리네 삶의 방향을 좌우하는 결정권을 쥔 권력자들이기에 시민들은 자신의 삶의 변화를 위해서는 필요와 욕구를 외치거나, 부당하거나 정의롭지 못한 정책에 저항하는 것 외에는 그저 권력자들의 결정에 맡길 수밖에 없는 것이 현실이다. 즉 자기 삶을 부당하게 혹은 정의롭지 못하게 변화시키는 정책에 대한 결정권이 없다는 것이다. 만일 일반주민들이 자신의 생활과 밀접한 정책을 결정하는 심의·협의·결정 테이블에 앉을 권리를 찾으려면, 분연히 일어나 주민자치 원리에 입각한 지방정부 구성 및 운영, 주민자치주체 기구 설치 및 운영을 일반주민 스스로 할 수 있도록 법과 제도를 개혁해야 한다고 요구해야 한다.


## 4. 생각 넷

자치는 주어지는 것인가, 스스로 쟁취하는 것인가?

공사를 결정하는 것은 본질적으로 정치적인 것이다. 그렇다면 오늘날 '공사를 결정하는 것'이 '행정의 위탁사무'처럼 말하는 사람들은 누구인가?

이와 연관해서 정부가 추진하는 읍·면·동 주민총회가 작동될 때 우리 사회와 나의 삶에 어떤 영향을 미칠까?

주민자치주체기구가 현 체제를 비판할 수는 없을지언정, 현 상황의 변화를 예견하는 근거는 될 수 있지 않을까?

어쨌든 주민자치주체기구가 언젠가는 현 체제를 완전히 변화시킬 것이라는 예견만은 기억해주길 바란다.

저자는 이 책을 통해 주민자치의 개념만을 이해하려는 것이 아니라, 변천과정 및 주민자치를 둘러싼 조건들을 이해하고, 우리 인간에게 펼쳐지고 있는 흥미롭고 중요한 생각과 행위들, 그리고 정치적 활동과 정책들도 이해하고자 한다. 따라서 여러 사상들 혹은 현상들이 포함된 하나의 거대한 체계를 창조하고 싶은 충동이 발생한다. 그러나 그 어떤 이념도 인간의 모든 의미와 경험을 담지는 못한다. 우리가 원하는 것에는 늘 새로운 조건들이 출현하고, 그 조건에 따른 새로운 생각이 제안됐을 때, 철학자들은 자신의 원칙을 수정할 수 있고, 문화는 새로운 규범을 제시할 수 있으며, 정치 지도자는 헌법·법률·조례를 개정할 수 있다.

그렇지만 민민협의체(마을협의체)인 주민자치주체기구 역할로서 지역 공동체·결사체들 간의 연계·연결이 매우 중요함을 인정하지만, 지역 공동체·결사체들 간 연계와 연결을 위한 합의와 주민자치주체기구가 지역 사회의 대표기구이자 민민협의체라는 합의에 이를 방도가 없다. 현재 국가권력, 정치권력, 행정권력이 합의과정 없이 주민대표기구이자 민민협의체(엄밀히 말하면 무늬만)를 만들어 내려는 시도는, 스스로 도덕적·정치적 판단을 내릴 권리가 있는 주민들에게 강제로 어떤 생각을 외부에서 주입하려는 것과 마찬가지다. 따라서 전제정치, 관제정치의 의도를 우려하지 않을 수 없다.

정치뿐만 아니라 다른 영역에서도, 누구나가 인정하는 보편적 진리가 없어서 문제가 많이 발생한다. 즉 우리는 무엇을 위해, 무엇 때문에 주민자치회를 설차·운영하려 하는지에 대한 보편적인 합의과정이 필요하다. 주민자치에 대한 명확한 개념 정립도 세워지지 않은 상황에서 주민자치 원리를 실천할 주민자치회의 정체성을 정립한다는 것은 매우 어려운 일이다.

더구나 정체성이 불분명한 주민자치회에 대해 각자 이해타산에 따라 역할을 부여하거나 주장한다 해도, 간격만 커질 뿐 합의점을 찾기가 매우 어렵다. 왜냐하면 자신의 주장에 대한 정당성을 찾기 위한 이론들을 가져다 붙이기 시작하면 정의(定義)에서 더욱 멀어지게 되고, 또 한편으로는 자신의 정당성을 찾기 위해 자신의 의견과 다르다는 이유로 타자의 주장에 허점을 찾아 공격할 때, 합의는 고사(固辭)하고 갈등만 초래할 수 있다. 어쨌거나 우리의 정치공동체는 대단히 빠르게 변하고 있고, 늘 새로운 문제에 직면해 저자가 주장하는 이론도 빠르게 수정될 것으로 믿는다.

## 5. 시민, 주민, 일반주민 표기

아! 그리고 본 책에서는 시민, 주민, 특히 주민과 일반주민을 구분해서 표기했다. 독자의 혼란을 최소화시키기 위해 '표3'과 같이 정리해봤다. 저자가 정의한 시민, 주민, 일반주민에 대해 표기가 틀렸다거나 혹은 다르다고 생각하는 분은 연락 부탁드린다.

〈표 3-3〉 시민, 주민, 일반주민 용어 표기

| 용어 | 정의 |
|---|---|
| 국민<br>(nation) | **[법률적]** 헌법 제1조 제2항에서 "대한민국의 주권은 국민에게 있고, 모든 권력은 국민으로부터 나온다"고 명시돼 있어 '국민'은 국가를 구성하는 사람 또는 그 나라의 국적을 가진 사람이다. |
| 시민<br>(citizen) | **[사전적]** 시민은 도시 지역 및 국가 구성원으로서 정치적인 권리를 갖고 있는 주체를 말하거나 민주주의 사회의 백성을 뜻하는 용어다. 시민권은 공직에 대한 선거권, 피선거권을 통해 정치에 참여하는 지위, 자격, 공무원으로 임용되는 권리 등의 총칭으로, 시민적 자유권에 해당한다. 일반적으로 어떤 국가의 시민권을 갖고 있다 함은 그 나라의 국적을 갖고 있다는 것과 같은 의미로 사용된다.(위키백과)<br>**[철학적]** 시민이란 자기 자신을 통제하고, 자신의 이해관심에 따라 행동하고, 타인과 연대할 수 있는 사람'이다.(바바라 크룩생크, 『시민을 발명해야 한다』, 2014.) |
| 주민<br>(residents) | **[법률적]** 지방자치법 제12조는 주민을 "지방자치단체의 구역 내에 주소를 가진 자"라고 정의하고 있다. 즉 주민등록상 주소지를 가진 사람, 직장이나 근무지가 있는 거민, 그 지역 사회를 위해 활동하는 시민단체나 비정부조직(NGO) 등도 주민에 포함된다. 주민은 정치에 참여할 권리, 공공시설을 이용할 권리, 행정서비스를 받을 권리 등을 갖고 있지만, 비용 분담과 법규 준수의 의무도 가진다. 특히 주민은 법률이 정하는 바에 따라 그 소속 지방자치단체의 존립과 자치사무의 수행에 필요한 비용을 자신의 수익 또는 능력에 따라 부담해야 한다고 지방자치법에 규정돼 있다.<br>※ 일반적으로 시민 개념이 보다 광의적으로 사용되고, 주민은 기초자치단체인 사군구 이하 단위인 읍면동 등 한정된 공간 속에서 사용된다. |
| 일반주민-<br>(서민,<br>ordinary<br>person) | **[사전적]** 국어사전에서 서민은 ①아무 벼슬이나 신분적 특권을 갖지 못한 일반 사람 ②경제적으로 중류 이하의 넉넉지 못한 생활을 하는 사람을 말하지만, 이 책에서 서민은 ①을 의미한다.<br>**[저자의 표기]** ① 책에서 표현한 '일반주민'은 '지배자에 대한 피지배자' '의사결정 테이블에 앉지 못하는 사람'을 뜻하며, 구역 내에 주 |

소를 가진 주민과 혼란을 최소화하기 위해 저자는 서민으로서의 주민을 '일반주민'으로 표기한다.

② 저자는 이 책에서의 '주민'을 말할 때 첫 번째는 지역에 주소를 갖고 있거나(지방자치법 제12조) 거주하는 사람, 지역에 주소를 둔 법인과 직원(지역에서 활동하는 사람), 두 번째는 지역 사회와 자신의 삶을 변화시키는 의사결정 테이블에 앉지 못하는(벼슬이 없는) 서민, 둘 모두를 의미한다. 저자는 첫 번째 주민은 지방정부의 주체, 두 번째 주민은 지방정부의 주체는 물론 시민사회 영역의 주체까지를 말하는 것으로 '일반주민'으로 표기하기로 한다.

③ 책에서 저자는 '피지배자' '국가와 사회의 주인'이라는 두 가지 의미를 갖고 있는 '인민'도 '일반주민'으로 표기한다.

– 새로운 세상을 꿈꾸며 박철

# 제1장. 새로운 사상으로서의 주민자치

## Ⅰ. 오늘날 왜 주민자치인가

*지역 사회의 주체인 일반주민은 도대체 누구인가?*

*그저 도구로서 투명한 존재인가, 아니면 사물로서 불투명한 존재인가?*

*누가 국민이자 시민이자 일반주민인 나의 생활을 갖고 노는가?*

*누가 나의 삶의 권리를 침해하는가?*

*누가 내 삶의 멱살을 잡고 생명줄과 같은 내 권리와 의무들을 벼랑 끝으로 내모는가?*

*결국 그런 권력에 휘둘릴 수밖에 없는 이 정의롭지 못한 사회 속에서 살아갈 수밖에 없는 나는 누구인가?*

*나의 삶을 좌우하는 사람 혹은 제도와 단체는 누구인가? 언제쯤이면 나의 삶을 나의 의지로 결정할 수 있는가?*

위의 질문은 집단(단체)주의, 권위주의, 독점자본주의, 중앙집권주의에 의한 '권력 독점'이 부당하다는 인식에 기인하며 권력 분산(분권), 그것도 권력층 간의 분권이 아닌, 일반주민에게로의 권력 분산 필요성과 당위성을 내포하고 있다. 그렇다면 나의 삶을 쥐고 흔드는 권력 독점의 부당함과 나의 삶의 변화를 결정할 수 있는 결정권(결정권력)이 내 근처로 오게 하는 분권의 필요성을 이야기 하면서 왜 저자는 '주민자치'를 말하려고 하는가? 주민자치는 무엇이고 우리의 현실 속에서 어떻게 구체화할 것인가? 또 주민자치 원리를 실천하기 위한 주민자치 구성체[53]는 어떤 모델이 돼야 할 것인가?

---

53) 이 책에서 저자는 주민자치 원리를 실천하는 기구를 '주민자치주체기구'라고 말할 것이

그동안 국가 영역 중심으로 체계화된 정치권력과 사회권력, 그리고 시장경제 영역의 자본권력이 일반주민 생활을 지배했다면, 그 틈을 비집고 시민사회 영역에서 일반주민권력이 생성될 수 있어야 한다. 그리고 시민사회 영역에서 각 지역 사회 내 일반주민의 자치를 위한 공공의 장54)(혹은 시민55)의 자치를 위한 공공의 장)이 구축돼 국가 영역이 달라지면, 국가권력과 정치권력, 사회권력과 자본권력의 절대성은 파괴돼야 한다. 저자가 이렇게 말하는 이유는 그동안 절대적이고 보편적이라고 생각했던 중앙집권적인 권력이 달라지고 있고, 일반주민들이 행정질서와 정치질서에 대한 눈높이가 높아지고 폭도 넓어졌기 때문이다.

　또 일반주민이라고 해서 다 시민성을 지닌 것이 아니기에 뜻있는 일반주민, 즉 지민(志民)으로서의 일반주민들은 자신이 살아가고 있는 지역의 사회질서를 변화시키는 새로운 공간, 즉 일반주민에 의해 살기 좋은 지역 사회 만들기를 위한 공공의 장을 구축해야 한다. '일반주민에 의해'를 위해서는 뒷짐 지고 있는 일반주민들에게 적극 나서라고 당당하게 요구하고, 더 나아가 요구를 넘어 일반주민들이 행동하도록 적극 격려해야 한다. 그리고 국가와 지자체는 지민들의 이런 행위에 대해 행·재정 지원을 아끼지 말아야 한다.

　물론 이런 행위는 나 자신이 대한민국 국민이자 시민이자 일반주민으로서 당차게 살아가기 위함이다. 강조하지만, 이 책은 대한민국이 주변 열강들 틈에서 굳건하고 당당하게 선진국가로 가는데 필요한 새로운 사회적 가치로서의 주민자치(住民自治)에 대한 정의를 명확히 하고, 지역 사회에서의 올바른 정치질서와 사회질서가 제대로 작동되도록 하기 위한 하나의 촉매제가 되길 바

---

다.

54) 와세다대학 정치경제학술원 교수인 사이토 준이치에 따르면, 공공적인 공간은 공사의 경계를 둘러싼 담론의 정치가 행해지는 장소이지, 공공적인 테마에 관해서만 논의해야 되는 장소가 아니다. 무엇이 공공적인 테마인가는 의사소통에 선행해 미리 결정돼 있는 것이 아니다(『민주적 공공성』, 36p. 2014.)

55) 자유주의체제의 시민은 외부의 권위가 요구하는 어떤 목적의 실현을 위한 봉사자가 아니라, 스스로가 자신의 기획을 결정하고 실천할 수 있는 권위를 소유한 행위자다(조승래 지음. 『공공성 담론의 지적 계보』, 54p. 2016.)

란다. 분명한 것은, 이 책은 아직 완성본이 아니라 현재 일반적으로 논의되고 있는 주민자치에 대한 명확한 정의를 정립하기 위한 '논쟁 촉발 기폭제'로, 향후 치열하게 벌어질 논쟁과 비판을 통해 보다 완성된 개념으로서 진화돼 정립되길 바란다.

## II. 대한민국에서 주민자치의 혼란

지방자치와 풀뿌리 자치가 정착되기 위해서는 풀뿌리 자치조직들(지역 공동체·결사체 등)이 전국 각 지역 사회에서 활발하게 작동돼야 한다는 것은 누구나 주장하는 바다. 그 활발한 작동을 위해 오늘날 대한민국에서는 '주민자치'라는 용어가 대세를 이룬다. 이는 그동안 사용돼오던 지방자치 유형으로서의 주민자치보다는, 지역 사회(엄밀히 말하면 읍면동 범위)에서의 주민단체(주민자치위원회, 주민자치회)를 지칭할 때 사용하는 횟수가 매우 많아졌다는 의미에서의 '대세'다.

주민자치는 분명히 단체자치(제도자치)와 함께 국가 영역인 지방정부(지방자치단체와 지방의회)의 운영방식의 한 축이지만, 오늘날 지역 현장에서 빈번하게 사용되고 있는 '주민자치'라는 용어는 지방정부와 행정기관, 즉 행정의 상대적 영역(그렇다고 시민사회 영역도 아닌)에서 주민대표기구를 설차·운영하는 것에 초점을 맞춘 새로운 유형의 주민자치를 말한다. 즉 1999년부터 읍면동에 설차·운영되고 있는 주민자치위원회나 박근혜 정부와 문재인 정부가 추진하는 주민자치회(주민대표기구이자 마을협의체) 운영원리 혹은 주민자치위원회나 주민자치회 자체를 '주민자치'라고 부르고 있는 실정이다. 이 지점에서 여러분도 눈치 챘겠지만, 주민자치라는 용어가 혼란에 빠져 정체성이 모호해졌다.

학술적으로 보면, 일본의 헌법 92조에 규정된 지방자치는 단체자치와 주민자치의 양자가 불가분의 요소로 어느 한쪽이 결여돼도 지방자치가 성립하지 않는다고 해석된다(네이버 : 21세기 정치학대사전). 주민자치가 정치적 의미에서의 지방자치인 것에 대해 단체자치는 지방자치의 법률적제도적 의미다. 즉 주민자치는 지방자치의 한 유형인 것이다. 또 학술적으로 주민자치는 주민들이 조직한 지방단체에 의해 지역 사회의 공적 문제를 스스로 결정하고 집행하는 것을 의미한다. 즉 주민자치는 지방 주민이 주체가 돼 지방의 공공사무를 결정하고 처리하는 주민 참여에 중점을 두는 제도를 말한다(네이버 : 행정학사전).

이 행정학사전이 말하는 주민자치 의미를 좀 더 분석해보면, 주민자치는 지방 주민이 주체가 돼 지방자치단체를 조직하고, 그 지방자치단체가 지방의 공공사무를 결정하고 처리하는 과정에 주민이 참여하는 것에 중점을 두는 제도를 말한다. 즉 행정학사전이 의미하는 주민자치는 대의민주주제인 것이다.

그러나 대한민국은 지방자치 유형으로서의 주민자치보다, 읍면동 주민자치회의 운영 원리 혹은 주민자치회 자체를 주민자치라고 부르길 좋아한다(저자의 개인적 의견으로는 이름 자체에 주민자치라는 용어가 붙어 있어서 그런 것 같다). 그러면서 정부와 시민활동가들(중앙정부와 서울시 주민자치회 관련 활동가)은 주민자치회 설치는 정부에서 주도해야 된다고 주장하며, 운영도 중간지원조직을 통해야(정부와 시민활동가들은 관치가 아닌 마중물 역할이라고 주장) 한다고 말한다. 게다가 현재 주민자치위원들이나 대다수 학자나 연구자들도 주민자치회 설치는 정부에서 해야 한다고 주장하며 단, 운영은 주민들 혹은 주민자치위원들이 해야 한다고 주장한다.

그러나 이들이 주장하는 '주민'의 정의가 모호하다. 즉 주민은 현직의 관(행정)과 정치가들이 아닌 것으로만 정의한다. 엄연히 법적(법률, 조례)으로 보면, 지역에 거주하는 사람들과 활동하는 사람들, 그리고 법인도 주민이다. 그러나 이들은 공무원이나 관변시민단체는 주민이 아니라는 것이다.

즉 중앙정부나 지자체, 관변시민활동가, 주민자치위원, 학자와 연구자들이 말하는 읍·면·동 단위 이하에 설치·운영되는 '주민자치회'와 그 실천 원리인 '주민자치'에 대한 정의가 갈 길을 잃고 방황의 늪에 빠져있는 상황인 것이다. 물론 중앙정부나 지자체는 단 한 번도 전국 3500여 개 읍·면동 주민들에게 '주민자치 원리에 의한 주민자치회 설차·운영'에 대해 숙의와 협의를 통한 의사결정을 물어본 적이 없다. 그래놓고 아전인수(我田引水)격으로 주민자치라고 한다. 게다가 중앙정부나 지자체는 이제 한 발 더 나아가 주민자치회의 주민자치 사업 재원으로 주민세 활용을 추진하고 있다. 그것도 '주민자치 활성화'를 위해 주민세를 환원한단다. 저자는 중앙부처나 지자체들이 말하는 주민자치가 무엇인지, 그리고 주민자치회의 정체성과 그 운영방식이 어떤 원리인지 몹시 궁금하다.

한편으로 우리가 생각해봐야 할 것은 주민자치를 실천할 주민자치주체기구를 만들 때, 지역 사회의 '의사결정'에 중점을 둘 것인가, 혹은 '사업'(마을만들기)에 중점을 둘 것인가, 아니면 이 둘을 조화시킬 것이냐다. 단, 조화시킬 때는 민민협의체, 민관협치를 위한 중간지원조직체 역할을 어떻게 조화시킬 것인가 하는 고도의 설계가 필요하다. 주민자치(住民自治)는 住民의 自治로 주민56)이 주권=주체=주인으로서 자기통치를 하는 것이다. 즉 주민의 주권에 의해 자기 지역(=시민사회 영역)을 통치하고, 또 통치를 받는 것이다. 다시 말해 '주민자치'는 일반주민의 뜻에 의해 구성되고, 일반주민의 요구에 의해 운영되는 주민자치주체기구의 실천(작동) 원리인 것이다.

또 생각해봐야 할 것은 현재 행정의 틀에서 행정의 시각으로 논의되고 있는 주민자치보다 근본적으로 접근해봐야 한다는 것이다. 중앙정부나 광역시·도에서 추진하고 있는 주민자치는 행정에의 참여와 사무(업무, 일)에 방점을 둔

---

56) 저자는 앞에서도 언급했지만, 이 책에서의 '주민'을 말할 때 첫 번째는 지역에 주소를 갖고 있거나(지방자치법 제12조) 거주하는 사람, 지역에 주소를 둔 법인과 직원(지역에서 활동하는 사람), 두 번째는 지역 사회와 자신의 삶을 변화시키는 의사결정 테이블에 앉지 못하는(벼슬이 없는) 서민, 둘 모두를 의미한다. 저자는 첫 번째 '주민'은 지방정부의 주체, 두 번째 주민은 지방정의부의 주체는 물론 시민사회 영역의 주체까지를 말하는 것으로 '일반주민'으로 표기하기로 한다.

경향이 강하다. 그러나 '주민자치(=주민집단의 자기통치)'는 단지 행정에의 참여와 지역의 일을 하는 것에 머물지 않는다. 주민자치는 개인에서 출발해 주민, 시민, 결사체(공동체), 주민자치주체기구, 지방자치단체(지방의회 포함) 관계까지 논의해야 한다.

## III. 대한민국은 왜 주민자치에 대해 열광하는가?

2013년 7월 당시 정부의 주민자치회 시범실시 이후, 현 문재인 정부와 지자체, 시민사회조직, 주민들에 이르기까지 왜 주민자치에 열광하는지 살펴볼 필요가 있다. 그 이유는 상당수의 주민들이 '생존 단위'로서 국가와 지자체, 주민자치조직과 시민단체보다는 '기업 공동체'를 보다 확실한 것이라고 믿고 있는 것이 사실이다. 그럼에도 주민자치에 열광하는 것은 자신의 삶을 더 향상시키고자 하는 뜻과 욕구를 정책에 반영시키고 싶고, 자신의 뜻을 타자에게 전달해 인정받고 싶으며, 내 뜻을 인정한 타자들과 연대해 나의 욕구를 정책에 반영시키고자 하는 절박함과 이를 위한 담론정치와 생활정치에 대한 필요 때문이라고 생각한다.

또 다른 필요의 축에서 주민자치를 보자면, 왜 대한민국은 '중앙집권과 복지국가'에서 '자치분권과 복지사회'를 외치고 있는가? 정부가 국가 중심에서 시민사회로 방향을 잡은 것은 개인의 자조 노력과 가정이나 근린·지역 사회 등의 연대를 기초로 효율성 좋은 정부와 지자체가 적정한 공적 복지를 중점적으로 보장한다는 것이기도 하다(문재인 정부의 '찾아가는 복지'[57] 정책, 서울시

---

57) 2017년 8월 11일, 하승창 사회혁신수석은 '내 삶을 바꾸는 공공서비스 플랫폼' 관련 브리핑에서 "문재인 정부의 공공서비스 플랫폼은 주민이 원하고, 주민이 결정한 정책과 서비스가 종합적으로 만들어지는 혁신적인 주민센터로 한 단계 더 업그레이드한 것이다"고 밝혔다. 그리고 그 주요 내용으로 첫째, 주민 중심의 행정혁신, 둘째는 풀뿌리 민주주의 확대 위한 주민자치 강화, 셋째는 찾아가는 복지 실현, 넷째는 개성 넘치는 천개의 마을만들기를 추진한다고 밝혔다.

의 '찾아가는 동 주민센터'[58] 정책 등). 이런 의미에서 정부, 시민사회조직, 일반주민의 입장은 다음과 같을 것으로 추론해 본다.

'정부·지자체 입장'에서 보면, 일반주민이 자신의 건강을 유지하고 생명·생활의 보장을 자신의 힘으로 획득하게끔 하면, 그만큼 정부와 지자체는 재정적 비용이 줄어들고, 특히 지자체는 행정비용(인력, 재정, 사무 등)을 일반주민들에게 떠넘길 수 있기 때문이다. 그러기 위해선 국가 통치에서 할 수 있는 것은, 일반주민들이 '자기 통치' 실천을 할 수 있도록 법제도를 마련해주고, 행·재정적 지원을 해주는 것이다. 일본 와세다대학 정치경제학술원 교수인 사이토 준이치[59]는 "자기통치는 두 개의 차원에 걸쳐 있다"고 설명한다. 한 차원은 능동적인 '개인에 의한 자기통치'다. 개인이 자신의 건강을 유지하고 생명·생활의 보장을 자신의 힘으로 획득하려 노력한다면, 그만큼 국가의 재정적 비용은 줄어든다. 다른 한 차원은 커뮤니티(지연·혈연 뿐 아니라 네트워크도 포함)나 조합 등의 '중간조직(단체)에 의한 자기통치(=자치)'다. 커뮤니티나 중간조직은 사회국가나 사회복지의 비인칭적이고 강제적인 연대를 대신해 보다 인칭적이고 자발적인 연대, 즉 얼굴이 보이는 연대를 가능하게 한다.

'자치단체장' 입장에서 보면, 중간조직(단체)을 공적화해 세금을 투입할 수 있기 때문에 선거조직으로 활용할 수 있다. 예를 들면, 선거바람에 의해 당선됐으나 (지지기반이 약한) 자치단체장의 경우, 공약 실천사항을 위해 새로운 민간조직을 만들거나, 혹은 기존 조직들 중 공약을 이행할 수 있는 조직을 선정해, 조직 활성화와 지속가능성을 위해 행·재정 지원은 물론 마중물 역할로

---

58) 찾아가는 동 주민센터는 서울시가 2015년 13개 구 80개에서 시작한 것으로 동 주민센터를 기존의 민원처리 중심의 공간이 아닌, 주민에게 찾아가는 복지가 실현되는 마을 공동체 조성의 거점으로 만드는 사업이다.

59) 사이토 준이치(齋藤純一)는 1958년에 태어나 와세다대학 대학원 정치학 연구과 박사과정을 수료했다. 국립 요코하마대학 경제학부 교수를 거쳐 현재 와세다대학 정치경제학술원 교수로 재직하고 있다. 정치이론·정치사상사를 전공한 저자의 저서로는 『전쟁책임과 우리들』(1999), 『공공성』(2000), 『자유』(2003), 『정치와 복수성』(2008), 『민주적 공공성 : 하버마스와 아렌트를 넘어서』(2009) 등이 있으며, 편저서로는 『친밀권의 정치』(2003), 『복지국가/사회적 연대의 이유』(2004) 등이 있다

서 중간조직을 투입할 수 있다. 그 중간조직은 자치단체장과 뜻을 같이하는 사람들로 구성하는 것은 당연하다. 저자도 만일 자치단체장이 된다면, 민본(지역민의 필요와 욕구)을 알기 위해 당연히 공약 실천 민간조직과 중간조직을 가동할 것이다. 다만, 여기서 민간조직은 민간조직답게 구성되고 운영돼야 한다는 전제가 뒤따르지만 말이다.

'시민사회단체(중간지원조직) 입장'에서 보면, 중간조직(단체)에 의한 '자기통치(=자치)' 차원에서 정부와 지자체의 주민자치 필요성을 일부 충족시켜 주면, 전폭적인 행·재정 지원을 등에 업을 수 있기 때문이다(이 부분에 여러 시민사회조직 중 선택은 지자체장의 정치적 성향과 맥을 같이 할 경향이 크다). 또 이런 관의 권력을 이용하면, 시민사회에서의 정치질서에 대해 타 시민조직들보다 헤게모니를 쥘 가능성이 크며, 관(행정)의 영역에서 민(시민사회)의 담론정치의 대표성을 간접적으로 보장받기 때문이다. 무엇보다 관으로부터의 안정적인 재정 조달이 가능하다.

'개인(일반주민)의 입장'에서 보면, 자기 생명(안전) 보장을 위해 자신의 삶(생활)에 변화를 주는 정책에 자신의 뜻을 집어넣을 수 있기 때문이다. 그러기 위해선 능동적인 활동인 자기통치(self-government)를 할 수 있어야만 한다. 그래야 '자기통치(=자치의 주체)'를 할 수 있는 주체들과의 연대를 통해 자기 의사결정을 국가나 지방의 정책결정 테이블에 올릴 기회를 가질 수 있다.

'공동체(혹은 결사체) 입장'에서 보면, 개인들의 자발적인 참여로 결성된 공동체들이 자신이 추구하는 목표와 뜻(이념, 이익 등)이 같은 지역 공동체들과 연대해 읍·면·동 주민자치주체기구의 핵심이 되고, 각 주민자치주체기구의 협의체와 연합체를 사회적·정치적 결사체로 활용할 수 있기 때문이다. 일반적으로 주민자치조직은 느슨하고 '차이'를 가치로 하지만, 공동체는 동질성과 균질함을 가치로 한다. 때문에 일반주민들의 동호회나 친목단체보다 결속력이나 추진력은 지역 공동체가 더 강하다. 따라서 지방정당이나 정치결사체를 허용하지 않는 대한민국에서 지역 공동체들에겐 '자신의 삶을 변화시킬 생활정치'나 '지역 정치·사회 질서 혁신' 통로나 거점으로서 중앙정당보다 주민자치 주체기구가 더 매력적일 수 있다. 권력과 이념을 추구하는 중앙정당을 통한 자신들의 뜻을 펴기에는 한계가 있기 때문에 행·재정 지원을 받고, 지역 주민의 대표기구이자 플랫폼인 주민자치주체기구는 정치적·사회적 활동 거점으로는 최적이다. 물론 정부가 주민자치주체기구를 설치한다는 전제조건이 성립돼야 하고, 그 전제조건의 전제조건으로 정부가 추진하고 있는 주민자치회가 주민자치주체기구 역할(기능)을 해야 목적을 최대한 이룰 수 있지만 말이다.

'정당 입장'에서 보면, 정부가 추진하는 읍·면·동 주민자치회를 정치적 지역거점으로 조직화할 수 있기 때문이다. 특히 소위 '주민자치 활동가 내지 전문가들'과 일부 학자들의 "주민자치회에 행·재정 지원은 하되, 간섭은 하지 말라" "주민자치회에 입법권, 조직권, 인사권, 재정권 부여해야 한다" "읍·면·동장을 직선으로 뽑자" "주민자치회 위원을 직선으로 선출하자" "특별법으로 주민자치법을 제정해 주민자치권 부여하자"는 지방정부 권한에 준하는 요구는 정치적 행보를 요구하기 때문에, 정당 입장에서는 그들에게 상당한 정도의 정치적 입김을 불어넣을 수 있다. 즉 기존에 시·군·구 단위에 머물렀던 공천권(내천권 포함)을 더 아래 단위에서 행사할 수 있어 정당조직을 깊고도 폭넓게 구축할 수 있어 매력적이다. 특히 세력이 약한 정당 입장에서 보면 주민자치회는 든든한 구원군이자 매력적인 전초기지가 될 수 있다. 이 논리대로라면, 저자가 보기에 주민자치회는 막강한 관료집단이 되지 않을까 염려된다. 다시 말해 이 요구대로 된다면, 지역 사회에서 무소불위의 정치·사회 권력을 지닌 주민자치회가 탄생함과 동시에 각 정당으로부터의 러브콜 때문에 몸살을 앓는, 즉 주민자치회 위원들은 귀하신 몸이 될 가능성이 크다. 이처럼 매력적인 주민자치회를 권력 지향적인 정당에서 가만히 놔둘 필요가 있을까?

〈표 3-1-3〉 대한민국이 주민자치와 주민자치주체기구에 열광하는 이유(추론)

| 기관 · 단체<br>입장 | 매력적인 요소 |
|---|---|
| 정부 · 지자체 | • 행정비용(인력, 재정, 사무 등)을 주민들에게 떠넘길 수 있어 재정적 비용 절감.<br>• 지역 거버넌스 구축으로 다양한 목소리 수집 · 조율로 인한 행정력 확대.<br>• 민원의 창구 단일화로 효율적 관리.<br>• 행정력 사각지대 보완. |
| 자치단체장 | • 중간조직(단체)을 선거조직으로 활용.<br>• 주민자치회를 정치적 홍보창구로 활용.<br>• 주민들의 욕구(민본) 수집 · 조율에 활용. |
| 시민사회단체<br>(중간지원조직) | • 전폭적인 행 · 재정 지원 확보로 지역 사회 권력 획득.<br>• 정치적 뜻 펼칠 수 있는 창구.<br>• 행정 등 공적 정보에 일반주민보다 쉽게 접근.<br>• 지역 사회 담론정치에 있어 대표성 간접적으로 보장. |
| 개인<br>(일반주민) | • 자신의 욕구를 타자에게 설명할 수 있고, 인정받을 수 있으며, 정책에 반영.<br>• 자신과 뜻을 같이 하는 타자들과의 연대.<br>• 자신의 삶(생활)에 변화를 주는 정책 테이블에 참여.<br>• 정치권력, 사회권력, 자본권력에 대해 견제 · 감시. |
| 공동체<br>(결사체) | • 자신이 추구하는 목표와 뜻(이념, 이익 등)이 다른 공동체 · 결사체들과 연대.<br>• 읍 · 면 · 동 주민자치주체기구의 핵심이 되고, 각 주민자치주체기구의 협의체와 연합체를 사회적 · 정치적 결사체로 활용.<br>• 정치적 · 사회적 활동에 있어 안정적인 행 · 재정 지원 확보.<br>• 공동체 · 결사체가 추구하는 권력과 이념을 추구하는 거점으로 활용. |

| 정당 | • 공천권(내천권 포함)을 읍·면·동 단위 이하에서 행사함으로써 정당의 세력 확장. <br> • 읍·면·동 단위 이하의 지역거점 확보로 깊고도 폭넓은 점조직 구축. <br> • 세력이 약한 정당은 권력투쟁보다 생활정치에 집중할 수 있어 주민에게 보다 차별화된 정책 제시로 인지도·선호도 고취. |
|---|---|

이처럼 주민자치 원리와 이를 실천하는 주민자치주체기구(주민자치회)는 정부·지자체, 자치단체장, 시민사회단체(중간지원조직), 개인(일반주민), 공동체(혹은 결사체), 정당 등 모두에게 정치적·사회적으로 상당한 메리트가 있다. 주민자치 원리를 실천하는 주민자치주체기구에서는 자신들의 이익을 공익화시킬 수 있는 과정인 생활정치와 담론정치가 펼쳐지기 때문에 지배층이든 피지배층이든 모두에게 공평하게 새로운 권력을 창출할 수 있는 기회가 될 수 있다. 즉 지배층은 자신들의 지배권력을 더욱 공고히 하기 위해, 피지배층은 새로운 권력을 획득하거나 생성함으로써 지배권력을 견제·감시하는 대등한 위치에 서기 위해 주민자치와 주민자치주체기구는 매우 매력적인 조건들을 갖추고 있다. 지배층이든 피지배층이든 '윈윈 게임'인 것이다. 이러니 주민자치에 열광하지 않을 수 없는 것이다.


## IV. 담론정치 · 생활정치 동력 주민자치

위와 같이 정부와 시민사회조직, 일반주민의 관점에서 본다면, '주민자치'는 단순한 개념이 아니라, 개인의 이성적인 뜻을 펴기 위해 능동적인 활동을 하도록 하는 자기통치(=자치의 주체)의 플랫폼이 작동되도록 하는 원리라고 볼 수 있다. 그렇다면, 이 주민자치 원리를 실천하는 기구(단체)는 자치의 주체들이 자발적으로 연대한 주민자치조직들의 협의체(플랫폼)인 주민자치주체기구라고 볼 수 있으며, 이 주민자치주체기구는 공사의 경계선에서 담론정치와 생활정치를 할 수 있는 동력과 장(場, a place for communication)이라 할 수 있다.

사이토 준이치 교수는 "공공권이 특정한 사람들 사이의 담론 공간이라면, 공공적 공간(영역)은 불특정 다수에 의해 짜여진 담론의 공간이다"며 "공공성은 어떤 동일성(identity)이 제패하는 공간이 아니라, 차이를 조건으로 하는 담론의 공간이다"고 말한다. 또 푸코가 사용한 '디스쿠르'(discours)란 개념은 '무엇인가를 주장하는 기호의 집합'이다. 푸코는 인간이 하는 문화적, 언어적 활동 전반을 분석대상으로 삼으면서 이를 디스쿠르라고 불렀고, 이것이 사회의 권력구조와 밀접한 관련이 있음을 밝혔다(네이버 : 시사상식사전).

따라서 '담론(discourse, 談論)정치'는 어떤 문제에 대해 여럿(개인, 단체, 조직 등)의 이익들이 충돌해 다듬어지고 이해되며 양보하는 가운데 합의된 이익이 사적에서 공적으로 변화되는 과정이다. 예를 들면, 담론정치는 이미 정해진 선택지 가운데 선택하기 위한 투표나 거수기를 하는 것이 아니라, 차이들이 충돌하는 과정을 거쳐 선택지를 정하는 것이다.

또 조대엽 고려대 교수는 자신의 저서 『생활민주주의의 시대』(2015)에서 "생활정치 패러다임은 삶의 주체적 구성과 관련된 자아실현의 정치를 중심으로 구축된 질서라고 할 수 있다"며 "생활정치는 일차적으로 일상적 삶의 영역에서 작동한다는 점에서 생활세계를 그 기반으로 한다"고 말한다. 이와 달리 기존의 제도정치는 정치권력이 매개하는 정치행정 영역과 화폐가 매개하는 경제 혹은 시장 영역을 기반으로 작동한다는 점에서 이른바 '체계정치'라고도 말할 수 있다(하버마스, 2006).

따라서 '생활정치'는 지역 주민의 삶과 직접 관련된 공공정책(환경, 복지, 주거, 어린이여성 안전, 인권 등) 결정과정에 기획단계부터 조사와 토론을 거쳐

살기 좋은 지역을 만들고, 동시에 주민의 삶의 수준을 향상시키기 위해 지방정부 정책에 그 뜻을 반영시키고자 하는 과정을 포괄하는 행위라 할 수 있다. 이 같은 행위는 주민들이 인간다운 삶을 영위하게 하고, 상호 간의 이해를 조정·협의하며, 지역의 정치질서와 사회질서를 바로잡는 역할과 실천과정이라 할 수 있다.


## V. 주민자치 원리와 영역 다시 생각해보기

현재 정부가 추진하는 주민자치회는 추구하는 목적60)과 달리 현장에서 시범 실시되고 있는 운영방식은 마을만들기와 비슷하다. 즉 정치적·인문적 체계라기보다는 거의 경제적 체계에 가깝다. 이는 아직 주민자치회 목적인 '풀뿌리 자치 활성화와 민주적 참여의식 고양'에 대한 개념이 각양각색(各樣各色)이기 때문이다. 소위 주민자치 활동가·전문가, 학자, 연구자, 공무원이 바라보는 '자치'와 '참여'에 대한 개념이 각자 다르다. 그러다보니 주민자치회의 정체성과 역할이 모호하다. 개념의 정립이 필요한 시점인 것이다.

주민자치는 단순히 행정에 대한 '참여'의 원리라기보다 이를 뛰어넘는 자기 삶의 변화에 대한 '의사결정'의 원리다. 그렇기 때문에 정부도 주민자치회 역할 중 하나로 '주민총회'를 추진하고 있는 것으로 본다. 의사결정은 정치적 원리고 권력을 뜻하며, 이 권력은 시민사회에의 새로운 '시민권력'을 생성하는 것이다. 이 시민권력이 생성되기 위해서는 새로운 공공적 영역, 즉 '공공의 장(공론의 장)'이 요구된다. 또 이 공공의 장에서는 권력정치와 이념정치가 아닌, 담론정치와 생활정치가 활발하게 제시, 생성, 산출돼야만 한다. 그런 면에

---

60) 행정안전부의 「주민자치회 시범실시 및 설치·운영에 관한 조례 개정(안)」(2018. 7. 4. 개정), 제1조(목적). 이 조례는 「지방자치분권 및 지방행정체제개편에 관한 특별법」 제27조에 따라 풀뿌리자치의 활성화와 민주적 참여의식 고양을 위해 읍·면·동(또는 동, 읍·면)에 두는 주민자치회의 설치 및 운영에 관한 사항과 같은 법 제29조에 따른 읍·면·동 주민자치회의 시범실시에 관한 사항을 규정함을 목적으로 한다.

서 주민총회 운영 목적과 방식 등을 어떻게 할 것인가는 매우 중요하다. 특히 정부는 주민의 대표기구인 주민자치회가 주민총회를 운영하는 것으로 방향을 잡고 있다. 때문에 주민자치회 설치·운영을 어떤 원리에 의해, 즉 주민자치회에 어떤 정체성을 부여할지가 매우 중요하다.

그렇다면, 왜 개념 정립이 중요한가? 원리(原理)에 대한 뿌리 없고 추상적인 정의(定義)는 오히려 해가 된다. 일부에서는 원리에 대한 포괄적이고 다양한 시각이라고 하지만, 원리는 사물의 근본이 되는 이치와 행위의 규범(국어사전)이라는 점에서 명확해야 한다. 또 원리를 정의함에 있어 벗어난 개념은 권리와 책임을 행사하는데 방해가 되는 걸림돌을 자기편으로 끌어들여 이득을 취하는 수단이 될 수 있다. 특히 처음부터 빗나간 개념은 시간이 지날수록 그 논점이 흐려져, 결국 본래의 목적을 상실하게 돼 과연 우리가 무엇을 하고자 했는지 잃어버리게 된다.

현재 우리나라에서 쟁점화되고 있는 차치분권(지방분권)은 법률에 의해 보장되는 '자치'로 큰 권력에서 중간 권력과 작은 권력으로의 '이동'으로 본다. 다시 말해, 일반주민들에 의한 정치질서, 즉 일반주민들은 자신의 삶(생활)을 변화시키는 정책 의사결정을 위한 테이블에서는 소외돼 있다. 따라서 저자가 말하는 '주민자치'는 첫째, 정치적 원리로 주민 개인의 자유와 권리가 존중되며, 상호 대등한 관계를 기본조건으로 ▲주민이 스스로 참여해 결정하고 추진 ▲대의민주주의 취약점 보완 ▲정치적사회적 과정과 실천을 통한 시민권력 생성을 의미한다. 둘째, 주민자치는 정치질서에 대한 의사결정권에 대한 것이고, 또 국가 영역에서의 '권력의 분산'보다는 시민사회 영역에서의 '사회권력의 생성'에 더 중심을 둔다. 즉 주민자치는 자기통제와 이성에 의한 자기의사결정을 정치와 행정, 그리고 시민사회에 작동시키려는 것이다. 셋째, 주민자치는 '주민들이 조직한 지자체에 의해 지역 사회의 공적 문제를 스스로 결정하고 집행하는 것을 의미'하는 법률적 권리에 더해, 루소의 "인간은 태어나면서부터 자유롭고 평등한 인격과 스스로의 행복을 추구하는 권리를 가진다"와 헌법 제10조의 "모든 국민은 행복을 추구할 권리를 가진다"는 '천부인권'에 바탕을 두고, 주민이면 누구나 행복을 추구할 권리와 자신의 실존적 삶의 확대와 확장을 위한 권리(혹은 시민권력)를 쟁취할 원리로 본다.

이 지점에서 우리가 생각해봐야 할 것은, 현재 논의 되고 있는 주민자치 개념을 ▲국가 영역 차원에서 적용할지 ▲아니면 시민사회 영역에서 적용할지 ▲아니면 국가 영역의 행정과 시민사회 영역을 중첩되게 해서 적용할지 분명히 할 필요가 있다. 이에 대해 저자는, 주민자치는 주민 활동에 의해 만들어지는 생활정치·담론정치의 공론장을 형성한다는 적극적인 지향성을 갖고 있기 때문에 '주민자치 영역'은 시민사회를 주축으로 국가와 시장이 미치는 영역까지 포함하는 영역 중 '교집합 영역'이라 본다.

그리고 일반주민은 지역 사회(기준은 현재 정부가 추진하는 주민자치회 단위인 읍면동)에서 이런 제3의 공간을 통해 사회공통자본을 관리하고 운영하는 새로운 주체로 등장(권력의 형성)해야 한다. 따라서 그 등장과정에서 시민(으로서의 주민)은 국가와 시장으로부터 상대적으로 자립한 '주권자'로서, 일반주민은 지역의 '주인'으로서 격(格)을 획득해야만 한다. 그리고 이에 따른 주민자치 원리를 실천하는 '주민자치주체기구'는 주민자치 원리에 의한 객체들의 다양한 의사결정들이 모여 치열하게 논의되고, 이해되며, 조정되는 정치·행정·시민사회 공론장이 돼야 한다. 또 주민자치주체기구는 자기 의사결정 확장을 위한 통로로서 '좋은 지역 사회 만들기'를 위한 제도를 만들고, 지역 사회의 정치·사회 질서를 바르게 하는 '자치공공체'가 돼야 할 것이다.

아리스토텔레스는 "정치질서는 일반적으로 관직들에 관한, 그러나 특별히 모든 문제에 있어서 최고의 권위를 갖는 특별한 관직에 관한 도시국가의 조직'이라고 정의할 수 있다"며 "주권체는 어디에서나 국가의 최고기관이다. 사실상 주권체가 바로 헌정질서고 정치질서 그자체인 것이다"고 했다. 또 아리스토텔레스는 "정치질서란 시민들의 생활방식이다"[61]고 했다.

---

61) 아리스토텔레스 지음, 『Politics』, 라종일 역, 2015.4.30., 올재클래식스.

아리스토텔레스의 정치질서 정의를 21세기 시각으로 재해석해보면, 대한민국 지방(지역)에서의 정치질서는 시민들의 생활방식이고, 시민들의 생활방식을 좌우하는 것은 지방의 최고기관인 지방자치단체와 지방의회라고 할 수 있다. 또 지역의 시민사회 영역에서의 정치질서는 주민들의 생활방식이고, 최고의 권리를 부여받은 주민자치주체기구는 주민들의 생활방식을 좌우할 수 있다. 따라서 지역 사회의 정치질서를 좌우할 수 있는 주민자치주체기구 설치·운영에 대해서는 매우 신중하게 접근할 필요가 있다.

## VI. 변화를 요구받고 있는 대한민국 민주주의

'국민주권'은 국가의사를 결정하는 최고의 원동력은 국민에게 있다는 의미다. 즉 통치권자는 국민에 의해서 결정되고, 국가의 모든 통치권력의 행사는 국민에 의해서 이뤄지는 것을 말한다. 주권은 국내에 있어서는 '최고의 권력'이며, 국외에 대해서는 '독립의 권력'을 의미한다. 또 국민주권에서의 '국민'은 개별적인 국민을 의미하는 것이 아니라 '이념적·정치적 통일체로서의 전체 국민'을 말한다. 현행 헌법은 제1조 제2항에서 "대한민국의 주권은 국민에게 있고, 모든 권력은 국민으로부터 나온다"고 규정해 국민주권을 직접 명시하고 있다. 헌법 전문에도 헌법 제정과 개정의 주체가 국민임을 명시하고 있다. 이 국민주권주의를 구체화하기 위해 간접민주정치(의회제도, 선거제, 공무담임권 보장)를 원칙적으로 채택하고 있으며, 예외적으로 직접민주정치(국민투표)도 실시하고 있다(네이버 : 시사상식사전).

사전적 의미에서 '민주주의'는 국가의 주권이 국민에게 있고, 국민을 위해 정치를 행하는 제도, 또는 그런 정치를 지향하는 사상이다. 초기 그리스에서는 시민권을 가진 남자들의 다수결원칙 아래 정치적 결정에 직접 권한을 행사하는 정부형태를 의미했고, 이 제도를 '직접민주주의'라 한다. 한편, 국민 개개인이 직접 정치 결정과정에 참여하지는 않고, 다만 국민이 선출한 대표들을 통해 정치결정 권한을 대리하게 하는 방식을 '대의(代議)민주주의'라 한다(네이버 : 두산백과).

오늘날 다수의 학자들은 시민사회 영역에서는 대의민주주의 보완으로 직접민주주의가 작동돼야 한다고 주장한다. 그리고 정부가 추진하는 '주민자치회'를 직접민주주의 실험장으로서 거론한다. 그러나 주민자치회는 지역 사회의 공동체 · 결사체 허브로서 '민민협의체'이자 행정과 주민들을 연결하는 민관중간지원조직체인 주민자치주체기구가 되기에는 거리가 한참 멀어 보인다. 저자는 주민자치주체기구란 '지역 사회의 주권자이자 주인으로서 정치적 결정에 직접 권한을 행사하는 주민정부형태'라고 정의한다. 물론 저자가 말하는 주민정부형태는 지금의 우리나라 정부나 지자체 형태가 아닌 위원회형이나 주민총회형이다.

따라서 주민자치주체기구는 제도적으로 만들어지는 것보다 교육과 실천에 의해 만들어지는 것이 중요하다. 즉 교육과 실천에 의해 형성된 것을 제도화시키는 것이다. 예를 들어 제도의 의미나 개념이 목적과 불일치할 경우 사회적 혼란을 야기시킨다.

예를 들면, 현재 전국 3502개 읍 · 면 · 동에 설치된 주민자치위원회와 주민자치회(2818개. 2016년 1월 기준)의 경우다. 현재 주민자치(위원)회라지만 역할은 동장자문기구 정도의 역할이다. 이를 정치적 상업적 도구로 이용하려한다면, 용어의 혼란으로 어떤 집단 혹은 지도자가 어떤 의도(이익 생산)를 갖고 이용한다면 휘둘리게 된다. 모호한 용어에 의도하는 개념 혹은 정의를 부여해 선동한다면, 본래 가고자 하는 방향에서 벗어나 현재의 본질보다 더 악화될 가능성이 크다. 현재 중앙정부나 지자체에서 추진하고 있는 주민자치회도 마찬가지다. 만일 일반주민에 의해 시민사회 영역에서 담론정치와 생활정치를 활성화시킬 수만 있다면, 다들 약하다고 말하는 '시범실시 주민자치회'만 하더라도 혁신적인 것이다.

## 1. 새로운 국가운영체제 구축

*"어떻게 하면 국민주권주의(國民主權主義)와 민주주의(民主主義) 원리가 잘 구현되도록 대한민국기본운영체제를 새롭게 구축할 수 있을까?"*

지금 대한민국의 민주주의는 새로운 국면을 맞고 있다. 즉 시대 변화에 따라 인민62)(일반주민)을 위한 민주주의로 변화돼야 한다는 것이다. 따라서 일반주민63)을 위한 민주주의를 구현하기 위해서는 대한민국의 국가기본운영체제는 새롭게 구축돼야 한다는 요구가 거세게 일고 있는 것이다.

그 요구의 핵심에는 민주주의의 최상의 학교인 '지방자치' 실질화를 위한 '분권'에 있다. 즉 지방자치분권은 ▲행정체제에서는 중앙정부와 지방자치단체협의체(시·도 단체장과 시·군·구 단체장)가 대등한 관계에서 서로 협력내지 견제 ▲입법체제에서는 국가대표들이 모인 국회(하원)와 지방대표(시·도 의원과 시·군·구 의원)들이 모인 '(가칭)상원'이 대등한 관계에서 서로 협력내지 견제 ▲사법체제에서는 우선, 준사법기관인 검찰(실은 수사기관이자 행정기관이지만)의 독립성을 높이기 위해 검찰총장은 검사들의 직선, 지방검찰청장은 주민직선제로 선출 ▲또 대법원장과 대법관 선출(비록 간선이라도) 및 지방법원장은 임명 시 지역 주민의 목소리를 반영하는 장치를 마련하도록 해야 한다는 목소리가 커지고 있는 상황이다.

2017년 2월 21일, 전국 지방정부(지방자치단체와 지방의회)를 대표하는 '지방4대협의체'가 국회 정론관에서 기자회견을 열어 '지방분권 헌법 개정 촉구를 위한 공동성명'을 냈다. 지방4대협의체는 "대한민국의 참된 가치를 살리고

---

62) 인민(people, 人民)은 크게 '피지배자'라는 의미와 '국가와 사회의 주인'이라는 두 가지 의미를 갖고 있다. 1863년 A.링컨은 게티즈버그연설에서 "인민에 의한, 인민을 위한, 인민의 정치"라는 유명한 말을 통해 인민이 국가의 단순한 지배대상이 아니라 국가를 구성하고 직접 운영하며 국가로부터 혜택을 받는 존재라는 점을 강조했다.(네이버 : 두산백과)

63) 책에서 저자는 '피지배자' '국가와 사회의 주인'이라는 두 가지 의미를 갖고 있는 '인민'을 '일반주민'으로 표기한다.

새로운 국가추진 동력을 공급받기 위해 지방분권 개헌을 통한 국가운영시스템의 근본적인 변화가 필요하다"고 주장했다. 4대협의체는 이를 위해 ▲국회에 지방을 대표하는 상원을 설치해 국가정책 결정과정에 지방의 이해관계에 관한 사항은 상원을 통해 결정될 수 있도록 '지역대표형 상원' 설치 ▲새 헌법 전문과 총강에 대한민국이 지방분권 국가임을 명시할 것 ▲헌법에 '지방자치단체'로 돼 있는 표현을 '지방정부'로 바꿔 중앙정부와 대등하고 협력적인 관계로 나아가도록 할 것 ▲지방의 정책결정권과 자주재정권 보장 등을 요구했다.

## 2. 중앙-지방 정부 간 권한 재분배

2016년 1월에 설립된 자치분권지방정부협의회(27개 지방정부 참여)는 2017년 3월부터 자치분권대학을 열었다. 자치분권대학은 지방정부가 국가로부터 독립적인 지위에서의 자주적인 업무 처리와 시민은 지역 사회의 일을 주체적으로 기획하고 실천할 수 있도록 하는 체계적인 교육프로그램을 제공한다. 협의회는 앞으로 243개 지방정부 모두에 자치분권대학 캠퍼스가 열리는 것을 목표로 하고 있다.

2017년 2월 7일에는 국회의원회관 대회의실에서 25개 광역 및 기초 자치단체들의 연합체인 '전국지방분권협의회'가 출범했다. 이날 김순은 전국지방분권협의회 공동대표[64]는 "21세기 글로벌시대에 국가의 경쟁력은 중앙과 지방의 유기적인 관계와 밀접한 관련이 있다"며 "하지만 종래 우리나라의 지방정부는 중앙정부의 과도한 통제 및 규제로 인해 적절한 역할을 부여받지 못한 것이 사실이다. 요컨대 중앙정부 중심의 중앙집권체제는 이제는 오히려 국가의 경쟁력을 약화시키는 요인이 됐다"고 지적했다.

이에 '전국지방분권협의회 출범 기념 지방분권 토크쇼'에서 정순관 순천대학

---

64) 대통령소속 자치분권위원회 부위원장(2018.03 ~ )

교수[65]는 "지금의 중앙집권체제는 중앙과 지방 간 갈등의 원인이자, 다양성이라는 사회 변화를 수용하지 못하고 있다"며 "지방정부의 책임성 확보와 사회문제 해결을 위한 협력체제의 기반 마련을 위해서라도 중앙–지방의 권한 재배분이 필요하다"고 주장했다. 이어 정 교수는 "최근 세계적으로 정부 개혁의 중심에는 협의와 협동을 위한 제도 마련이 그 중심에 있다"며 "각 정치적 주체가 스스로 결정할 수 있고, 자율성을 갖고 대화에 참여할 수 있을 때 협의와 협동의 메카니즘은 작동할 것"이라고 강조했다. 지방자치 발전과 성숙이라는 관점에서 지방정부와 중앙정부가 정책과정에서 실질적 협의가 작동될 수 있는 제도에 대해서 정 교수는 "대화가 있게 하는 제도는 국가역량을 제고하는데 중요한 요인이며, 바로 그 전제는 각 정치주체의 자율성 강화다"며 "그 자율성은 중앙과 지방의 권한 재분배를 통해서 이뤄진다"고 주장했다.

그러나 지방정부와 학계의 이런 요구와 달리, 지방정부와 중앙정부의 실질적인 협의협동체가 제도적으로 구축되기에는 현실적으로 어려운 것이 사실이다. 아무리 국민과 주민이 원한다고 해도 결정권을 쥐고 있는 여야 정치권과 사법기관, 대통령이 쉽게 동의하지 않을 것이다. 왜냐하면, 지방자치가 부활한 지(1991년) 27년 동안 많은 성과가 있었음에도, 아직까지 '무늬만 지방자치'라는 말이 더 설득력 있게 와 닿는 것은, 국가기관(입법, 사법, 행정)이 국가에 관한 것이든, 지방에 관한 것이든 권한을 나눠 갖기 싫다는 것을 증명하기 때문이다. 그럼에도 대다수의 학자들과 지방자치 관련자들은 "국가와 지방의 경쟁력을 높이기 위해서는 입법기관, 행정기관(준사법기관인 검찰 포함), 사법기관의 분권이 꼭 필요하다"며 자치분권을 촉구하고 있다.

---

65) 대통령소속 자치분권위원회 위원장(2018.03 ~  )

## 3. 입법기관 이원화

입법기관의 이원화는 지방의원의 공천권을 쥐고 있는 국회의원이 지방에 미칠 중요한 법안이라도 (가칭)상원에 입법 재개정권은 고사하고, 입법 심의발의조차 주지 않을 확률이 더 높다. 여기에는 지역 주민들이나 국민들이 지방의원들에 대한 신뢰가 낮다는 이유도 크게 작용한다. 이는 아직까지 우리나라에서는 지방관련 법 재개정 권한은 지방의원보다는 국회의원들이 행사하는 것이 더 효율적이고 효과적이라는 인식이 더 높다는 것을 반증한다.

따라서 국가 전체에 관한 법은 국회(가칭 하원), 지방에 중요한 법은 (가칭)상원에서 다루는 것이 국가 경쟁력을 키우는데 더 효과적이고 효율적이라는 것을 국민들과 주민들에게 인지시킬 필요가 있고, 이와 관련한 공개토론회를 많이 열어야 한다. 또 '(가칭)상원 설치·운영 시범실시'를 법안의 중요도 따라 단계적으로 추진할 필요가 있다.

(가칭)상원은 광역 사도의원과 기초 사군구의원으로 구성되며(지역별 인구수 비례로), 상시 상주가 아닌 회기 때만 모이며, 수당도 회기일수 때만 지급하는 것으로 하면 어떨까 한다. 물론 법안도 처음부터 현재 국회처럼 모든 분야의 것을 다루자는 것이 아니다. (가칭)상원이 다루는 법안은 지방의 자율성과 관련된 지역의 특수성과 지역 주민의 삶과 직접 관련된 것부터 시작하자는 것이다. 그렇게 되면 입법기관은 국회와 (가칭)상원이 모인 '민의의 전당', 즉 국가의 의견과 지방의 의견이 충돌하고 소통하며 협의하는 '민의가 모인 공의66)의 장'이 될 것이다. 그러면 (가칭)상원의원들은 지방의 뜻을 국가에 전하고, 국가의 뜻을 지방에 전하는 역할도 겸하게 될 것이다.

---

66) 공의(公議, right) : 사회나 단체의 대중들이 의견을 내고 논의를 거쳐 대체로 옳다고 합의한 것. 따라서 공의는 공론과도 유사한 의미로 쓰이기도 하는데, 사회나 단체의 평화와 질서를 유지하기 위해 대체로 사람들이 공감하는 법규나 원칙을 말한다.(네이버 : 원불교대사전)

## 4. 중앙–지방 정부 대등관계

행정기관에 있어 국방, 외교, 통상 등 대외정책 이외의 국내정책 중, 지방에 관한 정책은 관련 지역 지방정부의 요구를 지방자치단체협의체가 받아서 중앙정부와 대등한 관계에서 논의를 한 다음 함께 결정하도록 하는 시스템이 필요하다. 즉 국가의 의견과 지방의 의견이 만나 조율하는 협치의 장(가칭 지방자치단체중앙부처위원회)이 설치돼 정기적으로 열릴 필요가 있다. 이 협치의 장에서는 중앙–광역–기초가 상하관계가 아닌, 오직 국가와 지방의 발전과 국민과 주민의 삶의 질 향상을 위한 정책들과 사업들만 논의돼야 한다. 특히 이 협치의 장에서는 각 정당의 색깔(이념)과 정치적인 이득 챙기기는 못하도록 제도화해야 한다.

그렇다면 지방의 의견은 어떻게 결정되며, 어디서 수집돼야 할까? 지방 의견의 근간은 지역 사회의 '공공의 장'이고, 그 공공의 장에 모인 다양한 의견들은 주민자치주체기구와 네트워킹된 지역의 다양한 공동체 · 결사체 간의 언로를 통해 모인 것이다. 이 '언로'(言路)는 민심을 촉발시키거나 생성하는 토대다. 그리되면 현장의 민심이 지역 공동체 · 결사체를 통해 주민자치주체기구 → 지자체(혹은 지방정부) → 중앙정부로 전달되고, 국가(혹은 중앙정부)의 의견은 역순으로 전달될 수도 있다. 물론 전달과정은 순서를 뛰어넘을 수도 있지만, 저자가 말하고 싶은 것은 민심이 국가기본운영체제의 근간으로 작동돼야 된다는 것이다.


## 5. 지방검사장 주민 직선과 사법분권

김진욱 변호사는 프레시안 2014년 4월 7일자 '제멋대로 검찰, 주민이 지검장 뽑아야 사라진다'에서 "현재의 제도를 전제로 지방검사장 직선제를 시행할 경우, 18석을 선거로 선출하게 되므로 전국 단일형에서 18개 병립형으로 변모되는 한편, 당연히 대통령의 인사권 일부가 선출직으로 이전(물론 그 범위와 내용은 구체적인 제도의 설계에 따라 달라질 것임)될 수밖에 없어 정치권력 예속에서 어느 정도의 독립이 확보되게 된다'고 주장했다.

또 김 변호사는 "18개의 병립 지방 검찰은 전국 단일형 검찰보다 1/18로 축소된 것인 만큼 권한의 축소가 따르게 되는 한편 중앙의 견제, 상호 견제, 주민 통제를 받게 되므로 억압적 권력의 순화효과가 있다"며 "또 선출과정에서 검찰권력이 어떻게 사용돼야 하는지에 대한 공론의 장이 형성되고, 형성되는 공론의 반영 또한 가능해지며, 더불어 지방 분권적 효과를 낳는 점까지 고려하면 새로운 미래를 꿈꾸는 데 있어 빼놓을 수 없는 과제로 위치 지움이 마땅하다"고 주장했다.

즉 지방 검사장을 관할지역 주민이 직접 선출하게 되면, 살아 있는 권력의 인사권으로부터 자율성을 획득해 공직비리 척결과 사회비리 견제 등 자기임무에 더욱 충실할 수 있을 있다는 것이다. 또 대검찰청과 지방 검찰청이 더 이상 한솥밥 식구가 아닌 별개 독립의 존재로 되기 때문에 중앙의 감찰기능이 제대로 작동되길 기대할 수 있다. 아울러 다른 검찰청과의 비교 평가, 선출 주민들 및 잠재적 검사장 경쟁자에 의한 감시에 노출돼 검찰업무 집행에 있어 스스로 책임지는 검찰을 기대할 수 있다는 것이다.

김성호 자치법연구원 부원장은 2016년 2월 11~12일 경북대학교 법학전문대학원에서 열린 '2016 한국지방자치학회 동계학술대회'와 2018년 8월 30~31일 강원도 평창 알펜시아 컨벤션센터에서 열린 '2018 한국지방자치학회 하계학술대회'에서 사법분권의 필요성을 강력하게 주장했다. 김 부원장에 의하면, 사법제도의 발전방향은 사법서비스의 주체인 국민이자 주민의 수요자 중심으로 모색돼야 한다. 이를 위해서는 극단적으로 중앙집권화관료화돼 있는 사법부를 수요자 중심으로 개편해야할 필요성이 있으며, 지방에 소재하는 지방사법기관 시스템의 민주성, 공정성 확보를 위한 독립성, 효율성 달성을 목표로 사법권의 지방분권화를 모색할 필요가 있다는 것이다.

또 김 부원장은 "대법원 법원행정처가 전국의 법관인사를 중앙집권적으로 시행함에 따라 법관인사가 지역 주민의 의사는 전혀 배제돼 있다"며 "지방법원의 인사권을 최소한 주민동의와 지방의회나 지방자치단체에 의한 통제장치가 필요하고, 또 국민의 신속한 재판받을 권리와 공정한 재판받을 권리를 침해받지 않도록 해야 하며, 아울러 법원의 기관구성이 획일적이어서 임용·승진제도를 합리화할 필요가 있다"고 주장했다.

## Ⅶ. 주민자치를 위한 지방자치분권

### 1. 단체자치조차 제대로 안 되는 지방자치

지방자치는 대한민국이 선진국으로 가기 위한 열쇠를 쥐고 있다. 그렇다면,'지방자치'는 과연 무엇인가? 대한민국은 1991년 지방의회, 1995년 민선(民選) 1기 지방자치단체장 선거로 지방자치가 부활됐고, 그로부터 오늘날까지 제대로 된 지방자치를 위한 지방분권에 대한 요구가 지속적으로 증가돼 왔다. 그러나 지방분권에 대한 요구는 중앙정부와 지방자치단체 간 권한·재정·사무의 수직적 이양과 같은 '단체자치'의 맥락에서만 진행돼왔다.

지방자치는 지방 주민이나 자치단체가 정부에 대해 자신의 문제를 자주적으로 처리하는 정치제도이자, 일정한 지역을 기초로 하는 지방자치단체가 중앙정부로부터 상대적인 자율성을 갖고, 그 지방의 행정사무를 자치기관을 통해 자율적으로 처리하는 활동과정이다. 지방자치는 단체자치(團體自治)와 주민자치(住民自治)가 결합된 것으로서 자신이 속한 지역의 일을 주민 자신이 처리한다는 민주정치의 가장 기본적인 요구에 기초를 두고 있다. 때문에 브라이스(James Bryce)는 "지방자치란 민주주의의 최상의 학교며, 민주주의 성공의 보증서라는 명제를 입증해 준다"했고, 밀(John Stuart Mill)은 "지방자치는 자유의 보장을 위한 장치고 납세자의 의사표현수단이며 정치의 훈련장이다"라고 했으며, J.J.스미스는 "지방자치정부는 민주주의의 고향이다"고 했다(네이버:행정학사전).

따라서 대한민국에서 '풀뿌리 민주주의'라고 하는 지방자치가 제대로 작동되기 위해서는 단체자치는 물론 주민자치가 제대로 작동돼야 하지만, 지방자치가 중앙정치 논리에 좌우되면서, 풀뿌리 자치를 토양으로 한 주민자치는 뒷전으로 밀려왔던 게 사실이다. 물론 대다수 학자들과 자치단제장은 "국가로부터 독립된 지위와 권한을 토대로 한 단체자치조차 제대로 실시되지 못하고 있다"고 토로하고 있다. 그동안 단체자치 중심의 지방자치가 정당정치와 중앙정부의 통솔 하에 운영됨으로써 지방 엘리트 혹은 지방 유지들의 권력 분배에 머물고 있다는 비판의 목소리가 높다. 특히 현 지방자치는 국가사무 대 지방사무가 7대 3, 국세 대 지방세 비중이 8대 2, 기초자치단체의 지방재정자립도 26% 등 2할 지방자치에 머물고 있는 상황이다.

## 2. 지방분권이 우선인가 주민자치 작동이 우선인가

"나라의 주인은 국민"이라고 말하는 국회의원들과 "지역의 주인은 주민"이라고 말하는 단체장들이 대다수임에도 어째서 대한민국은 주민들의 뜻에 의해 운영되는 원리인 '주민자치'가 제대로 실시되지 못하고 있는가? 이에 대해 대다수의 학자들과 지자체장들은 "우리나라는 지방자치를 할 수 있는 구조가 아니다. 지방정부가 주민의 신뢰를 못 얻고 있다는 비판만 할 것이 아니라, 지방자치를 할 수 있는 구조를 만들어줘야 한다"고 목소리를 높인다. 또 중앙정부가 우선 권한을 내놓아야 지방정부도 주민이 자치할 수 있는 구조를 만들어줄 수 있다고 항변한다. 그리고 '지방분권은 국가 대개혁을 위한 구국운동'이라고 까지 외친다.

2017년 2월 7일 국회의원회관 대회의실에서 개최된 '전국지방분권협의회 출범식에서 김중석 대한민국지방신문협의회장(강원도지역분권추진위원장)은 대회사를 통해 "대한민국 주권은 지방민에게 있고, 모든 권력은 지방민으로부터 나온다. 대한민국은 17개 시·도와 226개 시·군·구 지방자치단체가 모여서 국가를 이룬다"며 "따라서 대한민국은 지방이며, 대한국민은 지방민이다. 중앙에 살고 있는 국민은 한 명도 없다. 그러므로 헌법에서 규정하는 대한민국의 주권은 국민이기도 한 지방민에게 있고, 모든 권력은 국민이기도한 지방민에서 나와야 한다"고 주장했다.

이어 김 회장은 "그러나 현실은 모든 권력은 대통령과 중앙정부, 중앙정치권이 움켜지고 있다. 반면, 풀뿌리 민주주의로 일컬어지는 지방자치는 고사위기다. 국가가 잘 살아도 지방이 잘 살지 못하면 선진국이 아니다. 중앙이 통치하고, 풀뿌리 주민자치가 작동되지 않는 국가 또한 민주주의 국가로 부를 수 없다"며 "이제는 국민이기도 한 지방민이 지방자치와 지방분권을 위해 떨쳐 일어설 때다. 그것이 지금의 국난을 이겨내고 선진민주국가로 나가는 길이다. 국가 대개혁, 국가 대개조, 국가 대혁신을 이루는 구국운동이다"고 주장했다.

## 3. 지방자치는 주민자치 패러다임으로

지방자치(地方自治)란 통상 1국가 내를 구분한 '지역 내의 주민에 의한 자기 통치'를 가리킨다. 즉 단체자치와 주민자치가 결합된 것으로서 자신이 속한 지역의 일을 자신이 처리한다는 것이다. 따라서 지역의 민주주의적인 정부의 구축을 의미하기 때문에 지방자치를 담당하는 단체에 대해서 '지방정부'라고 하는 경우도 많다(네이버 : 21세기 정치학대사전).

지방자치에는 자기결정의 자유, 실질적 평등의 달성, 지역행정 욕구의 충족,

민주적 여론 형성, 전체주의에 대한 방파제, 그리고 '민주주의의 학교'기능 등 다양한 역할의 발휘가 기대되고 있다. 이처럼 지방자치가 지방 주민이나 자치단체가 정부에 대해 자신의 문제를 자주적으로 처리하는 정치제도라면, 법적 권한을 갖고 있는 지방자치단체는 지방의 문제 중 주민생활과 밀접한 일들은 주민들이 자주적으로 처리할 수 있도록 하는 시스템을 만들어야 하고, 또 지방의 문제에 관해서도 주민들이 기획부터 결정단계까지 참여해 지방정책에 주민들의 욕구가 반영될 수 있도록 하는 주민자치 패러다임(paradigm)을 조성하는 것과 동시에 법제도도 만들어야 한다.

현재 대한민국 지방정부 관할의 지역 사회 공적 문제를 스스로 결정하거나 집행하기 위해 지방의 주체인 주민들이 '지방의 공공사무를 결정하고 처리할 수 있는 주민 참여' 시스템이 구축돼 있지 못하다. 또 주민 스스로의 의사와 책임으로 지방행정을 처리하도록 하는 제도나 시스템, 그리고 정치적·사회적 인식이 형성돼 있지 못한 실정이다. 따라서 국가 중심, 중앙집권적인 대의민주주의가 지방자치에서도 그대로 적용됨으로 인해 제기되고 있는 소위 '중앙정부와 정당정치에 휘둘리는 풀뿌리 민주주의', 그리고 지방자치의 주체인 주민이 행정의 동원이나, 정치의 유권자로만 머무는 한계를 뛰어넘어야 한다. 즉 주민자치 원리를 통해 관료 중심의 중앙집권적인 지방자치를 배제하고, 주민 중심의 지방자치가 실현되도록 해야 한다.

그러나 현 대한민국에서 정치·경제·사회적 상황과 국민의식 수준에 따라 실시되고 있는 지방자치는 단체자치(실질적으로는 단체자치도 제대로 작동되지 않고 있지만)에 머물고 있는 실정이다. 즉 지방자치가 '주민자치 중심'으로 패러다임을 바꾸기에는 기관구성 형태가 '강 단체장 - 약 의회 대립형 구조'로 획일화돼 있는 현 상황에서는 법을 바꾸지 않고는 거의 불가능하다.

물론 박근혜 정부는 2014년 12월에 '지방자치발전 종합계획'을 발표하면서 미래발전 과제로 자치단체 기관구성 모형을 다양화해(단체장 중심형, 단체장 권한 분산형, 의회 중심형 등) 주민에게 기관선택권을 부여하겠다고 했다. 또 문재인 정부는 2018년 9월 11일 '자치분권 종합계획' 확정을 발표하면서 "앞으로는, 주민투표를 통해 자치단체 형태를 주민이 선택할 수 있도록 할 계획이다"고 약속했다. 자치단체 기관구성 모형에 대해서는 '제4장 지방자치단체 다양화와 주민총회형 기구형태'에서 좀 더 자세히 다뤘다.

정부의 이 같은 정책 제시는 지방자치의 패러다임 변화를 의미한다. 즉 언젠가는 지방정부가 주민자치 중심의 공공서비스를 할 수 있는 기관형태(주민총회형)로 바뀌는 지방도 생긴다는 것을 의미한다. 그렇게 되면, 단체자치에 머물던 지방정부들도 주민자치 비중을 확대할 수 있는 정치·경제사회·문화적 분위기가 조성될 것이다.


## Ⅷ. 주민자치적 지방자치를 실현할 지방정부의 역할

### 1. 국가—주민 연계 플랫폼은 지방정부

그렇다면 우리나라 현실에서 국가의 주권자인 국민의 의견이, 그리고 지방의 주권자인 주민의 의견이 국가기관에 반영되게 하고, 국가기관의 의견이 주민들에게 반영되게 하려면 어떻게 해야 할까? 아니 좀 더 명확하게 말하면, 어느 기관이 중추역할을 맡아야 할까? 바로 지방자치단체와 지방의회다. 왜냐하면 지방자치단체와 지방의회는 ▲지역 특성에 맞는 풀뿌리조직들이 생성되고 활동하는데 좋은 환경을 만들고 지원하며 ▲지역과 국가의 일꾼을 길러내고 ▲주민들의 요구를 정책에 반영하고 ▲주민들의 요구가 국가 차원에서 해결해야 할 일이면 국가정책에 반영되도록 하고 ▲국가정책을 주민들이 수긍하고 따르도록 독려하는 등 국가와 주민을 연계하는 '플랫폼'(platform)이기 때문이다.

주민과 국가(중앙정부)를 연결하는 플랫폼이 제대로 작동되게 하려면, 입법기관과 행정기관은 지방과 중앙이 고유 역할(업무)에 있어서는 상호 대등한 입장에서 각자의 의견이 활발하게 개진(開陳)되도록 하는 시스템과 법제도가 필요하다. 그러려면 국회 내에 (가칭)상원, 국무회의 내에 (가칭)지방자치단체 중앙부처위원회 신설이 필요하고, 중앙정부·국회·정치권·언론의 인식이 전향적으로 바뀌어야 하며, 지방자치단체와 지방의회의 역량이 중앙에서 무시하지 못할 정도로 향상돼야 한다. 또 지방(지역 사회)의 주민 참여 시스템이 제대로 구축돼 주민들로부터 신뢰를 쌓아야 한다.

그리고 무엇보다 주민들의 의사가 정책에 반영되도록 하는 언로(言路)가 다원화다양화되도록 해야 한다. 그 다원화다양화 한 언로들이 한목소리로 지방자치의 중요성을 외치며 지방자치분권을 요구할 때 중앙정부와 국회, 특히 정치권이 움직일 것이다. 그 언로가 형성되고 들불처럼 일어나 강력한 힘이 되게 하는 중심역할을 바로 지방자치단체와 지방의회가 해야 하는 것이다. 즉 주민자치 원리에 의해 제대로 작동되는 주민자치주체기구를 응원하며 다각적으로 지원해야 한다.


## 2. 지방자치는 주민의 불신 해소와 신뢰 구축부터

앞서의 현안들을 풀기위해서는 지역 주민들이 지방자치를 인정해야 하는 난제가 있다. 이를 해결하지 못하면, 현재 지방자치단체장들과 학자들이 촉구하는 지방자치분권은 찻잔 속의 고요한 태풍이 될 공산이 크다. 지역 주민들이 지방자치를 인정하지 못하고, 중앙정부가 지방정부(지방자치단체와 지방의회)의 역량을 불신한다면, 지방정부는 국가와 지역 사회가 만나는 접점, 혹은 국가와 지역 주민들의 언로가 들고나는 플랫폼이 아니라, 양쪽의 불신에 낀 불량샌드위치 꼴이 될 것이다.

2014년 4월 22일 프레스센터 기자회견장에서 지방자치정부 20주년을 기념

하기 위해 7개의 지방자치 관련 학계의 대표적인 학자들이 모여 '미래 지방자치 발전을 위한 새로운 거버넌스와 리더십 형성 세미나'를 개최했다. 이날 당시 이원종 대통령소속 지역발전위원회 위원장은 "지역 발전 정책의 패러다임이 지역이 주도하고, 중앙이 지원하는 상향식 시스템으로 전환되고 있다. 이런 때 지방자치도 시대 변화에 맞춰 좀 더 성숙한 모습을 갖춰야 할 것이다"며 "이를 위해 첫째, 지방정부 스스로 자율성에 뒤따르는 책임성을 높여가야 하며, 둘째는 주민이 실제 느끼는 정말 불편한 것, 힘든 것, 필요한 것이 무엇인지 지역 민심을 정확하게 파악해야 하고, 셋째는 지방정부는 중앙정부와 주민 간 가교이자 정부 국정과제 수행의 중요한 파트너라는 인식 제고가 필요하다"고 강조했다.

이날 고계현 경실련 사무총장은 "지역 주민이 지방자치의 필요성을 못 느끼고, 오히려 국민 생활을 침해하는 불신에까지 이르고 있다. 정치권에서 논의하고 있는 헌법 개편은 중앙의 권한을 중앙끼리 어떻게 나누느냐 하는 논의지 지방까지는 생각하지 않고 있다"며 "예를 들어 최근에 지역 파산제라는 말도 안 되는 것이 논의가 되도 주민은 관심도 없다. 이는 '자치단체가 우리 것이요, 필요하다'는 지역 주민 인식에 실패한 것이다"고 일침을 가했다. 또 고 사무총장은 "20년 동안 지방자치는 주민에게 불신을 줬다. 이런 근원적인 문제가 해소되지 않는 한 지방분권을 위해 헌법 개정까지 논의하는 것은 주민이 수긍하지 않을 것이다"며 "이는 몇몇 분들이 찻잔 속에서 논의하는 꼴이다. 우선, 지역 주민에게 자치단체가 변화하는 모습부터 보여줘야 한다. 지방자치가 지역 주민과 일치하지 않고 있다"고 주장했다.

이날 한인섭 조선대학 교수는 "지방의회 위상을 제고해야 한다는 명제에는 동의하나, 이를 위한 제도 개선이나 신규제도의 도입 등은 지역 주민의 동의와 사회적 정당성을 확보해야 하고, 제도 개선의 실현 가능성이나 파급효과 등도 검토할 필요가 있다"며 "지방의회 위상을 높이는 것 자체가 목적이 되선 안 되고, 주민의 삶이 어떻게 나아지는 지 함께 논의돼야 하며, 의회제도 개선이 지역 주민과 사회적 정당성을 제고 했는가 검토해봐야 한다. 지역 주민은 지방자치의 필요성에 신뢰를 보이지 않고 있다"고 말했다.

## IX. 주민자치 가동은 시민사회 영역부터

대한민국의 지방자치가 한동안 단체자치 유형에 머무를 수밖에 없다면, 주민자치는 관의 영역에서 관리(통제)되기보다 민(시민사회)의 영역에서 활발하게 가동되도록 국가가 제도 마련 등의 지원을 적극 해줄 필요가 있다. 왜냐하면 앞서 말했듯이 주민자치는 주민이 주체가 돼 지방의 공공사무를 결정하고 처리하는 '주민 참여'에 중점을 두는 제도이기 때문에, 행정에의 참여'에 앞서 '참여를 위한 공의'를 시민사회에서 먼저 모아야 하기 때문이다.

주민 참여(住民參與, citizen participation)는 지역 주민들이 자신이 삶을 변화시키는 정책 결정이나 집행과정에 개입해서 영향력을 행사하는 일련의 행위로 '행정 참여'라고도 한다. 왈도(Dwight Waldo)는 주민 참여를 공식적 행정조직의 외부에서 이의 영향을 받는 사람들이 행정조직의 목표 설정과 사업 수행에 참여하는 것으로 규정하고 있다. 또 커닝햄스(James V. Cunninghams)는 주민 참여를 지역 사회의 주민들이 그 사회의 일반 문제들과 관련된 의사결정에 대해 권력을 행사하는 과정으로 파악하고 있다. 참여민주주의 (participatory democracy)의 대두와 더불어 강조되고 있는 주민 참여는 조직 내부의 의사결정에 대한 하위 계층의 참여와 함께 참여행정의 핵심적 요소를 이룬다(네이버. 행정학사전).

주민 참여는 저절로 되지 않는다. 주민들이 지방의 정책이나 지역의 문제들에 대해 잘 알아야 하고, 이를 해결하기 위한 역량도 갖춰야 한다. 그 역량 또한 저절로 높아지거나 강화되지 않는다. 주민들이 조직한 주민단체(기구)에 의해 지역 사회의 공적 문제를 스스로 결정하고 집행하는 과정에서 향상된다.

따라서 주민들이 행정에 참여해 관과의 협치로 지방의 발전과 지역 문제를 해결할 수 있는 자치역량이 높아질수록 주민자치는 제대로 작동될 것이다. 그리하여 향후 지방자치 형태가 다양화되는 과정에서 시민사회 영역에서 제대로 가동되고 있는 주민자치가 국가 영역과 시장 영역에도 접목될 수 있도록 해야 할 것이다. 즉 대한민국의 국가기본운영체제도 주민자치의 공공 영역에서 형성된 공의에 따른 '민본'에 입각한 패러다임으로 변화될 수 있도록 시민사회 영역에서부터 출발하자.

## 1. 주민자치주체기구를 만들기 위한 전제조건

우선, 국가가 읍·면·동 단위 이하에 주민자치주체기구를 만들 때 모든 것을 지원해준다면 최상이다. 단 주민이 국가와 지방정부가 하는 일들을 신뢰하고, 재정이 넉넉해야 한다. '재정이 넉넉하다'함은 국민과 주민이 세금을 그만큼 더 많이 내야 한다는 의미고, 국가기관들이 국민으로부터 신뢰를 얻으려면, 현 대의민주주의를 보완할 주의(이데올로기)와 정치질서·사회질서를 국민 중심으로 재편해야 한다는 의미다.

그러나 오늘날 대한민국은 국가에 대한 불신과 불만이 팽배해 있다. 그리고 국민들은 국가를 못 믿어 세금을 2~3배 더 낼 마음도 없다. 또 시장 영역의 기업들이 스스로 나서서 세금을 더 낼 것 같지도 않다. 물론 기업이 기쁜 마음으로 세금을 더 낼 수 있는 명분과 토대를 국가나 국민들이 만들 수 있을 것 같지도 않다.

그렇다면 제대로 된 주민자치주체기구를 만들기 위해서는 주민이 나설 수밖에 없다는 결론이 나온다. 또 주민자치주체기구를 정당정치나 자치단체장의 정치적 목적이나 행정의 동원수단에 이용당하게 해서도 안 된다. 아니 어쩌면 오히려 이용당하는 것을 더 원하는 주민(좀 더 완곡히 말하면 정당정치에 진출하고자 하는 사람들)이 있다면 지자체와 정당정치의 지원을 더 큰 소리로 외칠지도 모른다. 그러나 주민자치주체기구를 둘러싼 이해관계자들의 사리사욕 진위여부를 가려낸다는 것은 매우 어렵다. 때문에 일반주민들의 자치역량과 시민적 도덕성 함양이 요구된다.

'주민자치'는 지역 사회(읍·면·동)에서의 국가와 시장이 미치는 영역 이외에 일반주민의 활동에 의해 만들어지는 공론장적 시민사회를 '생활정치와 담론정치 공간에 형성'한다는 적극적인 지향성을 갖고 있다. 따라서 현재 정부가 읍·면·동에 설치·운영하려고 하는 '주민자치회'가 주민자치주체기구가 되려면, 읍·면·동 내 공동체·결사체들의 수평적·수직적 연계를 통한 '민민협의 조직체'며, 행정과 대등한 파트너로서 공동 의사결정과 공동 생산에 참여하고, 주민들이 필요한 공공생활서비스를 결정하고 공급할 수는 '민관중간지원 조직체'여야 한다.


## 2. 주민자치를 통한 시민사회 활성화

'시민사회'는 바람직한 사회를 구성하려는 원리와 규범성이 내재된 영역으로써 자기 이익의 영역보다는 '시민적 도덕'과 '시민적 역량'을 배양하는 영역이다. 즉 주민자치 원리에서 보면, 시민사회는 마을과 마을을 위한 네트워크, 돌봄, 신뢰, 협동, 관용, 나눔, 사랑, 공유 등 사회적 자본 생산 및 사회적 자본 가치관들을 길러내는 영역이다. 따라서 주민자치적 시민사회는 주민들이 자치성, 자율성, 공공성을 바탕으로 사회적 자본을 생성하고, 그 생성된 사회적 자본이 가치 있게 나눠지고 교류되며, 상호소통하고 함께 어우러지는 영역으로 볼 수 있다.

그러나 시민사회에 대해 아리스토텔레스, 마르크스, 토크빌, 하버마스, 코헨, 아라토, 퍼트남 등이 다양한 사상과 철학을 제시하는 것처럼, 시민사회란 그

국가의 각종 다른 사상적 전통과 시대적 상황과 구성원들의 시민성에 따라 다의적이라 정의를 내리기가 상당히 곤란한 개념이다. 따라서 한국은 한국 사회에 적합한 시민사회를 형성해야 한다.

그리고 시민사회 활성화에 필요한 자본, 즉 사회적 자본은 다원화된 사회에서 구성원 간의 이해와 통합이 사회 발전에 보탬이 된다는 사고에 기인한다. 사회적 자본은 통상적으로 사람과 사람 사이의 협력으로 이뤄지는 사회적 관계와 그로부터 나오는 가치를 포괄해 가리키는 말로 핵심요소는 일반적으로 참여, 소통, 신뢰, 협력, 호혜성을 기반으로 한 규범과 네트워크(연고 관련 네트워크와 사회적 네트워크)를 꼽는다. 예를 들면, 퍼트남(Robert David Putnam)은 사회적 자본을 결합(Bonding)과 연결(Bridging) 사회적 자본으로 구분한다.


## X. 주민자치회 사무와 정치적 역할

정부가 추진하는 읍·면·동 '주민자치회'의 운영 원리로서의 주민자치는 정치질서라기보다 행정의 사각지대 보완과 주민들 간 친목도모에 중점을 뒀다고 볼 수 있다. 이는 한 측면만 부각했다고 본다. 주민자치주체기구는 행정의 위탁사무와 살기 좋은 마을만들기 사업(주민 밀착 생활공공서비스 공급)의 측면과 주민집단의 자기통치(=자치), 즉 정치적 측면 등 크게 두 축으로 논의돼야 된다고 본다.


### 1. 정부가 권고한 위탁사무와 주민자치사무 측면

2013년 행자부(현 행안부)가 예시한 '시범실시 주민자치회 위탁사무'는 주민자치센터 운영, 도서관 등 공공시설 운영, 공원 공중화장실 등 공공시설물 관리, 마을 휴양지 관리, 저소득노인 도시락 배달사업, 문화의 집 운영 및 관리, 여성회관 운영 및 관리, 자원봉사활동 지원 등이다. 그리고 2013년 7월부터 1년 정도 경과된 시점(2014년 9월말)에서 대통령소속 지방자치발전위원회(현 자치분권위원회)가 조사해서 발표한 31개 시범실시 주민자치회에서 수행한 위탁사무는 다음과 같다.

'위탁사무'는 주민자치센터 프로그램 운영·관리, 도서관 및 청소년 공부방 위탁 운영, 자원봉사캠프 운영, 문화강좌 운영, 어린이공원·놀이터·경로당 시설 관리, 경로행사 운영, 공공시설물 쓰레기 수거 및 제초작업, 장학회 운영, 재활용정거장 사업, 자율청소봉사단 구성 및 관리, 자매결연 교류 사업(농촌일손 돕기, 특산품 홍보관 등), 거주자 우선 주차관리, 하절기 방역대 운영, 토요스쿨 운영(생활과학교실), 태극기 달기, 어린이교통사고 예방 및 안전, 문화 정착 사업, 지역 사회 봉사자의 집 명패 제작, 마을 공동체 사업(홍보, 직업체험 등), 시민자전거 대여소 운영, 예술이 있는 골목길 조성, 아나바다 강남장터(파머스마켓) 운영, 도시락카페 운영, 행복콩나물 재배 및 판매, 하늘옥상텃밭 운영, 주민사랑방 운영, 국화 재배 및 전시회, 천태만상창조센터(복합생활문화 공간) 운영, SOS 위기가정돕기기금 조성·운영, 홀몸노인과 함께하는 '즐거운 문화나들이', 산채단지 조성 사업(식재, 식재목 리본 달기 등), 공중화장실 및 하천 정화 사업 위탁관리, 독거노인 사랑의 빨래방 운영, 대기환경조사체육시설 관리, 무연분묘 벌초, 여름철유원지 불법투기, 지도단속, 지역 복지(경로위안잔치, 재능기부, 사랑의 집수리 등), 시장 상거래질서 사업(주정차 홀짝제 운영), 등이다.

또 2013년 당시 행자부가 예시한 "시범실시 주민자치회 주민자치사무"는 마을축제·체육대회 등 읍·면·동 각종 행사, 마을신문소식지 발간, 생활협동조합 운영, 동호회스포츠 활동, 자율방범 및 안전귀가 활동, 등하교길

안전관리 등이다. 그리고 2013년 7월부터 1년 정도 경과된 시점(2014년 9월말)에서 대통령소속 지방자치발전위원회(현 자치분권위원회)가 조사해서 발표한 31개 시범실시 주민자치회에서 수행한 주민자치사무는 다음과 같다.

'주민자치사무'는 소식지 발행 및 홍보물 제작, 각종 행사(축제, 체육대회 등), 주민설명회 개최 등 교육활동, 마을리더 양성, 안심 마을만들기 사업(산불화재 물놀이, 제설, 방재, 방범순찰, 캠페인 등), 지역복지 사업(안락투게터 나눔 활동 전개, 장학사업, 기금 조성, 사랑의 반찬 나눔, 이웃돕기 일일찻집, 어르신 무료한방 진료, 홀몸노인 김장 담가주기, 저소득가정 집수리 등), 마을 주민 브랜드상품 개발, 벼룩장터, 주민자치회 운영 매뉴얼 발간, 주민자치 사랑방 운영, 마주보고카페 운영, 마을농원 조성, 방과후 공부방, 출생아기념품 제공, 행복더하기 사업(공가, 폐가, 공한지 등을 활용 농구대, 댄스, 문화 공연장 설치 운영), 정다운 골목 살리기, 목련허그센터 설치(주민소통 공간 및 주민자치회 거점 확보), 주민소통게시판, 직거래장터 아트마켓 운영, 협동조합 설립 운영, 엄마(아빠)학교 운영, 인문학 및 스토리텔링 강좌, 버스정류장 갤러리 사업, 청소년 내고장 체험프로그램, 자매지역 교류 활성화, 한평정원 사업 추진, 마을 공동체 복원 사업, 주민의식 설문조사, 홈페이지 구축 운영, 농촌일손 돕기, 학교폭력 예방캠페인, 공모형 프로그램 운영, 무지개녹색골목길 조성(벽화 정비 및 대문 앞 화분 비치), 아름다운 마을만들기 사업장 관리, 폐시장 활동 주민소통 거점 공간 조성(마을사랑방, 마을극장) 및 지역 예술가 지원, 아동·청소년 문화탐방프로그램 실시, 계층별 맞춤형 문화서비스 제공(만화영화 상영, 논술교실 현장답사, 가족영화 상영), 아름다운 풍경이 흐르는 마을만들기(기찻길 옆 꽃복숭아나무 식재), 재활용품 분리수거 지도, 편백나무숲 생태학교 운영, 친선탁구대회, 용지재능나눔단 운영(재능기부 특강 개최 등), 동네부엌사업단(취약계층 반찬 배달), 태극기선양(태극기 상설 판매 등), 마을지도사양성과정 운영, 자전거순찰대 운영, 소외계층일자리 연계 사업, 브랜드 제작 및 홍보(CI 및 상표개발), 자원봉사자 관리, 저소득층 반찬 전달 사업, 마을자원 조사(역사, 유래

등), 향토음식 발굴 및 대표음식 개발 · 판매, 로컬푸드 사업, 마을경로
당 건강 확인장비 보급(혈압계, 혈당계, 체중계 등), 마을안내게시판
제작, 신생아 출산장려 지원, 하천생태계 복원 및 환경 정비, 목요장
터 및 직거래 장터 운영, 농촌체험행사 운영, 농산물 홍보부스 운영,
전입주민 열렬히 환영하기, 의좋은 형제 작은 음악회, 평생학습 마을
만들기, 주민자치회 운영(유급사무원, 사무실 운영 등), 주민자치역량
강화(선진지 견학) 교육 및 주민자치회 홍보 사업 등이다.


## 2. 정치적 측면(주민집단의 자기통제)

정부가 주민대표기구로서 주민자치회[67]를 설치 · 운영한다고 하면서, 주민자
치회와 위원들은 정치와 무관하다는 생각을 갖고 있는 듯하다. 주민자치는 담
론의 공간을 필요로 한다. 즉 민과 민이 자기 이익을 타인에게 관철시키기 위
한 '숙의와 의사결정 공간', 민과 관이 협치를 하기 위한 '공공적 공간'은 공사
를 둘러싼 담론정치가 행해지는 공간이 필요하다[68]. 따라서 공공적으로 대응
해야 할 주민들의 욕구를 어떻게 해석하고, 어떻게 정의하는가는 행정에 위임
돼야 할 일은 아니라고 본다.

즉 주민들의 삶에 대한 욕구(필요)에 공공적으로 대응할 필요가 있는 것인가
를 검토하고, 그것을 정의해가는 것은 바로 '공공적 공간'의 논의 테마다. 공
공성은 '욕구 해석의 정치'가 행해져야 할 차원을 포함하고 있다(낸시 프레이
저[69]). 담론정치에서 가장 기본적인 항쟁의 라인은, 사이토 준이치 교수에 의

---

67) 현재 읍·면·동 단위에서 주민자치주체기구의 형태를 띠려고 하는 단체(기구)는 대한민
국에서 주민자치회가 유일하다.

68) 사이토 준이치에 의하면, 공론은 주민들의 욕구(필요)를 해석하고 재정의 하는 담론에
의해 구성되는 것이지 이미 정해져 있는 것은 아니다.

69) 낸시 프레이저(NANCY FRASER)는 페미니스트 정치철학자, 비판이론가. 뉴욕 뉴스
쿨(THE NEW SCHOOL FOR SOCIAL RESEARCH) 교수. 베를린 시 아인슈타인 펠로
우십 연구원이자 파리 글로벌연구대학의 '글로벌 정의' 부문 의장이다.

하면 ▲생명의 어떤 필요(주민 삶의 어떤 필요)를 공공적으로 대응해야 할 욕구로 해석하는 담론과 ▲그런 필요를 개인·가족에 의해 충족돼야 할 것으로 '재-개인화'하는 담론 사이에 있다.

앞서의 생각을 더 확대해보면, '정치가 필요 없다'는 것은 공공적 공간에서 말이 필요 없다는 것이고, 주민들의 필요를 공적 공간에 위치지지 않겠다는 것이고, 그것을 충족시키지 않겠다는 의미다. 정치를 배제한 이 구도는 정부와 다수의 학자들이 행정의 틀에서 논의하고 있는 주민자치다.

특히 '자치적인 것=자기 통치적인 것'을 사회적인 것으로부터 빼버리면서도, 이미 정해진 사회적인 것에 '자치'가 충실하라는 것은 역설적인 것이다. 이 담론정치는 사회적인 것으로부터 몸을 빼야 하지만, 사회적인 것을 상대해야 한다. 왜냐하면 주민들의 결핍과 필요(이익)를 공적으로 정의하고 문제를 해소해 충족시켜주는 것은 사회적 권력인 행정의 역할이기 때문이다(사이토 준이치). 따라서 주민의 삶을 보장하는 거대한 권력을 공공적 공간의 정치로부터 제거해 행정권력에 위임하는 우를 범하지 않았으면 한다.

저자가 말하고자 하는 주민자치는 정부에서 계몽이나 수혜로서 행정의 틀로 실시하는 것이 아닌, 새로운 가능성을 잉태하고 있는 생활정치와 담론정치의 근간(根幹, foundation)이 되는 원리다. 또 '새로운 가능성'이란 일반주민이 도구에서 사물, 투명에서 불투명, 대상에서 주체, 관치에서 자치적인 주민(主民)으로 거듭날 수 있는 가능성이다. 이런 의미에서 주민자치 원리는 단순한 가능성과 이론적인 개념이 아니다. 주민 자신의 삶의 변화를 이성적인 뜻에 의해, 그 뜻을 확장해서, 이웃 주민들과 연대해 자신의 의사를 결정하고자 하는 실존자(實存者, existant)라는 의미를 내포하고 있기 때문에 정부가 추진하고 있는 '주민자치회'가 주민자치 원리를 실천하는 것은 필연적이다.

또 '시민사회에서의 민주주의', 특히 자신의 뜻이 직접 정책에 반영 혹은 실시되도록 스스로 하는 직접민주주의(주민발안, 주민투표), 그리고 지역 사회 발전 원동력과 주민 개개인의 삶을 질적으로 향상시킬 수 있는 원리로서의

'주민자치'는, 충분조건은 아니지만 필요조건은 될 수 있다. 우리는 이에 따른 지역 사회의 정치질서 구축을 구상해 볼 필요가 있고, 지역 사회 정치질서를 이끌 '주민의 자치주체기구'와 자연스레 연결시켜 생각해볼 수 있다. 그리고 주민자치주체기구는 구성에 있어서는 대의민주제로 출발한다고 해도, 결국 운영에 있어서는 대의제의 문제점을 보완하는 (준)직접민주제로 작동돼야 한다고 본다.

한편, 주민자치에 있어 주민의 권리(주권)와 주민 참여 간에는 간극이 존재한다. 대의민주주의 하에서 주민은 투표를 통해 표면적으로는 의견을 개진하고 정치적 참여의 기회를 얻고 있는 것 같아 보인다. 또 참여로 인해 더 많은 주민들이 호명되고 인센티브가 제공되고 있다고 생각하지만, 그것이 주민의 권리 강화로 나아가고 있는지에 대해서는 고민이 필요하다.

일본의 사상가·비평가 가라타니 고진은 "무기명 투표에 기반 한 '보통선거70)—대의민주주의'에서 대중은 정치에 참여할 수 없다. 그저 대표자(유력자)에게 한 표를 던질 뿐이다"고 지적한다. 즉 유권자는 무기명 투표에서 주권(권력)을 행사하는 것처럼 보이지만 그 때 뿐, 선거가 끝나면 유권자는 엄연한 현실 권력 아래로 돌아온다.

자! '보통선거—대의민주제'에서 유권자인 일반주민은 자기 삶을 바꾸는 것에 있어 어떤 선택을 할 수 있을까? 아무리 자발적이라 해도 그저 주어진 선택지 중에 고르는 것일 뿐이다. 그렇다면 대의제의 보완으로서 (준)직접민주제로서 주민대표기구인 주민자치주체기구의 정치적 역할을 어떻게 부여하면 좋을까?

---

70) 보통선거(普通選擧, universal suffrage)란 재산·납세·교육의 정도 또는 신앙 등에 의해 선거권에 차등을 두지 않는 선거를 말한다.(네이버 : 법률용어사전)

## 3. 주민자치주체기구의 정치적 역할

　지역 공동체·결사체 각각의 이익과 공동선이 주민자치주체기구에 모여 충돌하고 갈등하는 가운데 토론(숙의)을 거쳐 협의(協議)에 의해 합의(合意)된 공의(公議)에 의해 운영되는 주민자치주체기구는 '살기 좋은 지역 사회 만들기'를 위해 작동되고, 그 공의에 의해 운영되도록 하는 체계가 구축돼야 한다. 특히 읍·면·동의 주민자치주체기구는 읍·면·동 차원의 지역 공동체·결사체들이 모인 협의체(생태계의 허브, 플랫폼)로 공공체로서의 정체성을 가져야 한다. 또 이 읍·면·동의 공공체는 시·군·구를 범위로 하면, 각 읍·면·동의 이익을 위한 사적 공동체로 볼 수 있지만, 지방정부와 협치를 하기 위한 '주민자치주체기구들의 협의회'는 시·군·구 차원의 공공체로서 구성돼야 하며, 지방정부에 대한 견제·감시·협력의 기능을 해야 한다. 즉 주민자치주체기구는 설치·운영에 있어 사적 공동체라기보다 공공71)체여야 한다.

　사이토 준이치 교수에 의하면 우선, '민주적 정통성' 측면에서의 공공성은 정치적인 의사결정에 의해 영향을 받는다고 생각되는 모든 관계자가 의사형성과정에서 배제되지 않는(비배제성이라는 의미에서의 공개성이 확립돼 있음) 것이 그 의사결정에 있어 정통성을 얻기 위한 첫째 조건이다. 공공성은 사람들에게 이유를 들어 자신들의 주장을 정당화할 것을 요구한다. 또 '민주적 통제'는 지방정부의 활동(공권력 행사)이 공공적인 의사형성-의사결정에 따르고 있는지를 주민이 감시하는 활동을 의미한다. 이는 조작적 공개성과 대비되는 비판적 공개성이라는 의미에서의 공공성의 기능이다. 국가와 지자체 의한 권력남용을 제어하는 공공성은 정보의 공개를 당연한 것으로 요구하고 그것에 기반 해 정부에 설명책임을 요구한다.

---

71) 와세다대학 교수인 사이토 준이치에 의하면, 20여 년 전만해도 공공성은 시민들이 적극적으로 사용하는 말이 아닌, 오히려 시민의 권리 주장이나 이의 제기를 거부하기 위해 국가가 사용하는 '관제용어'였다. 그러나 오늘날 국가는 공공성을 독점할 수 없으며, 공공성을 떠맡은 일개 행위자에 불과하다는 인식이 널리 퍼져 있다.(『민주적 공공성』, 2014.)

여기서 우리가 간과(看過)해선 안 될 것은, 너무 지역의 이득을 위한 '자치'를 요구하면 안 된다는 것이다. '우리가 남이가' '우리는 하나다' 등의 공동체주의가 지나치게 되면 '집단주의'가 된다. 공동체·결사체는 구성원의 이익과 구성원들의 '공동의 선'(동질성)을 위해 구성된 것이다. 따라서 주민자치회는 공공성72)(公共性)이 필요하며, 주민자치 원리가 작동되는 공간에서는 사적인 집단주의에서 벗어나 개인의 인권, 자존, 삶의 자유, 자율, 실존의 확대·확장을 위한 공론장을 필요로 하며, 개인 이익과 단체의 이익, 공(公)과 사(私)가 공존한다. 자치가 지나치게 사적으로 치우치게 되면, 이기주의와 독단주의에 빠져 '그들만의 이익집단'으로 흐르기가 쉽다.

　그런데 정부와 지자체는 주민자치회를 설치·운영함에 있어 개인과 단체의 차이를 존중하기보다는 행정이 만든 틀 안에 매뉴얼화(동일화)해 집어넣으려는 것 같다. 이에 반해 주민자치주체기구는 각 주민의 특성과 여러 결사체·공동체 간의 차이를 최대한 살리고자 하는 공론장이자 공공장이다. 즉 개인주의 대 개인주의, 결사체 대 결사체, 공동체 대 공동체가 주민자치주체기구라는 공론장에서 부딪치는 가운데 갈등하고, 갈등을 조정하고, 타인의 다름에 대해 토론하고 소통하면서 이해하고 공감하고 존중해주는 가운데 서로의 공익과 공동선 도출을 함께 추구하는 장이다.

---

72) 공공성은 동화·배제의 기제를 필수적으로 요구하는 공동체가 아니다. 그것은 가치의 복수성을 조건으로 공통의 세계에서 저마다의 방식으로 관심을 갖는 사람들 사이에서 생성되는 담론의 공간이다.

# 제2장. 문재인 정부의 주민자치회, 주민의 자치 주체기구 되기

## Ⅰ. 국민의 나라 정의로운 대한민국 건설

문재인 정부는 "국민의 나라, 정의로운 대한민국을 건설하겠다"며 국정운영 5개년 계획[73]을 2017년 7월 19일 발표했다. 또 국민의 시대가 개막했음을 알리며, 앞으로 전개될 대한민국을 '국민의 시대'로 규정했다. 그리고 다음날 7월 20일엔 100대 국정과제 추진에 속도를 내는 것과 동시에 차질 없이 이행될 수 있도록 청와대와 국무조정실을 중심으로 국정과제 관리시스템을 구축하고, 과제별 세부이행계획 수립, 입법 지원과 점검관리체계를 강화한다고 밝혔다.

특히 문재인 정부 출범 자체를 국민들이 '국민의 시대'를 만들라는 시대적 사명이라고 했다. 이어 2016년 말부터 2017년 3월까지의 촛불시민혁명에 대해 "국민이 더 이상 통치의 대상이 아닌, 나라의 주인이자 정치의 실질적 주체로 등장하는 국민의 시대를 예고한 것"이라며 "국민의 시대는 '나 스스로 나를 대표하는 정치'의 시대, '모든 권력은 국민으로부터 나온다'라는 헌법 제1조 제2항이 함의하는 국민주권시대[74]"라고 정의했다.

또 문재인 정부는 출범 자체가 새로운 국민의 등장으로 인한 것, 즉 '실질적

---

73) 2017년 7월 19일 오후 청와대에서 문재인 대통령이 참석한 가운데 국정기획위원회가 발표한 문재인 정부의 '국정운영 5개년 계획'은 △국가비전 △5대 국정목표 △20대 국정전략 △100대 국정과제 △487개 실천과제 등으로 구성됐다.

74) 민주화시대 30년의 정부와 시대 규정 변화 : 문민정부 → 국민의 정부 → 참여정부 → 국민성공시대 → 국민행복시대 → 국민주권시대.

주권자로서의 국민'의 뜻으로 탄생한 것이라고 했다. 다시 말해, 근대적 국민은 집합적 의미의 국민과 국가 구성원으로서의 국민을 강조한 반면, 문재인 정부가 말하는 '주권자 국민'은 (대표되는) 국민주권을 넘어 '개개인의 국민주권'을 강조하는 것이다. 따라서 주권자 국민은 '나'를 대표하지 못했던 기존 정치의 한계를 넘어, 국민 개개인이 권력의 생성과 과정에 직접 참여하고 결정하는 새로운 국민의 출현을 의미한다.

## 1. 국민의 시대 정부의 3가지 과제

국민의 시대를 연 문재인 정부는 과제로서 ▲시대정신으로서의 정의 실현 ▲특권층 시대에서 국민의 시대로 전환 ▲불안과 분노의 사회경제에서 희망과 통합의 사회경제로의 전환 등 3가지 과제를 실현하겠다고 밝혔다. 이를 위해 정부는 첫째, 산업화와 민주화 이후의 시대정신을 '정의'(justice)라고 규정하고, 가장 중요한 과제로 정의의 기반 위에 나라다운 나라를 만든다는 계획이다. 정부에 따르면, 무너진 정의를 바로 세우는 국가 개혁은 위기를 극복하고, 미래의 희망으로 나아가는 국정운영의 방법론이자 지향점이며, 이런 국가개혁의 양대 과제는 국민의 시대를 열고 희망과 통합의 사회경제를 일구는 것이다. 둘째, 국민 위에 군림하고 권력을 사유화하는 특권 정치를 철폐해 국민의 뜻을 국정에 실현하고, 국민의 의지가 정치를 이끌 수 있는 국정운영으로 전환할 방침이다. 또 대립과 분열의 정치를 넘어 협치와 합의의 정치로 성숙한 민주주의를 실현할 계획이다. 셋째, 저성장과 경제적 불확실성의 심화, 사회 불평등의 증대, 불공정 경제구조로 인한 국민들의 고통과 불안을 해소할 수 있는 공정과 혁신의 경제모델을 구축한다. 또 사회갈등의 분출, 불안한 생애과정, 각자도생(各自圖生)으로 인한 불안과 분노를 넘어 공존과 포용의 공동체를 실현할 방침이다.

## 2. 국민의 나라는 주민자치 원리로부터

그렇다면, 문재인 정부는 중앙집권적이고 대의민주주의를 지향하는 대한민국에서 지방자치를 실천하는 지방자치단체가 단체자치 유형보다 주민자치 유형으로 변환시킬 수 있을까? 그동안 시민(일반주민) 자신의 국가와 지방에 대한 결정권은 선거 때 투표를 통한 대통령, 국회의원, 자치단체체장, 지방의원, 그리고 교육감 선출 이외에는 국가와 지방의 정책결정에서 배제됐다고 해도 무리가 아니다. 주민자치 원리에 있어 가장 핵심인 '주민참여권'과 '주민의결권'은 지방선거, 국회의원선거, 대통령선거 때 투표를 할 때만 큰 힘을 발휘할 뿐, 자신의 생활과 밀접한 국가와 지방의 정책기획과정과 결정과정에는 참여가 힘든 것이 사실이다.

그러나 문재인 정부는 비전으로서 '국민의 나라, 정의로운 대한민국'을 건설하기 위해 밝힌 정책방향은 대체적으로 국민은 나라의 주인, 정치의 실질적 주체와 주권자로서의 국민, 개개인의 국민주권, 국민 개개인이 권력의 생성과 과정에 직접 참여하고 결정, 국민 중심의 민주주의, 나로부터·어디에나·늘 행사되는 국민주권 보장 등이다. 정부가 말한 '주권자 국민' '개개인의 국민주권'은 국가 차원이고, 지방 혹은 지역 차원(주민생활 권역)에서는 '주권자 주민' '개개인의 주민주권'이라고 할 수 있다.

만일 문재인 정부의 이런 정책방향들이 이뤄진다면, 지방자치단체 유형이 주민자치형이 되고, 수시로 주민투표(referendum)[75]와 주민발안이 선의로 작동되는 사회가 되며, 또 이를 통해 국가기본운영체제가 지배세력의 '인치'보다 헌법과 법률, 그리고 민본(주민의 뜻과 요구)에 입각해 작동될 것이다. '주민자치'는 사전적(행정학사전, 2009) 의미에서 지방 주민이 주체가 돼 지방의 공공사무를 결정하고 처리하는 주민 참여에 중점을 두는 제도지만, 저자는 주민자치를 '지방(지역) 내 시민사회 영역에서 일반주민들이 자율적으로 연대해

---

75) 주민투표(referendum) : 조례 제·개정안이나 지방(지역)의 중요한 일 등을 주민의 표결에 붙여 최종적으로 결정하는 제도.

결사체나 공동체를 조직해 지역 사회의 공적 문제를 스스로 결정하고 집행하는 것'이라고 말하고 싶다. 즉 주민자치는 일반주민이 주체가 돼 지역 사회의 문제들을 처리하고 해결하는 활동76)들을 의미한다.

## II. 국정과제 중 주민자치 원리 접목하기

문재인 정부의 100대 국정과제 중 주민자치 원리에 입각해 시민사회를 움직일 수 있는 핵심 동력(6대·7대·74대 과제)에 대해 생각해보자.

첫째, 6대 과제는 '국민 인권을 우선하는 민주주의 회복과 강화'(법무부·행안부·인권위)다. 주요 내용 중 우선, 정부는 '시민사회 발전 기본법' 제정, 시민사회 지원조직으로서 '시민사회발전위원회' 설치 등 시민사회 지원체계를 구축하기로 했다. 그렇다면 이 시민사회를 움직이는 시민조직을 NGO로 국한할지, 지역 공동체·결사체 등 NPO를 비롯한 동호회조직까지 지원할지, 또 지원 단위를 국가로 할지, 사도나 사군구로 할지, 아니면 읍면동 이하 단위로 확대할지에 대한 고민이 있어야 할 것이다. 또 정부는 2018년부터 전국 단위 민간 자원봉사 인프라 확충, 기부자 예우 강화 및 기부문화 조성을 위한 국가 지자체 책무를 강화하기로 했다(기부금품 통합관리시스템 구축·운영). 그러나 기부와 자원봉사 관련 정부의 정책은 좀 더 세하고도 세련될 필요가 있다.

현재 서울시를 비롯한 일부 사도에서는 마을만들기, 마을 공동체 조례를 만들어 예산(세금)을 책정해 소위 마을활동가들을 사도 차원에서 지역 사회에 투입하고 있다(물론 중간지원조직 형태의 활동을 하고 있지만). 그러나 전국 읍면동 주민자치위원들은 자신들의 시간과 돈을 들여 지역사회를 위해 18년

---

76) 예를 들면, 1999년 김대중 정부 때부터 오늘날까지 지속적으로 활동해오고 있는 읍·면·동 주민자치위원회, 그리고 행정안전부가 추진 중인 시범실시 주민자치회 등 전국 3,502개 읍·면·동에서 주민자치위원들이 지역 사회의 궂은일도 마다않고 봉사해오고 있으며, 또 새마을운동분부와 바르게살기운동 등 여러 공동체와 사회·직능 봉사단체 회원들도 지역 사회를 위해 다양한 봉사활동을 벌이고 있는 것도 주민자치 활동이라고 볼 수 있다.

간 활동을 해오고 있다. 이들은 조례(주민자치회 위원들은 2013년 7월부터 특별법)에 따라 지역 사회를 위해 일하고(혹은 봉사 활동) 있지만, 보수는 아예 없고, 활동비도 마을활동가와 비교조차 할 수 없을 정도의 수준이다.

이렇게 보면, 지역의 소중한 인적 자원인 주민자치위원들이 지역 사회를 위해 일하고 있는 것은 재능 등의 기부(혹은 기부자)로 볼 수 있다. 따라서 정부는 지역 사회를 위해 활동 하고 있는 주민자치위원들에 대한 예우를 강화해야 한다. 또 주민자치 활동을 지원하기 위해 주민들이나 기업들이 주민자치위원회와 주민자치회에 재정적·봉사적 기여를 하는 것에 대해서도 기부금으로 인정하는 제도적 뒷받침도 필요하다.

둘째, 7대 과제는 '국민주권적 개헌 및 국민 참여정치 개혁'(국조실)이다. 주요 내용 중 우선, 국민의 참정권 확대다. 이를 위해 정부는 국민투표 확대, 국민발안제와 국회의원에 대한 국민소환제 도입을 검토하기로 했다. 이는 국정 운영 6번째 과제 중 시민사회 성장기반 마련과 맞물려 주민투표 확대, 주민발안을 제정해 읍면동 단위 이하 시민사회에서 (준)직접민주주의가 작동되도록 해야 한다.

이로 인해 시·군·구 단위에서는 기초지자체의 자치사무 및 생활공공서비스가 주민의 의사결정에 따라 운영공급될 수 있는 방안을 마련했으면 좋겠다. 또 정부는 국민의 정치 참여를 확대한다고 했는데, 정당의 정책기능 강화를 위한 국회의 정당 지원 강화도 바람직 하지만, 지역정당이 없는 대한민국에서는 이념과 권력 추구보다 주민의 삶의 변화를 좌우하는 생활정치에 대해서는 지역 사회의 공동체·결사체가 정치결사체로서 활동할 수 있도록 하는 제도 마련도 매우 중요하다.

셋째, 문재인 정부는 '고르게 발전하는 지역'(국정목표 4)을 위한 전략으로 '풀뿌리 민주주의를 실현하는 자치분권'을 추진한다고 했다. 정부는 개인 삶의 근거지인 지역이 충분한 권한과 역량을 가질 때 민주주의는 풀뿌리 차원에서 튼튼하게 성숙한다고 보고 있다. 따라서 굳게 뿌리내린 지역의 풀뿌리 민주주의는 결국 한국 전체를 강력한 민주주의 국가, 삶의 현장에 깊이 뿌리내린 생활민주주의 국가로 만들어 낼 원동력이며, 그 핵심은 자치분권이라는 것이다. 이 전략을 실천할 과제가 바로 74대 과제다. 이 74대 과제는 '획기적인 자치분권 추진과 주민 참여의 실질화'(행안부)로 7대 실천과제인 국민 참여 정치개혁과 맞물려 있다. 즉 정부는 국민발안제와 국민소환제 도입 검토와 함께 주민발의·주민소환·주민투표 등 주민 직접참여제도 활성화와 중앙-지방 간 정례 협의체도 신설할 방침이다. 주요 내용을 보면, 정부는 우선 2017년 하반기 제2국무회[77]의 시범운영 후 제도화 추진, 2018년 헌법 개정으로 실질적 자치분권 기반 조성 등 자치분권 기반을 확보할 계획이다.

또 정부는 2018년까지 주민투표 확대, 주민소환 요건 완화, 조례개폐청구 요건 세부화 등을 추진해 주민 직접참여제도를 활성화한다. 물론 주민 참여 확대를 위한 지방 행재정 정보 공개 확대도 동시에 추진된다. 이 과제에서 고민해야 할 것은 주민 직접참여제도가 '직접'이라는 수식어가 붙어 있기는 하지만, 행정의 동원수단이나 국가나 지자체가 이미 결정한 것에 거수기로서의 참여를 위한 제도는 지양해야 한다는 것이다. 즉 주민발안과 이 발안에 대한 결정은 지방의회보다는 주민투표로서 제도화돼야 한다. 다시 말해 지역 사회의 현안들이 주민자치주체기구라는 공론장에서 치열하게 논의되고 숙의된 안건을 주민들이 발안하고, 이 발안된 것을 주민들이 투표(referendum)해서 가결되면, 큰 문제가 없는 한 의회에서 조례로 가결해 법률화되고, 정책에 채택되도록 해야 (준)직접민주주의라고 할 수 있을 것이다.

---

77) 제2국무회의는 시·도 지자체장을 중심으로 하는 것으로 알려져 있다.

## Ⅲ. 정부의 주권자 민주주의 정책에 대한 제언

### 1. 국가 중심에서 일반주민 중심 민주주의로

문재인 정부는 1987년 이후 열린 민주화시대는 절차적 민주주의 성과에도 불구하고 ▲엘리트 중심의 정치 ▲국가 중심의 국정운영이라는 한계를 드러낸 것으로 보고, 이제는 국민 중심의 민주주의로의 이행이 필요한 시점이라고 판단했다. 또 현재의 민주주의 위기를 극복하는 방안도 정부·정치의 본래 목적인 국민 중심의 민주주의가 실현되는 국정운영의 회복에 초점을 두기로 했다(표 참조).

문재인 정부가 규정한 '국민 중심의 민주주의'는 선거나 대표자 위임에 국한되지 않고 '나로부터 행사되고, 어디에나 행사되며, 늘 행사되는' 국민주권이 실질적으로 보장되는 '주권자 민주주의'의 실현을 의미한다. 문재인 정부가 밝힌 주권자 민주주의 구성요소는 ▲아래로부터의 민주주의(국민 개개인이 주권자) ▲직접민주주의(내가 만들고 스스로 결정하는 정책) ▲일상의 민주주의(늘 행사되는 국민주권) ▲과정의 민주주의(공론과 합의에 의한 정책결정) ▲풀뿌리 민주주의(자치분권과 생활정치) 등 5가지다.

〈표 3-2-3〉 국가 중심의 민주주의와 국민 중심의 민주주의

| 구 분 | 국가 중심의 민주주의 | 국민 중심의 민주주의 |
|---|---|---|
| 국민의 성격 | 근대적 국민 | 주권자 국민 |
| 국민-국가 관계 | 국가 구성원으로서 국민 | 국가를 형성하는 국민 |
| 국민주권의 특성 | 대표되는 국민주권 | 개개인의 국민주권 |
| 권력의 성격 | 위임된 권력 | 생성적 권력 |
| 참여방식 | 제도화된 국민참여 | 일상적인 국민주권 행사 |
| 주권 실현방식 | 참정권, 투표권 | 국민제안, 국민숙의, 국민결정 |
| 역사적 사건 | 1987년 6월항쟁 | 2016년 촛불집회 |

| 사건의 의미 | 국민주권의 통로·제도 구축 | 아래로부터의 국민주권 표출 |
|---|---|---|
| 민주주의 형태 | 제도 민주주의 | 일상 민주주의 |
| 정치-시민 관계 | 제도정치와 시민사회의 괴리 | 제도정치와 시민사회의 연계 |
| 시민참여 기반 | 조직화된 시민사회 기반 | 자발적 개인들의 네트워크 |

※ 출처 : 청와대(2017. 7. 19.)

이에 대해 저자는 문재인 정부의 주권자 민주주의에 대해 ▲주민의, 주민에 의한, 주민을 위한 정책들 ▲주민들이 자발적으로 연대해 살기 좋은 지역 사회를 만들고(살기 좋은 마을만들기) ▲주민들 삶의 질 향상을 위해 의사결정을 하며 ▲자신이 의사결정을 했기 때문에 즐거이 기꺼이 지역 사회의 일을 하며 ▲주민들의 삶을 변화시키는 사안에 대해서는 주민발안과 주민투표를 통해 규칙(조례, 규범)을 만들어 사회질서를 지키는 제도이자 사상으로 해석하고 싶다. 그리고 저자가 말하는 '살기 좋은 마을만들기'란 아이부터 어르신까지 안전·안심하게 살 수 있고, 최대다수의 일반주민이 최대행복을 누리는 지역 사회, 그리고 주민의 삶을 질을 향상시키는 것을 의미한다.


## 2. 간접통제식의 지역 사회 정책은 지양

그러나 이 시대적 소명을 국가 중심, 중앙정부 중심의 시각으로 집행하거나, 특정 국민과 주민에게 많은 혜택이 돌아가게 하거나, 국민과 주민에게 '국가 정책(행정, 정치)에 참여하거나 따르면 수혜를 받는다'는 식의 추진은 안 된다. 다시 말해 대한민국이 '국민의 나라'가 되기 위해서는 이 5가지 주권자 민주주의 구성요소들이 아래로부터(읍·면·동 이하) 민심(民心)을 모으고, 그 민심을 근본으로 정책을 펴야 한다. 또 주민들이 자신의 삶을 변화시키는 정책에 대해 지역 사회부터 의사결정과정에 참여해 자신의 의사를 적극 표현할 수 있는 시스템을 구축해야 한다. 아울러 민심을 모으고 주민들의 다양한 이해타산이 담긴 의사들이 활발하게 논의되는 공론장이 각 지역 사회마다 형성돼야 한다. 그러기 위해선 지역 사회의 정차사회 질서는 주민자치 원리에 의해, 그리고 주민자치를 실천하기 위해서는 지역 사회를 담당할 주민자치주체기구가 제대로 작동되도록 해야 한다.

따라서 정부는 풀뿌리 자치 활성화나 공동체를 형성한다고 하면서 지역 사회에서 활동하고 있는 기존 주민자치조직들을 제외시키고, 새로운 조직과 매뉴얼을 만들어서 국민과 주민의 세금을 투입해 지역 사회를 간접통제(일명 아름다운 통제)하는 식의 정책은 추진하지 말아야 한다. 물론 감독은 해야 한다. 즉 기존 주민자치조직들의 역량 강화와 활성화를 지원하는 방향으로 정책을 펴야 한다.

주권자 민주주의 구성요소들이 제대로 작동하기 위해서는 지역 사회, 특히 읍면동 단위에서의 시민사회 영역이 형성되고, 일반주민들이 직접 공론장을 만들어 취합된 공의가 정책으로 연결될 수 있는 언로(言路), 즉 아래로부터의 의사결정이 사군구를 거쳐 사도와 중앙정부까지 전달될 수 있는 통로가 필요하다. 그러기 위해선 지역 사회 내 지역 공동체·결사체들의 협의체이자 민과 관을 연결하는 중간지원조직인 주민자치주체기구의 설차운영이 절실하다. 그리고 행정안전부에서 추진하고 있는 주민자치회가 주민자치주체기구로서 작동되도록 설치하고 운영했으면 좋겠다.

## IV. 정부의 읍·면·동 정책에 대한 제언

### 1. 정부의 읍·면·동 정책

문재인 정부는 74대 국정과제인 '획기적인 자치분권 추진과 주민 참여의 실질화'(행안부)를 통해 '마을자치 활성화'를 하겠다며 "2017년에 주민 중심 행정복지서비스 혁신 추진계획 수립 및 추진체계를 구축해 읍면동을 주민자치의 실현공간이자 서비스 제공의 핵심 플랫폼으로 만들 것"이라고 밝혔다. 그리고 2017년 8월 11일, 청와대는 이 정책을 좀 더 구체화시켜 "기존 읍·면·동 주민센터를 공공서비스 혁신 플랫폼으로 만들겠다"며 "이는 문재인표 첫 번째 사회혁신으로서 '내 삶을 바꾸는 공공서비스 플랫폼 사업'을 추진한다"고 밝혔다.

박수현 대변인은 이날 청와대 춘추관 브리핑에서 "문재인 정부는 기존의 주민센터를 주민에 의한, 주민을 위한 공공서비스 플랫폼으로 혁신하고자 한다"며 이 같은 내용을 공개했다. 주요 추진방향은 ▲생활기반 플랫폼 행정으로 전환하는 행정혁신 ▲찾아가는 주민센터의 전국 지자체 확대 ▲주민을 정책 수혜자에서 국정 파트너로 전환 ▲개성 넘치고 이야기 있는 1000개 마을 구현 등이다. 또 박 대변인은 "주민들 삶의 상태와 환경조건이 지역마다 다양하고 이질적이기 때문에 과거와 같은 국가 주도의 일방적 정책으로는 혁신이 곤란하다"며 "국민과 함께 국정을 운영하겠다는 대통령의 철학을 반영해 이번에 발표하게 됐다"고 말했다.

이와 관련 하승창 청와대 사회혁신수석은 "읍·면·동 주민센터를 주민이 원하는 공공서비스를 제공하는 플랫폼으로 만들어가게 되는데, 서울시의 복지 혁신인 '찾아가는 동 주민센터'가 기존의 단순 민원업무를 처리하던 주민센터를 업그레이드한 것이었다면, 문재인 정부의 공공서비스 플랫폼은 주민이 원하고, 주민이 결정한 정책과 서비스가 종합적으로 만들어지는 혁신적인 주민센터로 한 단계 더 업그레이드한 것"이라며 "기존의 주민센터 업무공간을 리모델링해서 주민들의 커뮤니티 허브로 조성하는 동시에 주민센터뿐만 아니라, 지역의 유휴공간을 주민에게 개방해서 주민들이 다양하게 활용할 수 있는 기반을 만들겠다"고 말했다.

또 하 수석은 찾아가는 복지 실현을 위해서는 "서울시의 복지혁신 '찾아가는 동주민센터'가 전국적으로 확산되는 것으로 읍·면·동 복지전담 인력을 확충해서 찾아가는 복지를 구현하고, 복지 사각지대를 해소하겠다"며 "방문 간호사 인력도 추가 배치해 주민이 가장 선호하는 찾아가는 건강서비스도 확대할 것"이라고 설명했다. 아울러 하 수석은 "정부는 각 지역의 주민과 지자체가 주인이 돼, 주민이 희망하는 읍·면·동 주민센터를 만들 수 있도록 예산 등 필요한 지원을 아끼지 않을 것"이라며 "공모를 통해서 동장을 선발하는 시범 사업도 추진하겠다. 뜻있는 공무원 또는 민간인들이 주민들 앞에서 공개적으로 비전과 정책을 발표하고, 주민의 의사를 반영해서 적격자를 선출할 수 있도록 하겠다"고 밝혔다.

## 2. 제안 하나, 주민자치 실현 공간에서 행정 통제는 빠져줘야

현재 전국 49개 지역에서 주민자치회가 시범 실시되고 있고, 행정안전부의 주민자치회 3가지 모델(협력형, 통합형, 주민조직형) 중 많은 수의 학자들과 주민들은 주민조직형을 가장 선호하고, 다음으로 통합형을 실시해야 한다는 의견이 많았다. 즉 주민조직형의 경우는 읍면동 주민센터와 주민자치센터를 주민들(주민자치회)이 운영하며, 통합형의 경우는 주민들(주민자치회)이 운영하되 행정은 서포트 역할을 해야 한다는 것이다. 다시 말해, 행정이 할 수밖에 없는 사무(일)는 시군구로, 주민들이 할 수 있고 하고 싶은 일(사무)은 주민들(주민자치회)에게 돌려줘야 한다는 것이다. 이는 읍면동은 주민자치 활동 공간이 돼야 하며, 이 공간에 대해 행정과 정치는 통제보다는 지원에 머물러야 한다는 의미다.

문재인 정부는 박수현 대변인을 통해 "주민센터를 주민에 의한, 주민을 위한 공공서비스 플랫폼으로 혁신하겠다"는 의지를 밝혔다. 정부의 논리대로 한다면, 주민센터는 주민들이 운영해야 하며, 주민들의 대표들에 의해 구성된 주민자치주체기구가 생활공공서비스 플랫폼이 돼야 한다. 그러나 문재인 정부는 읍면동에 주민센터를 그대로 유지한 채, 이 주민센터를 복지 혁신을 위해 찾동(찾아가는 동 복지센터)으로 이름을 바꿔 방문간호서비스를 확대하고, 민관

협력 지역복지생태계를 조성하며, 커뮤니티센터로 탈바꿈시키는 것을 행정이 주도한다고 밝혔다. 그리고 '풀뿌리 민주주의 확대'를 위한 주민자치위원회 기능 개편과 마을(주민)총회도 '생활기반플랫폼 행정혁신'의 일환으로 실시하겠다고 했다.

즉 행정, 그것도 국가 차원에서 지방자치단체 단위보다도 작은 읍·면·동 단위까지 직접 설계·관리하겠다는 것이다. 또 정부는 주요 추진방향으로 우선, '생활기반 플랫폼 행정으로 전환하는 행정혁신'을 한다고 했는데, 생활기반 플랫폼은 주민들에게 만들어줘야 한다고 본다. 읍·면·동 단위에서의 행정혁신은 주민들이 할 수 있는 생활공공서비스를 주민들이 할 수 있도록 하는 것이다. 다음으로 '찾아가는 주민센터의 전국 지자체 확대'는 국가 차원에서 획일적으로 할 것이 아니라, 지역 특성에 맞게 지역 주민들의 뜻에 따라 했으면 한다.

그리고 정부의 '주민을 정책 수혜자에서 국정 파트너로의 전환'은 민주주의 국가라면 당연한 것이다. 굳이 이를 정책과제로 선정했다는 것은, 그만큼 대한민국이 중앙집권적, 과두적, 귀족적이었다는 것을 반증한다. 지금이라도 문재인 정부가 주민을 수단이 아닌 국정 파트너로 인정해준 것은 환영할만한 일이나 우선, 국가 차원보다는 지역 사회의 시민사회를 활성화시키고, 성숙된 그 시민사회가 지방자치단체와 파트너가 되는 것이 급선무라고 생각된다. 이와 함께 '개성 넘치고 이야기가 있는 1000개 마을 구현'도 정부가 매뉴얼을 제시해 마을을 인위적(공간적 공동체)으로 만든다는 것인지, 역사·전통·문화가 오랫동안 형성된 마을 공동체(시간적·공간적 공동체)를 발굴하겠다는 것인지 분명히 할 필요가 있다.


## 3. 제안 둘, 파편화된 주민의 자치조직들 구심점 필요

정부의 최소 행정구역인 읍·면·동은 관과 민이 함께 만나는 최접점지역이다.

이 영역에서의 행정은 간섭이나 통제를 최소화하고, 민의 활동 활성화를 지원할 의무가 있다. 특히 시민사회 영역에서는 행정권력이 빠져줘야 한다. 그리고 공공서비스 중에서도 주민생활과 밀접한 생활공공서비스 중 주민자치주체기구가 할 수 있는 것은 할 수 있도록 해야 한다. 국가 차원에서의 시민사회 영역은 그래도 NGO 등의 시민단체들이 활동하고 있지만, 행정체제 최하위 단위이자 민간과의 접점 구역인 읍면동 내에서의 시민사회는 일반주민들 스스로 자신들의 욕구와 욕망을 담아내는 자치조직(단체)들은 파편화돼 있어 국가와 지방의 정책 참여에 있어 공의를 결집하지 못한다.

다시 말해, 기초지방자치단체 하위 단위인 읍면동의 시민사회 영역에서 주민자치를 실천하는 기구나 조직은 파편적으로 존재하나, 읍면동의 시민사회를 씨줄날줄로 엮어 연계하고 연결하는 총괄(總括)기구인 주민자치주체기구가 없다. 그런 까닭에 국가 영역인 중앙정부나 지방자치단체들이 지역 현안을 주도하거나, 아니면 우회적으로 소위 마을활동가를 뽑아(준공무원화해서) 행정의 매뉴얼로 지역 주민들의 사업이나 활동을 좌우하는 현상까지 벌어졌다. 이런 현상에 대해 "주민들의 주민자치역량과 동기부여 싹을 죽이는 일방적인 관치"라는 비판적 시각과 "시도조차 하지 않는 것보다 주민자치회가 스스로 설 수 있을 때까지 지원하는 마중물 역할"이라는 시각이 팽팽히 맞서고 있다.

그런 연유로 읍면동 이하 단위에서는 주민들의 욕구와 욕망을 의제화해서 공의로 묶어내 행정과 의회를 견제지원하는 민민협의체 및 민관중간지원조직 격인 주민자치주체기구가 필요함을 다시 강조하고 싶다. 주민자치주체기구가 주민들의 욕구들을 촉발시켜 합의를 통해 만들어진 지역 사회의 공의(公議)가 중앙정부와 지방자치단체, 국회와 지방의회에서 채택되는 것이 민주주의체제에서 중요하기 때문이다. 따라서 일반주민들과 결사체·공동체들이 자율적으로 연대해 지역 사회의 현안들을 해결하는 주민자치 공간 실현과 생활공공서비스 제공 플랫폼으로서의 역할과 지위를 주민자치주체기구에게 부여하는 정부의 정책은 매우 중요하다

또 이와 함께 지방자치단체와 대등한 관계에서 지역 사회 문제들을 해결하고, 주민생활과 밀접한 욕구들을 해소할 수 있는, 즉 대의민주주의와 행정의 사각지대 보완, 그리고 주민들 스스로 사회적 자본을 개발하고 확장하는 역량을 키울 수 있도록 지역 공동체·결사체들의 허브로서의 역할과 지위를 주민자치회에 부여해야 한다. 그러면 지역 사회의 풀뿌리 조직인 지역 공동체·결사체들 생태계 구축을 통해 설차·운영된 주민자치회는 지방자치단체가 주민들의 욕구와 뜻에 맞게 구성되고, 주민들 의사결정에 따라 행정을 펴고자 할 때 '든든한 정책파트너'가 될 것이다.


## V. 정부의 주민자치정책에 대한 제언

### 1. 제안 하나, 주민자치회에 마을협의체와 민관중간지원조직 지위 부여

문재인 정부는 74대 국정과제에서 마을자치 활성화 중 "2018년까지 주민자치회 제도 개선 안 마련 및 법률을 개정하겠다"며 "주민 주도의 실질적 마을협의체로서 주민자치회 역할·지위를 강화하겠다"고 밝혔다. 또 2017년 8월 11일에는 청와대가 발표한 '문재인 정부 생활기반플랫폼 행정혁신'과 관련해 하승창 청와대 사회혁신수석은 "풀뿌리 민주주의 확대를 위해 주민자치를 강화하는 방안도 추진하겠다"며 "주민자치위원회를 개편해 더 많은 참여를 유도하고 마을계획 수립 권한을 주는 등 실질 권한을 부여해 명실상부한 주민 대표 기구로 만들겠다"고 밝혔다.

또 하 수석은 "실질 주민자치를 위해 주민이 직접 정책과 예산을 결정하게될 것"이라며 "광주시민총회가 시민 주도로 100대 정책을 만들고, 서울시 13개 자치구 35개 동이 마을총회를 통해 사업에 필요한 마을계획을 만든 것처럼 직접 민주주의 요소를 도입한 새 시민 참여 모델을 전국적으로 확산하겠다"고 밝혔다.

주민자치회를 주민의 대표기구로 만든다는 과제는 대한민국이 선진국으로 가기 위한 기본조건으로 문재인 정부의 정책에 적극 지지한다. 그러나 우려되는 것은 문재인 정부가 풀뿌리 민주주의 확대를 위해 주민자치회 역할과 지위, 그리고 마을총회도 행정의 틀 안에 가둘 염려가 있다는 것이다.

우선, 문재인 정부가 말한 마을협의체는 '마을들의 협의체' 의미로 사용한 것으로 보인다. 즉 마을협의체는 마을 단위의 지역 공동체 · 결사체 등 민관단체, 관변단체, 직능단체 등을 네트워킹 하는 주민자치주체기구인 것이다. 그러나 주민조직들 간의 협의체로서의 역할과 지위를 가지려면, 민관중간지원조직 역할과 지위도 가져야만 지역 사회 생태계의 허브, 즉 주민자치주체기구로서의 권위를 인정받을 수 있다. 특히 마을 단위로 공동체 · 결사체가 과연 얼마나 구성돼 있을지도 의문이다. 그리고 주민자치회가 단순히 주민조직들 간의 연계나 조정하는 것에 그친다면, 주민들이 행정(관)과의 협치를 위한 민관중간지원조직을 만들어야 한다는 결론이 나온다.

따라서 주민자치회는 읍면동 단위에서 일반주민들에 의해 운영되는 민민협의체이자 민관중간지원조직으로서의 역할과 지위를 부여받아야 한다. 또 읍면동 주민자치회들의 협의체인 '시군구 주민자치협의회'는 시군구 단위에서 주민자치회들의 협의체이자 민관중간지원조직 역할과 지위, 시군구 주민자치협의회들의 연합체인 '시도 주민자치연합회'는 시군구 주민자치협의회협의체이자 시도 단위에서의 민관중간지원조직 역할과 지위를 가져야 할 것이다.

또 주민총회도 일반주민들의 의사결정에 따라 구성된 주민자치주체기구(주민자치회)에 의해 추진돼야지, 중앙정부나 지방자치단체들이 성과를 내기위해 주민총회를 좌우해서는 안 된다. 특히 지양해야 할 점은 각 읍면동과 시군구의 지역 특성을 고려하지 않고, 광역시도가 정책적으로 주민총회 형태를 획일화하는 것이다.

## 2. 제안 둘, 주민의 행정 참여가 목표여선 안 돼

현재 행정안전부가 '지방자치분권 및 지방행정체제개편에 관한 특별법'(2018.3.20., 일부개정) 제27~29조에 의해 시범실시하고 있는 '주민자치회'는 '주민자치주체기구'로 재설계돼야 한다. 그리고 정부는 주민자치회의 지속가능성을 저해하는 사회적 문제들에 대한 해결에 우선 노력해야 한다. 또 정부는 제도의 도입을 통한 직접적인 행위규제보다는 주민자치회와 지역 공동체·결사체 역량을 제고시켜, 주민조직 간 거버넌스를 통한 상생협력과 민관협력을 통해 다양한 사회적 문제들을 주민 주도적으로 해결할 수 있도록 하는 행제정 및 제도적 지원을 할 필요가 있다.

2013년 5월부터 2018년 7월 현재까지 행정안전부가 시범실시하고 있는 주민자치회 설치·운영은 주민 스스로 읍·면·동 단위 자치, 주민단체들 간 거버넌스, 행정에 참여, 행정과의 거버넌스를 동시에 추구하고 있다고 볼 수 있다. 그리고 현재 전국 49개(실제는 47개) 읍·면·동에서 시범실시하고 있는 지역의 '주민자치회 시범실시 및 설치·운영에 관한 조례'78)나 2018년 7월 4일 개정한 '주민자치회 시범실시 조례 개정(안)'79)에서 운영원칙과 기능을 보면, 주민자치회는 주민자치 원리에 입각해 설치·운영된다고도 볼 수 있지만, 이는 주민자

---

78) 예를 들어 '서울특별시 은평구 주민자치회 시범실시 및 설치·운영에 관한 조례' 제2조 (정의) 제1항을 보면 "주민자치회란 제1조의 목적(…… 풀뿌리 자치의 활성화와 민주적 함여의식 고양을 위해 ……) 달성을 위해 동에 설치돼 주민자치 활동 강화에 관한 사항을 수행하는 조직을 말한다. 또 제5조(기능)는 ▲동 행정기능 중 주민생활과 밀접한 관련이 있는 업무에 대한 협의 ▲동 행정기능 중 주민자치회에 위탁해 처리하는 것이 바람직하다고 판단되는 업무의 수탁처리 ▲그 밖에 각종 문화행사, 생활체육, 주민교육 등 순수 근린자치 영역의 주민자치업무다.

79) 2018년 7월 4일 개정한 '주민자치회 시범실시 조례 개정(안)' 주민자치회 운영원칙 (제3조)은 주민의 복리증진과 지역 공동체 형성 촉진, 주민 참여의 보장 및 자치활동의 진흥, 읍·면·동별 자율적인 운영, 정치적 이용 목적의 배제다. 주민자치회 기능(제5조)은 ① (협의업무) 읍·면·동(또는 동, 읍·면) 행정기능 중 주민생활과 밀접한 관련이 있는 업무에 대한 협의 ②(수탁업무) 읍·면·동(또는 동, 읍·면) 행정기능 중 주민자치센터의 운영 등 주민의 권리·의무와 직접 관련되지 아니하는 업무의 수탁 처리 ③(주민자치업무) 주민 총회 개최, 자치(마을)계획 수립, 마을 축제, 마을신문·소식지 발간, 기타 각종 교육 활동, 행사 등 순수 근린자치 영역에서 수행하는 주민자치업무다.

치회가 '행정에의 참여'에 대한 비중이 높고, 국가 영역에서 벗어나 시민사회 영역에서의 주민자치기능은 기존에 여타 직능단체, 관변단체, 시민단체 등이 하던 수준에 머물러 주민의 대표기구로 보기에는 무리가 있다.

주민자치회 시범실시 조례구성도 제1장 총칙, 제2장 주민자치회의 구성 및 운영, 제3장 주민자치회의 위원, 제4장 지방자치단체와의 관계, 제5장 보칙 등으로 구성돼 있어 주민자치회가 읍면동의 대표기구 혹은 주체기구로서의 권한과 의무는 미약하다고 볼 수 있다. 제2조(정의) 제2항 "주민자치회 위원이란 해당 동의 주민을 대표하는 주민자치회의 구성원을 말한다"고 돼 있지만, 주민의 대표들이 모인 기구가 읍면동 내 다양한 주민의 조작기구단체와의 관계설정에 관한 항목이 없어 대표기구라 할 수 있는지 의문이다.

어찌 보면, 정부가 추진하는 주민자치회는 국가 영역인 행정의 관점에서 '주민의 행정 참여'에 방점을 두고 설계됐다고 볼 수 있다. 그러나 국민의 나라 정의로운 대한민국을 만들고자 하는 정부의 주민자치회는 마을계획 수립 권한은 물론, 주민생활과 밀접한 정책을 결정하는 과정에도 참여할 수 있는 실질적인 권한을 갖는, 명실상부한 주민의 대표기구인 주민자치주체기구가 됐으면 좋겠다.


## 3. 제안 셋, 주민들이 자치한다는 개념에서 출발

문재인 정부는 주민자치회를 주민의 대표기구로서의 권한을 부여한다고 했다. 그 '대표권한'은 정부가 "그렇게 하고 싶다"고 해서 저절로 부여되는 것은 아니다. 대통령소속 자치분권위원회와 행정안전부는 주민자치회를 설치 및 운영할 때, 생활경제권이 아닌, 주거단위로서의 행정구역과 그 범위 내 주거민을 주민자치회 구성원으로 하고 있음을 분명히 했다. 그렇다면 주민자치회가 주민의 대표기구가 되려면, 무엇보다 읍면동 내 주거민들과 공동체·결사체로부터 '주민의 대표'로서 권위를 인정받는 것이 우선이다.

시범실시 주민자치회와 '주민자치회 시범실시 및 설치 · 운영에 관한 조례 개정(안)'을 보면, '풀뿌리 자치와 민주적 참여의식'을 목적으로 주민자치회를 설차·운영하며, 주민자치회는 주민자치센터를 운영[80]한다. 우선, 주민자치센터 기능[81]을 보면 주민자치기능, 문화여가기능, 지역복지기능, 주민편익기능, 시민교육기능, 지역사회진흥기능을 한다. 또 주민자치회는 주민의 복리 증진과 지역공동체 형성 촉진, 주민 참여의 보장 및 자치활동의 진흥, 읍 · 면 · 동별로 자율적 운영[82]을 한다. 조례 내용을 보면 '주민자치회'는 다분히 정치, 경제, 사회, 문화, 복지를 아우르는 역할을 요구받고 있다. 이를 가능하게 하려면, 주민자치회는 읍면동 내 공동체 · 결사체들의 수평적수직적 연계를 통한 중심조직이자, 행정과 대등한 파트너로서 주민들이 필요로 하는 공공생활서비스를 결정하고 공급하는 주민자치주체기구가 돼야 할 것이다.

그리고 주민자치회 유형을 현재 시범실시 중인 협력형으로 획일화할 것이 아니라, 통합형과 주민조직형도 실시되도록 하며, 아울러 다른 유형들의 구성요소로서 ▲행정기관과 지역 공동체 · 결사체와의 협력 ▲주민과 지역의 사회적 자본 형성 ▲지역 내는 물론, 타 지역과의 사회적 관계망 구축 개념을 갖고 지역 특성에 맞게 다양화할 필요가 있다.

이를 위해 ▲지역 주민의 신뢰 확보 ▲읍 · 면 · 동별 특성에 맞는 다양한 유형의 주민자치회가 전국 곳곳에서 설치운영되도록 법률 및 조례 제정 ▲주민

---

80) 2018년 7월 4일 개정한 '주민자치회 시범실시 조례 개정(안)' 제5조 제2항을 보면, 읍·면·동(또는 동, 읍 · 면) 행정기능 중 주민자치센터의 운영 업무를 수탁 처리한다고 명시돼 있다.

81) 서울특별시 강남구 주민자치센터 설치 및 운영 조례(시행 2015.7.10.) 제5조(주민자치센터 기능)는 ①지역 문제 토론, 마을환경 가꾸기, 자율방재 활동 등 '주민자치기능' ②지역 문화 행사, 전시회, 생활체육 등 '문화여가기능' ③건강 증진, 마을문고, 청소년공부방 등 '지역복지기능' ④회의장, 알뜰매장, 생활정보 제공 등 '주민편익기능' ⑤평생교육, 교육강좌, 청소년교실 등 '시민교육기능' ⑥내집앞 청소하기, 불우이웃 돕기, 청소년 지도 등 '지역사회진흥기능' 등이다.

82) '주민자치회 시범실시 조례 개정(안)' 제3조(운영원칙)는 ①주민의 복리 증진과 지역공동체 형성 촉진 ②주민 참여의 보장 및 자치활동의 진흥 ③읍·면·동별 자율적인 운영 ④정치적 이용 목적의 배제다.

자치회 회원의 개념 정립 ▲주민자치회 위원의 지역 대표성 확보 ▲주민자치 주체기구로서의 주민자치회 필요성 홍보 ▲읍 · 면 · 동(장)과 주민자치회(장) 간 협력 · 협의 관계 정립 ▲주기능은 프로그램 운영보다 주민의 자치 활동 ▲읍 · 면 · 동 자치사무 협의권과 주민자치회 사무 결정권 부여 ▲주민들이 지역의 정치(생활정치, 담론정치)와 행정에 참여할 수 있는 공공의 장으로서의 주민자치회 역할 부여 ▲주민자치회에 주민 주도의 지역 사회 개발사업(정부의 공모사업 포함) 지원 심의권 부여 등 다양하게 검토해 볼 필요가 있다.

# 제3장. 주민자치회 재원과 주민세

## Ⅰ. 주민세 개편 시 고려해야 할 점

### 1. 정부와 지자체의 주민세 활용 방안

풀뿌리 민주주의가 정착되기 위해서는 풀뿌리 자치조직들이 전국 각 지역 사회에서 활발하게 작동돼야 하고, 정부가 추진 중인 주민대표기구이자 마을협의체 기능을 할 '주민자치회'가 제대로 작동하기 위해 중요한 것은 권한과 책임, 재정 확보다. 이 중 돈(예산)이 없으면 지속성을 담보하기 어렵다. 이에 정부의 주민세[83] 환원사업 추진과 학계에서는 주민세를 개편한 (가칭)주민자치세 신설 방안에 대한 논의가 있었다.

대통령소속 자치분권위원회와 행정안전부는 2018년 5월 29일 정부서울청사 대회의실에서 개최된 주민자치 활성화를 위한 '주민세 활용 방안 토론회'에서 "주민세 환원사업을 추진하고 있다"고 밝혔다. 행정안전부 주민자치형 공공서비스 추진단에 의하면, 주민세 환원사업은 주민 대표기구(주민자치회) 및 주민자치 핵심권한(자치계획, 주민총회 등)의 실행력 확보를 통해 지속가능한 기반 마련 및 재정민주주의 구현을 위해 추진한다. 이를 위해 자치분권위원회와 행정안전부는 주민자치 전문가, 민간단체 활동가, 지방자치단체 담당공무원 등에게 주민자치 활성화를 위한 주민세 균등분 활용 방안과 주민자치회에

---

83) 주민세는 지방자치단체의 구성원인 주민을 대상으로 과세되는 지방세로서 소득의 크기에 관계없이 균등하게 과세되는 주민세 균등분과 환경개선 및 정비에 필요한 비용에 충당하기 위해 사업소를 운영하는 자에게 과세하는 주민세가 있다.

보조금 지원 시 유의사항 등 '주민세 환원사업 세부 추진요령'을 토론회에서 '참고자료'로 배포했다.

주민세 환원에 대한 토론은 이번이 처음이 아니다. 2013년 주민자치회 시범실시가 추진된 이후 재원 확보를 위한 주민세 개편 방안에 대한 논의가 여러 차례 있었다. 대표적인 것이 2017년 6월 28일 충청남도가 '동네자치, 재원 확보가 답이다'라는 주제로 개최한 '동네자치와 주민세 개편 관련 토론회'와 2015년 7월 21일 국회의원회관 제1소회의실에서 이명수·이철우·박남춘·김민기 국회의원과 충청남도가 공동주최하고, 충남연구원 주관으로 개최된 '자치분권, 21세기 대한민국의 미래'라는 주제로 열린 '지방자치 20주년 기념 정책토론회'다.

우선, 2015년 지방자치 20주년 기념 정책토론회는 '지방분권과 주민자치'에 대한 정책담론을 제시하고, 중앙부처 정책 및 국회입법 반영을 촉구하고자 마련한 자리였다. 이날 토론회에서 논의된 것은 ▲주민자치 뒷받침을 위한 주민세 개편 방안 ▲지방재정 운영의 책임성 제고 방안 ▲읍·면·동 주민자치회 제도화 및 실행모형 제안이었다. 이날 유태현 남서울대 교수는 주민자치(동네자치, 마을자치)를 뒷받침하기 위한 재정지원 체계 대안 중 '장기적 대안'으로서 "현행 주민세가 주민자치를 뒷받침하는 재원 확보역할을 충실하게 감당할 수 있기 위해서는 일본처럼 광역과 기초가 함께 과세하는 광역 및 기초의 (가칭)주민자치세 신설 방안을 검토할 필요가 있다"고 주장했다. 유태현 교수가 말하는 (가칭)주민자치세는 현행 주민세를 폐지하고, (장기적으로) 균등분[84]의 현실화, 주민의 경제적 능력 반영 등을 통해 지방자치에 필요한 재원을 뒷받침하는 세목으로 한다.

다음, 2017년 동네자치와 주민세 개편 관련 토론회는 충남의 동네자치 활성화 방안을 모색하고, 이와 연계한 주민세 개편 등의 입법 동력 확보를 위한 공감대 확산을 위해 마련됐다. 특히 이날 유태현 교수는 현행 주민세 체계 내

---

84) 주민세 **균등분** 개인은 1만원 범위 내에서 자치단체별로 조례에 규정, 개인사업자(직전년도 부가가치세 과세표준 4800만원 이상)는 5만원, 법인은 자본금과 종업원 수에 따라 5만원~50만원이다.

에 '주민세 동네자치특례분' 제도를 신설, 각 지방자치단체가 조례로써 동네자치 실시지역으로 한정해 그 부과지역을 설정하고, 세율은 주민세 개인균등분 세율의 50%로 설정(임의적)해 부과하는 방안을 제시했다.

그리고 2018년 5월 29일 토론회는 주민자치 활성화를 위한 주민세 활용 방안을 논의하기 위해 마련됐다. 이날 자치분권위원회와 행정안전부는 참고자료를 통해 "주민세 징수분 상당액을 지역 환원 차원에서 해당 읍·면·동 주민자치 사업 재원으로 활용, 주민자치 활성화에 기여하기 위해 주민세 환원사업을 추진하게 됐다"며 추진 목적을 밝혔다. 또 추진방식(안)은 "주민세(개인 균등분 등) 징수분 상당액을 차년도 세출예산에 편성하고, 주민대표기구인 주민자치회에서 보조금 등으로 교부받아 주민자치 사업비로 집행"한다고 했다.

## 2. 주민자치세를 목적세로 할 경우 고려할 점

자치분권위원회와 행정안전부의 '주민세 환원사업', 서울시의 '주민세 균등분 상당 재원 각 동 지원', 세종시의 '주민세 마을자치 재원으로 환원', 충남도의 '읍·면·동별 지방자치 재원으로 제도화하는 주민세 개편', 당진시의 '주민세 세입 활용 주민자치 활성화', 수원시의 '주민세 인상분 전액 주민숙원사업 등으로 환원' 등은 모두 '주민세 개편'을 필요로 한다. 만일 주민세를 개편한다면, 저자는 그 명칭을 '(가칭)주민자치세'로 해보기로 한다. 이 명칭은 토론회에서 주민세를 주민자치를 위한 목적세로 전환하자는 주장도 고려했다.

향후 주민세가 개편돼 (가칭)주민자치세가 신설된다면, 읍·면·동 주민들이 주민자치회 회원으로서 회비의 성격으로 분담한다고 했을 때, 꼭 짚고 넘어가야 할 문제가 있다. 개인균등분 주민세로서의 (가칭)주민자치세가 지방자치단체 별로 금액은 다르겠지만, 지역 내 세대당 걷는 금액은 동일하다. 여기서 '걷는'다는 표현은 주민들이 주민자치회 회원으로서 주체적·자발적으로 내는 '회비'가 아니라, (가칭)주민자치세를 주민들의 동의 없이 세금형태로 회비를 걷어서 특정 단체(주민자치회)에 주는 형식이다. 만일 주민세를 개편해 (가칭)주민자치세로 전환한다면, 무엇보다 우선시 돼야 할 것은 지역별로 주민들의 동의를 얻는 것이다.

주민세를 개편해 (가칭)주민자치세로 개편할 때 고려해야 할 점은 첫째, 개인균등분 주민세를 지역 내 여러 주민(단체)조직들 중 주민자치회만을 위한 목적세로 전환하는 것에 대한 전국의 국민들로부터 동의를 얻어야 한다. 또 국민들로부터 동의를 얻었다면, 다음으로는 각 지역별 주민들로부터도 목적과 세액에 대한 동의를 얻어야 한다. 그러기 위해선 주민의 자치이기 때문에 의회의 결정보다는 주민투표로 결정하는 것이 바람직하다. 그러나 현재 우리나라 상황으로 봤을 때 주민투표보다는 자치단체장의 결단에 의한 지방의회 결정이 더 설득력이 있다. 그럼에도 그 결정에 앞서 각 사군구별로 주민설명회와 공청회를 통한 동의를 받는 것이 우선이라 본다.

둘째, 주민자치회 회원자격(여기서는 피선거권에 중점)을 구체화해야 한다. 현재 세대당 걷는 개인균등분 주민세에 맞게 하려면, 주민자치회 회원은 세대주가 돼야 할 것이다. 여기서 또 짚고 넘어가야할 것은 세금형태로서 (가칭)주민자치세를 걷는다면, 주민의 순수 자치조직으로서의 주민자치회는 그 명분을 상실하게 될 것이다. 즉 세금에 대한 감사를 국가기관(행정감사, 입법감사)으로부터 받아야 하기 때문에 관의 통제를 받는 형태가 될 가능성이 크다.

주민자치회 회원의 회비는 자발적·자율적·주체적으로 부담하도록 해야지 의무적·강제적 성격을 띠어서는 안 된다. (가칭)주민자치세는 회비, 주민세는 현재와 같이 세금 형태로 유지해 민간보조금으로 지원하는 것이 주민자치회 재원 증가 차원에서도 좋을 듯하다. 또 짚고 넘어가야 할 것은, 2017년 9월에 세종시가 전국 최초로 주민세 균등분 전액을 주민자치 재원으로 환원 추진한다[85]

---

85) 세종특별자치시는 주민세 균등분 전액을 읍·면·동 주민자치 예산으로 전환하기로 했다고 2017년 9월 7일 밝혔다. 주민세 균등분은 자치단체 내에 주소를 둔 개인과 법인에게 동일하게 부과하는 세금이다. 2017년도에 세종시민이 납부한 주민세 균등분은 11억4,000만

고 밝혔다. 그렇다면 개인사업자균등분에서 부가세 과세표준 4800만원 이상 개인사업자는 주민자치회 회원이 되지만, 주민세를 내지 않은 개인사업자는 회원이 될 수 없다는 문제가 발생한다.

셋째, (가칭)주민자치세를 주민들이 주민자치회 회비로서 기꺼이 수용하겠다면, '균등'보다는 '차등'적으로 적용해야 한다. 다시 말해 주민들이 (가칭)주민자치세를 회비로서 인정한다 해도 '세대(회원)당 차등'과 '지역(시·군·구)별 차등'이 필요하다는 말이다. (가칭)주민자치세는 일률적으로 금액을 정할 것이 아니라 범위를 둬서, 그리고 월별·분기별·연도별로 해서 형편에 따라 내도록 하는 것이다. 특히 일각에서 주민자치회의 안정적인 재원 확보를 위해 일반재원 방식보다 목적세 신설방식을 선호하는데, 목적세를 채택하기 전에 고려해야 할 것은, 그 재원은 주민들이 부담해야 한다는 것이다.

즉 주민자치 사업 재원을 목적세로 마련하겠다는 것은 사업 규모에 따라 세액이 달라진다는 것이다. 다시 말해 주민자치 사업에 따라 주민자치세가 연 1만원일 수도 있고, 연 100만원일 경우도 있다. 주민들이 큰 규모의 사업을 하고 싶다면 더 많은 세금을 내고, 원치 않는다면 사업의 규모를 줄여야 한다. 또 환경 개선으로 인한 주택가격 상승이 예견되는 주민자치 사업에 세입자나 건물주나 똑같은 금액을 부담한다는 것은 불공정하다. 자율성과 책임성에 입각한 주민자치를 구현함에 있어 주민세의 가격기능은 탄력적이어야 한다.

넷째, (가칭)주민자치세 투입 우선순위는 주민들의 자치역량을 높이기 위한 '주민자치 교육'과 숙의와 협의를 이끌어내는 '공론의 장 형성'에 둬야 한다. 주민자치회가 지역의 대표기구로서 민민협의체와 민관중간지원조직 역할을 하려면, 구성원들의 주민자치역량 강화와 지역생태계 구축이 우선이다. 즉 주민자치회가 제대로 작동하고, 그 기능이 지속적으로 유지되기 위해서는 주민자치회 구성원들의 역량이 중요하고(주민자치 역량 강화를 위한 교육혜택은

___

원이다. 세종시의 주민세 균등분은 개인 7000원, 개인사업자 5만원, 법인 사업자 5만~50만원이다. 이춘희 세종시장은 "주민세 균등분을 주민자치 예산으로 전환하는 것은 주민자치 역량을 높이기 위한 것"이라고 말했다.

회원 모두에게 골고루 돌아가도록 해야 한다), 동시에 민민협의체로서의 주민자치회는 지역의 다양한 공동체·결사체를 연계·연결하고, 공동체·결사체들이 활성화되도록 제도와 재정 지원에 예산이 우선적으로 투입돼야 한다.


## 3. 주민자치 교육예산과 (가칭)주민자치세

유태현 교수가 동네자치와 주민세 개편 관련 토론회에서 제시한 개인균등분 주민세(현 세대당 1만원 상한액)의 50%(임의적)를 적용해보면, 세대당 5,000원 선이다. 우리나라 총인구는 5,173만2,586명, 세대수는 2,142만9,935세대(2017.6.15. 기준)다. 전국 읍면동은 3,502개, 읍면동별 평균 세대수는 6,119세대다(2,142만9,935세대÷3,502개). 그러면 읍면동별 주민자치회가 (가칭)주민자치세로 확보되는 재원은 1년에 평균적으로 약 3,059만원(6,119세대×5,000원)이다. 물론 인구가 많은 읍·동은 금액이 많고, 인구가 작은 면은 금액이 적을 것이다. 이 금액을 주민자치회 위원의 역량 강화 교육을 위한 예산으로 사용한다고 가정해보자. 교육은 가장 기본적인 것만 해도 예비위원(회원 모두), 신임위원, 간사, 사무국장, 회장별로 하는 초급중급고급 교육과 주민자치회 경영, 주민자치 사업별 교육 등으로 나눠볼 수 있다.

주민자치회 위원을 35명[86])으로(실제는 더 늘어날 가능성이 큼) 해서 1년에 들어가는 교육비용을 산출해보자. 우선, 주민자치회 위원들의 경우 월례회의, 아카데미, 주민자치 사업 컨설팅, 현장탐방, 선진지 견학, 그리고 타 지역(자매결연 등)과의 소통·정보교류를 위한 상호 방문 등에 소요된다. 그러면 위원 1명당 연 교육비는 월례회의 12회×2만원(1회 강사 2명)=24만원, 아카데미 2회×20만원(1회 당 1박 2일에 강사 3명, 숙박, 식대, 분임토의 준비물)=40만

---

86) 행정안전부의 '주민자치회 시범실시 및 설치·운영에 관한 조례 개정(안)'(2018.7.4.) 제6조(주민자치회 정수) "주민자치회의 위원은 20명이상 50명 이하로 구성한다"의 평균인 35명으로 산출.

원, 주민자치 사업 컨설팅 1회×10회(안내부터 자원조사 및 발표·평가까지)×4단계(초급, 중급, 고급, 임원)×2만원(각 회당 강사 2명)=80만원 등 위원 1인당 연 144만원이다(24+40+80만원).

즉 주민자치위원 역량 강화교육에 소요되는 비용은 주민자치회별로 연 5,040만원(35명×144만원)으로 추정돼 (가칭)주민자치세로 확보되는 연 3,059만원으로는 어림도 없다. 이외에도 현장탐방(1회), 선진지 견학(1회), 타 지역(자매결연 등)과의 소통·정보교류를 위한 상호방문에도 예산이 소요된다. 또 사군구별로 주민자치대학을 신설해 주민자치회 회원(예비위원)들을 대상으로 1년 내내 운영한다면(물론 주민자치대학에서 위원들도 교육한다), 그 비용도 감안해야 한다.


## 4. 유급사무원 도입과 (가칭)주민자치세

연 3,059만원 정도의 재원 확보로는 주민자치회에 필요한 유급간사 수당(급여)과 주민자치 사업(마을사업) 개발 및 추진, 게다가 공론의 장 운영은 꿈도 못 꾼다. 다시 말해 주민자치회 본래의 기능을 작동시키기에는 부족하다는 말이다. 따라서 (가칭)주민자치세를 제외하고도 주민자치회를 운영하기 위해서는 중앙정부와 지방자치단체 보조금과 사회적 기금이 필요하다. 즉 유급사무원 비용, 주민자치회 위원과 예비위원을 위한 교육비(주민자치대학 운영비 등)와 활동비, 주민자치회 운영비(사무비품, 전기·수도·전화세 등 관리비 등) 등은 (가칭)주민자치세로만으로는 안 된다는 의미다.

여기서 짚고 넘어가야 할 문제는 유급사무원 도입과, 정부와 지방자치단체 보조금, 그리고 사회적 기금의 성격이다. 우선, 유급사무원(사무·운영 보조) 도입의 경우는 파트타임제 형식이 아닌 일자리 창출 개념으로 접근한 월급제라면 이야기가 달라진다. 2018년 최저임금은 시간당 7,530원이다. 이를 월급으로 계산하면(주 40시간 기준 유급주휴 포함, 월 209시간)하면 157만3,770원이다. 만일 유급사무원 월 급여를 160만원이라 할 때, 연 1,920만원(퇴직금 포함 13개월로 계산)에 4대 보험과 활동비 등을 포함하면 최소 연 2,000만원 이상이 소요된다. 유급사무원의 역할이 주민자치회 사무·운영 관리 정도고, 회계 등의 전문성과 기술이 필요한 사무원을 따로 둔다는 가정이면(유급이 2명일 경우), (가칭)주민자치세를 걷어 유급사무원들 급여도 충당하지 못한다는 결론이 나온다. 그리고 (가칭)주민자치세를 유급사무원의 월급을 충당하기 위해 신설한다면, 주민들이 반발할 것이다.

물론 서울시가 추진 중인 '서울형 주민자치회'에 월급으로 지급할 계획인 구 자치사업단과 동자치지원관 인건비[87]는 여기서 거론하지 않기로 한다. 서울형 주민자치회는 주민자치주체기구의 기본 역할인 민민협의체와 민관중간지원조직 기능이 부여돼 있지 않고, 또 그 역할이 일반주민의 자치에 의해 작동되지 않도록 설계돼 있기 때문이다. 어쨌거나 주민자치회에 소요되는 재원 확보는 (가칭)주민자치세를 신설한다고 해도 정부나 지자체의 보조금에 전적으로 의존하게 돼, 과연 '주민자치회'가 '주민자치주체기구'로서 위상을 갖게 될지 회의감이 든다.


## II. 주민자치회 재원으로서 (가칭)주민자치세 성격

주민자치회를 뒷받침하는 (가칭)주민자체세가 주민들이 기꺼이 부담하는 회비로써, 또 주민자치회를 설계하고 조립하고 작동시키는데 마중물이 된다면

---

87) 성성식 서울시 은평구 주민자치협의회 고문에 따르면(2018년 6월 2일 '서울형 주민자치회 정책토론회'), '서울형 주민자치회' 시범실시 1차년도 서울시 은평구의 경우 '구자치사업단 시범단 운영' 예산을 보면, 구자치지원관 2인의(팀장+단원) 연봉은 9,000만원(5,000만원+4,000만원), 구자치사업단 운영비는 연 700만원, 구자치사업단 사업비는 연 7,000만원이다. 각 동 주민자치회 운영비는 동자치지원관 연봉 4,000만원, 동 주민자치회 사업비 연 1,000만원, 동 간사 지원비 연 1,200만원이다.

적극 도입해야 할 것이다. 왜냐하면, 읍·면·동 내 주민들이 스스로 주민자치회 재원을 부담한다는 것은 관이나 기업에 의존하지 않고, 자율적이고 주체적으로 운영하겠다는 의지의 표현(expression)이기 때문이다. 즉 주민자치회가 권력정치의 도구나 이윤 추구의 수단으로 이용당하는 것에서 벗어나 독립성·자율성을 확보한다는 차원에서 본다면, (가칭)주민자치세의 가치는 높다고 할 수 있다.

## 1. 세금과 회비의 차이

그러나 돈이 주민자치회를 움직이는 통제 권력으로 작용되지 않길 바란다. 다시 말해, 주민자치회 재정을 상당부분 차지하는 정부·지방자치단체의 보조금과 자본가의 기금으로 인해, 주민자치회가 지역 주민들의 뜻보다 정부와 지방자치단체의 동원수단이나 기업의 이윤을 위해 이용되지 않아야 한다는 뜻이다. 즉 직간접 통제의 힘을 갖고 있는 '돈의 권력'에 의해 주민자치회가 좌우돼서는 안 된다. 이런 의미에서 필자는 주민들로부터 주민자치회 재원을 마련하기 위한 방법으로 개인균등분(혹은 균등분) 주민세 중 일정부분을 지원하든, (가칭)주민자치세를 신설해 지원하든 좋지만, 주민자치회 회원의 자격으로서 내는 회비를 의무적이고 강제적인 세금 형태로 조달하는 것은 시민사회 영역에서 작동하는 주민자치 원리에는 어긋난다고 본다.

세상은 어떤 원리나 주장 때문에 대세(거대한 흐름)가 멈추거나 역류하지는 않을 것이다. 그럼에도 주민자치회 주체가 지역의 주민들이고, 일반주민의 자치에 의해 주민자치회가 운영된다고 보면, 자율적인 회비로 충당되는 것이 가장 바람직하다고 생각한다. 물론 앞서 추론한 교육비와 유급사원 급여에서 보듯이 회비만으로 주민자치회를 운영하기엔 턱없이 부족하다.

그럼에도 회원(읍면동 지역 사회의 주체이자 주인인 일반주민)들이 재원을 충당해 주민자치회를 운영한다는 원칙이 서야 한다. 가장 이상적인 것은 매년 주민자치회 사업비 · 운영비 · 인건비 등을 주민자치회 회원들이 결정하고, 그 예산에 맞춰 주민들이 매월 혹은 분기별로 자발적으로 회비를 부담하고 모자라는 부분은 자체사업과 보조금, 기부금으로 충당하는 것이다. 그래야 주민자치회에 대한 애착심과 책임감, 그리고 권리가 생기는 것이다. 이 회비를 (가칭)주민자치세로 해도 좋다. 다시 말해 주민세 균등분은 유지한 상태에서 주민자치회 활성화 보조금으로 하고, (가칭)주민자치세는 조례로 지역 여건에 따라 주민자치회 회비로 하는 것이다.

그럼에도 주민자치회 재원으로는 턱없이 부족하다. 즉 회비, 주민세 지원에 더해 정부와 지자체 보조금, 자체 수입, 기부금 등이 더 필요하다는 것이다. 현재 정부나 지자체 지원금도 주민자치회가 주민자치주체기구로서 작동하는 데 턱없이 부족하다. 그래서인지 서울시나 세종시 등 여러 지자체들이 나서서 주민세 균등분(혹은 개인균등분)을 읍 · 면 · 동 주민자치 활성화에 지원한다고 하지만, 이 역시 부족하다. 다른 한편으로 보면, 지자체들의 주민세 선심 공세[88]는 주민자치회를 민민협의체나 민관중간지원조직으로 설치 · 운영하기 위한 패러다임 변화나 시스템 구축에 자신이 없다는 것으로 생각된다. 물론 이건 전적으로 저자의 개인생각이다.

(가칭)주민자치세를 사업 재원 확보보다 읍·면동 (주민자치회)구성원으로서의 자격과 권리를 획득하는 회비로서의 성격을 갖는다면, 1,000원이라도 좋으니 읍면동별 공론의 장을 형성해 주민자치회 회원 자격으로서의 회비를 논의해 보는 것도 좋을 듯싶다. 이 때 주민세 균등분은 현재 정부와 지자체가 추진 중인 주민자치 사업 재원으로 그대로 활용하는 것으로 하고 말이다. 특히 지방선거권을 획득한 외국인, 주민세를 내지 않는 내국인과 외국인, 주민세는 내지만 지역 재개발 결정에서 배제되는 세입자를 주민으로 봐야하는지도 심각하게 논의해봐야 한다. 이 맥락에서의 '주민'은 주민총회 성원(成員 : 회의 성

---

88) 저자가 주민세 지원을 '선심 공세'로 표현한 것은 세금 관리·통제권이 관에 있다는 의미에서이지, 지자체의 순수한 동기(動機)를 무시하고자 함은 전혀 아님을 밝혀둔다.

립에 필요한 주민)으로서의 자격을 지닌 주민, 주민자치회 사업과 생활공공서
비스 수혜자로서의 주민을 말한다. 그렇다면 과연 주민은 누구인지, 그리고
주민자치회 회원은 어떤 주민인지 등에 대한 논의가 활발히 이뤄져야 한다.


## 2. (가칭)주민자치세의 균등과 차등

  그러나 만일 주민세를 개편해 (가칭)주민자치세를 신설해야 한다면, 주민투
표든 지방의회 결정이든, 결정된 것을 지방세법과 조례에 명시해 정책에 반영
되도록 해야 한다. 여기서 짚어봐야 할 것은 (가칭)주민세를 세대별(개인별),
시군구별 여건에 따라 차등을 둘 것인가, 아니면 전국을 균등하게 할 것인가
하는 문제다. 또 (가칭)주민자치세를 내지 않았다고 해서 처벌 혹은 불이익을
줄 것인가 하는 것도 문제다.
  만일 시군구별로 (가칭)주민자치세를 차등적으로 금액을 정한다면, 다음과
같은 문제가 발생할 수도 있다. 즉 (가칭)주민자치세로 인한 ▲지역 사회 간
칸막이 ▲돈이 많은 지자체와 정부 보조금 의존성이 큰 지자체 간 빈부격차로
인한 (가칭)주민자치세 차등으로 인한 상대적 박탈감 증가 ▲타 지역보다 돈
을 더 많이 걷기 위한 경쟁심 유발 ▲주민자치 원리보다 시장경쟁 논리에 의
해 돈을 타 지역보다 더 많이 벌기 위해 주민들의 생계를 위협하는 사업 추진
▲돈의 논리에 의해 진행된 사업이 주민자치 사업 우수사례로 둔갑하는 아이
러니 발생 등이다.
  이런 문제들이 발생하는 지역의 주민자치회는 자기 지역만을 위한, 혹은 위
원들만을 위한 내적·폐쇄적 주민자치회가 될 가능성이 크다. 그렇게 되면, 소
규모 사회조직이 갖게 되는 배타적인 성격으로 인해 인간 상호교류의 규모가
제한되고, 그 시야도 제한돼 의심과 소심함, 특히 경쟁심으로 인해 폭넓은 협
치가 이뤄지지 못할 가능성이 크다.

특히 (가칭)주민자치세를 읍·면·동 (주민자치회)구성원으로서의 자격과 권리를 획득하는 회비로서의 성격을 갖는다면, 월세입자든 집주인이든 똑같이 부담하게 하는 것은 부당하다. 여기서 또 고려해야 할 것은, 재정자립도가 상대적으로 높은 대도시의 경우와 달리, 재정자립도가 약해 공무원 월급도 못 주는 지자체, 게다가 주민소득이 전국 평균 이하인 지자체인 경우는 (가칭)주민자치세를 많이 부담시키기가 어렵다는 것이다. 즉 (가칭)주민자치세를 적게 부담시키는 주민자치회 재정 상태는 그만큼 취약할 수밖에 없고, 그에 따라 주민자치 사업 추진 또한 부자도시에 비해 위축될 수밖에 없다.

그래도 주민자치회 회비는 차등적으로 분담하는 방식이 바람직하다. (가칭)주민자치세가 주민자치 원리에 의해 더불어 행복하게 잘 사는 마을을 만들기 위한 재원 마련책이라면, 지자체 형편과 주민의 생활형편에 따라 차등적이어야 한다. 따라서 (가칭)주민자치세를 전국 평균보다 적게 부담(과세)할 수밖에 없고, 주민자치회가 최소한의 사업을 펼치기에도 미흡한 지역이라면, 정부와 지자체의 보조금을 좀 더 지원하는 방안도 고려해야 할 것이다.


## 3. (가칭)주민자치세 차등분담 명분

(가칭)주민자치세를 세입자와 지주, 건물주가 똑같이 균등 혹은 차등 분담한다 해도 생각해 볼 것이 있다. 만일 지역 사회가 발전해서 마을에 잉여금이 생긴다면, 세입자와 지주, 건물주가 똑같이 혹은 차등적으로 이득금을 나눠가질 수 있는가? 물론 이 가정은 저자가 이론적으로 추론한 것이다. 현실에서는 주민자치 사업, 공동체사업, 동네자치사업을 통해 지역 사회가 발전해 이득이 생겼다 해도, 그 이득(지가, 주택가, 임대료 상승)분은 고스란히 주택과 땅 점유주와 소유주들의 몫이다.

현 우리 사회가 그렇지 않은가? 지역 사회 개발로 인한 이득은 고스란히 지주들과 자본가들의 몫이지, 그 지역 사회에서 성실히 골목상권을 형성하고, 지역 사회를 위해 마을만들기를 한 세입자들과 영세업자들은 마을 개발로 인한 이득의 몫은 차치하고, 지가와 임대료 인상으로 인해 그 마을에서 어쩔 수 없이 나가야 한다. 이런 나라가 민주주의 국가라고 할 수 있는가? 특히 국가와 지자체가 세금을 투입해 학교와 지하철 등 사회간접자본[89]을 확충했다면, 지가와 임대료 상승은 불 보듯 훤하다.

따라서 지주나 건물주의 노력으로 인한 화폐가치 상승이 아닌, 국민과 주민들이 낸 세금으로 정부나 지자체가 추진한 사회간접자본시설로 인한 지가와 건물(주택)가격 상승분, 지역 주민들의 땀과 노력으로 형성된 상권이나 살기 좋은 환경 조성으로 인한 지가와 건물(주택)가격 상승분은 지역 주민들 모두에게 골고루 혜택이 돌아가도록 해야 지역 공동체성이 형성될 것이다. 즉 상승분의 일정 부분을 지역 사회(마을)기금 등으로 전환하는 방안을 강구해야 한다. 또 그 지역 사회(마을)기금 중 일정부분을 주민자치회와 지역 공동체 재원으로 충당하는 것도 고려해볼만 하다.

## 4. (가칭)주민자치세에 대한 주민의 권리

저자가 다시 분명히 밝히지만, 이것은 이론적인 추론이다. 국민과 주민으로서 세금을 충실히 냈음에도 '정의롭지 못한 운영시스템' 하에서는 (가칭)주민자치세(풀뿌리 민주주의의 마중물격인 재원)를 충실히 부담하고, 게다가 주민자치회 회원으로서 또는 위원으로서 역할을 충실히 해서 마을을 발전시켜 놓았다고 해도 그 위원이 세입자라면, (아이러니 하게도) 그는 그 마을을 살기

---

89) 1994년 제정된 '사회간접자본시설 확충에 대한 민간자본 유치 촉진법' 이후 법률상의 용어로 사용되고 있는 '사회간접자본'은 ①산업기반시설(도로·항만·토지개량 등) ②생활기반시설(상하수도·공영주택·공원·학교·병원·보육·양로시설 등) ③국토보전시설(치산·치수·해안 간척 등) ④수익사업(국유림 조성 및 보호, 정부산하 금융기관의 자본) 등으로 나눌 수 있다.

좋게 했다는 죄목(?)으로 쫓겨날 가능성이 크다.

예를 들어 마을 공동체 활성화 혹은 마을만들기라는 명목으로 3명만 모이면 지방자치단체가 돈을 지원해 반찬가게나 커피숍을 차려 저렴한 가격으로 물건을 판다고 가정해보자. 기존에 생계를 위해 장사하던 영세 커피숍과 반찬가게가 문을 닫게 될 확률이 높지 않을까? 이 얼마나 기막힌 일인가. 또 현재 공공시설인 주민자치센터에서 에어로빅, 수영, 댄스, 요가, 탁구 등을 매우 저렴하게 이용하도록 한다면, 주변에 먹고살려고 차린 동종 학원들은 문을 닫을 수밖에 없다.

다시 말해, 내가 낸 세금으로 추진되는 정부나 지방자치단체의 마을공동체와 마을만들기 정책, 그리고 주민자치회 사업으로 인해 내 생계가 옥죄는 꼴이 되는 것이다. 더구나 지방자치단체 회비 성격인 주민세 개인균등분(혹은 균등분)으로 추진된 사업으로 인해, 내가 그 지방자치단체 주민으로서 자격과 권리를 박탈당하고, 타 지역으로 이사를 갈 수밖에 없다면 얼마나 기막힌 일인가? 즉 공동체 영역과 주민자치 공간에서는 지역 공동체사업, 주민자치 사업, 동네자치 사업으로 인한 '이웃 죽이기'를 하는 어리석음은 범하지 말라는 것이다.

또 공공재를 이용한 잉여금을 지주와 자본가에게 매우 유리하게 분배하는 제도시스템은 지양돼야 한다는 것이다. 따라서 주민자치회(동네자치, 지역 공동체 포함)를 설계하는 정부와 국회, 지방자치단체와 지방의회, 그리고 주민자치회(동네자치, 지역 공동체 포함) 구성원들은 지역 주민들이 살아가기 위한 기본생활권(의식주)을 지원하는 방향으로 사업을 추진하길 바란다.

민주주의 국가라면, 최소한 주민자치 원리가 작동되는 시민사회 영역에서는 인간이 생활을 영위하는데 있어 가장 기본공공재(public goods, 公共財)인 물, 공기, 산림, 땅을 이용해 지주들과 자본가들의 배를 불리거나, 주민들의 생계를 위협하는 사업은 추진하지 말아야 할 것이다. 또 돈으로 인해 자신의 삶을 변화시키는 정책 결정에서 배제되고, 매슬로(Abraham. H. Maslow)의 인간의 욕구[90] 중 가장 기본적인 욕구 1단계인 주거문제조차, 아니 더 나아가 자신이 살고 있는 지가·집값·임대료 수준이 합당한지 논의할 테이블에서 조차 배제되는 일반주민들이 최소화되길 바란다. 이런 의미에서 (가칭)주민자치세 신설 시 지역 사회 개발로 발생되는 주민의 기본 권리에 대한 충분한 논의가 선행돼야 할 것이다.

---

90) 매슬로에 의하면, 인간에게는 생득적·본능적이며 기본적인 여러 욕구(needs)가 있으며, 그것은 병렬적이 아니라 계층적으로 존재한다. ①'생리적 욕구'는 가장 기본적이며 우선도가 높다. 그러나 그것은 결코 모두 필요 불가결한 것이 아니라 어느 정도 만족되면 ②'안전에 대한 욕구'가 나타나고, 이어서 ③'소속과 사랑의 욕구'가 나온다. 또한 ④자존심이나 존경받는 것에 대한 욕구, 즉 '승인욕구'가 나타나고, 그 기반 위에 ⑤'자가실현욕구'를 갖게 된다.(네이버 : 종교학대사전, 1998.8.20., 한국사전연구사)

# 제4장 새로운 국가기본운영체제 씨앗으로서 주민의 자치

## Ⅰ. 우리가 꿈꾸는 희망과 한국 사회의 민낯

대한민국은 국가기본운영체제에 대한 새로운 변화의 필요성이 요구되고 있다. '내일은 더 나아질 것'이라는 '희망'을 꿈꾸는 것은 인간으로서의 특권이다. 그럼에도 어제보다 더 희망찬 내일이 될 것이라는 확신이 서지 않는다. 특히, 정치권이나 지자체장의 뜻과 구조화된 관료적 시스템에 의해 개인의 삶이 좌우되는 정책이 펼쳐지는 현재의 패러다임으로는 희망이란 단어조차 꺼내기가 조심스럽다. 그럼에도 내일은 온정이 넘치고, 국민 개개인의 꿈이 최대한 정책에 반영될 수 있는 역동적인 한국 사회가 될 수 있다는 희망을 갖고 싶다. 그러려면 우선, 우리 자신이 처한 상황을 직시해야 한다.

2015년 12월 20일, 세계 3대 국제 신용평가기관인 무디스가 한국의 신용등급을 AA(Aa2)로 상향조정했다. 이는 중국과 일본보다 높은 것으로 당시 무디스에서 Aa2 이상 등급을 부여한 것은 주요 20개국(G20) 중 7개국에 불과하다. 2015년 한국은 1인당 국민소득이 2만7,340달러고, 세계경제규모도 15위에 달하는 경제대국이다. 그러나 대한민국이란 사회의 민낯을 들여다보면 행복지수, 삶의 만족도, 공동체 관련 사회적 연계지표, 자살률, 어린이·청소년 행복지수, 사회복지 지출, 산재사망률, 노인빈곤율, 노인자살률, 출산율 등 OECD 국가 중 최하위권에 속한다[91]. 이런 대한민국이 미국, 중국, 러시아,

---

91) 대한민국은 ▲OECD '행복지수(BLI)'의 조사대상 36개국 중 한국은 2014년 25위, 2015년 27위 ▲주관적인 삶의 만족도에서 한국인은 10점 만점에 5.8점으로 29위 ▲행복지수 중 공동체 관련 사회적 연계지표(어려울 때 도움을 줄 수 있는 사람이 있다고 응답한

일본 등 주변 열강들 틈에서 당당하게 살아가기 위해서는 국가의 내연을 튼실히 하고, 외연은 확장해야 한다.

그러기 위해서는 우선, 대한민국을 구성하고 있는 국가(정치·행정) 영역과 시장경제 영역, 시민사회 영역 등이 제 소명을 다하면서 활발하게 작동되는 국가가 돼야 한다. 이와 동시에 각 영역의 다수 주체가 서로 협력해 협치(協治)하고, 하나의 목적을 달성하기 위해 단일 주체를 이루는 융합, 즉 공치(共治)로 새로운 영역을 창출해야 한다. 따라서 기존의 정치·행정의 틀 속에서 설계되는 지방자치와 주민자치 패러다임보다는 새로운 사고, 즉 각 영역의 사고들과 의견들이 충돌하면서 서로 협력하고 융합되는 새로운 패러다임의 지방자치와 주민자치가 설계돼야 한다.

그 전제조건으로 국가의 기본운영체제가 재설계돼야만 한다. 이는 헌법 제1조 제1항 "대한민국은 민주공화국이다", 제2항 "대한민국의 주권은 국민에게 있고, 모든 권력은 국민으로부터 나온다"는 것에 입각해 각 지역 단위(국가–지방–마을)에서 '국민·시민·주민이 주체(주권자, 주인)가 되려면 어떻게 할 것인가'에 대한 논의를 새로운 각도에서 논의돼야 함을 의미한다.

---

비율)는 36위로 최하위 ▲통계청 '국민 삶의 질 지표' 중 지역사회 소속감을 나타내는 지표도 하락 추세(2014년 64% → 2015년 62.5%)다. 또 한겨레신문의 '세계 경제 15위 한국호, 안전한 삶은 OECD 꼴찌'(2014년 5월 14일자)에 의하면 ▲우리나라는 OECD 회원국(평균 12.6명) 가운데 자살률(10만명 당 33.3명) 1위(9년째) ▲어린이·청소년 행복지수 2013년 기준 조사대상 23개국 중 72.54점으로 꼴찌(스페인 117.23점, 네덜란드 114.2점, 그리스 111.76점) ▲OECD 주요 국가의 국내총생산 대비 공공 사회복지 지출(2009년 기준)은 9.6%(OECD 평균 22.1%)로 최하수준 ▲OECD 주요 국가(20개국) 중 산재사망률 10만명당 20.99명(2006년 기준)으로 1위 ▲2012년 노인빈곤율은 OECD 중 49.3%(2011년 OECD 평균 13.5%)로 1위 ▲65살 이상 노인자살률 10만명당 80.3명(2010년 기준)으로 OECD 국가들 중 1위(2000년 34.2명에서 10년 동안 두 배 이상 급증) ▲우리나라 합계출산율(여성 1명이 가임기간 동안 낳을 것으로 예상되는 출생아수)은 2010년 기준 1.23명으로 OECD(평균 1.74명) 가운데 꼴찌다.

## II. 새로운 주민의 자치 패러다임 상상

문재인 정부에 의하면, '국민의 나라'는 엘리트 중심 정치에서 탈피해 국민의 목소리를 정치에 제대로 반영하고, 국민주권의 헌법정신을 국정운영 기반으로 삼은 새로운 정부 실현을 의미한다. 국민의 나라는 두 가지 목표를 추구한다. 첫째, 국민의 뜻을 국정에 반영하고, 국민 개개인이 국정의 전 과정에 참여해 정책을 같이 만들어갈 수 있도록 국정운영을 변화시켜야 하는 목표다. 둘째, 권력자 한 사람의 정부, 엘리트 중심의 정치가 아니라 국민 모두의 정부를 추구하며, '두 국민'이 아닌 '한 국민'을 지향하는 협치와 통합의 정치 모색이다.

이를 '주민자치' 관점에서 바라보면 ▲국가기본운영체제가 제대로 작동하기 위한 전제조건으로 지방자치 ▲지방자치를 실현하기 위해 전제조건으로 주민자치 ▲주민자치가 제대로 작동하기 위한 전제조건으로 시민사회 영역 구축 및 활성화 ▲그리고 각 영역 간 자율성 보장의 전제조건으로 자치분권이다. 다시 말해, 시민사회 영역에서의 주민자치, 시민사회와 지방정부 간 협치의 연결고리로서 주민자치, 지방정부가 중앙정부로부터 자율성을 확보하기 위한 지방자치 유형으로서의 주민자치다.

새로운 국가기본운영체제 씨앗으로서 '주민의 자치'에는 대한민국을 살아가는 국민으로서 내일은 온정 넘치고, 시민 혹은 일반주민 개개인의 의사결정이 최대한 정책에 반영될 수 있는 역동적인 한국 사회가 될 수 있다는 희망이 담겨 있다. 그 희망이 현실화되기 위해 풀어야 할 과제들은 다음과 같다.

대한민국이라는 공동체에서 일반주민으로서 우리가 항상 보장받아야 할 최소한의 몫 내지 삶의 기초는 무엇인가? 현재 국가와 국가통치체제에 의해 우리는 정당한 몫 내지 삶의 기초를 보장받고 있는가? 우리의 정당한 몫과 삶의 기초를 보장받지 못한다면, 그것을 가로막는 고질적인 정치적·사회적 문제는 무엇인가? 그 고질적이고 구조적인 정치적·사회적 문제와 병리현상을 어떻게 해소하고 바로잡을 것인가?

　이런 과제들을 부드럽게 풀기 위해 일반주민들이 살아가고 있는 현장, 즉 지역 사회에서부터 시작해보자고 하는 것이 공동체 회복과 주민자치 활성화요, 주민자치 원리에 입각한 지역 사회의 주민자치주체기구 설치·운영이다.

## 1. 자치라는 희망을 꿈꾸는 것은 인간의 특권

　대한민국에서 '주민자치주체기구' 또는 '주민의 자치공동체'를 만드는 것은 불가능할 수도 있다. 어쩌면 씨줄날줄로 촘촘하게 구축된 기존의 기득권(력)에 의해 주민자치회가 왜곡·변질돼 권력과 돈 창출에 이용되거나, 그렇지 않으면 실패할 수도 있다. 더 염려되는 것은 다음과 같다. 첫째, 주민들이 자본주의에 길들여져 모든 것에 돈의 논리가 앞서서 사람의 가치보다, 힘들게 형성된 공의(公議)보다 사적인 이득에 좌우되는 것이다. 둘째, 이로 인해 지역 사회가 공평과 평등, 그리고 자유의지에 의해 자치가 이뤄지는 것이 아니라, 일부 유지(마을이나 지역에서 명망 있고 영향력을 가진 사람)들의 사적인 의지에 의해 자치가 이뤄지는 것이다. 셋째, 지역 사회의 문제를 중앙정부나 중앙정치 문제로 몰아가면서 자신의 과거 고위공직 경력이나 정치경력, 고위공직자나 정치거물과의 친분을 내세우면서 지역 사회에서 의결된 공의를 무력화시키는 것이다. 그리고 무엇보다 현재 대부분의 지역 공동체·결사체들은 활동 영역이 읍·면·동보다 지방정부와 국가 차원에서 움직이기 때문에 주민자치주체기구(주민자치회)에 참여할 동기부여를 갖지 못하고 있는 듯하다.

　만일 지역 내 공동체·결사체들이 주민자치회에서 함께 어우러지지 못한다면, 또 많은 재정이 투입되고 권한이 강화돼, 지역 공동체·결사체들이 주민자치회 헤게모니(hegemony)를 잡기 위한 경쟁으로 갈등이 유발된다면, 아울러 주민자치회가 봉사자들이 모인 의무(duty)만이 부여되는 조직이라면, 차라리 주민자치회를 설치 안 하느니 못하다. 따라서 주민자치회가 주민자치와 공동체 논리로 포장돼 특권층의 사적 도구로 이용되지 않도록 법제도를 시스템화해야 한다.

왜냐하면 우리는 돈을 추구하는 일그러진 자본주의와 민주주의의 형식을 취한 과두정치·귀족정치 시스템에 익숙해져 있어 주민자치회를 운영할 때, 사심(邪心)이 없더라도 법과 제도가 허술하다면 저절로 돈과 권력이 깃든 사심(私心)이 자신을 조정하기 때문이다. 물론 이에 앞서 지역 사회 내 규범, 도덕, 예의가 전제된 법과 제도가 마련돼야 한다.

따라서 주민자치 원리와 이를 실천할 주민자치주체기구에 대해 새로운 각도에서 생각해 볼 필요가 있다. 주민자치와 주민자치주체기구는 무엇을 위한, 누구를 위한 것인가? 주민자치주체기구의 구성과 역할은 어떻게 할까? 그리고 그 주민자치주체기구 구성원과 운영자들은 어떤 사람들로 하면 될까?

우선, 우리 모두는 인간이다. 누구나 이 세상의 중심이고 싶고, 좋은 일 하고 싶고, 여유가 있으면 나눠주고 싶고, 남에게 인정받으며 행복하게 살고 싶어 한다. 대한민국헌법 제10조에서도 "국민은 인간으로서의 존엄과 가치를 가지며, 행복을 추구할 권리를 가진다. 국가는 개인이 갖는 불가침의 기본적 인권을 확인하고 이를 보장할 의무를 진다"고 규정돼 있다. 그렇다면, 정치제도는 대의민주주의, 경제체계로는 자본주의를 지향하는 대한민국에서 우리 인간(시민·주민)들은 어떤 위치에 놓여 있을까?

대한민국은 어쩌면, 우리 인간들 각자가 자신의 실존적 가치를 보호받고, 행복하게 살고자 연대해서 만든 '국가 공동체'라고 할 수 있다. 이런 우리가 대한민국이란 국가에서 그저 서로 싸우고, 경쟁하고, 시기하고, 질투하고, 갈등만 한다면, 현재의 우리는 물론, 미래의 대한민국을 이끌어갈 아들과 딸들은 행복할까? 우리는 대한민국에서 어떻게 살아가고 싶고, 무엇을 위해 살고 싶은가? 또 국가로부터, 사회공동체로부터, 타인으로부터 어떤 사람으로 인정받고 싶고, 어떤 관계가 되고 싶은가? 과연 우리 각자의 실존(實存, existence)

은 대한민국과 지역 사회에서 존중받고 있는가? 아니라면 어떻게 해야 우리는 자존감(自我尊重感, self-esteem)을 지키면서 자신의 실존적 가치를 존중받을 수 있을까?

어쨌거나 우리 인간들은 각자가 지니고 있는 성(性 : 태어날 때부터 주어졌고 변할 수 없는 본성이나 본질)보다 현실 인간의 본성(욕망과 감정))을 사회 공동체에서 통합, 조정, 협의해서 규범을 정하고, 이에 따른 공동체를 조직해 자신의 뜻을 관철하는 활동을 하기 좋아한다. 즉 인간의 본성에 따라 사회 구성원들끼리 잘 합의해서 표준적이며 보편적인 지역 사회의 '공적인 의(義)'를 만들어 이를 실현하기 위한 조직(기구), 즉 주민자치주체기구를 만들어야 한다는 의미다. 이때 3,502개의 읍·면·동마다 주민자치주체기구 형태와 역할이 다 달라야 한다(물론 일부는 같을 수도 있다). 따라서 각 읍면동마다 주민들이 모여 '우리는 왜 주민자치주체기구를 만들어야 하며, 그 기구는 어떤 역할을 해야 하는가'에 대한 논의를 통한 합의(규범, 질서, 사업 등)를 이끌어내 구체화하고 제도화해야 한다.


## 2. 다양한 얼굴을 띠고 있는 주민자치

왜 오늘날 이토록 '주민자치'라는 개념과 '주민자치회라는 조직'에 정부는 물론 각 지자체, 그리고 마을활동가들이 관심을 넘어 '통제 혹은 관리'하려고 하는가? 특히 서울시는 박원순 시장이 들어서면서 5년 전 마을공동체 정책을 펼때, 주민자치위원회와 주민자치위원들의 무능과 폐쇄성, 관제화를 들어 배제한 조직이다. 그런 서울시가 '서울형 주민자치회'를 시범실시하고 있다. 또 학계에서도 주민자치 원리와 주민자치(위원)회에 대한 많은 연구들이 발표되고 있고, 현장에서도 여러 각도에서 담론들이 펼쳐지고 있다. 이처럼 현재 대한민국에서 주민자치 원리와 주민자치(위원)회에 대한 관심은 가히 폭발적이다.

현재 우리나라에서 쟁점화되고 있는 차치분권(지방분권)은 법률에 의해 보장되는 '자치'로 큰 권력에서 중간 권력과 작은 권력으로의 '이동'으로 볼 수 있다. 그리고 저자가 말하는 '주민자치'는 정치적 원리로서 정치질서에 대한 의사결정권에 대한 것이고, 또 국가 영역에서의 '권력의 분산'보다는 시민사회 영역에서의 '권력의 생성'에 더 중심을 둔다. 따라서 자신의 삶(생활)을 변화시키는 정책결정 테이블에서 소외돼 있는 일반주민들이 지역 사회의 새로운 정치질서·사회질서 형성과 확립을 위해, 또 자기통제와 이성에 의한 자기의사결정을 정치와 행정, 그리고 시민사회에 작동시키는 원리로서 '주민자치'를 적극 받아들이는 것 같다. 이와 동시에 일반주민들은 주민자치 원리를 실천할 수 있는 주민자치주체기구 설립·운영을 정부에게 강력히 요구하고 있는 것이다.

이 연장선상에서 '주민자치주체기구'는 주민자치 원리에 의한 객체들의 다양한 의사결정들이 모여 치열하게 논의되고, 이해되며, 조정되는 '정치·행정·시민사회 공론장'이고, 자기의사결정 확장을 위한 통로다. 또 주민자치주체기구는 '좋은 지역 사회 만들기'를 위한 제도를 만들어 정치질서를 바르게 하는 '자치공공체'다. 따라서 '주민자치'는 법률적 권력에 더해 천부인권[92]에 바탕을 두고, 주민이면 누구나 행복을 추구할 권리와 자신의 실존적 삶의 확대와 확장을 위한 권리를 쟁취할 원리, 또 시민사회 영역 구축 및 활성화를 위한 토대로서 '공공의 장'이 작동하는 원리다.

아리스토텔레스는 "사람은 본질적으로 정치적 공동체에서 살도록 돼 있는 동물이다"고 했다. 이런 욕구와 욕망을 바탕으로 하는 사람들에게 정의라는 것은 상대적이며, 하나의 사물을 두고도 바라보는 관점이 서로 다르다. 이런 사

---

92) 천부인권설(天賦人權說, theory of natural rights)은, 인간은 태어나면서부터 자유롭고 평등한 인격과 스스로의 행복을 추구하는 권리를 가진다는 이론이다. 이 학설은 18세기 유럽에서 시민계급의 대두를 배경으로 발전했는데, 근세의 계몽적 자연법사상에서 제창된 자연법이론의 하나다. 대표자는 '루소'다. 천부인권은 초국가적·전법률적 불가침의 것으로 간주되므로 국가의 역할은 이와 같은 천부인권을 소극적으로 보장하는 데 그치며(자유주의적 국가관, 나아가서는 법치주의), 따라서 국가권력이라 할지라도 천부인권은 침해할 수 없다고 하는 것이다(예 : 인권선언). 제6공화국 헌법에서도 이 천부인권에 바탕을 두고 '모든 국민은 행복을 추구할 권리를 가진다'고 규정하고 있다(헌법 제10조). (네이버 : 법률용어사전, 2011.1.15.)

람들에게 '올바른 분배'라는 것은, 그것을 받는 사람들의 가치에 따라 주어지는 것들의 '상대적인 가치가 상응하는 분배'를 말한다.

주민자치주체기구를 구성함에 있어 올바르게 직책을 분배하려면, 각 사람들의 개인적 가치와 혹은 장점들을 고려해야만 한다. 이는 정부가 전국 읍면동에 설치할 주민자치주체기구(주민자치회)가 갖춰야 할 성격, 역할, 시스템을 법률로 정하거나, 지방정부가 조례로 정하기에 앞서, 지역 내 주민자치 활동을 일부라도 하는 모든 공동체 · 결사체들이 주민자치주체기구의 최고 의사결정기관인 '총회'에 모여 지역의 정치질서 · 사회질서를 만들어야 한다.

즉 주민자치주체기구 관직의 배분방법을 결정하고, 지역 내 주민자치주체기구와 지역 공동체 · 결사체들 간의 권위를 정하며, 그 공동체 · 결사체들의 구성원 모두가 추구해야 하는 목적의 성격을 규정하는 규범을 정해야 한다. 그리고 이 규범에 따라 (주민자치회의 경우) 총회, 운영위원회(이사회), 회장, 부회장, 감사, 총무, 간사, 사무국장, 각 분과위원장, 주민자치회 위원들의 권한과 그 권한을 행사하는 방법, 그에 따른 책임과 규범을 위반하는 회원들과 위원을 감시하고 제재하는 규칙을 정해야 한다. 그리고 이를 근거로 조례를 만들어야 할 것이다.

또 법적으로 대한민국 시민으로서 주민이라면 동등한 권리와 가치를 지닌다. 따라서 주민들은 통치도 하고, 통치를 받기도 하는 것이 올바른 것이다. 관직은 회전돼야 하며, 주민자치주체기구의 관직 또한 원활하게 회전도록 규정돼야 한다. 이는 주민자치주체기구는 법률이나 조례에 의해 지역 사회를 다스려야지 스펙이 좋거나, 돈이 많거나, 백이 빵빵하거나, 권력을 쥐고 있거나 등에 업은 한사람 혹은 몇 사람에 의한 다스림은 지양해야 함을 의미한다.

## III. 주민자치는 무림세계

현재 대한민국이라는 국가공동체에서 강자만이 살아남는 주민자치 무림(사상계)에서 약자들(일반주민들)을 위한 새로운 질서를 찾으려는 협객들이 등장하고 있다. 즉 혼란과 갈등이 난무하는 대한민국이란 세계에서 한 줄기 생명빛처럼 나타난 '주민자치'를 놓고 이론적, 학술적, 행정적, 정치적 상황을 놓고 설전을 벌이고 있는 것이다. 협객들이 활동하고 있는 '주민자치 무림세계'에는 주민자치라는 하나의 단어를 놓고 자신의 주장이 옳다고 열을 올린다. 자신이 주장하는 주민자치를 실시하면, 지방과 국가가 발전하고 시민(주민)들 삶의 질이 향상돼 행복해진다고 설파(說破)한다.


### 1. 5대 문파에 6계파 난무

주민자치 무림을 장악 혹은 형성하고 있는 5대 문파를 보면, 1문파는 중앙정부, 2문파는 지방자치단체, 3문파는 학계연구계, 4문파는 주민자치 활동가, 5문파는 박철(저자) 및 기타다. 물론 각 문파 간 경계는 불분명하다. 어떨 때는 그 경계를 서로 넘나드는 등 각 문파의 경계를 칼로 무 자르듯 구분하기는 어렵다. 그럼에도 이 문파들은 서로의 이해타산에 따라 경계를 넘나들며, 때론 타 문파의 주장을 비판하거나 옹호하기도 한다. 따라서 각 문파에 속한 협객들 중 타 문파와 동맹을 맺는 협객들도 있다. 즉 문파 내에서도 주민자치 원리(정체성)에는 동조하지만, 실천(역할)에 대해서는 견해를 달리하는 협객들로 무리를 이룬 소계파들이 존재한다.

〈표 3-4-1〉 주민자치 5대 문파

| | 문파 | 관련계파 |
|---|---|---|
| 1문파 | 중앙정부 | 1계파, 2계파 |
| 2문파 | 지방자치단체 | 1계파, 2계파 |
| 3문파 | 학계연구계 | 1계파, 2계파, 3계파, 4계파, 5계파 |
| 4문파 | 주민자치 활동가 | 1계파, 4계파, 5계파 |
| 5문파 | 박철 및 기타 | 3계파, 6계파 |

그 계파들은 크게 6개 계파로 나눌 수 있다. 1계파는 중앙정부가 국가 차원에서 획일적·일방적으로 추진하는 주민자치로 박근혜 정부 때 지방자치발전위원회와 행정안전부에서 추진한 시범실시 '주민자치회파'다. 박근혜 정부 때 주민자치회 모델은 협력형, 통합형, 주민조직형이 있으며, 시범은 협력형만 실시했다. 그러나 향후 주민조직형으로 갈 수 있다는 기대감을 남겼다. 또 그 유형은 다르지만 문재인 정부가 추진하려는 '혁신 읍면동(=주민자치형 공공서비스)'의 일환인 주민자치회파도 포함한다. 문재인 정부가 추진하는 주민자치회는 주민대표기구이자 마을 단위 협의체로 기존의 조직들인 '마을계획단+주민자치위원회+마을공동체+주민참여예산위원회'를 모아서 새롭게 구성된다.

2계파는 지방자치 유형의 주민자치로 행정에 주민이 참여하는 것에 중점을 둔 '행정참여형 주민자치파'다. 2계파는 주로 행정의 관할 하에서 사업에 치중하며, 관의 간접 통제를 받는 유형을 말한다. 이 유형은 1계파와 상당부분 겹친다.

3계파는 지방자치 유형의 주민자치로 주민이 주체가 돼 지방자치의 운영을 그 지방의 주민 스스로의 의사와 책임으로 처리하는 '지방자치 주민자치파'다.

4계파는 읍면동을 행정 영역에서 준자치적으로 시민단체가 다스리겠다는 '시민단체형 주민자치파'다.

5계파는 읍면동 단위를 주민자치조직이 시민사회 영역에서 다스리겠다는 '생활자치형 주민자치파'다.

6계파는 읍면동 단위를 시민사회 영역에서 일반주민들이 주민자치주체기구를 중심으로 한 생태계를 구축한 다음, 국가 영역과 협치 하겠다는 '협치형 주민자치파'다.

<표 3-4-2> 주민자치 6계파

| 계 파 | | 특 징 |
|---|---|---|
| 1계파 | 주민자치회파 | 박근혜 정부 때 지방자치발전위원회와 행안부에서 시범실시 추진. 또 문재인 정부가 혁신 읍면동(=주민자치형 공공서비스)의 일환으로 추진하는 것으로 관의 통제 관리 중심. |
| 2계파 | 행정참여형 주민자치파 | 지방자치 유형의 주민자치로 행정의 보완 차원에서 주민이 참여하는 것에 중점을 둔 것으로 관 중심. |
| 3계파 | 지방자치 주민자치파 | 지방자치 유형의 주민자치로 주민이 주체가 돼 지방자치의 운영을 그 지방의 주민 스스로의 의사와 책임으로 처리하는 것으로 민 중심. |
| 4계파 | 시민단체형 주민자치파 | 읍면동을 행정 영역에서 준지자치적으로 시민단체가 다스리는 것으로 관 중심. |
| 5계파 | 생활자치형 주민자치파 | 읍·면동 단위를 주민자치조직이 시민사회 영역에서 다스리는 것으로 민 중심. |
| 6계파 | 협치 주민자치파 | 읍·면동 단위를 시민사회 영역에서 일반주민들이 주민자치주체기구를 중심으로 한 생태계를 구축한 다음, 국가 영역과 협치하는 것으로 민관 협치 중심. |

1·2계파는 주민자치 목적을 행정서비스 보완에 중점을 둔다. 3계파는 주민들이 자신의 삶에 영향을 주는 행정의 자치사무나 공공생활서비스에 자신의 뜻을 반영시키기 위해 기획과정부터 정책결정에 참여하는 것과 행정이 사각지대에 놓인 지역의 문제들을 주민들이 직접 나서서 해결한다는 데 중점을 뒀다. 4계파는 행정력과 재정을 등에 업고 주민자치조직 활성화에 마중물 역할(민관 중간지원조직)에 중점을 둔다. 5·6계파 주민자치는 대의민주제 보완으로 주민의 일상생활과 밀접한 생활공공서비스와 생활정치는 (준)직접민주주의(주민발안, 주민투표 등)에 의해 작동되는 것에 중점을 둔다(지역 사회의 문제 해결에 대한 결정권을 지방정부보다 주민들의 의사결정에 둠).

## 2. 무소불위로 치닫는 주민자치회 논리

이처럼 각 문파들과 각 계파들이 주장하거나 추진하는 주민자치 단어(말)는 같지만, 지향하는 바는 각기 다르다. 따라서 주민자치 용어 개념(의미)을 명확히 할 필요가 있다. 즉 주민자치 실체와 역할을 어떻게 설정하느냐에 따라, 그 세계를 이해하고 흩어진 이론·학설·개념·철학들을 일관되게 해명하고 명확하게 할 수 있다. 주민자치에 대한 올바른 이해와 지식은 문제 설정과 그 관점에 따라 결정되기 때문이다. 따라서 설정된 문제(주민자치 개념과 목적)의 명확성이 주민자치 층위에서 각 문파와 계파의 존재가치를 결정하는 가장 핵심적 요소가 될 것이다.

따라서 지금에 논의 되고 있는 주민자치 개념을 ▲국가 영역 차원에서 적용할지 ▲아니면 시민사회 영역에서 적용할지 ▲아니면 국가 영역의 행정과 시민사회 영역을 중첩되게 해서 적용할지 분명히 할 필요가 있다. 그러나 현재 읍면동 이하 단위에서 주민자치를 해야 된다고 외치는 사람들(3문파와 4문파 중 2계파와 4계파와 5계파) 중 상당수는 시설이나 운영재원은 국가가 지원해야 하고, 운영은 (완곡히 말하면) 경제적·시간적 여유가 있고, 행정과 어울릴 수 있는 주민들(예 : 시민활동가, 지역유지, 주부 등)이 해야 한다고 주장한다.

다시 말해, 정부가 추진 중인 읍면동 이하 단위의 주민자치회는 주민의 동의(주민투표)를 구하는 절차를 구하지 않고, 국민·시민주민의 세금으로 설치한 다음, 주민자치회를 주민의 대표들로 구성해 지방정부의 사무를 위임·위탁 및 지역 사회의 일을 해야 한다는 것이다. 또 주민자치회를 지방자치단체화 하자고 주장하는 사람들도 자치단체기관의 도움(정보, 재정, 인력 등)을 받아 주민들, 구체적으로 말하면 읍면동을 움직일 권력을 부여받아 지역 사회를 다스리겠다는 논리가 강하다.

그리고 거의 모든 것(시설, 재정, 권한 등)은 국가가 해줘야 한다고 강변한다. 게다가 이 주민자치회 내에 집행부와 의회를 설치하자는 주장도 있다. 다시 말해, 읍·면·동 내 생활공공서비스와 관련된 행정에 대해서도 주민자치회에 심의·의결·집행은 물론 규칙까지 스스로 만들 수 있는 권한을 쥐어줘야 한다는 주장도 있다. 외부에서 주민자치회를 견제·감시할 수 있는 장치도 없이 말이다. 이런 주장에 대해 한편에서는 '무소불위'의 옥상옥 권력, 혹은 관료집단이 될 수도 있다는 우려를 나타내고 있다.

## Ⅳ. 지방자치단체 다양화와 주민총회형 기구형태

지금 이 시대가 필요로 하는 새로운 지방자치 패러다임은 주민자치 원리에 입각한 생활정치·담론정치를 정초(定礎, 사물의 기초를 잡아 정함)하는데 있다. 이런 주민자치를 위한 철학은 위민 정치사상의 본질에 기반 한(민본) 것이어야 한다. 주민은 이미 그 자신의 현존 자체가 정치적인 존재며, 삶과 생활 자체가 직·간접적으로 권력을 동반하는 정치적이기 때문이다. 따라서 일반 주민이 사람답게, 시민답게 자신의 삶과 생활을 올바르게 정초하는 정치와 철학을 만들어 가는 장이 시민사회 영역에 필요한 것이고, 중앙정부와 지방정부는 지역 내 시민들과 주민들이 지방과 국가를 위해 자신의 정치적 소신과 철학을 맘껏 펼칠 수 있는 무대를 만들어 줄 책무가 있는 것이다. 그 무대는 주민자치 원리를 실천하는 주민자치주체기구를 통해 구축되며, 주민자치주체기구는 지방정부와 주민들의 협력에 의해 만들어진다.

### 1. 새로운 지방정부는 주민 스스로 선택[93]

주민자치에 입각한 새로운 지방정부(지방 주민 스스로의 의사와 책임으로 운

---

93) 이 논의는 기존 중앙정부와 지방정부의 존재와 역할에 대한 시각(視角 : 사물을 관찰하고 파악하는 기본적인 자세)에 신선함을 던져줄 수도 있다. 또 정부에 대한 존재와 역할에 생각을 더 넓고, 더 높게 펼쳐주는 기회가 될 수도 있을 것이다.

영)는 우선, 자치사무와 관련된(특히 주민생활과 밀접한 생활공공서비스) 예산·부서·인력 등을 지방의 주민들이 모여 투표 등의 방식을 통해 직접 결정하는 제도(직접민주제)를 도입해야 한다. 또 지방정부 관할 내 지역 공동체·결사체들의 대표조직인 주민자치주체기구들(읍·면·동별)이 연대한 주민자치주체협의체가 지방정부와 대등한 관계에서 지방정책을 논의하고 합의해(민관 협치) 지역 문제를 결정하도록 해야 한다. 이런 패러다임이 가능하려면 그 전제조건 중 하나가 주민 스스로 자신이 살아가고 있는 지역에 적합한 지방정부를 선택할 수 있도록 '지방정부 형태'를 다양화해야 한다.

2014년 4월 22일 프레스센터 기자회견장에서 개최된 지방자치단체 20주년 기념 '미래 지방자치 발전을 위한 새로운 거버넌스와 리더십 형성 세미나'에서 이재원 부경대학 교수는 '내일의 자치를 위한 중앙·지방 간 재정관계 정립 과제' 발표를 통해 "1990년대 등장한 성과주의 혁신에서는 주민에게 중요한 것은 정부 간 재정기능의 분담이 아니라, 주민 스스로 최적의 공공서비스를 공급하는 정부 주체들을 선택하는 것이다"고 말했다. 즉 재정기능의 유형 구분 없이 중앙정부가 효율적으로 대응하면, 자원 배분기능에 속하는 것들도 주민이 중앙정부 산하의 지방특별행정기관을 통해 공공서비스를 공급받으면 된다는 것이다. 또 이재원 교수는 아래와 같이 말하며 "분권 자체가 중요하다는 접근은 일종의 지대추구(rent seeking)[94]의 비효율적인 편견이 됐다"고 주장했다.

"최소한 미국에서는 제1세대 정부 간 재정관계론은 더 이상 작동하지

---

94) 지대추구(rent seeking) : 경제 주체들이 자신의 이익을 위해 비생산적인 활동에 경쟁적으로 자원을 낭비하는 현상, 즉 로비·약탈·방어 등 경제력 낭비 현상을 지칭하는 말로 털럭(Gordon Tullock)의 논문(1967년)에서 비롯됐다. 예를 들어 특정 경제 주체가 면허 취득 등을 통해 독과점적 지위를 얻게 되면, 별다른 노력 없이 차액지대와 같은 초과 소득을 얻을 수 있다. 각 경제 주체들이 이와 같은 지대를 얻기 위해 정부를 상대로 경쟁을 벌이는 행위를 지대추구행위라 한다. (네이버 : 행정학사전, 2009.1.15., 대영문화사)

않는다. 주민의 복지에 대한 욕구는 자원 배분의 일상생활 영역뿐 아니라, 사회안전망과 경제안전망 모두에 펼쳐져 있다. 중앙정부의 집권적인 표준화된 대응과 작은 정부는 당면한 문제 해결을 위한 대안이 되지 않는다. 더욱이 시장실패와 정부실패가 동시에 발생하는 상황에서는 분권과 집권의 양극에서 구상되는 대안은 정치권에서도 해법이 되지 못했다."

이재원 교수는 '내일의 자치'를 위한 여러 가지 정책과제 중 하나로 "중앙과 지방재정은 지역 주민에게 봉사하는 성과경쟁의 재정파트너로서 관계를 형성해야 한다"고 강조한다. 또 이 교수는 "중앙과 지방 간의 재정파트너십을 형성·작동하는 전제조건, 혹은 인센티브는 지역의 경제적 개발과 주민의 복지 증진이 돼야 한다"며 "이와 같은 모델의 접근방법과 대안을 고려하면 지금의 1세대형 정부 간 재정관계 제도들은 대폭 개편돼야 한다"고 주장했다. 다음 내용도 이재원 교수가 주장한 내용이다.

"지방정부의 역할 증대가 경제적, 혹은 재정적으로 정당성을 갖기 위해서는 공공서비스 자체가 갖는 경제적 특성뿐 아니라, 실제 운영과정의 효율성(주인-대리인 문제)을 확보해 주민에게 선택(선호)을 받아야 한다. 이와 같이 주민 선택이 논의의 중심이 되면, 중앙과 지방의 역할 분담 논의는 의미가 없어진다. 선택은 주민이 하는 것이며, 중앙과 지방은 서비스 경쟁관계를 형성해야 한다. 이것이 정부 간 재정관계에서 2세대 이론이 제기하는 근본적인 문제인식이다."

## 2. 지방자치단체 기관구성 형태의 다양화

'지방자치단체 기관구성 형태의 다양화'는 대한민국이 민주주의 국가라면, 또 풀뿌리 민주주의인 지방자치를 구현하려면, 지방의 주체인 주민이 지방자치단체장과 지방의원을 선출하는 것에서 더 나아가 지방자치단체 및 지방의회

구성도 선택할 수 있어야 한다. 현재 '기관대립형'95)으로 운영되고 있는 일률적인 지방자치단체 기관구성 형태를 다양화하기 위해, 박근혜 정부는 '미래발전과제'로 추진하려 했고, 문재인 정부는 앞으로 추진하고자 한다. 정부가 추진하는 기관구성 형태의 다양화는 표준모형 마련과 주민의 기관선택권 부여 차원에서 마련됐다. 그러나 두 정부의 기관구성 형태의 모형은 '선택의 주체와 법제도'에 따라 약간 다르다.

우선, 박근혜 정부는 2014년 12월 8일 대통령소속 지방자치발전위원회(현 자치분권위원회)를 통해 '박근혜 정부의 지방자치발전 종합계획'을 발표했고, 종합계획 중 '지방자치단체 기관구성 형태의 다양화'를 미래국정과제로 제시했다. 박근혜 정부의 기본방향은 ▲현행 헌법의 범위 내에서 적용 가능한 모형을 마련해 ▲자치단체가 선택하는 방안을 적용할 계획이었다.

박근혜 정부가 밝힌 '기관구성 다양화 모형 안'을 보면 다음과 같다. ① '단체장 중심형'(현행)은 주민직선 단체장이 강력한 권한을 보유하며, 의회에 대해 우월적 지위를 갖는 유형이다. ② '단체장 권한 분산형'은 두 가지로 나뉜다. 우선 '부단체장·감사원장 임명동의형'(유사사례 : 제주도)으로 독립적 감사위원회 설치, 주민직선 단체장이 의회 동의를 받아 부단체장과 감사위원장을 임명하고, 인사권·집행권을 보유한다. 다음은 '부단체장·행정위원장 임명동의형'(유사사례 : 일본)으로 감사위원회·인사위원회 등 다수의 독립적 행정위원회 설치, 주민직선 단체장이 의회동의를 받아 부단체장·행정위원(장)을 임명한다. ③ '의회중심형'(유사사례 : 미국(약시장–강의회형))으로 주민직선 지방의회의 의장이 단체장을 겸임하고, 의회에서 선임한 책임행정관에게 대부분의 행정권한을 위임한다. 이 때 단체장은 책임행정관의 실·국장(실·과장) 임명에 대한 동의권, 또는 의견 제출권은 보유한다.

다음, 문재인 정부는 2018년 9월 11일 대통령소속 자치분권위원회를 통해 '자치분권 종합계획'을 발표했고, 종합계획 중 '자치단체 기관구성 형태 다양

---

95) 기관대립형 : 집행기관인 자치단체장과 의결기관인 지방의회가 상호 견제하는 형태.

화 모델'은 인구 규모, 재정상황 등 지역별 여건에 따라 제시했다. 문재인 정부의 기본방향은 ▲법적 근거를 마련해 다양한 모델을 마련해 ▲주민투표를 통해 주민이 선택할 수 있도록 할 계획이다.

문재인 정부가 밝힌 '기관구성 형태 다양화 모델(예시)'을 보면 다음과 같다. ① '단체장-의회형'은 감사·인사위원회 등 독립적 행정위원회를 설치하고, 직선단체장이 의회 동의를 받아 부단체장·행정위원장을 임명한다. ② '의회-행정관리자형'은 지방의회 의장이 단체장을 겸임하며, 의회에서 선임한 행정관리자에게 대부분의 행정권한을 위임한다. ③ '위원회형'은 주민직선 위원들로 의회를 구성, 각 위원이 집행부서의 국과를 담당하는 형태로서 위원회는 집행기관과 의결기관의 역할을 동시 수행하는 것이다.

## 3. 주민총회형 기구형태 설치·운영

정부의 기관구성 형태 모델에 더해 '인구 감소(저출산·고령화 포함)'와 '시민사회 영역의 (준)직접민주제 적용'을 고려한 '주민총회형' 도입도 검토해야 한다. 주민총회형을 꼭 지방자치단체 기관으로 하기보다는 기구형태로 하자는 것이다. 주민총회형은 주민자치 원리에 의해 작동하는 기구구성 형태로 읍·면·동 단위 이하와 인구 3만 이하의 군에 적용하는 것을 설계해 보자는 것이다. 그리고 그 기구구성 형태를 민민협의체와 민관중간지원조직인 주민자치주체기구 형태로도 해보자는 것이다. 물론 현재 읍·면·동 인구가 많아 면대면 커뮤니케이션이 어렵다는 이유로 지방자치단체로 만들자는 의견도 있다. 그러나 대의민주제 보완으로서 (준)직접민주제를 실현할 최상의 조건이 읍·면·동이다.

무엇보다 평균인구[96] 4,000~21,000명인 읍·면·동이란 공간 내에는 민

---

96) 읍 평균인구 21,255명, 면 평균인구 4,091, 동 평균인구 20,091명.

과 관이 일상적으로 함께 어우러지며, 지역 특성에 따른 인구규모도 다양하고 생활형태도 다양하다. 또 민주주의는 다양성을 기본으로 하기 때문에 너무 인구수를 적게 하면, 주민자치 행위(사업, 공론, 견제·감시, 협치 등)가 제약을 받게 되고 다양성도 제한돼 민주주의에 입각한 생활정치나 담론정치가 형성되지 못할 우려가 있다.

특히 읍·면·동 내 모든 유권자로 구성된 주민총회는 주민자치주체기구의 최고기관으로서 중요정책(사업), 인사, 예산 등을 직접 심의하고 결정한다. 그러나 읍·동의 2만에 달하는 인구와 읍·면의 넓은 구역, 그리고 자치사무와 사업이 양적·질적으로 고정된 것이 아니라, 시대적 흐름에 따라 변화함으로써 현실적으로는 지역 공동체·결사체 대표를 구성원으로 하는 '대표적 주민총회형'으로 하는 것이 더 바람직하다.

대표적 주민총회형에 '총회 구성원'으로 참가할 읍·면·동 내 각 지역 공동체·결사체·동호회 등 각종 단체의 '대표'는 사람을 말하는 것이 아니다. 즉 각 지역 공동체·결사체·동호회의 직책으로서의 대표자나 대리인으로의 개인이 아니라, 각 지역 공동체·결사체·동호회 내에서 숙의과정을 통해 '합의된 공의'를 말한다. 그리고 대리자나 대표는 자신이 속한 각 지역 공동체·결사체·동호회에서 합의된 의견(공의)을 대표적 주민총회형 총회에 참석해 주장하고 관철시키기 위해 최선을 다해야 한다. 이 경우 의결권은 주민대표에 의해서 행사되지만, 주민들도 주민총회에 출석해 의견을 개진할 수 있다. 그리고 주민자치주체기구 형태는 각 지방자치단체마다 달리할 수 있고, 운영방식도 읍·면·동 내 주민들이 원하는 대로 다양하게 할 수 있다.

저자가 '대표적 주민총회형'을 거론하는 것은 저출산·고령화로 인한 인구감소와 관료화되지 않은 '공공의 장' 필요 때문이다. 우선, 주민총회를 통해서 미래의 세대인 우리의 아들과 딸, 더 나아가 손자손녀들이 물려받을 수 있는 삶의 터전인 지역 사회를 어떻게 희망차게 만들 수 있는가에 대해 수시로 논의해보는 '공공의 장'이 필요하다. 주민들은 이 공공의 장을 통해 담론정치와 생활정치를 펼칠 수 있으며, 이 공공의 장에서 치열한 토론과 숙의과정을 체험할 수 있다. 물론 공공의 장에서 어떤 의제(議題, subject for discussion)에 대해 각자의 의견들이 치열하게 부딪쳐 완전한 합의에 도달하기에는 어렵겠지만, 최종 결정에서 배제된 사람들(지역 공동체·결사체·공동체 대표의견)이라도 자신의 주장이 공평하게 발언권을 얻었다고 느낄 수 있도록 해야한다. 비록 어려운 쟁점을 해결하기 위해서는 다수결제를 적용할 필요가 있겠지만, 소수파의 우려에 귀를 기울이고, 최대한 소수파 의견을 존중할 수 있는 공공의 장이 돼야 한다. 그 공공의 장에서는 지역의 일반주민들이 자신의 사정을 부담 없이 털어놓을 수 있어야 하고, 자신의 이익이 타자보다 작다고 해도 이해를 해줄 수 있어야 하므로, 주민자치주체기구를 주민총회형 기구로 설치·운영해보는 것도 검토할 필요가 있다.

다음, '인구 감소' 때문이다. 예측이지만, 2016년 한국고용정보원이 내놓은 연구결과를 보면, 향후 30년 내에 84개 시군, 1,383개 읍면동이 소멸될 수 있다. 이는 충격적인 것으로 우리에게 경각심을 심어주기에 충분하다. 이에 따라 정부도 2017년 1월에 범부처-지자체 간 협력체계를 마련하고, 국가 차원의 컨트롤타워 구축을 검토하며, 이에 발맞춰 지역 공동체 활성화도 추진한다고 발표했다. 그만큼 지방 소멸 문제는 절박한 국가적 문제이자 지방의 존폐가 걸린 문제다. 그러나 여기서 짚고 넘어가야 할 것이 있다. 정부나 지자체의 노력만으로는 저출산고령화인구 이동 정책이 제대로 성과를 거둘 수 없다는 점이다. 다시 말해, 지역의 기업 등 민간 인프라와 주민 참여 등 주민자치 인프라를 어떻게 활용하고, 주민들과 지역 공동체·결사체·동호회, 그리고 주민자치주체기구를 어떻게 작동시키느냐에 따라 그 성공여부가 달려있다.

# V. 시민사회와 주민자치주체기구의 목표 · 수단 · 틀

*"새로 정치기관들을 만드는 데는 6개월이 걸리지만, 절반쯤 생존 가능성이 있는 경제체제를 창조하는 데는 6년, 하나의 시민사회를 창조하는 데는 60년이 걸린다."(랄프 다렌도르프, Ralf Dahrendorf)*

국가기관과 기업을 제외한 주민조직들(비영리단체들)이 형성되고 활동하는 영역, 즉 시민사회의 기능과 역할을 명확히 해야만 지역 공동체 · 결사체 · 동호회 등 주민조직들을 아우르는 주민자치주체기구의 권한·의무·책무 등을 규정할 수 있고, 더 나아가 국가 영역의 입법·사법·행정기관과의 협치 범위 등을 보다 더 명확히 설정할 수 있다. 그래야 지방정부와 주민자치주체기구 간 자치의 분권을 (이론적으로나마) 논할 수 있기 때문이다.

시민사회 이론가 진 L. 코헨(Jean L. Cohen)과 앤드루 아라토(Andrew Arato)는 ▲국가를 '정치권력이 재생산되는 영역(입법 · 사법 · 행정 3부 : 제1섹터) ▲경제사회(시장)를 상품의 생산 및 소비가 이뤄지는 영역(기업 : 제2섹터) ▲시민사회는 친밀한 영역(가족), 결사체들의 영역(자발적 결사체), 사회운동들, 공공의사소통 형태들로 구성된 국가와 경제사회와의 사회적 상호작용의 영역(제3섹터)을 지칭한다고 했다(Cohen & Arato 1995, 19). 코헨과 아라토는 저서 『시민사회와 정치이론』에서 자신들의 시민사회 이론이 민주주의 이론의 일환이고, 오늘날의 모든 사회가 더 많이 민주화돼야 하며, 이런 민주화 프로젝트 핵심에는 시민사회가 자리하고 있다고 파악한다. 이들이 말하는 시민사회는 현존 자유민주주의 체제 하에서 민주주의를 잠재적으로 확대할 수 있는 주된 장소다[97].

---

97) 진 L. 코헨과 앤드루 아라토 공저, 『시민사회와 정치이론』(원제 Civil society and political theory.), 역자 박형신·이혜경, 한길사, 2013.11.15.

조대엽 고려대 교수는 저서 『생활민주주의 시대』에서 "시민사회는 공적 담론의 생산과 소통이 이뤄지는 영역일 뿐만 아니라, 결사와 연대를 기반으로 국가 및 시장과 상호 작용하고 견제하며, 감시하는 기능을 갖는 영역이다"며 "따라서 시민사회는 공적 여론의 형성, 자발적 복지서비스, 사회운동이나 시민단체의 권력 감시 활동 등의 실행적 공공성을 추구하고 있다"고 주장한다.

마이클 에드워즈는 저서 『시민사회』에서 "시민사회는 풀뿌리 집단들, 비영리 매개조직들과 그것들에 회원으로 등록한 결사체들이 집합적 목표들, 전사회적 연대, 서로에 대한 책임귀속성과 공유된 인식을 통해 함께 연계될 때 더욱 탄력을 받는다"고 주장했다. 여기에 시민사회 활성화에 필요한 자본, 즉 사회적 자본은 다원화된 사회에서 구성원 간의 이해와 통합이 사회 발전에 보탬이 된다는 사고에 기인한다.

사회적 자본은 통상적으로 사람과 사람 사이의 협력으로 이뤄지는 사회적 관계와 그로부터 나오는 가치를 포괄해 가리키는 말로 핵심요소는 일반적으로 신뢰, 협력, 호혜성을 기반으로 한 규범, 네트워크(연고 관련 네트워크와 사회적 네트워크)를 꼽는다. 로버트 데이비드 퍼트넘(Robert David Putnam)은 사회적 자본을 결합(Bonding)과 연결(Bridging) 사회적 자본으로 구분한다. 결합 사회적 자본은 또래, 같은 인종, 같은 종교와 같은 사회화 과정에 동일한 특성들 사이에 생겨나는 사회적 자본을 말한다. 연결 사회적 자본은 다른 축구팀의 팬클럽과 같은 이질적인 집단 사이에 생기는 사회적 자본을 말한다(네이버 : 위키백과).

## 1. 읍 · 면 · 동 사회질서와 주민자치주체기구

이처럼 '시민사회'는 바람직한 사회를 구성하려는 원리와 규범성이 내재된 영역으로써 자기 이익의 영역보다는 시민적 도덕과 시민적 역량을 배양하는 영역이다. 즉 주민자치 원리가 작동되는 영역에서 보면, 시민사회는 네트워크, 돌봄, 신뢰, 협동, 관용, 나눔, 공유, 정, 사랑, 비폭력 등의 태도 및 가치관들을 길러내는 영역이다. 따라서 '주민자치적 시민사회'는 자치성, 자율성, 공공성을 바탕으로 사회적 자본을 형성하고, 그 사회적 자본이 나눠지고 교류되며, 담론정치를 통해 소통하고 함께 어우러지는 영역으로 볼 수 있다. 그러나 시민사회란 일반적으로 국가와 지역(지방)의 각종 다른 사상적 전통과 시대적 상황, 그리고 시민성에 따라 다의적이라 정의를 내리기가 상당히 곤란한 개념이다.

그러면 대한민국에서 읍·면·동 이하에서 일반주민들에 의한 자기통치(다스림)권력과 자기통치시스템은 주민자치 원리를 실천하는 주민자치주체기구를 통해 생성되고 작동되는 것이 바람직하다. 주민자치주체기구는 가진 자와 없는 자, 많이 배운 자와 못 배운 자, 잘난 자와 못난 자, 어른과 아이, 자유주의자와 보수주의자, 좌파와 우파가 서로 소통하고 어울리는 공론장이 돼야 한다. 주민자치주체기구에서는 주민이 시민적 도덕성을 기를 수 있고, 주민들이 생활현장(삶)을 토대로 한 새로운 정치형태인 담론정치와 생활정치를 실험하고 배울 수 있는 참여민주주의, 숙의민주주의, 복지민주주의, 생활민주주의[98]가 시도될 수 있어야 한다.

즉 주민자치주체기구 내에서는 정치·경제·사회·노동적 관계로 인해 형성된 권력, 계급, 위세와 관련된 일체의 지위, 즉 정치적·사회적·경제적·노동적 계급장을 뗀 상태에서 오로지 '지역 사회의 발전과 주민의 삶의 질과 사람의 가치 향상'을 위한 담론의 권위만이 작동하는 곳이어야 한다. 또 주민의 생활에 있어 더불어 소통하고, 공감하며, 서로 협력하고, 그 역량을 행정과 협치하며,

---

98) 조대엽 고려대 교수는 '생활민주주의'는 탈이념의 민주주의 모델이며 시민의 생활에 민주주의 정치양식을 구현하는 새로운 사회질서를 지향한다고 말한다. 또 조 교수는 생활민주주의는 정치이념으로서의 자유민주주의나 사회민주주의와 달리 수평적이고, 네트워크적이며 참여적이고 숙의적인 정치양식 자체를 구현하는 새로운 정치질서로 규정한다. 이념과 제도로 싸인 정치의 껍질을 벗긴 후 남게 되는 것은 시민의 실존적 삶이다. 시민의 생활을 민주적으로 재구성하는 핵심적 가치는 자율·책임·협동의 가치다.(조대엽, 『생활민주주의의 시대』, 14p., 2015.3.15., 나남)

지역에서 모든 남녀노소, 계층, 세대가 공존하는 공공질서를 형성하는 곳이어야 한다.

특히 정부가 추진하는 지역 주민의 대표기구인 주민자치회가 주민자치주체기구가 되기 위해서는 위원들끼리 어울리는 폐쇄적, 관료적, 그리고 가장 문제가 되는 동네 유지들의 친목모임이나 선수들의 이익 창출 수단으로 고착화되는 것은 지양(혹은 방지)해야 한다. 주민자치회는 일부 특정 사람들의 전유물이 아니다. 공공의 장이어야 하고, 공공재여야 한다. 주민자치회는 읍·면·동 지역 사회(이 범위는 고착화된 것이 아니라, 지역과 시대적 상황에 따라 달라질 것이다)에서 일반주민들의 삶과 생활영역 안에서 새로운 자치와 공공성을 담아야 한다. 무엇보다 주민자치회 구성에서는 '사람의 가치'가 가장 중요하다. 주민자치의 장에서는 인간이 어떻게 살아야 되고, 어떤 가치를 지향하며, 무엇을 위해 살고 죽느냐하는 철학과 위민정치사상의 본질인 '민본'이 형성되고 조정되는 곳이기 때문이다.


## 2. 주민자치주체기구의 목표·수단·틀

그렇다면 국가 영역에서 입법사법행정기관, 시장경제 영역에서 기업들이 활발히 작동하고 있는 것처럼 읍·면·동 내 시민사회에서 지역 공동체·결사체 등 주민조직들은 어떤 매커니즘으로 구축돼야 활발히 작동할 수 있을까? 우리나라에서 시민사회가 활성화되고 지방정부와의 원활한 협치를 하기 위해서는 주민자치 원리에 의해 지역 공동체·결사체 등 주민조직체들이 네트워크를 이뤄야 하며, 그 조직들은 주민자치주체기구를 통해 외연을 확장해야 한다. 시민사회는 뜻이 있는 지민(志民)들과 적극적인 시민들로서 만드는 것이다. 시민사회는 국가와 비즈니스의 잘못된 관행을 변화시키는 작업에 연료를 제공하고, 사람들로 하여금 공공영역에서 목소리를 높이는 동기를 제공할 수 있다.

그러나 좋은 사회에 대한 꿈들처럼, 자발적 결사체들의 자원 및 기획들, 공공 영역의 논쟁과 민주적인 삶이 없다면, 인생이 어떠할 것인지 우리 생각해보자. 학교에서조차 시장의 논리로 무한경쟁 속에 놓인 우리 아들딸들이 친구조차 물리쳐야할 경쟁상대로 보며, 일상에서 인격과 존엄이 아닌 돈과 권력으로 사람을 판단하고 깔보고 무시하며, 정과 호혜로 형성돼야 할 마을의 공동체에서도 시장논리로 인해 젠트리피케이션이 발생하는 현실을 보면, 사람이 살 만한 좋은 사회를 만들어야겠다는 의욕이 불끈 솟아오르지 않는가?

주민자치 원리가 좋은 지역 사회를 만드는 원동력으로 그 자격을 획득하기 위해서는 주민자치는 '거대한 사상'이 돼야 한다. 그러나 실제로 대한민국에서 주민자치가 무엇인지, 주민자치 원리를 실천하는 주민자치주체기구의 역할이 무엇인지의 여부에 관해 그 어떤 '합의'도 존재하지 않는다. 때문에 너무 많은 주장들을 단 한 번에 제시하거나, 한 쪽의 주장만으로 주민자치 개념을 규정해버린다면 어리석은 일이 될 것이다. 분명한 것은, 주민자치 원리는 시민사회 영역에서 차이가 나는 다양한 사적인 토론들을 공적으로 조직하는 원료가 되고, 주민자치주체기구는 다양한 차이를 교차시켜 공의를 모으기 위한 어떤 기준이 되는 틀을 제공할 수 있을 것으로 믿는다.

에드워즈[99]는 『시민사회』[100]라는 저서를 통해, 시민사회는 우리가 성취해야 할 하나의 '목표'(좋은 사회로서 시민사회)인 동시에 그 목표에 이르는 하나의 '수단'(결사적 삶의 토대로서 시민사회)이라는 것이다. 또 시민사회라

---

99) 『시민사회』의 저자 마이클 에드워즈(MICHAEL EDWARDS)는 강단의 학자들과 현장의 활동가들 모두에게서 환영을 받는 몇 안 되는 시민사회 연구자 중 한 사람이다. 그는 좌파와 우파의 경계를 초월해 가장 균형 잡힌 시각으로 시민사회 담론을 이끌고 있다고 평가받고 있다. 현재 포드 재단(FORD FOUNDATION)의 거버넌스&시민사회국 국장과 세계은행(WORLD BANK)의 시민사회 분야 선임 자문위원으로 재직하고 있다.

100) 마이클 에드워즈는 자신의 저서 『시민사회』(역자 서유경, 동아시아, 2005.07.18.)에서 오늘날 시민사회는 모든 사람들의 혀끝에 걸려 있는 '거대한 사상'인 듯 하다고 표현한다. 또 시민사회는 '사회과학의 단골 메뉴'이자 '사회질서의 신비를 푸는 신종 만능열쇠'가 됐다고 에드워즈는 말한다. 그러나 저자는 책에서 냉정하고도 본질적인 질문을 던진다. "시민사회는 민주주의 덫인가 희망인가?"

는 큰 목표의 세부 목표들과 수단들을 서로 연계시키는 하나의 '틀'(공공 영역 으로서 시민사회)이라는 사실이다. 이런 세 가지 '얼굴들'이 서로를 향해 시선 을 돌리고, 서로 차이나는 관점들을 어떤 상호적 지지의 틀 속에 융합시킨다 면, 시민사회라는 사상은 정치와 민주주의의 과정, 평화와 사회정의의 성취, 그리고 이런 것들의 버팀목이 돼주는 규범과 가치의 계발과 관련해 상당히 많 은 것을 설명해줄 수도 있다.

애드워즈가 제시한 시민사회의 목표, 수단, 틀을 대한민국 읍·면·동의 '대 표적 주민총회형' 유형으로서의 주민자치주체기구에 접목해보면 ▲목표는 '좋 은 지역 사회(읍·면·동 정치·사회질서) 만들기' ▲수단은 주민들의 자치역 량을 고취시켜 '자발적 지역 공동체·결사체' 구성 및 서로 연대하도록 지원 ▲읍·면·동 시민사회 활성화라는 전략과 전술들을 서로 연계시켜 주민 간, 주민과 집단 간, 그리고 집단들 간의 갈등 조정 및 서로의 차이를 확인하고 존중하는, 그리고 민–관의 협치를 위한 대화와 타협이 이뤄지는 '공공의 장' 인 틀을 구축하는 것이다.

그리고 서로 통일될 수 없는, 어쩌면 우리는 합의조차 할 수 없는 이념들과 의문투성이 가설들로 복잡하게 얽혀있는 시민사회 개념과 주민자치 개념을 명 료화할 수 없을 지도 모른다. 그럼에도 거버넌스 시대를 준비하는 대안으로서 주민자치적 시민사회를 읍·면·동 내에 형성해야만 한다. 그래야 주민자치주 체기구의 정체성과 역할, 그리고 권한과 책임(의무)을 명료화할 수 있기 때문 이다.

## VI. 주민자치주체기구 설치·운영 방식과 역할

이 시점에서 궁금한 것은 지방 내 자치분권 핵심대상인 주민자치주체기구의 설치·운영은 어떤 방식이어야 하는가다. 또 생각해야 할 점은 지역 사회 내 자발적 공동체·결사체 등 주민조직(단체)을 민간단체와 관변단체로 꼭 구분할 필요가 있는가다. 우선, 정부·지자체 재정 지원은 받지만 기획부터 집행과 평가까지 모든 운영을 자율적으로 하는 주민조직을 관변단체로 볼 수 있나? 또 집행은 하지만 재정 지원과 기획과 평가를 정부·지자체가 한다면 이 주민조직을 주민자치조직으로 볼 수 있나? 그리고 관에 의해 간섭을 받는 주민조직을 시민사회 영역에 뿌리를 둔 자발적 결사체·공동체라고 할 수 있을까? 저자는 그렇다고 본다. 관에 한쪽 다리를 걸치고 행정에 의존한다 하더라도 이 주민조직(단체)에도 주민들의 욕구와 견해가 녹아 있기 때문이다.

따라서 본 책에서는 주민조직이든 주민자치조직[101]이든 모두 지역 내 생태계를 이루는, 즉 주민자치주체기구를 구축하는 구성요소(member)로 한다. 읍·면·동 시민사회를 활성화하고, 이 역량을 국가 영역과 연계시킬 주민자치주체기구 설차·운영 방안은 대체로 10가지로 생각해 볼 수 있다. 물론 '주민자치주체기구 설치·운영 방식' 표에서 A 유형으로 주민자치주체기구가 만들어지고 운영된다면 최상이지만, 아직 대한민국 사회가 그만큼 시민성을 갖춘 것도 아니고, 문화적으로 성숙되거나 제도가 마련돼 있지 않으며, 3502개 읍면·동에 시설이나 예산을 지원할 만큼의 재정도 넉넉하지 못하다.

주민자치주체기구 설차·운영 방식 '표'에 제시된 각 유형에 따라 지역 실정에 맞게 했으면 좋겠지만, 현장은 대체로 지역의 '특별성'보다는 전국적 '보편성'에 입각한 일률적인 제도와 재정 지원을 요구하고 있는 실정이다. 현재 대한민국에서 논의되고 있는 '주민자치회 설치·운영 방식'은 대체적으로 중앙정부가 틀을 짜거나 각 지방정부가 틀을 짜서 중앙정부나 지방정부가 만든 후, 지방정부 관리 하에 주민자치회를 운영하는 D, E, G 방식의 형태를 띤다.

---

101) 본 책에서는 주민조직과 주민자치조직을 ▲정부 지원을 받음으로써 간섭을 받는 주민조직(단체) ▲정부지원을 받지 않고 주민들의 회비와 기업 및 주민들의 후원금으로 자율적으로 운영되는 주민자치조직(단체)으로 구분한다.

〈표 3-4-3〉 주민자치주체기구 설차운영 방식

| 유형 | 내 용 | 참고 |
|------|-------|------|
| A | 주민들이 틀을 짜고 만들어서 주민자치주체기구가 자율적으로 운영. | – 여기서 '주민들이 틀을 짜고 만든다'는 것은 엄밀히 말하면, 각 민(자치)조직들이 중심이 돼 주민들의 의견을 모아서 틀을 짜고 만든다는 것이다.<br>– 또 주민자치주체기구가 자율적으로 운영한다는 것은 주민들이 주체적으로 운영한다는 것이다. |
| B | 주민들이 틀을 짜고 중앙정부가 만든 후, 주민자치주체기구가 자율적으로 운영. | |
| C | 중앙정부가 틀을 짜고 만들어서 주민자치주체기구가 자율적으로 운영. | |
| D | 중앙정부가 틀을 짜고 만들어서 지방정부 관리 하에 주민자치주체기구를 운영. | |
| E | 각 지방정부가 틀을 짜고 만들어서 지방정부 관리 하에 주민자치주체기구를 운영. | |
| F | 각 지방정부가 틀을 짜서 중앙정부가 만든 후, 주민주민자치주체기구가 자율적으로 운영. | |
| G | 각 지방정부가 틀을 짜서 중앙정부가 만든 후, 지방정부 관리 하에 주민자치주체기구를 운영. | |
| H | 주민들이 틀을 짜서 중앙정부 지원 하에 각 지방정부가 만든 후, 지방정부 관리 하에 주민자치주체기구를 운영. | |
| I | 주민들이 틀을 짜서 중앙정부 지원 하에 각 지방정부가 만든 후, 주민자치주체기구가 자율적으로 운영. | |
| J | 주민들이 틀을 짜고 중앙정부가 만든 후, 지방정부 관리 하에 주민자치주체기구를 운영. | |
| K | 주민들이 틀을 짜고 중앙정부가 만든 후, 주민자치주체기구가 자율적으로 운영. | |

대한민국 여건상 정부가 추진할 수밖에 없는 주민자치회는 민민협의체와 민관중간지원조직 역할을 하는 주민자치주체기구로 전환됐으면 좋겠다. 왜냐하면 주민자치회는 지방 내 그 어떤 주민조직이나 주민단체보다 체계나 제도를 잘 갖췄고, 무엇보다 17년의 경험과 역사를 지닌 주민자치위원회를 승계하기 때문이다. 주민자치주체기구는 우선, '수평 거버넌스'로 읍면동의 시민사회 생태계 내 간극과 단절을 메워 연계연대시키며, 갈등을 조정하고 화합을 이끌어내며, 주민들이 자원(봉사)하는 일(volunteering)과 자발행위(voluntary action)를 진작시키는 '민민협의체'다. 또 '수직 거버넌스'로 주민(조직)들과

행정을 연결하는 '민관중간지원조직'이다.

'수평–수직 거버넌스(민민협의체+민관중간지원조직)'로서의 주민자치주체기구는 시민사회 영역에서 공적 심의를 용이하게 하는 통로와 민–민과 민–관 만남의 장을 확대하고, 사적 경계들을 가로질러 주민들이 서로 묶이는 데 필요한 역량을 구축하며, 커뮤니케이션 구조에 대한 접근성과 그것들로부터의 독립성을 촉진하는 데 초점을 맞춰야 한다. 따라서 주민자치주체기구는 어떤 공통의 명분 하에 상이한 집단들을 함께 묶을 수 있을 만큼 폭넓고 포용력 있는 공공 영역을 구축해야 한다. 그러려면 주민자치주체기구 운영자들은 문제를 파헤치고 도전하는 회의(懷疑) 정신을 필요로 한다.

공공 영역에서 문제가 되는 것은 합의가 아니며, 조화는 더더욱 아니며, 현재 진행 중인 역동적 논쟁, 결의, 그리고 변화에 있어서 각 지역 공동체·결사체들이 차지하게 될 '어떤 몫'이다. 그럼에도 그 몫은 공평해야 하기 때문에 지역 공동체·결사체들(주민자치주체기구에 참가한) 사이에서 이뤄진 '합의'가 필요하다. 그리고 최선의 합의는 의견 차이(공공 영역에서 이뤄지는 혹은 주민자치주체기구의 총회에서 이뤄지는 이성적 토론 형식)에서 나와야지 암실이나 뒷거래로 이뤄지는 거래로 이뤄져서는 안 된다.


## VII. 주민자치주체기구의 보충성과 공공성 원리

그리고 여기서 집고 넘어가야 할 것은 지역 사회를 대표하는 주민자치주체기구는 공동체보다 공공체라는 점이다. 읍·면·동 내 여러 공동체들은 각자의 구성원들을 위한 사적 구성체로 볼 수 있고, 주민자치주체기구는 그 사적 공동체들이 모인 지역 사회의 공공체로 볼 수 있다. 보충성의 원리[102]를 예로

---

102) 박세일 서울대 국제대학원 교수에 따르면, 보충성의 원리는 공동체적 종적 질서를 구성하는 원리로 한마디로 자율과 자조의 원리다. 개인이 할 수 있는 것은 개인이 먼저 모든 책임을 지고 스스로 한다는 원칙이다. 그리고 개인이 할 수 없는 일, 해도 비효율적인 경우

들면, 지역 사회 내 주민이 할 수 있는 일은 주민이 모든 책임을 지고 스스로 하되 개인이 할 수 없는 일, 해도 비효율적인 혹은 불공정한 경우 지역 공동체·결사체가, 지역 공동체·결사체가 할 수 없는 일과 해도 비효율적인 경우 혹은 불공정한 경우는 주민자치주체기구가, 주민자치주체기구가 할 수 없는 일과 해도 비효율적인 경우 혹은 불공정한 경우는 지방정부가 나서서 해결한다는 원칙이다.

그렇다면 그 할 수 없는 일, 비효율적인 일, 불공정한 일은 어떻게 선정하고 결정할 것인가? 이에 대한 공동체 수직적 구성과 운영 원리에 대해 박세일 서울대 국제대학원 교수는 보충성의 원리(subsidiary principle), 연방성의 원리(federalist principle), 민주성의 원리(democracy principle) 3가지 원칙[103]을 제시했다. 앞서 설명한 '보충성의 원리'에 대해서는 어떤 일에 대해 하부 단위가 해결할 것인가, 혹은 상부단위가 해결할 것인가를 '누가 정할 것인가'라는 문제가 생긴다. 그래서 나온 것이 '연방성의 원리'로 하부가 위임한 것만 상부에서 해결한다는 원리다. 하부가 위임하지 않은 것은 상부가 나설 수 없다는 원리다. 그럼 하부 단위의 이런 위임여부의 결정은 어떻게 정하는 것이 바람직한가? 그래서 나온 것이 세 번째 원리인 '민주성의 원리'다. 즉 하부 단위에 속한 사람들이 모여서 충분히 숙의한 후 민주적 절차(자유투표)에 의해 결정한다는 원칙이다.

이상과 같이 지역 사회 내 수직적 질서인 3가지 원리가 작동되는 곳이 주민자치주체기구라고 할 수 있고, 주민자치주체기구는 지역 사회의 공공체인 것이다. 그럼 공공성과 공동체에는 어떤 차이가 있을까? 사이토 준이치 교수에 의하면, 공동체는 닫힌 영역을 형성하는 데 반해, 공공성은 누구나 접근할 수 있는 공간이다. 공공성은 열려 있다는 것, 폐쇄된 영역을 갖지 않는다는 것이

---

혹은 불공정한 경우에만 공동체가 나서서 해결한다는 원칙이다.( 『공동체자유주의 이념과 정책』 , '공동체자유주의', 266p., 나남신서, 2009.8.30.)

103) 『공동체자유주의 이념과 정책』 , 박세일, '공동체자유주의', 265p., 나남신서, 2009.8.30.)

공공성의 조건이다. '바깥'을 형상화함으로써 '안'을 형상화하는 공동체에는 이 조건이 결여돼 있다[104]. 사이토 준이치에 의하면, 공동체는 공동체의 통합에서 구성원들이 본질적인 가치를 공유할 것을 요구하는 것에 반해, 공공성은 복수의 가치·의견 '사이'에서 생성되는 공간이다. 또 공동체는 그 구성원이 내면에 품고 있는 정념(애국심·동료애·애사심·혈연 등등)이 통합의 매체가 된다면, 그에 반해 공공성은 어떤 동일성이 제패하는 공간이 아니라 '차이'를 조건으로 하는 담론의 공간이다.

따라서 지역 사회 내에서만큼은 공공성에 의해 작동되는 주민자치주체기구는 공동체라기보다 공공체인 것이다. 또 주민자치주체기구와 지방정부가 지역 사회 문제를 위해 모인 공간(협치의 공간)은 '공공적 공간'이다. 사이토 준이치에 의하면, 공공적 공간은 공공적인 테마에 관해서만 논의해야 하는 장소가 아니라 공과 사의 경계를 둘러싼 담론의 정치가 행해지는 장소다. 따라서 공공적 공간 테이블에 앉아야 할 기구는 지역 공동체·결사체 네트워크의 허브이자 주민대표기구인 주민자치주체기구이어야지, '관에 의해서 운영되는 민간 중간지원조직' 형태의 현재 주민자치회는 아닌 것이다.


# Ⅷ. 주민자치주체기구로서의 주민자치회

## 1. 민관중간지원조직 고찰

관과 민의 '공공적 공간'을 '협치 공간'이라 했을 때, 이 협치의 공간은 정부가 만들 의무가 있다. '협치의 공간'은 지방의회에 있어 상원 역할, 지방정부에 있어 주민대표위원회(주민들의 공론화된 욕구(여론) 전달 및 주민생활밀접

---

104) 사이토 준이치 지음, 『민주적 공공성』, 27~30p., 윤대석·류수연·윤미란 옮김, 도서출판이음, 2014.11.28.)

공공서비스 관련 심의)로서 행정 견제·감시와 협력의 역할을 정하는 공간이다. 또 협치의 공간은 국가 영역(엄밀히 말해 행정 영역)에서 기울어진 운동장, 즉 단체자치에 치중한 지방정부가 주민들의 뜻과 요구에 의해 운영되는 주민자치로 변화되는 지점에서 서포터 역할을 할 것이다. 즉 정부는 일반주민들이 필요로 하거나 원할 때 행정과 협치를 논의할 공공의 장을 제대로 구축하는데 심혈을 기울여야지 주민자치 원리에 의해 작동될 공공의 장을 '통제'에 이용하려 해서는 안 된다.

대한민국에는 아직 민관이 대등한 입장에서 지역 사회 발전과 주민 삶의 질을 향상시킬 담론정치와 생활정치를 논의(협치 혹은 공치)하는 제대로 된 공공의 장이 없다고 해도 과언이 아니다. 그렇다면 '민관중간지원조직을 운영하는 주체적인 주민은 과연 누구인가?' '주민자치 원리를 실천하는 지역 공동체·결사체는 존재하는가?'라는 의문과 회의를 가져야만 한다. 특히 민관중간지원조직은 당연히 민민협의체 구성에 촉진자 역할을 해야 한다. 이런 의미에서 현재 행정에 의해 구성된 중간지원조직들은 시민사회 영역보다 국가(즉 행정) 영역에서 기울어진 운동장을 바로 잡는 것에 많은 역할을 해주길 바란다. 그런 중간지원조직을 아직 보지 못해 안타까울 뿐이다.

한편, 저자는 '행정의 중간지원조직' 구성원이나 정부가 추진하는 '주민자치회' 위원이 또 다른 완장 또는 행정의 대리자가 되는 것은 아닌지 의구심이 든다. 만일 그렇다면, 그들의 의사결정이 과연 주민대표성과 민주성을 확보할 수 있을 것인가? 게다가 행정의 주도에 의해 구성된 주민자치회 육성은 '행정 비용의 주민 전가'가 아닌가 하는 시각도 든다. 또 일각에서 말하길 "중간지원조직은 행정에서 제안하는 공익의 영역에 대해서만 참여하고 있다는 점과 상당수가 전문가, 시민활동가 중심으로 구성돼 지역 사회 실정을 잘 모른다"고도 한다. 따라서 정책이나 정치질서를 위한 의사결정과정에 보다 다양한 차이들을 반영시키고 싶은 일반주민들이 주민자치회에 참여하기 어려운 상황이다.

만일, 앞서의 문제들이 어느 정도 해소된다고 해도, 정부가 추진하는 주민자치회를 통해 지역 사회 문제 해결에 있어 더 많은 일반주민들이 호명되고 인센티브가 제공된다고 해도, 과연 그것이 일반주민들의 권리(중앙·지방정부가 자신의 삶을 변화시키는 정책과 정치에 대한 의사결정권) 강화로 나아가는지에 대한 고민은 사라지지 않을 것이다. 즉 현재 정부가 추진하는 주민자치회 정책이 가동된다 해도 주민자치주체기구로서의 주민자치회는 걸음마 단계로, 처음부터 선수들을 대거 투입하거나 전국적으로 전면 확대하는 등의 욕심은 부리지 말고, 현장의 여건이나 일반주민들의 의견을 반영한 후 단계적으로 추진했으면 한다.

## 2. 주민자치회가 주민자치주체기구여야 하는 이유

노블레스 오블리주(noblesse oblige)는 가진 자, 배운 자, 아는 자가 실천하는 것이다. 1명이 꿈꾸는 상상은 개인의 상상에 불과하지만, 뜻을 함께 하는 사람들이 함께 꿈을 꾸면 그건 현실이 된다. 지역 사회에서 현재 그 노블레스 오블리주를 앞장서서 실천하고 있는 사람들이 주민자치위원들을 포함한 각 지역의 자발적 공동체·결사체 구성원들이다. 그럼에도 현재 다수의 일반주민은 주민자치주체기구에 대해 큰 관심을 기울이지 않고 있는 실정이다. 특히 주민자치주체기구가 지역 공동체·결사체의 자발적·자율적 연대의 자치체라면 ▲왜 거대 정치권은 애써 외면하려 하고 ▲중소 정치권(자치단체장)은 행정의 범주에 포함해 이용하려 하고 ▲작은 정치권(지방의회 의원)은 견제하려 하고 ▲행정은 자신의 부족한 영역을 보완하는데 이용하려 하고 ▲지역 유지는 우월감(소위 권위완장)을 과시하는 것에 이용하려 하고 ▲정작 다수의 일반주민(대중)은 관심을 기울이지 않는가? 그렇다면 굳이 정부가 추진하는 주민자치회가 거창하게 주민자치주체기구여야 하는 이유는 무엇인가?

사실인 것은 문재인 정부에서 주민의 자치기구(주민자치회)를 설치하고 구성해준다고 발표했다. 그럼 이건 시민사회 영역의 주체인 주민들에게 넘어온 공이다. 그럼 주민들은 지역 공동체·결사체들의 허브역할을 할 주민자치주체기구를 어떻게 받아들일 것인가? 민주적 과정을 통한 주민자치회를 설차·운영하려면, 지역마다 주민자치회를 중심으로 모든 지역 공동체·결사체인 주민(자치)조직들이 모여 ▶자신의 지역 입장에서 주민자치회 설립목적과 역할, 운영방향에 대해 함께 토론하고 ▶합의된 안을 도출하며 ▶도출된 주민자치회의 목적과 실천방향에 따른 구체적 사항에 대해 학자들과 연구자들이 연구 분석하고 ▶학자들과 연구자들이 연구 분석한 결과물에 대한 주민자치회의 인원 구성, 운영 방안, 규정, 제도 등에 대해 주민(자치)조직들을 중심으로 정치인, 공무원, 학자, 연구자들이 함께 모여 치열하게 논의해서 결정해야 한다.

그러나 문재인 정부가 실시하고자 하는 주민대표기구인 주민자치회는 지역사회의 자유로운 주민(자치)조직들이 자율적으로 참여해 주민의 의도나 의사가 충분히 반영돼 만드는 것이 아니라, 정권에 의해 주어지는 것이다. 그렇다면, 이것을 그대로 받아들여서 운영할 것인가, 아니면 새로운 형태로 변환시켜서 운영할 것인가는 지역의 주민들이 결정할 문제고, 정부는 이를 제도적으로 지원해야 할 것이다.

일반주민들이 바라는 것은 그들이 자율적으로 모인자리(장)에서 각자의 의견을 모아 기획, 구성, 집행, 평가돼 합의된 뜻이나 요구가 지방정부 정책에 반영되고, 지방정부가 처리하지 못할 부분은 국가 정책에 반영되는 것일 것이다. 그 통로가 주민자치회고, 더욱이 지역과 국가 발전을 위한 뜻을 세운 인물들이 주민자치회에서 길러지고, 주민자치회에서 밑바닥 민심을 성숙시킨 인물들이 지방자치단체장이나 지방의회, 더 나아가 중앙무대로 진출했으면 좋겠다. 그래서 전국 읍면동의 주민자치회라는 장에서 성숙된 일반주민들의 마음이 대한민국의 마음이 되도록 말이다. 그러려면 주민자치회는 주민자치주체기구가 돼야 하고 시민·주민은 도구에서 주인으로 거듭나야만 한다.

# Ⅸ. 주민자치주체기구 위원의 조건

　주민자치주체기구 위원들은 어떤 역할을 해야 하나? 권력층과 하층민, 지역 공동체·결사체들과 정치권·행정권과의 교두보 역할? 그럼 주민자치주체기구에 남녀노소, 각계각층, 다양한 지역 공동체·결사체들이 두루 참여할 수 있도록 설득할 수 있는 기제(機制)는 무엇인가? 주민자치주체기구는 철저히 주민의 뜻의 대행자고, 주민의 뜻을 대행하는 체제가 돼야 하고, 주민자치주체기구의 정치체제·통치체제·관리체제와 생태계는 주민의 뜻을 관철할 수 있어야 하고, 주민의 뜻에 구속돼야 한다. 그 주민의 뜻은 각 지역 공동체·결사체에서 통합, 조정, 합의돼 재탄생한 의(義)가 돼야 하고, 그 '의'들은 각 지역 공동체·결사체들 상호 간의 이익을 보장하는 표준적이며 보편적인 지역 사회의 공의(公義)가 돼야 하고, 그 '공의'는 주민자치주체기구를 이끌어가는 규범이 돼야 한다.

　의(義)에 대해 국어사전은 '사람으로서 지키고 행해야 할 바른 도리'라고 정의하며, 중국 전국시대(기원전 400~220) 초기에 활약한 사상가 '묵자'의 의(義)는 정의 내지 윤리가 아니라 각자 자기 입장에서 정당한 몫, 곧 내 몫에 대한 요구내지 자신이 이익을 주장하는 것이다. 그러나 공자와 맹자는 의(義)를 선뜻 불러오지 않고, 욕구와 욕망이 이익추구로 직결되고, 그것이 공동체의 분란과 파괴로 이어질 수 있다고 생각했다. 욕망, 욕구를 가진 자는 이익을 주장하게 마련이고, 그것이 혼란과 무질서의 원인이 된다. 즉 주권자·주체자·주인인 각자의 의(義)가 부정돼선 안 되지만, 만인이 제각각 분리된 개인이 혼자서만 으르렁대며 주장하는 의(義)는 혼란과 무질서의 원인이 되기 때문에 분명히 위험하다. 그래서 묵자는 사회구성원들끼리 잘 합의해서 표준적이며 보편적인 사회의 공의를 만들어보자고 했다[105].

---

105) 임건순 저, 『묵자, 공자를 딛고 일어선 천민 사상가』, 98~100p. 116p., 시대의

겸애(兼愛 : 가리지 않고 모든 사람을 똑같이 사랑하다)를 실천한 묵자는 모든 사람의 자기 몫은 통치체제가 보장해줘야 한다고 설파했다. 또 묵자는 '인간은 노동하는 존재고 자기 몫을 가진 존재'로 봤다. 즉 모든 사람의 자기 몫은 정부 · 지자체가 보장해줘야 하는데, 정부 · 지자체가 주민생활과 밀접한 생활공공서비스나 일반주민의 몫을 충족시켜주기에는 한계가 있기 때문에 주민자치주체기구가 필요한 것이다. 그리고 주민자치주체기구는 주민 각자의 의(義)가 지역 공동체 · 결사체에서 통합, 조정, 합의되도록 적극 지원하며, 또 지역 공동체 · 결사체에서 '합의된 의(義)'가 주민자치주체기구에서 읍 · 면 · 동 차원의 공의(公義)로 재탄생하도록 해야 한다.

지역 사회 내의 각 주민단체, 직능단체, 자생단체 등 각 지역 공동체 · 결사체들은 모두 자기 몫이 있고, 자기 밥그릇이 있다. 따라서 주민자치주체기구가 지역 사회 내의 각 지역 공동체 · 결사체들을 연결하는 허브(협의체)라면, 또 그 통치(다스림)체계가 일원적이면서도 다원적이고 효율적인 생활정치와 담론정치를 가능하게 하는 운영체제라면, 각 지역 공동체 · 결사체 간의 분배 정의를 잘 실현할 수 있는 인사들로 구성돼야 된다. 그렇다고 보면, 주민자치주체기구를 운영하는 사람들(예 : 주민자치회 위원)은 무엇보다 공의(公義)가 재탄생하도록 할 수 있는 역량을 가진 주민이어야 하고, 그런 뜻을 가진 주민들이 주민자치주체기구를 결성해 지역 사회를 자치하는 권위와 책무를 부여받아야 한다.

같은 주민이라도 권력자의 앞잡이(끄나풀), 또는 권력을 등에 업고 경제적 이익을 챙기거나, 지역 사회 발전과 주민 삶의 향상에 뜻이 없고 사익(私益)을 탐하는 이기주의적 주민에게는 지역 사회의 자치권을 맡길 수가 없다. 지역 주민이라고 다 같은 주민이 아니다. 자신의 영욕과 영리를 챙기려고 주민자치회 위원의 자리만을 지키려는 주민에게는 주민자치회에서 일할 자격이 없다. 지역 사회의 '필요와 뜻'을 스스로 결정하는 최종적 지위와 권위인 '주권'

---

창, 2013.7.15.

이 주민에게 있다는 '주민주권(住民主權)'에 대한 확고한 신념을 갖고, 뜻있는 주민들과 더불어 주민자치 원리운동을 확산해가는 위원이 진정한 지역의 주민이자 주민자치주체기구 위원의 자격이 있는 것이다.

다시 짚고 넘어가야 할 것은, 주민들이 함께 모여 공동체·결사체를 형성한 목적이 무엇인가에 따라 주민자치주체기구의 성격이 달라진다면, 단지 지역의 유자들이나 정치적·행정적 선수들끼리 모여 행정이 하던 일 중 주민들이 할 수 있는 일(위암위탁 사무)을 행정으로부터 돈(예산, 세금)을 받아 대신하고, 동색(同色)인 위원들끼리 동맹을 결성하거나 교류를 원활히 하는 것에 올인하지 않았으면 한다. 만일 주민자치주체기구가 행정이 하던 일을 하려고 주민세를 더 거둔다면, 차라리 그 세금으로 행정전문가인 공무원을 더 뽑는 것이 낫다.

그렇다면 현재 정부에서 추진하는 주민대표기구인 주민자치회 위원들은 어떻게 선정하면 좋을까? 현재 주민자치회 시범실시에서는 주민투표에 의해 지역(지방)에서 선출된 지방자치단체장이 주민자치회 위원들을 위촉하는 방식이다. 이에 더해 주민자치회 위원들은 회원들에 의해 투표, 호선(공개지원), 추천(전문가 비례로), 추첨(다양성 추구) 등 다양한 방식에 의해 선정돼야 하지 않을까? 이때 위원자격을 '주민자치대학 이수자'로 한정해 사전에 턱걸이를 만드는 것은 주민자치적이지 못하다. 꼭 사전에 주민자치대학 이수자를 고집한다면, 단지 가산점을 더 주는 방식이어야 할 것이다.


## X. 주민자치회를 통한 생활정치는 주민의 권리

대한민국엔 주민을 위한 주민자치주체기구가 없다고 봐도 무방하다. 주민 개개인이 자율적으로 연대해 구축된 주민자치주체기구를 통한 생활정치는 주민의 권리이자 책무다. 그러나 우리 사회에서 주민자치 원리 실천을 자기 권리와 책무로 인식하고 당당히 요구하는 주민들이 얼마나 될지 의문이다. 이 세상에 그냥 주어지는 권리는 없다. 권리를 가진 사람이 스스로 인식하고 주장하고 행사할 때 진짜 권리가 완성된다.

주민자치 원리 실천이 권리가 될 수 있는 이유는, 많은 주민이 주민자치주체기구에 참여할수록(가능하면 배제되는 주민이 없도록) 사회 전체가 건강해지고 행복해진다는 데 있다. 개인과 가정, 지역 공동체·결사체, 주민자치주체기구, 지방정부가 주민자치 원리를 통해 운영된다면 지역 사회는 더 살기 좋은 환경으로 변화될 것이고, 그러면 일반주민들도 사람다운 삶을 누릴 수 있다고 본다. 그래서 주민자치주체기구로서의 주민자치회 설치·운영은 국가에서 베푸는 시혜가 아니라, 국가의 의무고 주민들의 권리이자 책임이다. 국가는 모든 사람이 부담 없이 편안하게 주민자치 원리를 실천하는 즐거움을 누릴 여건을 만들어 줘야 한다. 그리고 주민자치회를 통해서 더욱 풍성하고 건강한 정치·경제·사회·문화적 삶을 발전시켜 나가는 것은 주민들의 몫이다.

그러나 안타깝게도 대한민국의 오늘을 살아가는 주민들은 주민자치에 대한 권리와 책무를 잘 인식하지 못하고 있다. 이는 그동안 우리가 대의정치와 대기업 위주의 경제에만 집중됐던 정부정책과 제도에 익숙해져버린 것이 가장 큰 원인이다. 우리 사회에서 그동안 국가 영역은 국민들이 4년 혹은 5년마다 선출한 대통령·국회의원·단체장·지방의원과 공무원들, 시장경제 영역은 기업총수들과 노조원들, 시민사회 영역은 시민운동을 하는 시민단체의 전유물이라는 인식이 강했다. 실제로 일반 국민·시민·주민들보다는 ▲국가는 정치인들과 행정가들 ▲경제는 기업인들과 노조원들 ▲시민사회는 시민운동가들과 (국회나 지자체장 및 지방의회 진출을 꿈꾸는)예비정치인이나 준정치인[106] ▲정부와 지자체 공모 예산을 노린 전문 선수들의 무대였다.

이제는 사회가 발전하고 세상이 변하면서 공공서비스를 정부가 독점적으로 생산·공급하던 시대는 지났다. 이는 정부가 한계에 다다른 것도 있지만, 21세기는 '주민 참여 시대'라고 불릴 만큼 다양화되고 전문화된 시민과 주민들로

---

106) 정치인은 아니지만 그에 비길 만한 영향력을 가진 사람.

부터 정책 참여에 대한 욕구가 높아졌기 때문이다. 따라서 주민자치주체기구는 상류계급보다 대다수가 중간계급 이하인 일반주민들의 입장 대변에 우선해야 한다. 또 마을은 가정 다음으로 국가를 형성하는 기초단위의 공동체로 마을이 살기 좋아야 읍면동, 시군구, 시도, 국가가 살기 좋게 된다. 즉 마을에서부터 정치·행정 영역과 시장경제 영역, 그리고 시민사회 영역 등이 제 소명을 다하면서 활발하게 작동돼야만 튼실한 국가가 된다. 이와 동시에 각 영역이 서로 협치하고, 공치하면서 새로운 영역을 창출해야 대한민국에 희망찬 미래가 있다.

따라서 기존의 정치·행정의 틀 속에서 설계되는 주민자치 패러다임보다는 새로운 사고, 즉 각 영역의 사고들과 의견들이 충돌하면서 서로 협력하고 융합되는 새로운 패러다임의 주민자치회가 논의되고 재설계돼야 한다. 또 정부와 각 지자체별로 추진되고 있는 주민자치회는 국가대계를 내다보고 상호 시너지 효과를 일으키도록 재설계돼야 한다. 그리고 '풀뿌리 자치 활성화와 민주적 참여의식 고양'을 위해 현 정부가 추진하고 있는 주민자치회가 어떻게 하면 일반주민이 주체가 돼 스스로 운영하고 관리할 수 있는 '주민의 자치주체기구'가 될 수 있을지 정부, 지자체, 학계, 연구계, 주민들이 머리를 맞대고 지혜를 짜낼 필요가 있다.

노암 촘스키·조지프 스타글리츠는 물과 토지, 식량, 의료, 교육, 사회보장 및 연금, 대중교통, 주택, 병원, 학교, 종자(seeds), 문화, 지식, 그리고 민주주의 자체는 상품화의 대상에서 제외돼야 하며, 시장에서 배제시켜 모든 사회의 모든 사람들에게 확대돼야 하며, 풍성한 의견 교환과 접촉, 학습, 창조와 정보 공유는 모두가 누려야 한다고 설파한다. 또 '공익'(公益)은 경제의 문제가 아니라 윤리의 문제고 정치적 전략에 해당하는 상안이기 때문에 공익의 확대는 마땅히 실현가능한 일이어야 한다고 말한다.

그렇다고 공익이 꼭 국가에 의해 관리될 필요는 없고, 공동체나 협동적이고 민주적인 방식으로 공공재를 생산하고 이용하는 사람들, 또는 타고난 재능을 발휘하는 개인의 활동에 의해 관리될 수도 있고, 또 그래야만 하는 공익도 실제로 많다고 노암 촘스키 · 조지프 스타글리츠는 말한다. 그러면서 노암 촘스키 · 조지프 스타글리츠는 "어쩌면 공익의 확대는 무엇보다도 지금껏 아무 힘도 행사하지 못해왔던 사람들이 참여하고 조정할 새로운 기회를 창출하기 위한 일종의 해방 전략이라고 볼 수 있다"고 강하게 주장했다.107)

## 마치며

### 새로운 주민자치 패러다임을 꿈꾸며

*민주주의는 국민들이 정치적으로 그 누구의 지배도 받지 않고 스스로 다스리는 것이다.108)*

*민주주의의 원리는 단적으로 말하면 누구의 발언권(voice)도 박탈하지 않은 데 있다.109)*

돈으로 죄를 씻는 세상, 부조리를 용납하는 세상, 불의가 정의를 압도하는 세상, 혐오가 혐오를 낳는 세상, 약자의 고통은 외면당하고 목소리 큰 강자의 선전만이 울려 퍼지는 세상, 노력이 잘 통하지 않는 세상, 착실히 살아도 제한 몸 건사하기 힘든 버거운 세상의 우리들은 판타지(fantasy)를 찾게 된다.110)

107) 노암 촘스키·조지프 스타글리츠 외 지음, 『경제민주화를 말하다』, 215p., 김시경 옮김, 2012.8.10.,위너스북.
108) 박세일· 나성린· 신도철 공편, 『공동체자유주의 이념과 정책』, '제1장 자유주의란 무엇인가', 2009.
109) 사이토 준이치, 『민주적 공공성』, 2014.
110) 마운틴TV, 『천하무림기행 의천도룡기』, 「EP20. 전설은 계속된다」, 2016.4.29.

팍팍한 삶을 살아가고 있는 우리에게 희망이 돼줄 '선비정신'을 가진 선비가 그리운 오늘날이다. 학식이 있고 행동과 예절이 바르며 의리와 원칙을 지키고 관직과 재물을 탐내지 않는 고결한 '인품', 약속을 지키는 '신의', 불의에 맞서는 '용기', 약자를 보호하는 '노블레스 오블리주'(noblesse oblige)를 실천하는 '선비'가 그리운 오늘날이다. 노블레스 오블리주는 가진 자, 배운 자, 아는 자가 실천하는 것이다. 그러나 오늘날은 가진 자, 아는 자, 배운 자들이 자기밥그릇 싸움에 더 열을 올리고 있지 않는가?

나 혼자 꿈꾸는 것은 상상이 되지만, 뜻을 함께 하는 모두가 꿈을 꾸면 그건 현실이 된다. 그 꿈을 현실이 되게 하는 것은 '실천'이다. 따라서 그 한명 한명의 상상이 모일 수 있고, 펼쳐질 수 있고, 현실이 되도록 실천할 수 있는 공간, 즉 주민자치주체기구가 활발하게 작동되는 날을 그려본다. 그러나 현실은 '주민의 자치'에 대한 필요성을 대다수 주민들은 체감하지 못하고 있다. 또 주민자치 원리에 대해 일반주민들은 잘 모르고 있다.

주민자치에 대한 현주소를 보면, 1999년 김대중 정부시절에 주민자치센터를 신설하고 주민자치위원회라는 것을 만든 이후, 보수당인 박근혜 정부가 주민자치위원회를 더 강화한 주민자치회를 전국 읍·면·동에 설치하고자 행자부(현행안부)에서 시범실시 했다. 이어 진보당인 문재인 정부는 주민대표로 구성되는 마을협의체로서 주민자치회를 설치·운영하고자 한다. 보수도 진보도 모두 '지역자치권'을 시민사회에 돌려주겠다고 한다. 이런 상황을 상식적으로 보면, 주민자치회는 정치권에서 법제도를 바꿔서라도 민중을 독려해서 참여하도록 해야 하는 것이 아닌가 싶다.

어찌됐든 정부가 읍·면·동 범위를 공간으로 주민자치 원리를 실천할 주민자치회를 설치하면서 "주민들 스스로 자치권을 갖고 주어진 규정 내에서 주민자치회를 통해 생활공공서비스를 생산하고 공급해보세요"라고 시만주민들을 초대했다. 어차피 정권에서 주민자치 공간을 형성해주기로 결정했다면, 백성(일반주민)들의 힘든 마음을 어루만져 줬으면 한다. 그들의 답답한 가슴이 뻥 뚫리도록 말이다. 그 자치의 공간에서 자신의 응어리진 욕구와 욕망을 맘껏 풀어 놓을 수 있는 장을 만들 수 있도록 법과 제도를 마련해줬으면 한다.

물론 자유로운 객체들이 자율적으로 참여해 주민의 의도나 의사가 충분히 반영돼 설치·운영되는 것이 아니라, 정권에 의해 주어지는 것이지만 말이다. 주민자치회는 백성들 스스로 각자의 뜻을 모아 기획, 구성, 집행, 평가를 할 수 있어야 한다. 그 장에서 합의 된 백성들의 뜻이 지방정부 정책에 반영되고, 지방정부가 처리하지 못할 뜻은 국가정책에 반영되도록 말이다. 더욱이 그 주민자치회에서는 지역과 국가 발전을 위해 뜻을 세운 인물들이 길러지고, 밑바닥 민심을 성숙시킨 인물들이 지방정부와 국가에 진출했으면 좋겠다. 그래서 전국 읍면동 주민자치적 시민사회 공간에서 길러지고 성숙된 백성들의 마음이 대한민국의 마음이 되도록 말이다.

- 선비정신과 협객(俠客)이 그리운
박철

# 참고문헌

에드워드 로이스 지음, 『가난이 조정되고 있다』(원제 Poverty and Power), 배충효 역자,
    2015.11.27., 명태.

김호경 지음, 『예수가 상상한 그리스도』, 2007.2.25., ㈜살림출판사.

바바라 크룩생크 지음, 『시민을 발명해야 한다』(원제 The Will to Empower), 심성보 옮김,
    2014.4.24., 도서출판 갈무리.

사이토 준이치 지음, 『민주적 공공성』(원제 公共性), 윤대석 · 류수연 · 윤미란 옮김, 2014.4
    .17일., ㈜도서출판이음.

조승래 지음, 『공공성 담론의 지적 계보』, 2016.3.7., 서강대학교 출판부.

조대엽 지음, 『생활민주주의의 시대』, 2015.3.1., 나남.

아리스토텔레스 지음, 『Politics』, 라종일 역, 2015.4.30., 올재클래식스.

박세일나성란신도철 공편, 『공동체자유주의 이념과 정책』, 2009.8.30., 나남.

마이클 에드워즈 지음, 『시민사회』(원제 Civil Society), 서유경 옮김, 2015.3.13.

진 L. 코헨과 앤드루 아라토 공저, 『시민사회와 정치이론』(원제 Civil society and political
    theory), 역자 박형신 · 이혜경, 2013.11.15., 한길사.

임건순 wldma, 『묵자, 공자를 딛고 일어선 천민 사상가』, 2013.7.15., 시대의 창.

노암 촘스키 · 조지프 스타글리츠 외 자음, 『경제민주화를 말하다』, 김시경 옮김, 2012.8.10.
    , 위너스북.

네이버 : 행정학사전, 과학백과사전, 두산백과, 시사상식사전, 21세기 정치학대사전, 법률용어
    사전, 국어사전, 위키백과, 종교학대사전

**안광현**

kwanghyun63@hanmail.net

**김필두**

kpd929@naver.com

**박철**

red_cats@nate.com

# 주민의 자치

지방자치와 주민자치

초판 1쇄 발행  2018. 12. 10.

지은이　안광현 · 김필두 · 박철
펴낸이　방주석
펴낸곳　도서출판 소망
주 소　10252 경기도 고양시 일산동구 고봉로 776-92
전 화　031-977-4232
팩 스　031-977-4231
이메일　somangsa77@daum.net
등 록　(제48호) 2015년 9월 16일

ISBN　979-11-963017-3-6 93350

책값은 뒤표지에 있습니다.